Wlodzimierz Brus
Geschichte der Wirtschaftspolitik in Osteuropa

Wlodzimierz Brus

Geschichte der Wirtschaftspolitik in Osteuropa

Aus dem Englischen übertragen
von Albert Dilewski und Andreas Helfer

Bund-Verlag

CIP-Kurztitelaufnahme der Deutschen Bibliothek
Brus, Wlodzimierz:
Geschichte der Wirtschaftspolitik in Osteuropa / Wlodzimierz Brus. Aus d. Engl. übertr. von Albert Dilewski u. Andreas Helfer. – Köln: Bund-Verlag, 1987.
  Einheitssacht.: Economic history of communist Eastern Europe ⟨dt.⟩
  ISBN 3-7663-0814-9

© 1986 by Bund-Verlag GmbH, Köln
Lektorat: Paul H. Brand
Herstellung: Heinz Biermann
Umschlag: Roberto Patelli, Köln
Satz: Satzbetrieb Schäper GmbH, Bonn
Druck und Bindung: Ebner Ulm
Printed in Germany 1987
ISBN 3-7663-0814-9

Alle Rechte vorbehalten, insbesondere die des öffentlichen Vortrags,
der Rundfunksendung und der Fernsehausstrahlung,
der fotomechanischen Wiedergabe, auch einzelner Teile.

Inhalt

Verzeichnis der Tabellen 8
Vorwort 11
Einleitung
Der Aufstieg der kommunistischen Gesellschafts-
ordnung in Osteuropa 15
   Die dominierende Stellung der Sowjetunion 15
   Die neuen politischen Regierungsformen 18
   Der soziale und wirtschaftliche Wandel 22
   Der Nachkriegsaufschwung 29

Teil I
1950–1953
Die Blütezeit des Stalinismus 37
Die politischen Rahmenbedingungen 39
Eigentum an Produktionsmitteln 46
Das Funktionssystem der Wirtschaft:
Sowjetisches Modell und jugoslawische Abspaltung.. 53
Die Stellung der Haushalte 72
   Das wirtschaftliche und politische Umfeld 72
   Die Beschäftigungsverhältnisse 75
   Die Arbeitsbedingungen 78
   Der Lebensstandard 85
   Die Lage der Haushalte in Jugoslawien 90

Teil II
1953–1956
Das »Tauwetter« und der »Neue Kurs« 95
Das politische Leben nach dem Tode Stalins 97
Der »Neue Kurs« der Wirtschaftspolitik 105
Das Funktionssystem der Wirtschaft 112

Lebensstandard und Arbeitsbedingungen 122
   Die Umkehrung des Niedergangs 122
   Die Beschäftigungsverhältnisse 123
   Die Arbeitsbedingungen 126
   Der Lebensstandard 131
   Die Stellung der Haushalte in Jugoslawien 136

Teil III
1957–1965
Auf der Suche nach einer ausgewogenen Entwicklung. 141
Sowjetisch-osteuropäische Beziehungen während der
Ära Chruschtschow 143
Das veränderte gesellschaftliche und
wirtschaftliche Gefüge 155
   Eigentum und Beschäftigungsverhältnisse 155
   Berufsstruktur und Verstädterung 162
   Wandel des Ausbildungsstandards 167
   Soziale Sicherheit 170
Wirtschaftliche Probleme und die politische Linie ... 177
Die »erste Welle« der Wirtschaftsreformen 183
   Interne Veränderungen 183
   Die Institutionalisierung der außenwirtschaftlichen
   Beziehungen 204
   Jugoslawien 214
Einkommen – Konsum – Wohlstand 221
   Das System der Entlohnung 222
   Der Lebensstandard 229

Teil IV
1966–1975
Normalisierung und Konflikte 245
»Revisionistische« Fehlschläge und Unruhe
in der Arbeiterklasse 247
Wachstum: Innere und äußere Faktoren
und Hindernisse 262
Sozialistische und private Wirtschaft 271
Die »zweite Welle« der Wirtschaftsreformen 279
   Gemeinsame Merkmale 279
   Der jugoslawische Selbstverwaltungssozialismus .. 287

Der »Neue ökonomische Mechanismus« in Ungarn	302
Der überlebende Zentralismus	320
Deutsche Demokratische Republik	320
Polen	334
Tschechoslowakei	354
Bulgarien	369
Rumänien	378
Albanien	388
Wirtschaftsreformen und RGW-Integration	393
Bewertung	414
Nachwort	423

Verzeichnis der Tabellen

I.1 Anteile des sozialistischen Sektors an der Industrieproduktion und am Einzelhandelsumsatz 46

I.2 Anteil der landwirtschaftlich genutzten bzw. nutzbaren Fläche 48

I.3 Jährliche Wachstumsraten der gesamten materiellen Produktion 63

I.4 Abweichung des Einkommens qualifizierter Kräfte in Jugoslawien 1950–52 92

II.1 Anteil des privaten Konsums am Nettosozialprodukt 1952–57 107

II.2 Staatliche Bruttoinvestitionen nach Wirtschaftszweigen 108

II.3 Anteile an den Nettoanlageinvestitionen in Jugoslawien 110

II.4 Anteil des sozialistischen Sektors an der Entstehung des Nettosozialprodukts 113

II.5 Sozialisierung der landwirtschaftlichen Nutzfläche 115

II.6 Übererfüllung der Normen in der Industrie 1955 128

II.7 Nominaleinkommen im Staatssektor nach Wirtschaftszweigen 1950–55 129

II.8 Nominaleinkommen in der Industrie nach Tätigkeiten 1950 und 1955 130

II.9	Nominaleinkommen von Arbeitern und Angestellten in ausgewählten Wirtschaftszweigen 1950 und 1955	131
II.10	Verbraucherpreise, Nominal- und Reallöhne 1950–57	132
II.11	Landwirtschaftliches Realeinkommen pro Kopf	133
II.12	Einzelhandelsumsatz 1953 bis 1957	133
II.13	Wohnungsbau 1950 bis 1956	134
II.14	Verbraucherpreise, Nominal- und Reallöhne in Jugoslawien 1953 bis 1956	137
II.15	Industriearbeiterlöhne in Jugoslawien 1954 und 1956	138
III.1	Die Sozialisierung der Landwirtschaft 1956–60	158
III.2	Anteil des sozialistischen Sektors am Nettosozialprodukt 1965	162
III.3	Beschäftigung im sozialistischen Sektor 1955–65	162
III.4	Verteilung der arbeitenden Bevölkerung	163
III.5	Städtische Bevölkerung	166
III.6	Beschäftigte mit höherer Schulbildung oder berufsfachlicher Bildung im gesamten sozialistischen Sektor	168
III.7	Beschäftigte des sozialistischen Sektors in Polen nach ihrer formalen Ausbildung	169
III.8	Säuglingssterblichkeit	173
III.9	Nationaleinkommen und Reallöhne 1956–60	179
III.10	Außenhandel pro Kopf in Osteuropa 1950–65	205
III.11	Regionale Unterschiede der Industriearbeiterlöhne in Jugoslawien	226

III.12	Monatlicher Durchschnittsverdienst nach Wirtschaftszweigen	227
III.13	Monatsverdienste nach Industriezweigen	228
III.14	Monatsverdienste in der Industrie nach Berufen	229
III.15	Pro-Kopf-Verbrauch von Nahrungsmitteln	235
III.16	Zur Verfügung gestellte Wohnungen	237
III.17	Verhältnis von Sparguthaben und Einzelhandelsumsatz	244
IV.1	Wachstum des Nationaleinkommens und der Reallöhne in Osteuropa 1966–1970	263
IV.2	Wachstum des Nationaleinkommens und der Reallöhne in Osteuropa 1971–1975	266
IV.3	Anteil des sozialistischen Sektors	272
IV.4	Außenhandel pro Kopf in Osteuropa	394

Vorwort

Als wissenschaftliche Disziplin gilt die Zeitgeschichte vielen als Widerspruch in sich selbst, befaßt sie sich doch mit Entwicklungen, die viel zu nahe an unsere Zeit heranreichen, als daß man sie von der Gegenwart trennen könnte. Aber gerade dies hat den Autor dazu veranlaßt, sich der Nachkriegsgeschichte Osteuropas zuzuwenden. Als Nationalökonom, der mit Theorie und Praxis der kommunistischen Wirtschaft gleichermaßen vertraut ist, sucht er hier die Wurzeln der gegenwärtigen Probleme und Hinweise darauf, wo ihre Lösungen gesucht werden könnten.

Das Buch befaßt sich schwerpunktmäßig mit dem institutionellen Wandel, also mit der Entwicklung des Wirtschaftssystems, von der sich die wirtschaftliche Dynamik ebensowenig trennen läßt wie soziale Veränderungen und, dies sei besonders betont, der politische Prozeß. Osteuropa, damit sind hier die kommunistischen Staaten Europas außer der UdSSR gemeint, bietet eine gute Grundlage für die Behandlung dieser Zusammenhänge. Die sehr unterschiedlichen Bedingungen in Rußland einerseits und den osteuropäischen Ländern anderseits, wie auch die Unterschiede zwischen den osteuropäischen Ländern selbst, erlauben es, auch allgemeine Schlüsse zu ziehen. Es ist natürlich Sache des Lesers zu beurteilen, inwieweit der Verfasser diese Chance genutzt hat.

Das Buch entstand aus einem Beitrag des Autors zu dem Forschungsprojekt »Economic History of Eastern Europe since 1919«, das von Michael Kaser am St. Antony's College in Oxford geleistet und vom British Social Science Research Council gefördert wurde. Acht Länder wurden untersucht. Sechs gehören zum sowjetischen Block, d.h. sie sind bis heute Mitglied des »Rates für gegenseitige Wirtschaftshilfe« (RGW) und des Warschauer Pakts: Bulgarien, die ČSSR, die DDR, Ungarn, Polen und Rumänien. Zwei Länder stehen außerhalb: Albanien hat den Block faktisch schon zu Beginn der sechziger Jahre verlassen, und Jugoslawien entwickelte eine besondere Form des Sozialismus, nachdem es 1948 mit der Sowjetunion gebrochen hatte.

Der eigentliche Untersuchungszeitraum reicht von 1950 bis 1975. In der Einführung aber wird die Entstehung der kommunistischen Ordnung in Osteuropa zwischen 1945 und 1949 in den Grundzügen dargestellt, und das Schlußwort zeichnet ein allgemeines Bild der Entwicklung nach 1975 und der Probleme, denen sich die osteuropäischen Länder beim Übergang in die achtziger Jahre ausgesetzt sehen. Die Untergliederung des Buches ergibt sich aus den Wendepunkten in der Entwicklung der sechs Länder des sowjetischen Blocks: Bis 1949 war die Sowjetisierung der »Volksdemokratien« abgeschlossen. 1953 starb Stalin. Nach den turbulenten Jahren des »Neuen Kurses«, dem XX. Parteitag der KPdSU, der ungarischen Revolution und dem polnischen Aufstand versuchte man ab 1957 ein neues Gleichgewicht herzustellen. 1965 schließlich begann in der UdSSR die Ära Breschnew, die in den »Volksdemokratien« durch eine Verschärfung des Konflikts zwischen konservativen Interessen und dem Druck nach Veränderung geprägt war. Diese Unterteilung wird der Entwicklung Jugoslawiens und Albaniens nicht ganz gerecht, scheint aber mit bestimmten Einschränkungen, auf die im Text hingewiesen wird, akzeptabel zu sein.

Bei einer chronologisch gegliederten vergleichenden Untersuchung lassen sich Wiederholungen nicht ganz vermeiden, weil es unumgänglich ist, in den verschiedenen Ländern immer wieder die gleichen Institutionen zu untersuchen. Wenn wir von diesem Grundmuster abweichen, indem wir einzelne Probleme weglassen und andere hinzufügen, so deutet das eine Verschiebung der Gewichte zwischen den verschiedenen Perioden an. So vollzog sich zum Beispiel während der zweiten Hälfte der fünfziger Jahre ein Wandel der Methoden der Arbeitskräftezuteilung – an die Stelle des verbreiteten Gebrauchs von Zwangsmaßnahmen und Mobilisierungen trat grundsätzlich das Vertrauen in den (regulierten) Arbeitsmarkt –, und es gab keinen Grund, später noch einmal auf die Einzelheiten dieser Entwicklung zurückzukommen. Dasselbe gilt für die bedeutendsten sozialen Folgen der Industrialisierung, die im Rahmen der Periode von 1957 bis 1965 abgehandelt werden. Andererseits gewannen in den späteren Perioden institutionelle Entwicklungen im RGW an Bedeutung, die gesonderte Abschnitte in den *Teilen III und IV* begründen.

Grundsätzlich wurden gedruckte Quellen herangezogen, und zwar vorwiegend solche aus den behandelten Ländern. Recht oft fanden aber auch westliche Studien Verwendung, insbesondere für die Perioden, die in den osteuropäischen Veröffentlichungen am wenigsten objektiv dargestellt werden. Statistische Daten wurden meist den offiziellen Quellen entnommen, die sich, ungeachtet möglicher Ungenauigkeiten der absoluten Zahlen, als hinreichend verläßlich für die Beobachtung relativer Veränderungen im Zeitablauf erwiesen haben.

In verschiedenen Phasen seiner Arbeit an diesem Buch profitierte der Autor von der Hilfe anderer. Michael Kasers Rolle als Leiter des Projekts wurde bereits erwähnt. Seine enormen und bewundernswerten redaktionellen Bemühungen (einschließlich der Bereitstellung von neuem Material) müssen hier noch einmal besonders herausgestellt werden. Andrew Seton, der dem Projekt für ein Jahr angehörte, beschaffte manches Material, erstellte Arbeitspapiere zu verschiedenen Problemen und kommentierte Teile des Textes. Mit ihren Kommentaren und Kritiken trugen die folgenden Personen zur Manuskripterstellung bei: Jan Adam (Universität Calgary), Alberto Chilosi (Universität Pisa), Henrik Flakiersky (York-Universität, Toronto), Stanislaw Gomulka (London School of Economics), Michael Keren (Hebräische Universität, Jerusalem), Richard Kindersley (St. Antony's College, Oxford), Zygmunt Kozlowski (Lanchester Polytechnikum, Coventry), Jaroslav Krejči (Universität Lancaster), M. Oprisan (vorm. Bukarest), György Ranki (Historisches Institut, Budapest), H. Gordon Skilling (Universität Toronto), Gabriel Temkin (Brook-Universität, Ontario), Jerzy Tomaszewski (Zentrale Schule für Planung und Statistik, Warschau) und Peter Wiles (London School of Economics). Viel Geduld und großes Können bewies die Sekretärin des Projekts, Clare Powell. Sehr wichtig war für den Autor die Umgebung des Rußland- und Osteuropazentrums am St. Antony's College in Oxford sowie die Benutzung der Bibliothek und anderer Einrichtungen der Hochschule. All dies wird dankbar anerkannt, die Verantwortung für etwaige Irrtümer oder Fehlurteile trägt der Autor jedoch ganz allein.

Einleitung

Der Aufstieg der kommunistischen Gesellschaftsordnung in Osteuropa

Die Gesellschaftsordnung in den Ländern, die heute als »osteuropäisch« bezeichnet werden (obgleich geographisch und historisch einige zu Mitteleuropa und andere zu Südeuropa gehören), war das Ergebnis grundlegender Umwälzungen in diesem Teil der Welt, die durch den Ausgang des Zweiten Weltkrieges verursacht wurden. Im Mittelpunkt dieses Wandels stand die Vorherrschaft der UdSSR. Es würde zu weit gehen anzunehmen, daß die Sowjetunion in allen in Frage kommenden Ländern einfach neue Regime geschaffen habe. Aber es kann kein Zweifel daran bestehen, daß dies in einigen Fällen tatsächlich so war, und daran, daß die sowjetische Vorherrschaft auch in den Fällen, in denen die Wechselwirkung von inneren und äußeren Faktoren eine größere Rolle spielte, das stärkere Element war, dem man sich nicht entziehen konnte. Dies rechtfertigt es, unsere Erörterungen mit der vorherrschenden Rolle der Sowjetunion zu beginnen.

Die dominierende Stellung der Sowjetunion

Die sowjetische Vorherrschaft in Osteuropa beruhte auf der Bedeutung der Sowjetarmee bei der Niederwerfung Nazideutschlands, insbesondere darauf, daß es diese Armee gewesen war, die, mit kleinen Ausnahmen, die deutschen Besatzer von osteuropäischem Boden vertrieben hatte. Diese sowjetische Stellung fand ihren Ausdruck in allen Aspekten der Nachkriegswirklichkeit Osteuropas: militärisch, diplomatisch, wirtschaftlich und politisch.

Starke sowjetische Streitkräfte drangen im Verlauf der Feindseligkeiten auf das Gebiet der meisten osteuropäischen Länder vor. Von Anfang an war die militärische Präsenz der Sowjets offensichtlich nicht nur in den früheren Feindstaaten Bulgarien, Ungarn, Rumänien und der Sowjetischen Besatzungszone in Deutschland, sondern auch in den verbündeten Staaten (Albanien, Tschechoslowakei, Polen und Jugoslawien) von größter politischer Bedeutung. Um die Sicherheit im Rücken der Einsatztruppen zu gewährleisten, wurden den Militärbehörden und der Geheimpolizei direkte Vollmachten übertragen, die sie, am deutlichsten in Polen, ausdrücklich gegen politische Widersacher einsetzten. Aber auch dort, wo sie nicht in dieser Form genutzt wurde, war die sowjetische Präsenz ein Faktor von überragender politischer Bedeutung. Während der fünf Jahre von 1945 bis 1949 wurden die sowjetischen Truppen schrittweise reduziert und schließlich aus Bulgarien, der Tschechoslowakei und Jugoslawien vollständig abgezogen. Jedoch kam es nur in Jugoslawien zu einer grundlegenden Veränderung der politischen Verhältnisse, die durch die militärische Präsenz geschaffen worden waren.

Am Ende des Krieges hatte sich die UdSSR in Osteuropa einen bislang beispiellosen internationalen Status geschaffen. Ihre besondere Rolle als unumstrittene Vormacht wurde auch von der internationalen Diplomatie anerkannt. Selbst ohne die tatsächliche Bedeutung der interalliierten Vereinbarungen zu untersuchen, die kurz nach dem Krieg in Jalta und Potsdam getroffen wurden, ist es offenkundig, daß der Sowjetunion mit dem Recht, befreundete Regime »frei von Faschisten und reaktionären Elementen« an ihren Grenzen zu haben, so etwas wie eine Einflußsphäre zugestanden wurde. In den früheren Feindstaaten wurde dieser Sonderstatus der Sowjetunion noch durch ihre Position in den Alliierten Kontrollkommissionen verstärkt.

Auch die Sowjetunion sah sich schweren wirtschaftlichen Problemen ausgesetzt, die teilweise beträchtlich schwieriger waren als in anderen Ländern der Region. Dennoch gelang es ihr, wirtschaftlichen Einfluß zu nehmen. In den früheren Feindstaaten gründete sich dieser Einfluß auf die Reparationsverpflichtungen, die, von Ostdeutschland abgesehen, zunächst provisorisch durch Waffenstillstandsabkommen festgelegt und 1947 endgültig durch Friedensverträge vereinbart wurden, sowie auf die Enteignung deutschen und italienischen Vermögens. Auch in den verbündeten Staaten erhob die UdSSR Anspruch auf deutsche Vermögenswerte und Kriegsbeute. Dies traf besonders auf Polen zu und stand in einem engen, aber nicht ausschließlichen Zusammenhang mit der Übergabe der deutschen Gebiete zwischen der polnischen Vorkriegsgrenze und der Oder-Neiße-Linie sowie Teilen des früheren Ostpreußen. In der gesamten Region wurde die sowjetische Position durch den Bruch traditioneller Außenhandelsbeziehungen mit den Staaten Westeuropas wesentlich gestärkt. Der Handel orientierte sich schnell in Richtung UdSSR um, die als einziges Land Rohstoffe liefern konnte. Später, in den Jahren 1946 und 1947, belebte sich der Handel mit dem Westen zwar etwas, wurde aber gegen Ende dieser Periode erneut eingeschränkt.

Insgesamt erwuchs der eigentliche politische Einfluß der Sowjets aus dem Zusammenwirken aller drei obengenannten Faktoren. Der Grad der freiwilligen Unterstützung für die Sowjetunion und die von ihr repräsentierte kommunistischen Denkweise war von Land zu Land verschieden; er hing von den unterschiedlichen geschichtlichen Traditionen, von der Stärke kommunistischer und linksradikaler Bewegungen vor dem Krieg und von den Erfahrungen im Krieg ab. Ohne dies genau festlegen zu können, kann man vermuten, daß sich die Sowjetunion zu Beginn der Periode in Jugoslawien (speziell in Serbien und Montenegro) der stärksten einheimischen Unterstützung erfreute. Die Tschechoslowakei, wo die Kommunistische Partei 1946 bei freien Wahlen landesweit über ein Drittel der Stimmen und in den tschechischen Gebieten über 40% auf sich vereinigte, war die zweite politische Hochburg der Sowjetunion, die auch in Bulgarien verhältnismäßig große Unterstützung genoß. Unzweifelhaft waren Ungarn und Polen in dieser Beziehung die schwächsten Punkte. Insbesondere in Polen verstärkten neue unangenehme Mißstände den traditionellen russisch-polnischen Gegensatz. Aber selbst in diesen Staaten war die Sowjetunion nicht ohne einen echten politischen Aktivposten. Die UdSSR hatte, das wurde allgemein anerkannt, einen furchtbaren Feind geschlagen und nahm eine sichtlich festere Haltung gegenüber einem möglichen Wiederaufleben deutschen Machtstrebens ein, als es die anglo-amerikanische Haltung erkennen ließ. Außerdem unterstützte sie Polens gebietsmäßige Ausdehnung im Westen als Ausgleich für die auch von den Alliierten gebilligten Verluste im Osten.

Im Sinne unserer Einleitung ist es äußerst wichtig, eine Einschätzung der Ausgangssituation vorzunehmen, ungeachtet der dramatischen Ereignisse während der Jahre 1945 bis 1949, deren wichtigstes der sowjetisch-jugoslawische Konflikt war. Untersuchen wir den politischen Einfluß des Westens, so stellen wir fest, daß er überall dort extrem stark war, wo die Sowjetunion besonders schwach war. Aber mit der Zeit verbreiterte sich die Kluft zwischen den politischen Sympathien, die dem Westen entgegengebracht wurden, und seiner tatsächlichen politischen Bedeutung. Die Spaltung Europas in die beiden Lager des Kalten Krieges zeichnete sich bereits 1947 ab und wurde 1948 vollendet. Die Sowjetunion festigte ihre unbestrittene Vorherrschaft über Osteuropa, zu diesem Zeitpunkt mit Ausnahme Jugoslawiens.

Es wäre zu ergänzen, daß sich diese kurze Behandlung der sowjetischen Stellung in Osteuropa ausschließlich mit den grundlegenden Voraussetzungen der sowjetischen Vormachtstellung befaßte. Die besonderen Instrumente und Mechanismen, mit denen sie eine wirkungsvolle Kontrolle errichtete, blieben außer acht, etwa die Unterordnung der kommunistischen Parteien Europas unter die KPdSU oder der Einsatz sowjetischen Personals in Schlüsselstellen von Staat und Wirtschaft.

Die neuen politischen Regierungsformen

In Jugoslawien (und Albanien) hatte die kommunistische Regierung bereits wenige Monate nach dem Ende des Krieges die unumschränkte Herrschaft erreicht; anderswo dauerte dies noch bis 1948. Mit dem folgenden Jahr, 1949, begann ein neues Stadium. In den »Volksdemokratien« vollzog sich die Aufbürdung des voll entwickelten Stalinismus schon in leicht veränderten Formen, und in Jugoslawien zeichneten sich die Umrisse eines neuen Systems ab.

In gewisser Weise folgte die Entwicklung Osteuropas speziell am Anfang einem breiten und spontanen politischen Trend. Die anwachsende Macht der Sowjetunion, die generelle kommunistische Unterstützung der Widerstandsbewegungen sowie – auf der anderen Seite – nachweisbare Kompromisse der rechtsgerichteten politischen Gruppen mit den Achsenmächten bis hin zur Kollaboration und die weitverbreitete Unzufriedenheit mit der konservativen Vorkriegspolitik, verbunden mit der Einsicht in die Notwendigkeit radikaler sozialer und wirtschaftlicher Reformen, schufen hier, wie auch anderswo in Europa, die Voraussetzungen, die eine Linksorientierung begünstigten. Die kommunistischen Parteien nutzten diese Umstände nicht nur aus, sondern gingen weit darüber hinaus in Richtung auf ein totalitäres Regime sowjetischen Typs.

Zwei Modelle der Einführung solcher Regierungsformen, eine »jugoslawische« und eine »generelle«, können unterschieden werden.

Die »jugoslawische Form«, die außer in Jugoslawien auch in Albanien angewendet wurde, beruhte auf der beherrschenden Stellung, die die Kommunistische Partei während des Krieges erlangt hatte, ihrer ansehnlichen Militärstreitmacht und gewissen Formen einer zivilen Regierung. Zu keinem Zeitpunkt kam es zu einer Teilung der Macht, und der Einparteienstaat nach sowjetischem Vorbild fand auch seine gesetzliche Bestätigung (jugoslawische Verfassung vom Januar 1946). Paradoxerweise ermöglichte es den jugoslawischen Kommunisten gerade diese Stärke, vom sowjetischen Weg abzugehen und unabhängig zu handeln, als es 1948 zum Bruch mit der Sowjetunion kam.

Das »Grundmodell« war komplizierter und entfaltete sich langsamer. Unter allen Vorbehalten, die sich aus den Unterschieden der Länder als ehemalige Feindstaaten oder Verbündete sowie aus besonderen nationalen Bedingungen ergeben, kann man sagen, daß die Politik in allen diesen Fällen drei ähnliche und kennzeichnende Phasen durchlief. Die *erste* Phase war eine Koalitionsregierung, bestehend natürlich aus den Kommunisten, den Sozialdemokraten, den Liberalen und den Bauernparteien. In der *zweiten* Phase wurden die nichtsozialistischen Partner ausgeschaltet, z. B. durch Terror oder durch die Bildung prokommunistischer Splittergruppen, die den Namen einer früher unabhängigen Partei einfach übernahmen. In der *letzten* Phase wurden die Sozialdemokraten von den Kommunisten »geschluckt«, und mit der Verschmelzung, der eine Säuberung der Mitgliedschaft vorausging, wurde eine Einparteienherrschaft errichtet, die entweder formell (Rumänien und unter Umständen Ungarn) oder informell (Bulgarien, die Tschechoslowakei, Polen und später die DDR) ausfiel. Diese Phasen zeichneten sich in den früheren Feindstaaten besonders deutlich ab: Die erste dauerte bis zur zweiten Hälfte des Jahres 1946, die zweite bis Mitte 1947, und die dritte dauerte bis Ende 1948 und reichte in das Jahr 1949 hinein. Man sollte die Phasen nicht schematisch verstehen, da die Kommunistische Partei ihre Position kontinuierlich ausbaute, insbesondere durch die Konzentration der polizeilichen Gewalt in ihren Händen und indem sie von der sowjetischen Vorherrschaft profitierte.

Für Polen und die Tschechoslowakei waren die drei Phasen durch die Einwirkung eigentümlicher wie auch gegensätzlicher Umstände wenig abgrenzbar.

Die Eigentümlichkeit in Polen bestand in einer tiefen formalen Spaltung zwischen den durch die Sowjetunion unterstützten politischen Kräften und der Mehrheit, die loyal zur polnischen Exilregierung stand (von den westlichen Verbündeten bis Mitte 1945 anerkannt). Da die Deutschen durch die Rote Armee vom polnischen Boden vertrieben worden waren, kam es eigentlich zur Bildung einer ausschließlich kommunistischen Regierung (trotz des formellen Anspruchs, eine Vierparteienkoalition zu sein) mit einer eigenen Armee, Polizei und Verwaltung. Zu dieser bestehenden Ordnung kam im Juni 1945 ein bescheidenes »Zugeständnis« von Koalitionselementen hinzu (stärkste politische Macht war hier *Mikolaiczyks* Bauernpartei). Von der Seite der Kommunisten gab es zu keiner Zeit den geringsten Versuch, die Koalition als real zu behandeln. Läßt man eine Gleichberechtigung in den Interessengemeinschaften, einer

Form, die den Wahlsieg der Kleinbauernpartei 1945 in Ungarn möglich machte, unberührt, wurde die Bauernpartei mit der Behauptung offen angegriffen, sie biete dem internationalen und nationalen Rückschritt Schutz. Diese Angriffe wurden zweifellos durch eine akute, im Vergleich mit anderen Staaten der Region einmalige Form politischen Handelns begünstigt, die namentlich aus bewaffneten Untergrundaktionen, geführt durch Extremisten unter den polnischen Antikommunisten und ukrainischen Nationalisten, bestand. Dieser Kampf entwickelte sich im Laufe der Zeit tatsächlich zu einem kleinen Bürgerkrieg. Die dritte Phase lief in Polen im großen und ganzen mit der in anderen Staaten parallel, allerdings mit dem schwerwiegenden Unterschied, daß ein Angriff auf den »rechten Flügel und eine nationalistische Abweichung« innerhalb der Kommunistischen Partei *(Gomulka)* einem formalen Zusammenschluß mit den gesäuberten, sozialistischen Parteien vorausging.

Auf gegensätzlichen Grundlagen beruhte die Eigenart des tschechoslowakischen Falls:

1. auf einer vor der Befreiung des Staatsgebiets gebildeten Koalition mit einer international und von allen heimischen Kräften anerkannten Regierung;

2. auf den freundschaftlichen Beziehungen der Nichtkommunisten in der Koalition mit der Sowjetunion (gesondert gesehen werden muß die Situation in der Slowakei).

Diese Faktoren sowie der Rückzug der sowjetischen (und amerikanischen) Truppen im November 1945 machten die tschechoslowakische Koalition zur ausgewogensten und am längsten bestehenden in Osteuropa. Die volle Eingliederung der Tschechoslowakei in die Front der anderen Staaten Mitte des Jahres 1949 war auf das Zersprengen der Koalition durch die kommunistische Machtübernahme im Februar 1949 und die nachfolgenden Änderungen zurückzuführen.

Ostdeutschland war in dieser Periode formal ein Sonderfall; es wurde bis zur Gründung der Deutschen Demokratischen Republik im Oktober 1949 von der Sowjetischen Militär-Administration regiert. Im Grunde aber machte es die gleiche Entwicklung nur mit geringerer Geschwindigkeit durch:

1952 wurde die DDR als voll entwickelte »Volksdemokratie« anerkannt.

Internationale Ereignisse modifizierten die beschriebene Entwicklungsrichtung, insbesondere 1947, als die Trumandoktrin aufgestellt, der Marshallplan (dem die osteuropäischen Regierungen unter sowjetischem Druck fernblieben) gestartet und das Kommunistische Informationsbüro (Kominform) gegründet wurde. In diesem Zusammenhang ist auch hervorzuheben, daß die Sowjetunion jegliche Form einer politischen oder wirtschaftlichen Zusammenarbeit zwischen den osteuropäischen Staaten kategorisch ablehnte und verhinderte, so z. B. den Balkanpakt und das tschechoslowakisch-polnische Vorhaben einer weitergehenden ökonomischen Integration.

Der soziale und wirtschaftliche Wandel

Die neue politische Autorität war zweifellos die treibende Kraft eines tiefgreifenden Umbruchs von Wirtschaft und Gesellschaft in Osteuropa. Während der verhältnismäßig kurzen Periode von 1945 bis 1949 verwirklichte sie einen großen Teil der Ziele der sogenannten »Übergangsperiode vom Kapitalismus zum Sozialismus«, auch wenn diese Veränderungen, wie etwa die Landreform, mitunter nicht als sozialistische, sondern als »revolutionär-demokratische« Maßnahme dargestellt wurden. Ohne auf Einzelheiten einzugehen, werden wir die Landreform, die Verstaatlichung der Industrie und die Einführung der Planwirtschaft in Grundzügen darstellen.

Die Landreform hatte keineswegs in allen Staaten Osteuropas die gleiche Bedeutung. In Ländern wie Bulgarien, wo bereits in den frühen zwanziger Jahren eine beträchtliche Landverteilung an die Bauern stattgefunden hatte, oder – in einem geringeren Ausmaß – in Jugoslawien war die Landreform sozioökonomisch und politisch weniger wichtig. Auf der anderen Seite des Spektrums standen Polen, Albanien und insbesondere Ungarn, wo die Unfähigkeit, während des Zwischenkriegszeitraums die Struktur des Landbesitzes zu ändern, ungelöste soziale und wirtschaftliche Konflikte hinterlassen hatte. Rumänien, die Tschechoslowakei und die DDR nahmen in dieser Hinsicht eine Zwischenposition ein. In allen Ländern, mit Ausnahme Bulgariens und der DDR, wurde das Ergebnis der Landreform nach dem Kriege überschätzt, weil Landbesitz von Deutschen, Italienern und Kollaborateuren sowie – besonders in Jugoslawien – der Kirche verteilt werden konnte. Der Großteil des Landes, das in Polen und in der Tschechoslowakei aufgeteilt wurde, befand sich früher in deutschem Eigentum, was der Landreform einen deutlich nationalen Beigeschmack gab.

Die Landreform in Osteuropa nach dem Zweiten Weltkrieg wird oft als radikal beschrieben. Betrachtet man die Größenordnung, wäre diese Bewertung nur für die DDR, Ungarn und Polen angebracht, wo ungefähr 30 % der landwirtschaftlich genutzten Flächen von den Reformen betroffen waren. In der Tschechoslowakei waren es ca. 18 %, in Albanien 14 %, in Rumänien 8 %, in Jugoslawien 5 % und in Bulgarien 2 %. Anfangs setzte man recht großzügige obere Grenzen für den Grundbesitz fest (manchmal 100 ha, in vielen Fällen 50 ha und in Albanien 5 ha), die erst später durchbrochen wurden. Staatsgüter und landwirtschaftliche Kooperativen spielten zunächst eine relativ untergeordnete Rolle. Radikal waren die osteuropäischen Landreformen jedoch in sozialer Hinsicht: Wo immer sie existierte, verschwand die Klasse der Großgrundbesitzer völlig. Die Verteilung des Landes wurde schnell, ohne lange Gerichtsverfahren und in vielen Fällen von den ärmeren Bauern selbst durchgeführt. Die Grundschulden wurden für null und nichtig erklärt, und der für das verteilte Land zu entrichtende Preis war unbedeutend. Zusammen mit dem Land wurden auch Vermögensgegenstände, Ausrüstung und Vieh verteilt. Sowohl durch die Verteilungsschlüssel als auch durch die staatliche Unterstützung wurden die Landarbeiter, die landlosen Bauern und die Kleinbauern begünstigt.

Aus rein wirtschaftlicher Sicht fällt es schwer, die Auswirkungen der Landreform angemessen zu bewerten. Einerseits teilte sie große Güter in kleine Einheiten, die teilweise nicht einmal so wirtschaftlich wie ein lebensfähiger bäuerlicher Betrieb arbeiten konnten. Andererseits schuf sie die Voraussetzungen für eine bessere Beschäftigung der landwirtschaftlichen Arbeitskräfte, ohne sich durch die Kosten der hohen Arbeitsintensität abschrecken zu lassen. Für verwüstete Länder war dies sehr wichtig. Die neue Agrarstruktur warf sicherlich viele soziale und wirtschaftliche Probleme auf, deren Lösung aber in der folgenden Periode ideologischen Überlegungen untergeordnet wurde.

Die Verstaatlichung der wichtigsten Produktionsmittel gehört natürlich zu den grundlegenden Maßnahmen der sozialistischen Umwandlung. Es ist daher interessant festzustellen, daß kein programmatisches Dokument kommunistisch geführter politischer Organisationen aus den Jahren 1944 und 1945 diese Maßnahme erwähnt. Sie beschränkten sich gewöhnlich auf die Beschlagnahme industrieller und anderer Vermögenswerte des Feindes (sowohl deutsche als auch italienische oder ungarische), sowie von Kollaborateuren und Kriegsverbrechern. Selbst das jugoslawische Programm, das sonst ziemlich freimütig war, gab sich wohlüberlegt ungenau in bezug auf die Frage des Eigentums an Produktionsmitteln. Es gab sicherlich autonome, innenpolitische Gründe für die Einnahme eines derart vorsichtigen Standpunkts. Indem sie nationale Einheit und Demokratie hervorhoben, versuchten die kommunistischen Parteien, die Furcht vor einer sozialistischen Revolution zu zerstreuen. Entscheidend für die Formulierung einer scheinbar nichtsozialistischen Strategie zu dieser Zeit war jedoch die internationale politische Situation. Nach wie auch vor der formellen Auflösung der Kommunistischen Internationale hatten die einzelnen Parteien die Aufgabe, ihre wahren Ziele gemäß den Anweisungen der Kominternführung zu verschleiern. Aus Rücksicht auf ihre westlichen Verbündeten mußte die UdSSR ihre sozialistischen Absichten in den Hintergrund stellen und den Eindruck erwecken, daß lediglich das Sicherheitsbedürfnis hinter ihrer Forderung nach einer Einflußsphäre westlich ihrer Grenzen stand. Durch die Verträge von Jalta und Potsdam wurde der Einfluß der Alliierten zwar geringer, verschwand aber bei den einstigen Gegnern, zumindest bis zum Abschluß der Friedensverträge, nicht völlig. Folglich schritt die Verstaatlichung bei den Verbündeten schneller voran als in den früheren Feindstaaten.

Ungeachtet der bescheidenen programmatischen Absichten verlief die Verstaatlichung in den verbündeten Staaten eigentlich sehr rasch. Drei Faktoren trugen dazu wesentlich bei. Erstens kam es während der Besatzungszeit zu einer außerordentlichen Anhäufung von Vermögenswerten im Besitz der Achsenmächte und ihrer Bevölkerung, unter anderem durch die Beschlagnahme alliierten Vermögens und die Konfiszierung jüdischen Eigentums. Nach dem Krieg wurde ein großer Teil der industriellen Anlagen verlassen vorgefunden, und der Staat kümmerte sich um die erneute Inbetriebnahme. Zusammen mit solchen Unternehmen, die sich schon vor dem Krieg in Staatseigentum befanden, verfügte der Staat durch die Beschlagnahme von Feindvermögen und die Verwaltung brachliegender Anlagen, auch ohne seine sozialistischen Absichten offen zu erklären, über die »Kommandohöhen« der Industrie. In Polen (wo die vom früheren Deutschen Reich wiedergewonnenen Gebiete eine große Rolle spielten) und in Jugoslawien befanden sich auf diese Weise zwei Drittel der gesamten industriellen Kapazität in der Hand des Staates, bevor irgendwelche allgemeinen Verstaatlichungsgesetze erlassen wurden. Der zweite Faktor war die Einstellung der Arbeiter, die, vor allem in den industriellen Ballungsräumen, einer Verstaatlichung sehr zugetan waren. Es war praktisch unmöglich, den Eigentümern ihre Unternehmen zu übergeben, wenn sie, wie in Polen geschehen, Anspruch auf ihren Besitz erhoben. Die drohende Forderung der Eigentümer veranlaßte die Kommunistische Partei in der Tschechoslowakei, von ihrer gemäßigten Haltung im sogenannten *Košice*-Programm vom April 1945 unerwartet schnell zur Verstaatlichung der Großindustrie überzugehen. Der dritte Faktor war die starke politische Stellung der Linken in den verbündeten Staaten, sei es durch ihre innenpolitische Stärke, wie in Jugoslawien, Albanien und der Tschechoslowakei, oder durch die besondere Situation in Polen, wo vor der blassen »Koalitionsperiode« schon eine vollentwickelte kommunistische Regierung bestanden hatte.

Abgesehen von ihrer allgemeinen vorsichtigen Politik, war die Kontrolle der Industrie durch die nationalen Regierungen in den ehemaligen Feindstaaten auch dadurch begrenzt, daß die UdSSR selbst wichtige industrielle Kapazitäten als Kriegsbeute übernahm. In Ostdeutschland befand sich anfänglich die gesamte beschlagnahmte Industrie unter sowjetischer Militärverwaltung und wurde nur allmählich und zunächst begrenzt an die ostdeutschen Behörden übergeben. Erst 1953, nach *Stalins* Tod, gingen die 25 Sowjetischen Aktiengesellschaften, die insgesamt 200 große Unternehmen umfaßten, in das Eigentum der Deutschen Demokratischen Republik über. In den anderen Staaten waren gemischte Gesellschaften, die praktisch unter sowjetischer Kontrolle standen, die vorherrschende Form. Besondere Bedeutung kam diesen gemischten Gesellschaften (Sow-Rom) in Rumänien zu.

Diese Unterschiede zwischen den verbündeten Ländern und den früheren Feindstaaten sowie zwischen den einzelnen Staaten in beiden Gruppen verwischen sich jedoch in historischer Perspektive; im wesentlichen verlief die Verstaatlichung einheitlich.

Erstens wurde im Verlauf von drei bis vier Jahren in der gesamten Region eine weitreichende Verstaatlichung der Industrie durchgeführt. Um 1950 stieg der Anteil der staatlichen und genossenschaftlichen Industrie an der industriellen Gesamtproduktion auf über 90%, in der DDR auf 70%. Zweitens wurde der Spielraum der privaten Kleinindustrie (bis zu 50, in einigen Ländern sogar bis zu 100 Beschäftigte) schnell überall eingeschränkt. Der Verstaatlichung der Industrie folgte die Verstaatlichung des Bankwesens, der Bauindustrie, des Transportwesens und des Handels. Es kam nicht nur zu einer radikalen und praktisch entschädigungslosen Enteignung (über eine Entschädigung westlicher Eigentümer wurde mit einigen Ländern verhandelt), sondern auch zu einem anderen Modus operandi der verstaatlichten Unternehmen, die bald zu Einheiten einer zentral geplanten Ökonomie sowjetischen Typs wurden. Auch die in einigen Ländern spontan entstandenen Formen von Arbeitermitbestimmung – insbesondere in Polen und der Tschechoslowakei bildeten sich während der Übergangsperiode Arbeiterräte vielerlei Gestalt – hatten nur ein kurzes Leben und wichen einer formalhierarchischen Unternehmensführung.

Die in Osteuropa praktizierte Verstaatlichung öffnete nicht nur den Weg zur Planwirtschaft, sondern machte sie im Grunde genommen unumgänglich. Die Idee einer geplanten Wirtschaft fand zu dieser Zeit auch unter Nichtkommunisten, die durch die Vorkriegserfahrung vom Liberalismus enttäuscht waren, beträchtliche Zustimmung. Die Nachkriegssituation verstärkte noch die Argumente für die Planung. Die anfängliche Notlage erforderte Eingriffe der Regierung in die Verteilung knapper Güter; die Knappheit (in einigen Ländern das vollständige Fehlen) privaten Kapitals wies auf den Staat als Träger der Akkumulation, sogar für die Zwecke des reinen Wiederaufbaus. In der Praxis konnten die Ziele des Wiederaufbaus meist nicht von der zukünftigen Entwicklungsrichtung und den beabsichtigten strukturellen Veränderungen getrennt werden, schon gar nicht unter den Umständen einer dramatischen Änderung der Grenzen, der Bevölkerung, der Außenwirtschaftsbeziehungen, der Eigentumsverhältnisse und der gesellschaftlichen und politischen Institutionen. Die im allgemeinen eher positive Einstellung gegenüber der Planwirtschaft bedeutete jedoch nicht, daß eine Übereinstimmung in bezug auf die Planungsmethoden und den materiellen Gehalt der Pläne bestand.

Sieht man von kurzfristigen Plänen aus dem Jahre 1946 ab, so begannen die meisten osteuropäischen Staaten 1947 mit einer Art mittelfristiger Planung. (In Albanien gab es den ersten Plan 1949/50, Rumänien setzte seinen 1949 in Kraft.) Der jugoslawische Plan hob sich zu jener Zeit von denen anderer Staaten ab. In einer Zeitspanne von fünf Jahren sollte durch Befehlsplanung ein ehrgeiziger Industrialisierungsschritt realisiert werden: Das Nationaleinkommen sollte sich verdoppeln und die industrielle Produktion sich verfünffachen. Dabei handelte es sich in jeder Beziehung um eine Nachahmung der sowjetischen Planwirtschaft, die ein Jahr später – nach dem Bruch im Jahre 1948 – aufgegeben werden mußte. Die ersten Pläne der anderen osteuropäischen Staaten sahen in der Regel anders aus. Sie zielten in erster Linie auf den Wiederaufbau, also auf die schnellstmögliche Wiederherstellung des Vorkriegsstandes der Produktion und der Versorgung mit Konsumgütern. Meistens gingen sie über den bloßen Wiederaufbau im strengen Sinn des Wortes hinaus, aber weiterreichende Entwicklungsziele wurden nur sehr behutsam, gewissermaßen als bloße Ergänzung der Aufgabe des Wiederaufbaues formuliert. Einige Pläne schlossen Strukturveränderungen ein. Das gilt für den Beginn der Industrialisierung in der Slowakei und die Eingliederung der wiedergewonnenen Gebiete in die polnische Wirtschaft; die Nutzung von Produktionskapazitäten in Westpolen trug wesentlich dazu bei, daß das Vorkriegsniveau der Produktion bereits 1949 übertroffen werden konnte. Die Methoden der Planung und die Organisation der Volkswirtschaft glichen zunächst mehr dem sowjetischen Beispiel der zwanziger Jahre, also der neuen ökonomischen Politik, als dem der dreißiger Jahre: In der Regel wurden nur zusammengefaßte Planziele formuliert und in vielen Fällen nicht bis auf die Unternehmensebene aufgeschlüsselt, einige Kennziffern hatten eher den Charakter von Prognosen als von verbindlichen Zielen, und viele verstaatlichte Unternehmen wurden angewiesen, über Käufe und Verkäufe nach kommerziellen Prinzipien zu entscheiden. Marktmechanismen wurden, auch wenn sie stark reguliert waren, zur Verwirklichung der Pläne ebenso genutzt wie direkte Kontrollen – z. B. bei der Zuteilung von Rohstoffen und der Rationierung von Konsumgütern – und die Regulierung von Preisen und Krediten. Wo es, wie in den früheren Feindstaaten, nicht möglich war, vor der Verstaatlichung eine Befehlsplanung einzuführen, übte die Regierung zumeist als Monopolist für Rohstoffe, Monopsonist für gewisse Fertigprodukte und Agentur zur Verteilung von Krediten Einfluß auf die Entscheidungen der privaten Unternehmen und Haushalte aus. In der Tschechoslowakei wurde ein einzigartiges Planungssystem geschaffen, das sowohl Erfahrungen nutzen als auch zur demokratischen Lösung von Konflikten führen sollte: Die im Juni 1946 geschaffene Zentrale Plankommission bestand aus Experten, die von den Koalitionsparteien entsprechend ihrer parlamentarischen Stärke benannt wurden.

Dies begann sich mit der letzten Phase der kommunistischen Machtübernahme ab der zweiten Hälfte des Jahres 1947 zu ändern. Der Druck auf ehrgeizigere Industrialisierungspläne nahm zu, die Befehlsplanung gewann an Boden, und die Planungsinstitutionen wurden allmählich nach sowjetischem Vorbild umgestaltet und einer strikten Parteikontrolle unterworfen. Ende 1949 bis Anfang 1950 kam es zu einer paradoxen Situation: Jugoslawien, das aus eigenem Antrieb mit der engsten Imitation des sowjetischen Modells angefangen hatte, begann sich nun weit davon zu entfernen, während die anderen Länder, die zunächst einen »eigenen Weg zum Sozialismus« gehen wollten, ob sie es mochten oder nicht, zur völligen Nachahmung des sowjetischen Systems gebracht wurden.

Der Nachkriegsaufschwung

Gleichzeitig mit dem revolutionären Wandel des politischen, sozialen und wirtschaftlichen Lebens in Osteuropa mußte ein – angesichts der tiefen Einschnitte durch die Feindseligkeiten, die Ausrottungspolitik der Achsenmächte, den Abbau internationaler Kapazitäten, die Wanderung von Millionen verschleppter Personen usw. – ungeheuer schwieriger Prozeß des wirtschaftlichen Wiederaufbaus in Gang gesetzt werden. Einige Länder litten unter enormen Bevölkerungsverlusten, insbesondere Polen mit 22 % (ca. sechs Millionen Menschen, von denen die Hälfte Juden waren) und Jugoslawien mit 11 %. Die materiellen Verluste beliefen sich in Jugoslawien auf das Neunfache des Nationaleinkommens von 1929, auf das Sechsfache in Polen, auf das Vierfache in Ungarn und das Anderthalbfache in der Tschechoslowakei; sie wurden in Bulgarien etwa auf das Nationaleinkommen von 1929 geschätzt und in Rumänien auf etwa die Hälfte dieser Größe. Der Konsum ging deutlich zurück: Der in Kalorien gemessene Nahrungsmittelverbrauch pro Kopf wurde für das erste Nachkriegsjahr in Ungarn und Rumänien auf etwas mehr als 50 % des Vorkriegsdurchschnitts geschätzt und auf 80 % in der relativ gut gestellten Tschechoslowakei. Häufig bestand die Infrastruktur, insbesondere das Transportwesen, nur noch aus Überresten. Auch die monetäre Situation war äußerst angespannt und entwickelte sich in Ungarn zu einer galoppierenden Inflation bisher ungekannten Ausmaßes.

Auch das außenwirtschaftliche Umfeld änderte nichts an dieser Situation. Die ehemaligen Feindstaaten (Ostdeutschland ausgenommen) wurden in den Friedensverträgen zu Wiedergutmachungszahlungen verpflichtet, die sich – gemessen an der Kaufkraft von 1938 – auf 665 Millionen US-Dollar beliefen. Drei Viertel davon entfielen auf die UdSSR und knapp 15% auf Jugoslawien, das aus verschiedenen Gründen sehr wenig erhielt. Die Sowjetunion nahm ihren Anteil zumeist in Form von Warenlieferungen, deren laufender Wert nach einigen Schätzungen doppelt so hoch war wie die nominale Forderung. Dazu kam noch die Übertragung deutschen und italienischen Vermögens an die UdSSR, das den Grundstock der meisten Gemeinschaftsunternehmen bildete. Die Reparationszahlungen bzw. »Wiedergutmachungslieferungen« Ostdeutschlands summierten sich nach Angaben westlicher Experten auf nahezu 20 Milliarden US-Dollar, also ungefähr ein Fünftel bis ein Drittel des ostdeutschen Bruttosozialprodukts während der acht Nachkriegsjahre.

Für die alliierten Staaten hatten die Reparationen eine wichtige Quelle der wirtschaftlichen Erholung werden sollen, doch war die tatsächliche Wirkung kaum erwähnenswert. Die einzigen größeren Zahlungen, die Jugoslawien erhielt, kamen aus Deutschland, aber es blieb unklar, in welchem Verhältnis sie zur ursprünglichen Schuld standen. In Ermangelung eines Friedensvertrages mit Deutschland wurden die Wiedergutmachungsverpflichtungen gegenüber der Tschechoslowakei nie genau festgelegt, und der Beginn des »Kalten Krieges« stoppte alle Zahlungen, die vom Westen erwartet wurden; nach tschechoslowakischen Quellen wurden lediglich zehn Millionen US-Dollar gezahlt. Andererseits profitierte die Tschechoslowakei von den Vermögenswerten, die die Sudetendeutschen zurückgelassen hatten, und von den Produktionskapazitäten, die der deutsche Staat während des Krieges aufgebaut hatte. Die polnische Situation war am verworrensten: Einerseits brachten die Gebietsveränderungen eine beträchtliche Erweiterung des polnischen Produktionspotentials mit sich, andererseits drängten die schweren Verluste jeglicher Art nach Ersatz. Das Potsdamer Abkommen und das anschließende sowjetisch-polnische Abkommen brachten Polen einen 15%igen Anteil an den Zahlungen, die Deutschland an die Sowjetunion zu leisten hatte. Polen lieferte im Gegenzug Kohle zum Vorzugspreis an die Sowjetunion; dafür wiederum erhielt Polen zweifellos einen gewissen Ausgleich, dessen genaue Höhe zwar nie bekannt wurde, aber mit Sicherheit sehr gering gewesen ist. Dagegen muß die Belastung durch die Vorzugskohlelieferungen beträchtlich gewesen sein, wofür auch spricht, daß die Sowjetunion 1956 Polen eine Schuld in Höhe von 500 Millionen US-Dollar erließ, um die bis dahin aufgelaufenen Preisdifferenzen auszugleichen.

Per Saldo waren die Reparationen für die verbündeten Staaten eher eine Verbindlichkeit als eine Forderung. Dazu kam, daß auch sie einen Beitrag zur Unterstützung der Alliierten leisten mußten. Polen und die Tschechoslowakei mußten einen Teil ihrer Kriegsschulden an ihre Verbündeten zurückzahlen, und alle Staaten der Region hatten sowohl schwere Belastungen durch ihre eigenen militärischen Anstrengungen in den Jahren 1944–1945 als auch einen beträchtlichen Teil der Versorgung der sowjetischen Armee zu tragen.

Die Sowjetunion leistete in gewissem Umfang Nothilfe aus Armeebeständen, vor allem unmittelbar nach dem deutschen Rückzug. Zieht man aber die eigene Situation der UdSSR in Betracht, so können diese Lieferungen insgesamt nicht von großer Bedeutung gewesen sein, wie wichtig sie im Einzelfall auch gewesen sein mögen. Der wichtigste Kanal für Hilfslieferungen nach Osteuropa war die United Nations Relief and Rehabilitation Administration (UNRA). UNRA-Lieferungen zielten sowohl auf direkte Hilfe für die Bevölkerung, vor allem mit Nahrungsmitteln und Kleidung, als auch auf erste Anstöße zur Wiederherstellung von Schlüsselbereichen der Wirtschaft, vor allem des Transportwesens, aber auch durch die Lieferung von Vieh und besonders knappen Rohstoffen und Maschinen; besonders wichtig waren auch medizinische und sanitäre Hilfsgüter. Mit wenigen Ausnahmen waren die UNRA-Lieferungen für die Empfängerländer kostenlos. Da die meisten Güter auf dem heimischen Markt verkauft wurden, trugen sie dazu bei, das finanzielle Gleichgewicht wiederherzustellen. Im Jahre 1946 erreichten die UNRA-Lieferungen ihren höchsten Wert; er belief sich auf 5% des tschechoslowakischen Nationaleinkommens und 36% des Imports von Handelsgütern, auf 60% des Imports von Handelsgütern in Polen und wahrscheinlich auch in Jugoslawien sowie auf über 75% in Albanien. UNRA-Hilfe erhielten jedoch nur die verbündeten Staaten. Sie war von kurzer Dauer, konzentrierte sich auf 18 Monate von Mitte 1945 an und wurde – anders als in Westeuropa – nicht durch internationale Kredite begleitet. Der Kalte Krieg warf seine Schatten voraus. Insgesamt mußten sich die Staaten Osteuropas weit stärker auf ihre eigenen Hilfsmittel verlassen, als es ihren wirtschaftlichen Bedürfnissen entsprach.

Trotz dieser Probleme war die Schnelligkeit, mit der die wirtschaftliche Erholung in Osteuropa vonstatten ging, bemerkenswert. Die Umsiedlung großer Bevölkerungsgruppen, insbesondere in Polen, in der Tschechoslowakei und in Ostdeutschland sowie in kleinerem Maße in Bulgarien, Ungarn, Rumänien und Jugoslawien, war im großen und ganzen bis zum Jahr 1946 beendet. Das Transportvolumen hatte im Jahr 1947 das Vorkriegsniveau erreicht oder gar überschritten. Die bäuerliche Bruttoproduktion des Landwirtschaftsjahres 1946/47 erreichte das, was man »Subsistenzniveau« (materielle Lebensgrundlage) nennen könnte: mehr als die Hälfte der Vorkriegsproduktion in allen Staaten. Dies versetzte die meisten Staaten schon 1947 in die Lage, von kurzfristigen Wiederaufbauanstrengungen zur Aufstellung mittelfristiger Rekonstruktionspläne überzugehen. Der Erfolg dieser Pläne hing davon ab, ob es gelang, die Beschäftigung außerhalb der Landwirtschaft zu erhöhen: Tatsächlich überstieg dieser Wert dann auch schnell den Vorkriegsstand. Angesichts der Arbeitsproduktivität, die von einem sehr niedrigen Ausgangsniveau erst 1948/49 ihren Normalzustand erreichte, erwies sich die Fähigkeit, Arbeitskräftereserven zu mobilisieren, als ausschlaggebender Faktor für eine starke Produktionssteigerung. In den meisten Staaten übertraf die industrielle Produktion 1948 den Vorkriegsstand: Rumänien, die DDR und Albanien erreichten dieses Niveau 1949/50. Die landwirtschaftliche Produktion hinkte in dieser Hinsicht nach. Sie erreichte im

Landwirtschaftsjahr 1948/49 nur etwa 80–90 % des Vorkriegsstandes, kletterte aber in Polen und der Tschechoslowakei wegen des starken Bevölkerungsrückganges pro Kopf auf über 100 %.

Mit der steigenden Produktion erholte sich die Nachfrage, wenn auch mit einer geringeren Rate. Beides ist auf das Zurückbleiben der Landwirtschaft und das schnellere Wachstum der Produktionsgütererzeugung zurückzuführen. Gegen Ende der Wiederaufbauperiode erreichte nur die Tschechoslowakei den durchschnittlichen Vorkriegsverbrauch an Nahrungsmitteln. Die Bevölkerung der anderen Staaten aß noch immer weniger als vor dem Krieg, nicht so sehr an Kalorien als an Proteingehalt. Die Lebensbedingungen hingen auch stark von der Zerstörung der jeweiligen Region durch den Krieg ab. Städte wie Warschau, Berlin und ganz besonders Budapest, Teile der Slowakei und Jugoslawiens sowie die Frontzone von 1944/45 an der Weichsel litten ungeheuer. Diese anfänglichen Unterschiede hielten sich noch für geraume Zeit.

Auf der anderen Seite gewannen einige Gruppen der Bevölkerung beträchtlich. Alle Staaten machten emsige Anstrengungen, Bildungs- und Gesundheitseinrichtungen auszubauen und sie für alle zugänglich zu machen; die erste Folge davon war ein Rückgang des Analphabetentums und der Säuglingssterblichkeit; dieser fiel allerdings zu gering aus, um Albanien, Jugoslawien und Polen vom letzten Rang in Europa zu bringen, den sie gemeinsam mit Portugal einnahmen. Die Einkommensverteilung veränderte sich durch den Krieg und den tiefgreifenden sozialen und wirtschaftlichen Wandel beträchtlich. Dazu trugen, besonders in Polen, auch die Gebietsveränderungen bei. Ein zweiter Faktor war die verbesserte Situation der Bauern bezüglich der Einkommensverteilung; während des Krieges und in der unmittelbaren Nachkriegszeit hatten sich infolge der Nahrungsmittelknappheit die Austauschverhältnisse mit der Industrie zu ihren Gunsten verändert; Landreformen und verbesserte Beschäftigungsmöglichkeiten außerhalb der Landwirtschaft zielten in die gleiche Richtung. Die Ausweitung der Beschäftigungsmöglichkeiten beeinflußte nicht nur die Verteilung zwischen Stadt und Land, sondern führte auch zum

Abbau des Unterschiedes zwischen Pro-Kopf-Einkommen und Verbrauch aller Arbeitskräfte (einschließlich der Arbeitslosen) auf der einen und der Beschäftigten auf der anderen Seite. Eine indirekte Folge der anwachsenden Beschäftigung war der sprunghafte Anstieg derer, die von sozialen Sicherungseinrichtungen lebten. Landreformen und Verstaatlichungen hatten die Ungleichheiten aus der Verteilung des Grundeigentums drastisch reduziert, und dies wurde nur teilweise durch die Bildung einer »second economy« kompensiert. Auch die Struktur der Arbeitseinkommen wurde egalitärer, insbesondere was das Verhältnis von Kopf- und Handarbeit sowie von gelernter und ungelernter Arbeit angeht. Schließlich führte auch die in einigen Staaten sehr weitgehende Rationierung von Konsumgütern zur Egalisierung der Realeinkommen.

Gegen Ende der Wiederaufbauperiode (1948/49) wurde die Rationierung lediglich in Ungarn und Polen nahezu vollständig aufgehoben. In allen anderen Staaten blieb sie bestehen. Nicht vergessen werden sollte jedoch, daß auch Ungarn und Polen die Rationierung in den frühen fünfziger Jahren für einige Konsumgüter wieder einführen mußten und auch die Tschechoslowakei gezwungen war, die Liste der rationierten Güter zu verlängern. Dies war vor allem auf den starken Zuwachs der Akkumulationsquote am Nationaleinkommen zurückzuführen, der bereits am Ende der Wiederaufbauperiode den Einstieg in den stalinistischen Typ der Schnellindustrialisierung markierte. Die relative Erholung des Konsums nach dem Krieg erwies sich, wie die »Neue ökonomische Politik« (NEP) der Sowjetunion in den zwanziger Jahren, als äußerst kurzes Zwischenspiel, bevor die Logik des Systems und die politischen Umstände in der nächsten Periode zu erneuten Einschränkungen führten.

Wie steht der osteuropäische Wiederaufbau nach dem Krieg im Vergleich zu Westeuropa? Die Europäische Wirtschaftskommission der Vereinten Nationen errechnete einen gemeinsamen Index des Nationaleinkommens (1948 verglichen mit 1938) für neun »westliche« (Finnland, Frankreich, Norwegen, Dänemark, Belgien, Niederlande, Luxemburg, Griechenland und Italien) und vier »östliche« Staaten (Bulgarien, Tschechoslowakei, Ungarn und Polen).

Der Index pro Kopf betrug für den Osten 115 und für den Westen bloß 95, während der Index des Nationaleinkommens als Ganzes im Westen 95 und im Osten 92 erreichte. Offensichtlich ist die Differenz im Pro-Kopf-Index auf die Bevölkerungsentwicklung zurückzuführen, der »Westen« hatte eine um 4 % höhere Bevölkerung als vor dem Krieg, der »Osten« hatte fast 20 % weniger. Es ist problematisch, diese Zahlen als Maßstab für einen Vergleich der Leistungsfähigkeit zweier Systeme in der Wiederaufbauperiode zu benutzen. Zumindest aber läßt sich sagen, daß die Erfolge in Osteuropa nicht geringer waren als anderswo; angesichts der anfänglichen Zerrissenheit müssen die Ergebnisse sogar als beachtlich angesehen werden.

Das kommunistische Osteuropa ging mehr oder minder geheilt von den Wunden des Krieges und mit einer neuen Ordnung in die fünfziger Jahre: Die kommunistischen Parteien hatten die vollständige politische Macht. Die sozioökonomischen Grundlagen des Sozialismus, wie sie die kommunistische Ideologie versteht, waren gelegt, abgesehen von der Kollektivierung der Landwirtschaft, mit der man erst begonnen hatte. Die Sowjetunion hatte sich als regionale Vormacht etabliert; nur ein Land, Jugoslawien, weigerte sich, diese Rolle anzuerkennen. Westliche Einflüsse waren während dieser Entwicklung erfolgreich zurückgewiesen worden. Durch die Gründung des Rates für gegenseitige Wirtschaftshilfe (RGW) fand die internationale Situation Osteuropas ihren institutionellen Ausdruck.

So waren die grundlegenden Voraussetzungen geschaffen, um die Lebensfähigkeit der neuen Ordnung zu testen. Die abweichende Variante des Systems, die Jugoslawien verwirklichte, verlieh diesem historischen Experiment zusätzlich eine unerwartete Note.

Teil I

1950–1953

Die Blütezeit des Stalinismus

Die politischen Rahmenbedingungen

Die Jahre 1949 bis 1953 können als Höhepunkt des Stalinismus charakterisiert werden, der die innen- und außenpolitischen Verhältnisse in Osteuropa prägte. Für Jugoslawien stellte sich der außenpolitische Rahmen natürlich ganz anders dar. Jugoslawien hatte 1948 mit der Sowjetunion vollständig gebrochen und wurde deshalb zum Ziel vielfältiger Repressalien seiner früheren Beschützerin und ihrer Verbündeten: Sämtliche politischen, diplomatischen und wirtschaftlichen Mittel wurden ausgeschöpft, wobei das letztere beinahe die Form eines totalen Embargos annahm. Vor dem Bruch hatte Jugoslawien fast die Hälfte (46,1 %) seines Außenhandels mit dem Ostblock getätigt; im Verlauf nur eines Jahres ging dieser Anteil auf unter 14 % zurück und war in den darauffolgenden fünf Jahren praktisch gleich Null. Der Bruch der engen wirtschaftlichen Beziehungen zur Sowjetunion und dem restlichen Osteuropa zwang das Land zu einer Neuorientierung, die der Wirtschaft einen harten Schlag versetzte. Ohne die Lieferung sowjetischer Investitionsgüter und deren Finanzierung durch Kredite und Clearing-Abkommen (Zahlungsverkehr) waren die Ziele des jugoslawischen Fünfjahrplans (1947–1951) nicht zu erreichen. Die Logik des Kalten Krieges erleichterte es Jugoslawien andererseits, über alle ideologischen Differenzen hinweg vom Westen ausgleichende politische und wirtschaftliche Unterstützung zu erhalten, und der folgende innenpolitische Wandel begünstigte auch die Mobilisierung von Hilfe durch die sozialdemokratischen Parteien des Westens.

Die sieben übrigen osteuropäischen Länder (im folgenden als »Volksdemokratien« bezeichnet, um sie von Jugoslawien zu unterscheiden, das sich freilich damals ähnlich nannte) waren von der Sowjetunion vollständig unterjocht und vom Westen in hohem Grade isoliert. Obwohl es völlig falsch wäre, die Volksdemokratien mit den konstitutionellen Republiken der UdSSR gleichzusetzen, wurde die Unterordnung so stark und allumfassend, daß innere und äußere politische Verhältnisse oft miteinander verschwammen. Das kennzeichnende Merkmal dieser Unterjochung war die untergeordnete Bedeutung formaler und institutioneller Beziehungen. Das Kominform diente als Werkzeug zur Unterordnung der osteuropäischen kommunistischen Parteien, ganz besonders zwischen 1947 und 1948, als es sowohl interne Kurswechsel durchsetzen als auch die Reihen gegenüber dem Westen und später gegenüber *Titos* Jugoslawien schließen sollte. Nach 1949 fanden keine Kominformtreffen mehr statt, und die Kominformzeitung »Für dauerhaften Frieden! Für Volksdemokratie« verkam zu einem Propagandaorgan mittelmäßiger Qualität. Der 1949 ins Leben gerufene Rat für gegenseitige Wirtschaftshilfe (RGW) spielte zu diesem Zeitpunkt keine wesentliche Rolle, und seine Bedeutung als grundlegende organisatorische Struktur erhielt er erst einige Zeit nach *Stalins* Tod.[1] Bis zur Gründung des Warschauer Pakts als militärische Organisation 1955 wurde keine zwischenstaatliche Institution ins Leben gerufen. Diese Eigentümlichkeit könnte als Reflex der Tatsache gedeutet werden, daß institutionelle Formen unter den Bedingungen einer quasi-göttlichen Autorität *Stalins* und der Besetzung nahezu aller Kommandopositionen in Armee, Polizei, Wirtschaft und kulturellen Institutionen durch sowjetische Staatsbeamte (sog. Berater) für überflüssig erachtet wurden. Im Falle der polnischen Armee, der die Sowjets beson-

---

1 Vgl. *M. Kaser, Comecon. Integration Problems of the Planned Economies*, London 1967 ⟨2⟩, Kap. 4. Es kann gut sein – vor allem im Lichte des von *Karel Kaplan, CSSR and the CMEA* (unveröffentlichtes Manuskript, ausführlich zitiert in: *J. Kosta, Abriß der sozialökonomischen Entwicklung der Tschechoslowakei 1945–1977*) vorgestellten Materials –, daß die recht weit verbreitete Sicht des RGW zwischen 1949 und 1953 als inaktiv übertrieben ist; nichtsdestoweniger scheinen die obigen Ausführungen im Vergleich mit anderen Einflußkanälen und mit der späteren Position des RGW gültig zu sein. Es muß erwähnt werden, daß Professor *M. Oprisan* (ein früherer höherer Wirtschaftsbeamter in Rumänien) die Rolle des RGW während der Periode von 1949 bis 1953 größer einschätzt, als gemeinhin angenommen wird (privates Gespräch mit dem Autor).

ders mißtrauten, befanden sich alle höheren Kommandoebenen, einschließlich der des Verteidigungsministers, in der Hand der Sowjets. Der weitgehende Abbau der Wirtschaftsbeziehungen mit dem Westen war ein anderer Grund für die Abhängigkeit von der Sowjetunion. Unter diesen Umständen mußte die sowjetische Führung die Entwicklung eines formalen institutionellen Rahmens nicht nur für überflüssig, sondern auch für unzweckmäßig halten, hätte dies doch die Einführung gewisser Regeln bedeutet und den beteiligten Ländern zumindest ansatzweise den Status eines Partners zugebilligt.

Auch die innenpolitischen Umstände entwickelten sich während dieser Periode in Jugoslawien auf der einen und den Volksdemokratien auf der anderen Seite in unterschiedliche Richtungen. Betrachtet man die institutionellen Veränderungen, so bewegten sich die Ostblockstaaten in Richtung auf die Position, die Jugoslawien 1945 eingenommen hatte, und Jugoslawien entfernte sich davon. Formal drückt sich dies in den Verfassungen aus. Die Verfassungen, die sich die Volksdemokratien vor oder während der behandelten Periode gaben [2], brachte sie der sowjetischen Verfassungsform einen großen Schritt näher. Abgesehen von einer unklaren Stellungnahme zum kleinen Privatbesitz waren sie einfach der sowjetischen Verfassung von 1936 nachgebildet. Die tschechoslowakische Verfassung behielt, wahrscheinlich mehr als alle anderen, einige formale Bindeglieder zur Vergangenheit bei, u.a. das Amt des Präsidenten. Jugoslawien hielt zwar formal an seiner Verfassung von 1946 fest, änderte die Struktur der Staatsorgane aber 1953 erheblich mit dem Ziel, die Staatsverwaltung von der eigentlichen Regierung zu trennen: Die Regierung wurde zu einem Ausschuß des Parlaments mit dem Bundespräsidenten an der Spitze. Außerdem schuf man eine neue parlamentarische Kammer, die »Versammlung der Werktätigen«, die die Industriearbeiter, die Landarbeiter und die Handwerker direkt vertreten sollte. Einige dieser Veränderungen, wie zum

---

2 Bulgarien - Dezember 1947, Tschechoslowakei - Mai 1948, Ungarn - August 1949, Albanien - Juli 1950, Rumänien - März 1952, Polen - Juli 1952. Die DDR-Verfassung wurde 1949 beschlossen, aber das politische System wurde dem der anderen Volksdemokratien erst um 1952 angepaßt.

Beispiel die Sicherung der vorherrschenden Stellung des Proletariats in den Staatsorganen oder die Aufhebung der Gewaltenteilung zwischen Legislative und Exekutive (Regierung als ausführender Ausschuß des Parlaments), können auf frühe sowjetische Ideen und weiter bis auf die Pariser Kommune zurückgeführt werden. Einige andere können als Zeichen amerikanischen Einflusses gedeutet werden (der Präsident an der Spitze der Regierung). Ideologisch bezeichnen sowohl Jugoslawien als auch die Volksdemokratien ihre Staatsform als Diktatur des Proletariats.

Formale institutionelle Regelungen verschaffen, insbesondere in dieser Periode, wenig Einblick in die wirklichen Machtverhältnisse. Die politische Wirklichkeit bestand sowohl in Jugoslawien als auch in den Volksdemokratien in einer Einparteienregierung, nicht der Parteimitglieder, sondern der Parteielite.[3] Politische Opposition war nicht erlaubt, weder außerhalb noch innerhalb der regierenden Partei. Die Zusammensetzung der verfassungsmäßig gewählten Körperschaften und des Regierungsapparates wurde von der Partei wirksam kontrolliert, das gleiche gilt für die Gewerkschaften und alle anderen Organisationen. Und die angebliche Unabhängigkeit der Justiz war angesichts der allgegenwärtigen Geheimpolizei rein fiktiv.

Jenseits dieser allgemeinen Charakteristika lassen sich jedoch zwei verschiedene Entwicklungen erkennen. Die jugoslawische Partei stellte das sowjetische System in Frage. Sie schwenkte um auf einen Kurs der Arbeiterselbstverwaltung

---

[3] Das Einparteiensystem wurde formal in Albanien, Bulgarien und Jugoslawien (sowie 1954 in Ungarn) eingeführt; in Bulgarien blieb neben der Kommunistischen Partei (in die 1948 die Sozialistische Partei integriert wurde) eine Bauernpartei bestehen; in der DDR existierten außer der Sozialistischen Einheitspartei (dem Zusammenschluß von Kommunisten und Sozialdemokraten) vier Parteien, die Liberal-Demokratische Partei, die Nationaldemokratische Partei, die Christlichen Demokraten und die Demokratische Bauernpartei; in Polen gab es zwei neben der Vereinigten Arbeiterpartei (so hieß der Zusammenschluß von Kommunisten und Sozialdemokraten), die Vereinigte Bauern-Partei (populistisch), und die Demokratische Partei, sowie eine quasi-parteiliche katholische Organisation; in der Tschechoslowakei waren die vier neben der Kommunistischen Partei bestehenden die Sozialistische Partei (nicht zu verwechseln mit den Sozialdemokraten, die, wie anderswo, von der Kommunistischen Partei 1948 geschluckt wurden), die Volkspartei, die Partei der Slowakischen Wiedergeburt und die Slowakische Freiheitspartei. Tatsächlich wurden all diese Parteien während der betrachteten Periode den Kommunistischen Parteien vollständig als deren politische Instrumente untergeordnet (»Transmissionsriemen zu den Massen«).

und der Öffnung zum Westen. Die Einparteienherrschaft lockerte sich allmählich. Eine größere Vielfalt des kulturellen Lebens wurde geduldet, und der politische Terror beschränkte sich im wesentlichen auf offene Gegner des Regimes, und auch dort bediente er sich keiner Exekutionen. Veränderungen des sozioökonomischen Systems und der Wirtschaftspolitik, vor allem die Rücknahme der Kollektivierung, führten zur Entspannung der politischen Verhältnisse und steigerten dadurch die Zufriedenheit mit dem Einparteiensystem. Obwohl sich auf diesem Gebiet keine quantitativen Aussagen machen lassen, scheint der Bund der Kommunisten Jugoslawiens, verglichen mit dem negativen Trend der Nachkriegsjahre, in dieser Periode politische Unterstützung zurückgewonnen zu haben.

In den Volksdemokratien war das nicht der Fall. Unmittelbar nach der Festigung der kommunistischen Regime bestand wohl eine Chance, echte Unterstützung zu finden. Auf der einen Seite schwanden die nichtkommunistischen politischen Alternativen dahin, auf der anderen Seite zeigte das kommunistische Regime ein dynamisches Image. Seine Entwicklungspläne zogen besonders die Jugend und die technische Intelligenz an und boten ihnen große Möglichkeiten zum sozialen Aufstieg. Diese Chance war jedoch bald vertan, und der Trend kehrte sich infolge der wirtschaftlichen und politischen Maßnahmen während der letzten Jahre des Stalinismus um. Ohne uns lange mit einer detaillierten Aufzählung der Gründe für die wachsende Entfremdung großer Bevölkerungsgruppen vom Regime aufzuhalten, ist hervorzuheben, daß die Verpflanzung des sowjetischen Systems und die Wiederholung sowjetischer Politiken aus den dreißiger Jahren – einschließlich des Massenterrors auf breiter Front – in Osteuropa mehr Schaden anrichteten als in der Sowjetunion selbst. Wahrscheinlich hätten die höherentwickelten Volkswirtschaften, die wirtschaftlich nicht von Grund auf neu angefangen hatten, sogar in der Periode der beschleunigten Industrialisierung ein besser durchdachtes und wirksameres System der Planung und Leitung hervorbringen, hätten eine ausgewogenere Landwirtschaftspolitik verfolgen und auf die Kenntnisse der nichtpolitischen Experten eher zurückgreifen können.

Stärkere demokratische Traditionen und eine höherentwickelte politische Kultur machten die totalitäre Zwangsjacke noch weniger erträglich und dies um so mehr, als sie von außen aufgezwungen war. Während die Unzufriedenheit mit dem System in der Sowjetunion durch die allgemeine Befriedigung über den gewonnenen Großmachtstatus kompensiert werden konnte, wurde dieser in Osteuropa für viele zum Symbol und Werkzeug nationaler Unterdrückung. Die Brutalität und der Umfang des Terrors waren zwar weniger drastisch als in der Sowjetunion – was ein äußerst zweifelhafter Maßstab ist –, zeichneten sich dafür aber durch ihre zeitliche Verdichtung aus. Die verschiedenen Wellen des Terrors, die in der Sowjetunion aufeinanderfolgten, überschnitten sich in den Volksdemokratien: gegen die Bourgeoisie oder Menschen, die mit der sozialdemokratischen Bewegung in Verbindung standen, gegen Beamte des früheren Staates und ehemalige Vertreter der Wirtschaft, gegen die wohlhabenden Bauern, gegen die Kirche und fast gleichzeitig gegen einige Kommunisten, darunter viele bekannte Parteiführer. Angst und wirtschaftliche Not verlagerten die Spannungen unter die Oberfläche, wo sie jedoch äußerst explosiv blieben.

An dieser Stelle könnte man die Frage stellen, ob sich die Führungen der kommunistischen Parteien dieser Staaten der negativen Konsequenzen nicht bewußt waren, die eine Übernahme des Stalinismus selbst aus ihrer eigenen Sicht haben mußte. Das Problem ist sehr kompliziert[4], und eine kurze Antwort darauf ist aufgrund der verschiedenartigen Bedingungen und unterschiedlichen Führungsqualitäten der Parteispitzen in den einzelnen Ländern äußerst schwierig. Dennoch: Die erwiesenermaßen positive Einstellung gegenüber der offenherzigeren sowjetischen Politik unmittelbar nach dem Krieg, die erste Reaktion der polnischen und tschechoslowakischen Regierung auf den Marshallplan, die Tendenz, überzogene Industrialisierungsprogramme zu vermeiden, und das eher vorsichtige Herangehen an die Kollektivierung sprechen für gewisse Vorbehalte der osteuro-

---

[4] Der Autor diskutiert das Problem ausführlich in seinem Essay *Stalinism and the People's Democracies*, in: *R. C. Tucker* (Hg.), *Stalinism – Essays in Historical Interpretation*, New York 1977.

päischen Führer gegenüber der Übertragung des vollentwickelten Stalinismus; in bezug auf die Funktionsweise eines zentralistischen Wirtschaftssystems waren sie da wohl am wenigsten zurückhaltend. Dieser Unwille sollte jedoch nicht mit Bedenken gegen die vollständige Sicherung kommunistischer Kontrolle verwechselt werden und schon gar nicht mit Widerstand gegen den sowjetischen Druck zur Stalinisierung. Mit einigen Ausnahmen (mit Sicherheit *Gomulka* in Polen, vielleicht auch *Patrascanu* in Rumänien und *Koslov* in Bulgarien) widersetzten sich die kommunistischen Führer und Aktivisten in den Volksdemoratien nicht nur nicht, sondern wurden zu leidenschaftlichen Befürwortern des Stalinismus, trotz ihrer anfänglichen Zweifel und dem wenig beneidenswerten Schicksal, das einige von ihnen unter diesem System erwartete.

Eigentum an Produktionsmitteln

Außer in der Landwirtschaft fanden vor 1950 in allen wichtigen Wirtschaftszweigen der osteuropäischen Länder radikale Umwälzungen der Eigentumsverhältnisse statt. Die Periode von 1950 bis 1953 brachte zwei wichtige Veränderungen. Erstens eine Beschneidung des gesetzlich erlaubten Privatsektors, die weit über alle bisherigen Zusicherungen hinausging und in vielen Fällen zu seiner nahezu vollständigen Abschaffung führte, und zweitens die Unterordnung des genossenschaftlichen Sektors unter den Staat bis hin zur »Verstaatlichung von Genossenschaften«. Der erste Punkt kann genauer dargestellt werden. Laut ECE-Sekretariat erreichte der von ihm so genannte »Grad der Sozialisierung« 1952 die in *Tabelle I.1* aufgeführten Prozentzahlen.

Tabelle I.1
Anteile des sozialistischen Sektors an der Industrieproduktion und am Einzelhandelsumsatz
(in Prozent)

	Wert der industriellen Bruttoproduktion	Einzelhandelsumsatz
Albanien	98	88a)
Bulgarien	100	98
Tschechoslowakei	98	97
DDR	77	54
Ungarn	97	82
Polen	99	93
Rumänien	97	76

a) 1950
Quelle: Economic Survey of Europe since the War, Genf 1953, Tabelle 13, S. 37; für Albanien aus: F. Islani, Socialist Industrialization in the Years 1951–1955; Probleme Ekonomike, Tirana, Nr. 2 1979, S. 102 sowie Vjetar, statistiker i RPSH 1965, S. 293.

In Jugoslawien waren die entsprechenden Zahlen schon 1948 so hoch wie 1952 in Bulgarien. Der relativ niedrige Anteil von Staats- und Genossenschaftsindustrie und -handel in der DDR gibt ihren besonderen Status vor 1952 wieder. Sie galt als »antifaschistisch-demokratische Ordnung« und nicht als Volksdemokratie. Mit ziemlicher Sicherheit wäre die DDR in den folgenden Jahren in den Block integriert worden, wenn der veränderte politische Rahmen nach Stalins Tod nicht das Überleben des privaten Sektors in einem einzigartigem gemischtem Eigentumssystem und strenger Staatskontrolle bis Anfang der siebziger Jahre gesichert hätte.

Einige Länder gingen bei ihren Verstaatlichungen den Weg der Gesetzgebung: In Ungarn wurden im Dezember 1949 alle Industrieunternehmen mit mehr als zehn Beschäftigten verstaatlicht. In den meisten Fällen aber wurde dies nicht durch Gesetze, sondern durch starken »administrativen Druck«, durch wirtschaftliche Benachteiligung wie durch einfachen Zwang bewerkstelligt. In Polen, wo das geltende Gesetz Verstaatlichungen auf Unternehmen mit mehr als 50 Beschäftigten begrenzte, fiel die Anzahl der in der privaten Industrie Beschäftigten von 171 000 im Jahr 1947 auf 12 000 im Jahr 1953, ihr Anteil an den in der Industrie insgesamt Beschäftigten sank auf 0,5 %. In der Tschechoslowakei schrumpfte der gesamte Privatsektor, einschließlich Handwerk, Einzelhandelsgeschäften und Kleindienstleistungen, von 428 000 Beschäftigten 1950 auf nur 108 000 im Jahre 1952.[5] Die Verteilung des Eigentums an Produktionsmitteln außerhalb der Landwirtschaft deckte sich 1953 mit den entsprechenden Verhältnissen in der Sowjetunion.

Die herkömmliche Unterscheidung zwischen den beiden Formen des sozialistischen Eigentums, der staatlichen und der genossenschaftlichen, wurde beibehalten; praktisch waren die Genossenschaften jedoch verstaatlicht, das heißt, dem Staat in jeder Hinsicht unterstellt. Diese Unterordnung

---

5 *V. Průcha* u. a., *Hospodářské dějiny Československa v 19 a 20. stozeti*, Bratislava 1974, Tabelle p12, S. 591. Das Buch (S. 379) erwähnt unter anderem diese Druckmittel gegen kleine Privateigentümer: ihren Haushalten wurden die Rationierungsmarken genommen, und ihren Kindern wurde der Zugang zu höheren Schulen verwehrt.

wurde auf zweierlei Art erreicht. Erstens durch institutionelle Veränderungen, insbesondere durch die Verschmelzung aller Arten von Genossenschaften zu einem einheitlichen, hoch zentralisierten System, das sich allen Erfordernissen der Planaufstellung und -durchführung ebenso anpaßte wie ein Staatsbetrieb, und zweitens durch die Unterordnung unter die Partei. Die Überwachung aller Aktivitäten und die faktische Inanspruchnahme aller leitenden Positionen durch die Partei machten den Genossenschaftsstatus zur reinen Formalität.

Die Entwicklung der Landwirtschaft war während der Jahre 1950 bis 1953 von den ebenso schwierigen wie wichtigen Problemen des Übergangs von der Privatwirtschaft zur Kollektivwirtschaft geprägt. Ungeachtet aller Unterschiede der wirtschaftlichen und sozialen Bedingungen übernahmen alle Staaten die Politik der Kollektivierung, nachdem das Kominform 1948 entsprechende Beschlüsse gefaßt hatte. Während die Volksdemokratien unter Druck des Kominform handelten, beteiligte sich paradoxerweise bis 1952 auch Jugoslawien an der Kollektivierungskampagne, um seine ideologische Prinzipientreue unter Beweis zu stellen. Die Ergebnisse waren jedoch keineswegs einheitlich und weit weniger beeindruckend als die sowjetischen Erfolge in der vergleichbaren Periode (siehe *Tabelle I.2*).

Tabelle I.2
Anteil der landwirtschaftlich genutzten bzw. nutzbaren Fläche
(in Prozent)

	1950		1953	
	staatlich	genossenschaftlich	staatlich	genossenschaftlich
Albanien	5	3	5	8
Bulgarien	2	11	3	53
Tschechoslowakei	9a)	14a)	14	40
DDR	5	—	5b)	—
Ungarn	4	3	13	26
Polen	11	2a)	12	7
Rumänien	9a)	3a)	13	8
Jugoslawien	15	9	18	19b)

a) 1951   b) 1952
Quelle: Economic Survey of Europe since the War, Tab. 63, S. 179; East-Central-Europe under the Communists, die Bände für die jeweiligen Länder, New York 1956–57.

Unter der Sammelbezeichnung »Landwirtschaftliche Produktionsgenossenschaften« entstanden recht unterschiedliche Einrichtungen. Im großen und ganzen kann man drei Typen unterscheiden. Im Typ 1 wurde lediglich der Hauptteil der Anbaufläche kollektiviert, nicht jedoch der Viehbestand; der erzielte Gewinn wurde auf die Mitglieder im Verhältnis des eingebrachten Besitzes verteilt. Im Typ 2 wurde auch das Vieh kollektiviert, bei der Verteilung wurde aber ebenfalls das eingebrachte Vermögen berücksichtigt. Im Typ 3, dessen Vorbild die sowjetische Kolchose (Artel) war, hing die Verteilung schließlich nur noch von der geleisteten Arbeit ab. In allen Genossenschaftstypen wurde ein privates Hofland beibehalten. Die Anteile dieser Typen an der Gesamtzahl der Landwirtschaftlichen Produktionsgenossenschaften waren von Land zu Land verschieden, tendenziell ging der Anteil der »niedrigen« Formen zugunsten der »höheren« Formen zurück. In Bulgarien gab es von Anfang an nur eine einzige Form, die TKZ; ursprünglich sollte hier bei der Verteilung eine Landrente berücksichtigt werden, deren Bedeutung jedoch langsam zurückging, bis sie völlig verschwand. Rumänien begann mit einer Förderung der »niedrigen« Formen, wechselte dann zu den »höheren« über und mußte 1973 seine Landwirtschaftspolitik total revidieren; seitdem werden sehr lose Zusammenschlüsse geduldet, in denen sich die Verteilung der Gewinne in erster Linie nach dem eingebrachten Land richtet.[6] Ein Vergleich mit der Sowjetunion zeigt[7], daß sich die Kollektivierung in Osteuropa vorsichtigerer und besser durchdachter Methoden bediente. Bemerkenswert ist in diesem Zusammenhang, daß die bulgarische und die polnische Parteiführung 1951 Kampagnen gegen eine übereifrige Politik auf dem Lande starteten, die, natürlich in einem kleineren Maßstab, an die stalinistische »Benommenheit vom Erfolg«-Kampagne erinnerte. Ferner blieben die echten genossenschaftlichen Elemente in der Landwirtschaft stärker als in der übrigen verstaatlichten Wirtschaft, was auch damit zusammenhängt,

---

6 *V. Průcha* u.a., *Hospodářské dějiny evropskych socialistickych zemi*, Prag 1977, S. 201–204.
7 Vgl. *Z. Kozlowski, The Integration of Peasant Agriculture into the Socialist Economies of Eastern Europe since 1948* (angekündigt).

daß der Boden in den Volksdemokratien nie verstaatlicht wurde. Wohin die Entwicklung ohne die scharfe politische Wende Mitte der fünfziger Jahre gegangen wäre, läßt sich natürlich nicht sagen.

Wie aus *Tabelle I.2* hervorgeht, hatte der staatliche Sektor der Landwirtschaft in allen osteuropäischen Ländern seine Position bis 1953 gestärkt, in Ungarn verglichen mit 1950 sogar ganz beträchtlich. Im Zuge der Kollektivierung waren darüber hinaus überall Traktorenstationen eingerichtet worden, die ein weiteres bedeutendes Element der Ausdehnung des Staatssektors waren und ein wichtiges Instrument zur wirtschaftlichen und politischen Kontrolle der Landwirtschaft darstellten.

Die zwischen 1950 und 1953 erreichten Veränderungen der Eigentumsverhältnisse auf dem Lande gingen einher mit einer Politik der massiven Beschleunigung der industriellen Entwicklung. Daraus kann nicht auf eine notwendige wirtschaftliche Verknüpfung beider Prozesse geschlossen werden, außer vielleicht in solchen Staaten wie der Tschechoslowakei oder später auch in der Deutschen Demokratischen Republik, wo die Kollektivierung auch als Mittel zur Freisetzung von Arbeitskräften für die Industrie betrachtet werden konnte. Dagegen hatte jede Produktionsstörung, die von der Kollektivierungskampagne ausgelöst wurde, ernste Folgen für das wirtschaftliche Gleichgewicht. Die schnelle Industrialisierung und Militarisierung führte unter den Bedingungen des Kalten Krieges – und besonders während des Koreakrieges – zu einem sprunghaften Anstieg der Akkumulationsquote. Ein schnelles Wachstum der Beschäftigung in der Investitionsgüterindustrie und riesige Investitionsprojekte steigerten den Bedarf an Nahrungsmitteln, der jedoch von den zumeist zersplitterten und kapitalschwachen bäuerlichen Haushalten, die zudem auf ihren eigenen Konsum bedacht waren, kaum befriedigt werden konnte. Statt die Produktionsengpässe durch erhöhte Zuteilungen an die Landwirtschaft zu beseitigen, bestand die politische Reaktion darin, den Druck zu steigern, z. B. durch Steuererhöhungen (die landwirtschaftliche Steuer bemaß sich überwiegend nicht nach dem Einkommen, sondern nach der Produktionskapazität gemessen an der Qualität und Menge des Landes) und die Beibehaltung – bzw. Wiedereinführung – des Ablieferungssystems, das sich durch Zwangsablieferungsquoten für alle wichtigen Erzeugnisse schnell zu einer schweren Belastung entwickelte. Sowohl die Steuersätze als auch die Zwangsablieferungsquoten waren stark progressiv, weshalb sie als Waffe gegen die reicheren Bauern eingesetzt werden konnten. Der Kampf gegen die »Kulaken« veranlaßte auch viele mittlere Bauern, in die Landwirtschaftlichen Produktionsgenossenschaften einzutreten und dadurch dem steigenden Druck und der schweren Steuerlast, die aus rein politischen Gründen auferlegt wurde, zu entkommen. Wirtschaftlicher Druck wurde oft von direktem Zwang begleitet, beispielsweise von Verhaftungen von Bauern, die keiner Genossenschaft beitreten wollten, oder Benachteiligungen aller Art, vorzugsweise gegenüber ihren Kindern. Auch hier waren Ausmaß und Brutalität des Terrors kleiner als in den vergleichbaren Perioden der Sowjetunion, doch waren die nachteiligen Effekte für die landwirtschaftliche Produktion äußerst stark und steigerten sich, weil die Schraube von Jahr zu Jahr weiter angezogen wurde.

In welchem Umfang die Politik der Kollektivierung ideologisch motiviert war und zu einer wirtschaftlichen Last wurde, zeigte sich in Jugoslawien, wo sie 1952 sowohl aus politischen als auch aus wirtschaftlichen Gründen aufgegeben wurde. Im Verlauf von zwei Jahren, also bis 1954, fiel der Anteil der im Besitz von Landwirtschaftlichen Produktionsgenossenschaften befindlichen Ackerfläche auf nur noch 3%. Die weitverbreitete Selbstauflösung der Produktionsgenossenschaften war zweifellos ein Ausdruck der wiedergewonnenen Wahlfreiheit der Bauern; auch die Zwangsablieferungen wurden 1951/52 abgeschafft. Allerdings sagte sich der Bund der Kommunisten Jugoslawiens nicht von den sozialistischen Zielen in der Landwirtschaft los. Diese fanden ihren Ausdruck in dem Versuch, die Staatsgüter zum wichtigsten Anbieter auf dem Binnenmarkt zu machen, sowie in der Förderung der sogenannten Allgemeinen Landwirtschaftlichen Genossenschaften, die die Versorgung mit Vorleistungen, das Marketing, Maschinenvermietung, Weiterverarbeitung usw. übernehmen sollten.

Schließlich wurde auch die Obergrenze für privaten Landbesitz wieder auf 10 ha gesenkt.

Sowohl die Übertragung des sowjetischen Modells als auch die einheitliche Regelung der Eigentumsverhältnisse an den Produktionsmitteln war in den einzelnen Volksdemokratien außerhalb der Landwirtschaft weiter vorangeschritten. Schon damals war allerdings auch in der Landwirtschaft eine solche Tendenz erkennbar, und die zukünftigen Entwicklungen haben gezeigt, daß dieser Trend durch die Veränderungen in der Nach-*Stalin*-Ära, mit Ausnahme Polens, nur zeitweise unterbrochen wurde. Die Gründe für die vergleichsweise milde Vorgehensweise bei der Umgestaltung der Eigentumsverhältnisse auf dem Land waren vielschichtig. Aber sicher hat, obgleich das niemals eingestanden wurde, das Wissen um die katastrophalen Folgen der Zwangskollektivierung in der UdSSR dazu beigetragen.

Das Funktionssystem der Wirtschaft: Sowjetisches Modell und jugoslawische Abspaltung

Im Verlauf der relativ kurzen Periode von 1949 bis 1951 wurde das sowjetische Modell der Wirtschaftslenkung von allen Volksdemokratien voll übernommen; lediglich in der Deutschen Demokratischen Republik geschah dies etwas später. Geringfügige Unterschiede zur UdSSR sowie zwischen den einzelnen Volksdemokratien existierten zwar, diese hatten aber keine wirkliche Bedeutung. Es scheint daher überflüssig zu sein, die Funktion des Wirtschaftssystems Land für Land zu beschreiben. Statt dessen beschränken wir uns auf eine allgemeine Darstellung und gehen nur dort auf einzelne Staaten ein, wo besondere Institutionen existieren.

In Osteuropa wurde eine Form der zentralen Planwirtschaft eingeführt, die üblicherweise als »Befehlswirtschaft« bezeichnet wird; der Autor zieht die Bezeichnung »zentralisiertes Modell«[8] vor. Bis auf die Entscheidungen der privaten Haushalte – auf Beschränkungen bei der Auswahl zwischen den angebotenen Verbrauchsgütern und Arbeitsplätzen gehen wir weiter unten ein – werden in diesem System alle Entscheidungen von der Planzentrale getroffen. Der zentrale Plan beschränkt sich nicht auf makroökonomische Ziele und Maßnahmen, sondern regelt in allen Einzelheiten den Input und Output aller Wirtschaftsbereiche. Der Aufbau des Plans ist streng hierarchisch; Pläne der unteren Ebene sind untergeordnete Teilstücke der entsprechenden Pläne höherer Instanzen. In diesem System überwiegen vertikale Befehlslinien (Zentrale – Wirtschaftszweig bzw. Region – Unternehmen); horizontale Beziehungen zwischen den Un-

---
8 W. Brus, *The Market in a Socialist Economy*, London 1972, Kap. 3.

ternehmen haben lediglich technische Funktionen. Die vertikalen Linien einer Staatsverwaltung verdrängen die überwiegend horizontalen Beziehungen auf dem Markt. Vor dem Zweiten Weltkrieg gab es in Osteuropa nur wenige Unternehmen mit mehreren Betriebsstätten, die Geschäfte wurden hauptsächlich zwischen Einzelbetrieben abgewikkelt. Nach dem Krieg standen diese Unternehmen in der staatlichen Hierarchie ganz unten. Viele, zu viele, wie sich später herausstellte, dieser kleinen Fabriken wurden stillgelegt, und erst in den sechziger Jahren begann man allgemein damit, diese Betriebe zu größeren Unternehmen zusammenzufassen.

Untereinander schlossen die Staatsunternehmen Verträge über Bezüge und Lieferungen von Gütern ab. Diese Vereinbarungen konnten aber auch von übergeordneten Stellen nach Belieben gekündigt werden. Erst Mitte der sechziger Jahre erhielten sie etwas von dem rechtlichen Gewicht, das sie in einer Marktwirtschaft haben. Informationen von oben haben den Charakter von Befehlen (Anweisungen, verbindliche Kennziffern, Zuteilung von Produktionsfaktoren) und Informationen von unten die Form eines Berichts. Erfolgsbeurteilung und Prämienzuteilung beruhen auf dem Vergleich von Planzielen und Planerfüllung; das System tendiert daher zu rein quantitativen Maßstäben, wie der altbekannten Kennziffer Bruttoproduktion. Die Planziele werden durch güterwirtschaftliche Berechnungen ermittelt, Materialbilanzen werden in einem sich wiederholenden Prozeß so lange koordiniert, bis aus der endgültigen Fassung die konkreten, sehr stark aufgegliederten Zuteilungen ermittelt werden können. Geld wird überall benutzt, spielt aber nur eine passive Rolle, wenn man von den Beziehungen zwischen dem Staat und »äußeren« Einheiten (private Haushalte, private Unternehmen, Ausland) absieht; Geldgrößen beeinflussen keine Entscheidungen, sondern dienen lediglich der Zusammenfassung und der Kontrolle von Planentscheidungen. In diesem Rahmen sind die Unternehmen zur »*Chozraščet*« verpflichtet, also zur wirtschaftlichen Rechnungsführung; sie werden als eigenständige wirtschaftliche Einheiten mit eigenem und zugeteiltem Kapital aufgefaßt und müssen eigene Bilanzen sowie eine eigene Gewinn- und Verlustrechnung aufstellen.

Es ist nicht die Absicht dieses Buches, Grundlagen und Arbeitsweise der Planwirtschaft im allgemeinen oder ihrer zentralisierten Form im besonderen zu untersuchen und darzustellen. Diese kurze und zweifellos vereinfachte Zusammenfassung soll lediglich an das Grundkonzept erinnern, das der von den Volksdemokratien in den frühen fünfziger Jahren übernommenen institutionellen Struktur zugrunde lag. Es muß hinzugefügt werden, daß kein reales Wirtschaftssystem in Osteuropa in allen Einzelheiten diesem Modell folgte. Durch die offenkundigen Informationsprobleme und wegen verschiedener Partialinteressen sind Entscheidungen auf höherer Ebene nie ganz immun gegen Einflüsse von unten, besonders dann nicht, wenn Entscheidungen unmittelbar mit materiellen Statusinteressen verbunden sind. Auch die Herausbildung informeller horizontaler Beziehungen ist eine wichtige Abweichung vom Grundmodell. Aber die Grundelemente des Modells bestimmen die realen Systeme in Osteuropa und erklären den Druck auf Veränderungen in den nachfolgenden Perioden.

Die sofortige Konsequenz aus einer Übernahme dieses Systems war offensichtlich ein enormes Anwachsen der Wirtschaftsverwaltung auf allen Ebenen. Die Wirtschaft mußte nicht nur durch eine bestimmte Wirtschaftspolitik geplant werden, sie mußte vielmehr von der Zentrale über mehrere mittlere Ebenen bis zum kleinsten Unternehmen in allen Einzelheiten geführt werden. Weil autonome Beziehungen zwischen Unternehmen auf gleicher Ebene nicht bestanden und daher auch keine Elemente der Selbstregulierung vorhanden waren, mußte die Zentrale nicht nur das Problem des Informationsflusses zum Zweck der Planaufstellung und -durchführung lösen, sondern auch den Materialfluß in der gesamten Wirtschaft in Gang bringen und fortlaufend regulieren. Dies mußte zu einer Veränderung der Aufgaben und der Organisationsstruktur der Regierungen in allen Volksdemokratien führen.

Fast gleichzeitig, nur Bulgarien war ein Jahr voraus, glichen alle Staaten 1949 ihre bis dahin sehr unterschiedlich zusammengesetzten Planungsorgane dem sowjetischen *Gosplan* (Zentrales Planungsbüro) an. (Auch die Namen unterschieden sich kaum.) Im wesentlichen lief die Änderung auf einen Funktionswechsel von einem wirtschaftlichen Generalstab zu einem wirtschaftlichen Hauptquartier mit Befehlsgewalt über die unterstellten Einheiten und Ressourcen hinaus. In nahezu allen Fällen wurden die *Gosplans* von einem führenden Mitglied des Politbüros, meist im Rang eines stellvertretenden Ministerpräsidenten, geleitet. Die zentrale Planungsbehörde arbeitete natürlich im Namen der Parteiführung, die die Hauptziele festlegte, den Plan letztendlich absegnete und seine Verwirklichung von Zeit zu Zeit überprüfte.

Das Wirtschaftsministerium befaßte sich nicht mehr mit Wirtschaftspolitik, sondern mit der detaillierten Planung und der Überwachung sämtlicher Aktivitäten der untergeordneten Einheiten. Dies konnte es nur bei einer gleichzeitigen Einschränkung seines Wirkungskreises bewältigen; die bestehenden Ministerien wurden mehrfach geteilt. Auf dem Höhepunkt der stalinistischen Periode war die Zahl der Wirtschaftsministerien in keiner der Volksdemokratien kleiner als zehn, außer in Albanien, das sechs hatte. Zeitweise existierten in Polen sechsundzwanzig Wirtschaftsministerien, davon allein drei für die Bauwirtschaft und drei für das Transportwesen. Für die Koordination verwandter Ministerien waren die stellvertretenden Ministerpräsidenten zuständig: zehn in der Tschechoslowakei, neun in Polen, sechs in Bulgarien und Rumänien, fünf in Ungarn und Albanien. Die DDR hatte 1950 fünf stellvertretende Ministerpräsidenten und 1954 sieben, allerdings mit dem Unterschied, daß die meisten den nichtkommunistischen Parteien angehörten.

Die Wirtschaftsministerien bedienten sich zur Durchführung ihrer Aufgaben einer »Hauptverwaltung« – sie entspricht der sowjetischen *»glavk«* – in jedem Wirtschaftsbereich. Mit einigen Ausnahmen waren die Hauptverwaltungen ein integraler Bestandteil des jeweiligen Ministeriums; sie sollten deshalb nicht als eigenständiges Glied der Organisation angesehen werden. Meistens führten die Hauptverwaltungen die Unternehmen unmittelbar; so entstand ein dreigliedriges Organisationsschema: Zentrale (Regierung im weiteren Sinne) – Bereich (Ministerium und Zentralverwaltung) – Unternehmen. Nur in einigen Fällen, z. B. in der

Kleinindustrie, entstand ein weiteres Zwischenglied, das üblicherweise den lokalen Behörden in gewisser Weise unterstellt war. Sie führten eine Anzahl ihnen zugeteilter kleiner Unternehmen, hatten aber, abgesehen von Fragen der Raumordnung bei der Ansiedlung neuer Unternehmen, keine Entscheidungsgewalt über die auf ihrem Gebiet befindlichen Unternehmen der sogenannten Schlüsselindustrien; diese waren grundsätzlich der Zentrale unterstellt. Viel bedeutender war die Stellung der örtlichen Parteiorgane, besonders auf der zweiten Ebene der Territorialverwaltung, die mit dem sowjetischen *Oblast* (der Zentralgewalt unterstelltes Verwaltungsgebiet) vergleichbar ist. Etwas anders stellte sich die Situation in der Tschechoslowakei und der DDR dar. Die slowakischen Behörden standen formell zwischen den Zentralverwaltungsorganen und den slowakischen Unternehmen. Doch die Praxis während der *Stalin-Ära* (und auch einige Zeit danach) war eine andere, und viele Unternehmen, die man als besonders wichtig ansah, wurden direkt von Prag aus geführt. Ähnlich wirkungslos blieb auch die Schaffung eines ungarischen autonomen Bereichs in Rumänien. In der Deutschen Demokratischen Republik behielten die lokalen Behörden wahrscheinlich größere ökonomische Befugnisse als anderswo, obwohl die Organisation der Wirtschaft den anderen Staaten auch hier schnell angepaßt wurde. Die einheitliche Praxis wurde gestört, als 1951/52 die Industrieunternehmen ihren *Chozraščet*-Status erhielten und die Hauptverwaltungen zu Ministerien umgewandelt wurden.

Während der Periode von 1950 bis 1953 waren die Hauptverwaltungen die höchste Ebene im Management des Staatssektors. Sie steuerten nicht nur die Produktion ihrer Unternehmen, sondern überwachten auch die Beziehungen mit Lieferanten und Abnehmern, die Löhne, die Lohn- und Prämienfonds und die Beziehungen der Unternehmen zum Finanzsystem. Das letztere bedeutet unter anderem, daß die Hauptverwaltungen die Unternehmen von den Einflüssen des Marktes abschirmten. Die Industrieabgabepreise basierten grundsätzlich auf den geplanten Durchschnittskosten einer Branche zuzüglich einer Profitspanne (Fabrikpreis); Gewinne und Verluste wurden auf den Konten der

Hauptverwaltung gesammelt; der Überschuß wurde, nach einigen gesetzlichen Abzügen, an den Staatshaushalt als Steuer abgeführt, und ein eventueller Verlust wurde vom Staatshaushalt getragen. Die Preise der Konsumgüter orientierten sich stärker am Marktgleichgewicht; die Differenz zwischen Verkaufspreis und Fabrikpreis zuzüglich der Handelsspannen des Groß- und Einzelhandels wurde durch eine Umsatzsteuer aufgefangen und von der Hauptverwaltung an den Staatshaushalt abgeführt. Die zentralen Organe hatten sicherzustellen, daß der Geldfluß in und aus den Unternehmen mit dem im Plan festgelegten Warenfluß übereinstimmt. In dieser Hinsicht waren die Hauptverwaltung und die Unternehmen einer dauernden Überwachung durch die Staatsbank unterworfen, die sich das Recht vorbehielt, Überweisungen innerhalb der Industrie abzuwickeln, die laufenden Geschäfte zu finanzieren und Bargeld für die Lohnzahlungen zur Verfügung zu stellen. Investitionen wurden aus Fonds bezahlt, die vom Staatshaushalt alimentiert und von einer besonderen Investitionsbank (manchmal eine einzige für alle Bereiche, manchmal zwei oder drei, z. B. eine für die Industrie, eine für die Landwirtschaft usw.) kontrolliert wurden; auch diese Gelder mußten auf besonderen Konten bei der Staatsbank gehalten werden. Das Banksystem, das sich die Volksdemokratien in den frühen fünfziger Jahren getreu dem sowjetischen Modell schufen, wurde in der westlichen ökonomischen Literatur als »Monobank« bekannt. [9]

Besonders streng wurden die Prinzipien des zentralisierten Modells auf dem Gebiet der Außenwirtschaft durchgesetzt. Abgesehen von wirtschaftlichen Überlegungen wurde dieser Bereich politisch als besonders empfindlich angesehen. Ohne Kontrolle über die außenwirtschaftlichen Beziehungen kann keine zentrale Planung funktionieren – daher die Aufmerksamkeit, die dem »staatlichen Außenhandelsmonopol« seit den frühen Tagen der Oktoberrevolution gewidmet wurde. [10] Die Art, wie das Außenhandelsmonopol unter *Stalin* gehandhabt wurde, ging jedoch weit über eine allge-

---

9 Der Begriff wurde von *G. Garvy, Money, Banking and Credit in Eastern Europe,* New York 1966, eingeführt.
10 Vgl. *J. Quigley, The Soviet Foreign Trade Monopoly,* Columbus (Ohio) 1974.

meine Überwachung des Außenhandels hinaus, und es war diese Variante des Außenhandelsmonopols, die auch in den Volksdemokratien verwirklicht wurde. Das Recht auf Außenhandel erhielten nur spezialisierte Unternehmen, die direkt dem Außenhandelsministerium unterstellt waren und in allen Einzelheiten zentral überwacht wurden. Grundsätzlich wurde der Außenhandel vom Binnenhandel strikt getrennt. Dazu diente der sogenannte »Preisausgleich«: Das Außenhandelsunternehmen kaufte die zu exportierenden und verkaufte die importierten Güter zu Binnenmarktpreisen; Zahlungen in ausländischer Währung wurden zu einer festgelegten Parität umgerechnet und dem Außenhandelsunternehmen in heimischer Währung gutgeschrieben bzw. belastet; eventuelle Überschüsse oder Fehlbeträge wurden über ein besonderes Konto des Staatshaushalts ausgeglichen. Auf diese Weise konnte das einheimische Preissystem nicht nur vom kapitalistischen Weltmarkt, sondern auch von der Preisstruktur anderer sozialistischer Länder und RGW-Mitglieder abgekoppelt werden. Wie schon gesagt, spielte der RGW als multilaterale Organisation in den Jahren 1950 bis 1953 nur eine untergeordnete Rolle. Der Handel zwischen seinen Mitgliedsländern wurde auf bilateraler Ebene durchgeführt und im Rahmen umfassender Handelsabkommen durch detaillierte Warenprotokolle geregelt. Die gegenseitigen Lieferungen sollten zu laufenden Weltmarktpreisen verrechnet werden und sich innerhalb eines Jahres ohne monetäre Transaktionen ausgleichen. Es war eine Art von Tauschhandel, auf den die Sowjetunion ihre kontrollierende Hand hielt. Autarkietendenzen des Ostblocks und das Embargo des Westens führten zu einem Rückgang des Ost-West-Handels, der 1948 mehr als 50 % des Außenhandelsumsatzes ausmachte, auf weniger als ein Drittel im Jahre 1952. Selbst auf dem Höhepunkt der *Stalin*-Ära unterhielten die Volksdemokratien, vor allem Polen, die Tschechoslowakei und Ungarn, jedoch weit intensivere Wirtschaftsbeziehungen mit dem Westen als die Sowjetunion; dies fand allerdings keinen Niederschlag in irgendwelchen Institutionen.

Das Wirtschaftssystem sowjetischen Typs kann nicht beschrieben werden, ohne auf die institutionelle Rolle der

Kommunistischen Partei hinzuweisen. Die Betonung des Wortes »institutionell« ist beabsichtigt: Es gilt zu unterscheiden zwischen der politischen Funktion, Ziele zu setzen und dafür Unterstützung zu finden, einerseits und der organisatorischen Rolle innerhalb der Wirtschaftsverwaltung andererseits; nur um die letztere geht es hier.

Die kommunistischen Parteien Osteuropas mußten sich bis 1948 in einer eher konventionellen Weise als politische Parteien betätigen. Zu dieser Zeit entstanden bereits die politischen und sozioökonomischen Voraussetzungen für die »führende Rolle« der Partei, aber einige Formen und Elemente von Koalitionen mußten noch beibehalten werden. Diese Elemente waren in der Tschechoslowakei bis Februar 1948 besonders stark. Aber auch in Polen erreichte die Partei ihre monopolistische Stellung erst nach der Einverleibung der sozialistischen Parteien. Im Gegensatz zur entsprechenden Periode in der Sowjetunion standen die kommunistischen Parteien Osteuropas drei Jahre lang in einer halben Konkurrenzbeziehung zu anderen Parteien, insbesondere zu den Sozialisten. Eine Folge davon war der Kampf um eine größere Mitgliedschaft, der die kommunistischen Parteien schnell von Kader- in Massenparteien verwandelte. Die zweite Auswirkung war die verspätete Institutionalisierung der kommunistischen Parteien im Wirtschaftssystem. Der Prozeß der Institutionalisierung machte jedoch von 1948 an große Fortschritte und wurde dadurch wesentlich erleichtert, daß er auf fertige sowjetische Lösungen zurückgreifen konnte. Noch vor *Stalins* Tod hatten sich die kommunistischen Parteien als oberste Führungs- und Kontrollinstanz aller Glieder der Wirtschaftsverwaltung fest eingerichtet; wie auch in anderer Hinsicht vollzog sich die entsprechende Entwicklung in der DDR erst später.

Innerhalb der Kommunistischen Partei kümmerten sich die ausführenden Organe (Büro und Sekretariat) und der hauptamtliche Stab um die Wirtschaftsverwaltung; weder die einfachen Mitglieder noch die Parteikomitees waren strenggenommen beteiligt, obwohl sie ihren Teil zu den ideologischen Kampagnen beigetragen haben mögen, die zu jener Zeit nicht ohne ökonomische Auswirkungen blieben. Die führende Stellung der Partei in der Wirtschaftsverwaltung zeigte sich am deutlichsten auf der zentralen Ebene: Die Regierung, die »Gummistempel-Gesetzgebung« und andere von der Verfassung hoch angesiedelte Körperschaften bekamen ihre wirtschaftlichen Direktiven vom Politbüro und vom Sekretariat des Zentralkomitees und waren ihnen in jeder Hinsicht, auch persönlich, verantwortlich. Politbüro und Sekretariat hatten ihren eigenen Stab und bildeten zusammen den *Apparat*. Die Wirtschaftsabteilungen des *Apparates* versorgten die führenden Parteiorgane ziemlich unabhängig von den formalen Kanälen mit Informationen und überwachten die jeweils entsprechenden Ebenen der staatlichen Wirtschaftsverwaltung. In der Regel hatten die Chefs von Abteilungen des Zentralkomitees Vorrang vor Ministern oder stellvertretenden Ministerpräsidenten, die dem Politbüro nicht angehörten, und selbst ihre einfachen Beamten erfreuten sich einer höheren Wertschätzung als die meisten Ministerialbeamten oder Industriemanager. Zur Absicherung dieser Position diente unter anderem die »Nomenklatura«, also die Bestätigung jeder Ernennung oder Entlassung.

Das Verhältnis zwischen ausführenden Organen und dem *Apparat* des Zentralkomitees wiederholte sich auf den anderen Ebenen der staatlichen Wirtschaftsverwaltung bis hinunter zum Unternehmen. Je niedriger die Ebene, desto unklarer wurden – wegen der doppelten Unterordnung unter örtliche und höhergestellte Partei- und Verwaltungsorgane – die Abhängigkeitsverhältnisse. Das Prinzip, daß sich die Partei auf jeder Stufe der wirtschaftlichen Hierarchie als Übergott gebärdete, wurde dadurch allerdings nicht in Frage gestellt. All diese Aktivitäten der Partei fanden, das muß erwähnt werden, außerhalb jedes gesetzlichen Rahmens und daher ohne jede auch nur formale Verantwortlichkeit gegenüber der Öffentlichkeit statt. In Verbindung mit der totalitären Monopolisierung der politischen Macht muß dies den Grad der Willkür in der Arbeitsweise des Wirtschaftssystems beträchtlich erhöht haben. Hinzuzufügen ist, daß besonders während der Zeit von 1950 bis 1953 die Wirtschaftsverwaltung und die Wirtschaftstätigkeit im allgemeinen einer systematischen Überprüfung durch die Sicherheitspolizei unterzogen wurden, die für diese Tätigkeit besondere Abteilungen besaß.

Die führende Rolle der Kommunistischen Partei in der Leitung der Wirtschaft beruhte neben den oben skizzierten institutionellen Verhältnissen auch auf der Kontrolle aller organisierten Formen des öffentlichen Lebens außer vielleicht der katholischen Kirche. Von besonderer Bedeutung war die totale Unterwerfung der Gewerkschaften, was der Partei die Kontrolle über beide Seiten des Arbeitsmarktes sicherte: Der Staat war ein nahezu monopolistischer Arbeitgeber und gleichzeitig eine ebenso monopolistische Arbeiterorganisation. Unter den angespannten Bedingungen einer energisch vorangetriebenen Industrialisierung kann dieser Faktor kaum zu hoch eingeschätzt werden. Die Gewerkschaften konnten so lange eine relative, wenn auch allmählich abnehmende Autonomie wahren, wie die Sozialistische und die Kommunistische Partei getrennt voneinander existierten. Die Verschmelzung der beiden Parteien setzte 1948 jeder unabhängigen gewerkschaftlichen Vertretung der Arbeiter ein Ende. Obwohl man den Gewerkschaften zu diesem Zeitpunkt das alleinige Recht zur Gestaltung der Arbeitsverhältnisse und in manchen Ländern auch das Management der Sozialversicherung übertrug, degradierte man sie tatsächlich zum »Transmissionsriemen der Partei« gegenüber den Massen. Ende der vierziger Jahre nahmen die Gewerkschaften Abschied von der Forderung nach einer Arbeiterselbstverwaltung auf Betriebsebene. (Derartige Strömungen scheinen in der Tschechoslowakei besonders stark gewesen zu sein.) Sie mußten das mit der hierarchischen Struktur der Gesamtwirtschaft übereinstimmende Prinzip des »Ein-Mann-Managements« (der sowjetischen *Endinonachalie*) hinnehmen und mühsam verteidigen.

In diesem Zusammenhang wird gewöhnlich die Frage gestellt, in welchem Umfang die Übernahme des zentralistischen Modells durch das Ziel der beschleunigten Industrialisierung gerechtfertigt war. Eine allgemeine Antwort kann zur Lösung dieses komplexen Problems nur wenig beitragen. Einerseits ist eine sozialistische zentralgeplante Wirtschaft von der Angebotsseite her beschränkt. Dies allein konnte dazu verleiten, bestimmte mikroökonomische Entscheidungen zentral zu treffen, um bestimmte naturale Engpässe zu beseitigen. Unter den Bedingungen eines steilen

Tabelle I.3
Jährliche Wachstumsraten der gesamten materiellen Produktion
(in Prozent)

	Offizielle Schätzungen des Nettosozialprodukts pro Kopf	ECE-Schätzungen fester Indikatoren der Gesamtproduktion pro Kopf
Bulgarien	8,1	7,2
Tschechoslowakei	6,9	3,7
DDR	13,7	5,2
Ungarn	4,6	5,3
Polen	6,6	4,1
Rumänien	12,6	5,7
Jugoslawien	4,2	4,2

Quelle: Economic Bulletin for Europe, Vol. 31, Nr. 2, Tab. III-7, S. 26.

»Starts« vervielfachten sich derartige Engpässe lawinenartig, sobald ein kritischer Punkt durch die in kurzer Zeit stattfindenden massiven Strukturveränderungen überschritten wurde. So gesehen gab es für die Zentralisierung von Zuteilungsentscheidungen in den Volksdemokratien natürlich Gründe. Nach den offiziellen Schätzungen war die Wachstumsrate des Nettomaterialprodukts tatsächlich sehr hoch, das ECE-Sekretariat kommt allerdings auf ein weniger dynamisches Wachstum, wie aus Tabelle I.3 hervorgeht. Welcher Statistik man auch glauben mag, auf jeden Fall wuchs die Industrieproduktion schnell, und die Akkumulationsquote sprang, verglichen mit der Wiederaufbauperiode, um 30–50 % nach oben. Zudem wurden die mittelfristigen Pläne, augenscheinlich unter sowjetischem Druck und unter dem Einfluß des Kalten Krieges, 1950 (wesentlich und in einer groben Art und Weise) revidiert[11]; der Index für das geplante Wachstum des Nettomaterialprodukts während der nächsten fünf Jahre wurde in der Tschechoslowakei von 148 auf 170, in Ungarn von 163 auf 230 und in Polen von

---

11 Ein tschechoslowakisches wirtschaftsgeschichtliches Lehrbuch führt aus: »Im November 1949 fand ein Treffen des Informationsbüros der kommunistischen und Arbeiterparteien statt. Die Teilnehmer kamen zu dem Schluß, daß der Imperialismus unmittelbare Kriegsvorbereitungen begonnen hatte. Unter diesem Eindruck kamen die sozialistischen Staaten darin überein, den Industrialisierungsprozeß zu beschleunigen... Die Konkretisierung der Beschlüsse des Kominform unter den tschechoslowakischen Bedingungen wurde auf der Plenarsitzung des Zentralkomitees der Tschechoslowakischen Kommunistischen Partei im Februar 1950 diskutiert. Auf dieser Sitzung wurde die Entscheidung gefällt, den Fünfjahrplan zu modifizieren.« (*V. Průcha* u.a., a.a.O., S. 344; eigene Übersetzung.)

170–180 auf 212 (im letzteren Fall für sechs Jahre) erhöht. Der rumänische Plan für die Jahre 1951–1955 sah von Anfang an außerordentlich hohe Zuwachsraten vor (der Index wurde auf 260 festgelegt), und Bulgarien entschied sich, die Kennziffern beizubehalten, aber die zur Plandurchführung vorgesehene Zeit auf vier Jahre zu verkürzen. Die ursprünglich geplanten Investitionsausgaben wurden in der Tschechoslowakei um 50%, in Polen um 40%, in Ungarn um 60% und auch in der DDR um 6% übertroffen. Das allgemeine Wachstum von Kosten und Anzahl neuer Projekte ging einher mit erheblichen strukturellen Veränderungen. Der Anteil der Industrie im allgemeinen und der Produktionsgüterindustrie im besonderen wurde auf Kosten der Landwirtschaft, der Konsumgüterindustrie und des Wohnungsbaus gesteigert. In Ungarn z.B. ging der Anteil der Landwirtschaft an den Investitionen von 15,7% auf 12,9% zurück, der Anteil der Konsumgüterindustrie von 5,9% auf 4,1% und der Anteil des Baugewerbes von 10% auf 7,6%.[12] Es ist schwer, das Ausmaß des Ungleichgewichts abzuschätzen, das sich ergeben hätte, wenn die alten Pläne beibehalten worden wären. Aber die hastigen und überoptimistischen Korrekturen sowie die drastische Steigerung der Militärausgaben warfen diese Pläne mit Sicherheit über den Haufen. Als Reaktion auf die alarmierend wachsenden Ungleichgewichte wurden nicht nur die Zulieferungen an die Industrie, sondern auch einige Verbrauchsgüter rationiert und die Freizügigkeit der Arbeitskräfte wesentlich eingeschränkt.

Andererseits kann die Behauptung nicht vorbehaltlos akzeptiert werden, daß das eingeführte Wirtschaftssystem es ermöglicht habe, die wirtschaftliche Entwicklung vollständig an einer »Generallinie« auszurichten. Erstens wurden in Ländern auf verschiedenen Stufen der wirtschaftlichen Entwicklung und des Strukturwandels die gleichen Systemelemente eingeführt; hätten pragmatische Überlegungen die Oberhand gewonnen, so hätten zumindest zwischen den einzelnen Ländern wesentliche Unterschiede auftreten müssen. Zwei-

---

12 *Economic Survey of Europe since the War*, Genf 1953, Tab. 11, S. 30; für Polen aus: *J. Kalinski* und *Z. Landau* (Hg.), *Gospodarska Polski Ludowej 1944–1955*, Warschau 1974, S. 208–209.

tens gab es nach 1949 keine Überlegungen über die »Grenzen einer vernünftigen Planung« [13]; auf die Möglichkeit, nach Sektoren, nach Wichtigkeit der einzelnen Vorhaben oder ganz einfach nach der Durchführbarkeit von Leitung und Kontrolle differenzierte Methoden anzuwenden, wurden keine Gedanken verschwendet. All dies weist deutlich darauf hin, daß außerökonomische Faktoren im Spiel gewesen sind. Im engeren Sinne politische Faktoren hatten sicherlich ein Gewicht: Zentralisierung stärkt und sichert die totalitäre Herrschaft. Aber der Autor hat den Eindruck, daß weder diese Beziehung selbst noch ihre Realisierung zur damaligen Zeit so eindeutig war, wie manchmal angenommen wurde. Ideologische Gründe waren sicherlich herausragend: Das sowjetische Modell wurde nicht lediglich aufgezwungen, sondern es wurde von den örtlichen Kommunisten bewußt und bereitwillig, in bezug auf die Wirtschaft wahrscheinlich sogar mit geringeren Vorbehalten als anderswo, angenommen; trotz allem gab es keine Erfahrungen mit einem anderen umfassenden Planungssystem, und darüber durfte in den Volksdemokratien auch nie kritisch geforscht werden.

Diese kurze Diskussion zielt nicht darauf ab, jede Wechselbeziehung zwischen zentraler Planung und der Wirtschaftspolitik in den Volksdemokratien während der Periode von 1950 bis 1953 abzustreiten. Sie wendet sich lediglich gegen eine übertrieben starke Interpretation, die das eingeführte Wirtschaftssystem als allein tauglich für eine sozialistische Industrialisierung ansieht.

In gewisser Weise wurde die These von der »objektiven Notwendigkeit« des zentralistischen Wirtschaftssystems in Osteuropa durch die jugoslawische Erfahrung eindrucksvoll widerlegt. Ohne die Ziele der beschleunigten Industrialisierung und der radikalen Umwälzung der wirtschaftlichen Verhältnisse sowie das politische System der Einparteienherrschaft aufzugeben, beschritt Jugoslawien in dieser Periode einen ganz anderen Weg der institutionellen Entwicklung. Das Wirtschaftssystem sollte nicht zentralisiert, sondern dezentralisiert werden; die wirtschaftlichen Entschei-

---

13 Die treffende Formulierung stammt von *Czeskaw Bobrowski, Formation du Système Sovietique de Planification,* Paris 1956, S. 83.

dungen sollten mit der Arbeiterselbstverwaltung verbunden werden. Zwar wurden diese Vorhaben durch die multinationale und föderative Struktur Jugoslawiens begünstigt, und die besonderen politischen und wirtschaftlichen Umstände jener Zeit (das sowjetische Embargo, die Notwendigkeit, sich westlicher Hilfe zu versichern, interner Druck usw.) mögen die Renaissance der Marktmechanismen auch unter pragmatischen Gesichtspunkten reizvoll gemacht haben, aber es kann dennoch nicht geleugnet werden, daß die ideologischen Konsequenzen des Bruchs mit der Sowjetunion den entscheidenden Anstoß für diese Entwicklung gegeben haben. Nach dem kurzen Versuch, sich das Image eines zu Unrecht der Ketzerei angeklagten Getreuen zu geben, sah sich die von ideologischen Dogmen befreite jugoslawische Parteiführung vor die Notwendigkeit gestellt, eine ideologische Herausforderung der in der kommunistischen Welt als einzig legitim angesehenen sowjetischen Konzepte und Erfahrungen zu entwickeln. Deshalb wurden Veränderungen des jugoslawischen Wirtschaftssystems nie als einfache »Wirtschaftsreformen«, sondern immer als Teil jenes grandiosen Szenarios des Aufbaus einer selbstverwalteten sozialistischen Gesellschaft im Gegensatz zum Staatssozialismus (»Staatismus«) der Sowjetunion und der Volksdemokratien angesehen. Zu dieser Zeit wurde der Sowjetblock als »Staatskapitalismus« bezeichnet; im Zuge der poststalinistischen Aussöhnung wurde dieser Begriff jedoch verworfen – ein weiteres Beispiel für die politisch bedingte theoretische Uneindeutigkeit. Eine umfassende Vorstellung dessen, was man als jugoslawischen Weg zum Sozialismus bezeichnen könnte, folgte erst später [14], die Grundlinien zeichneten sich indes schon 1950 ab. Es ist aber weder die Aufgabe des vorliegenden Werkes, dieses Konzept zu diskutieren, noch, seine Gültigkeit zu beurteilen [15]. Grundlegend für die Geschichte der institutionellen Veränderungen in Jugoslawien ist die Auffassung vom Sozialismus als einem Prozeß: Die Verstaatlichung ist nur die erste und niedrigste Stufe einer Ent-

---

14 Vor allem im Programm des Bundes der Kommunisten Jugoslawiens vom 7. Kongreß des Bundes in Ljubljana 1958.
15 Der Autor hat dies in *W. Brus, Socialist Ownership and Political Systems*, London 1975, Kap. 2, Abschnitt 3, versucht.

wicklung, die zur Organisation und Leitung der gesellschaftlichen Produktion durch die assoziierten Produzenten selbst, der Arbeiterselbstverwaltung, führt. Derartige Verhältnisse können sich jedoch nur entwickeln, wenn der Staat tatsächlich abstirbt, also als Zwischenglied zwischen den Produzenten und den Produktionsmitteln allmählich verschwindet. Daher muß die wirtschaftliche Rolle des Staates schrittweise zugunsten der Selbstverwaltungskörperschaften eingeschränkt werden. Die Arbeiterselbstverwaltung ist deshalb nicht nur eine von vielen Komponenten des jugoslawischen Konzepts, sondern überlagert alle anderen ökonomischen, sozialen und politischen Institutionen. Offensichtlich mußte dieses Konzept dem wirklichen Leben angepaßt werden, und die Zeit nach 1950 sah einen permanenten Kampf gegen die Widersprüche, die eine Verwirklichung der Vision des Selbstverwaltungssozialismus auslöste.

Der allmähliche Prozeß der Änderung wirtschaftlicher Institutionen begann mit dem »Gesetz über die Leitung staatlicher Unternehmen und wirtschaftlicher Vereinigungen durch Arbeiterkollektive« vom 26. Juni 1950. Ein von der gesamten Belegschaft zu wählender Arbeiterrat wurde zur höchsten Autorität im Unternehmen erklärt. In größeren Unternehmen hatte der Arbeiterrat jährlich ein Führungsgremium zu wählen, das zu drei Vierteln aus Produktionsarbeitern bestehen mußte und dem der Direktor des Unternehmens von Amts wegen angehörte. Der Direktor sollte über eine Ausschreibung von einem Wahlkomitee ernannt werden, das sich zu einem Drittel aus Mitgliedern des Arbeiterrates, zu einem Drittel aus Vertretern der Kommune und zu einem Drittel aus Vertretern des Distrikts zusammensetzte. Die Generaldirektionen der Industrie (die jugoslawische Entsprechung des sowjetischen *Glavk*) wurden zu Industrievereinigungen umgewandelt und durch Vertreter der Arbeiterräte in den Mitgliedsunternehmen verwaltet. Diese Vereinigungen arbeiteten jedoch nach denselben Prinzipien wie die früheren Generaldirektionen und wurden daher 1952 aufgelöst.[16] Durch die sukzessive Aufhebung der

---

16 Vgl. *Branco Horvat, Yugoslav Economic Policy in the Post-War-Period: Problems, Ideas, Institutional Developments,* American Economic Review, Vol. 61, Nr. 3, Juni 1971; Teil 2, Ergänzungsband S. 103.

Befehlsplanung im Laufe des Jahres 1951 und die Abschaffung der Rohstoffzuteilung bildete sich ein Markt mit einer großen Zahl von Teilnehmern heraus. Dies förderte den Wettbewerb und wurde als vorteilhaft angesehen, insbesondere als 1952 die Preise, außer für wenige Güter des Grundbedarfs, für die Obergrenzen festgelegt wurden, freigegeben wurden. Trotz der schwierigen Zahlungsbilanzsituation des Landes wurde der Wettbewerb auch durch eine Liberalisierung des Außenhandels gefördert. Die Unternehmen erhielten das Recht, mit ausländischen Firmen in Geschäftsbeziehungen zu treten. Exporteure durften die Hälfte ihrer Einnahmen in fremder Währung behalten, und Importeure erhielten Zugang zu einer Art Devisenmarkt. Durch eine am 1. Januar 1952 durchgeführte Abwertung des Dinar auf ein Sechstel (300 Dinar zu 1 US-$) glaubte man, einen realistischen Wechselkurs geschaffen zu haben. Die Liberalisierung des Außenhandels schuf jedoch von Anfang an vorhersehbare Probleme, und häufige Veränderungen auf diesem Gebiet (wie auch auf vielen anderen) waren die Folge. Im Juli 1952 ersetzte man den einheitlichen Wechselkurs durch 17 unterschiedliche Koeffizienten; je nach Währung wurde der neue offizielle Kurs dadurch um den Faktor 0,8 bis 4,0 modifiziert. Aufgrund des starken Importsogs begann der Kurs des Dinar zu fallen. Dies wiederum führte zur allmählichen Beschneidung des Anteils der Exporteinnahmen, den die Exporteure einbehalten durften, mit der Konsequenz, daß die Möglichkeit schwand, ausländische Währung auf dem freien Markt zu erwerben.[17]

Das neue, in den Jahren 1950–52 eingeführte Wirtschaftssystem hob die zentrale Planung nicht auf, führte aber zu einer grundlegenden Veränderung der Methoden sowohl der Planaufstellung als auch der Plandurchführung. Nach dem »Gesetz über die planmäßige Leitung der Volkswirtschaft« (29. Dezember 1951) mußten auf Bundes-, Republik- und kommunaler Ebene sowie in den Unternehmen Pläne ausgearbeitet werden. Die Pläne übergeordneter Instanzen waren für die untere Ebene jedoch nicht verbindlich; sie enthielten offensichtlich auch keine aufgeschlüsselten Kennzif-

---

17 Vgl. *B. Horvat*, a.a.O., S. 124.

fern oder Zuteilungen in physischen Größen. Pläne der höheren Ebene, vor allem der Bundesebene, wurden nichtsdestoweniger von wirtschaftspolitischen Maßnahmen begleitet, die die unteren Einheiten (territoriale wie industrielle) zur Einhaltung vielfältiger Prioritäten veranlassen sollten. Eine für die Kontrolle der laufenden Aktivitäten wichtige Institution wurde beibehalten: die Monobank. Sie konnte nicht nur alle Transaktionen der Unternehmen verfolgen, die über ihr »gesellschaftliches Buchungssystem« durchgeführt werden mußten, sie sollte auch zur einzigen Kreditquelle werden. Als Mittel zur makroökonomischen Kontrolle wurde das Bankensystem für so wichtig gehalten, daß man es als einzige Institution zentralisierte, während alles andere enthusiastisch dezentralisiert wurde; 1952 gingen alle örtlichen Banken und die staatliche Investitionsbank in der Nationalbank auf.

Neben der Geldpolitik wurde die Einkommenspolitik als wichtiges Steuerungsinstrument betrachtet. Technisch sollte die Steuerung an der »Rate der Akkumulation und Fonds« *(stopa akumulacije i fondova)* ansetzen. Auf der Basis einer Bewertung der Produktionskapazität, des Arbeitskräftepotentials und der üblichen Lohnsätze wurden Gewinn und Lohnsumme jedes Unternehmens geschätzt. Die Differenz von Einkommen (abzüglich Abschreibungen) und Lohnkosten wurde als »Akkumulation und Fonds« bezeichnet, wodurch die Begriffe »Profit« oder auch nur »Überschuß« sorgfältig vermieden wurden. Die Rate der Akkumulation und Fonds wurde als Verhältnis dieses Indikators zu den Lohnkosten definiert. Hauptsächlich durch die Festlegung dieser Rate sollte die Einkommensverteilung zwischen Unternehmen und Gemeinschaft reguliert werden. Daneben wurden verschiedene Steuern erhoben, diese konnten jedoch vor allem deshalb nicht einheitlich sein, weil die Unternehmen für das ihnen zur Verfügung gestellte Kapital keine Zinsen zahlen mußten. Die Steuersätze differierten daher von Sektor zu Sektor. Aber auch diese Ungleichbehandlung konnte sehr große Lohnunterschiede nicht verhindern, die dadurch zustande kamen, daß die Unternehmen sehr unterschiedlichen Marktbedingungen ausgesetzt waren, oder, was die Sache besser trifft, sehr unterschiedliche Möglichkeiten hatten, den Markt zu beeinflussen. Versuche, das Problem durch eine Ergänzungssteuer zu lösen, schlugen fehl, und das Ausmaß der Individualisierung von Steuersätzen wuchs. Dies erforderte, wie ein führender jugoslawischer Ökonom anmerkte, administrative Eingriffe, die im Widerspruch zu den Grundabsichten des neuen Systems standen.[18] Die skizzierte Methode der Einkommensverteilung wurde daher bald abgeschafft (siehe Teil II).

Ungeachtet der Verteilungsmethode zeichnete sich die erste Phase des jugoslawischen Wirtschaftssystems dadurch aus, daß ein sehr hoher Teil des Überschusses an die Gebietskörperschaften, in erster Linie an die Bundesbehörden, überwiesen wurde. Das bedeutete, daß der überwiegende Teil des Investitionsfonds und damit auch die wichtigsten Investitionsentscheidungen in der Hand staatlicher Verwaltungen blieben, die dadurch ein machtvolles Druckmittel gegenüber den Unternehmen und Kommunalverwaltungen erhielten. Die Trennung der Investitionsfonds vom übrigen Staatshaushalt verringerte diese Macht insofern, als sie verhinderte, daß für Investitionen vorgesehene Mittel für Zwecke der Verwaltung ausgegeben wurden, aber ansonsten wurden auf diesem Gebiet die geringsten Fortschritte gemacht; 1953 finanzierten die Unternehmen nur ein Viertel ihrer Investitionen selbst. Die Freiheit der Investitionsentscheidungen blieb auch während der folgenden Periode eine Schlüsselfrage der jugoslawischen Wirtschaftsorganisation, und das mit Recht, denn genau hier verläuft die Grenze zwischen einer zentralgeplanten sozialistischen Wirtschaft mit einem regulierten Marktmechanismus und einer voll entwickelten sozialistischen Marktwirtschaft.

Ohne Frage führten die Jahre 1950–1953 zu einschneidenden Änderungen in Jugoslawien. Es war ein Mechanismus entstanden, der das gesamte wirtschaftliche und soziale Leben unmittelbar beeinflußte, und es war völlig angemessen, die Änderungen in einer neuen Verfassung (13. Januar

---

18 Vgl. *B. Horvat*, a.a.O., S. 115.

1953) zu dokumentieren.[19] Dennoch kann man, wie schon ausgeführt, die wirkliche Entwicklung nicht allein an der Erneuerung der Institutionen messen. Auch in späteren Perioden, aber ganz besonders in diesem frühen Stadium, als die Menschen gerade erst begannen, die Bedeutung von Selbstverwaltung und wirtschaftlicher Autonomie zu verstehen, blieb der Einfluß informeller hierarchischer Strukturen groß, die sich aus dem im wesentlichen unverändert totalitären politischen System ergaben.

---

19 Für eine detaillierte Analyse dieses Gesetzes im Vergleich mit früheren konstitutionellen Gesetzen Jugoslawiens vgl. *Yugoslav Communism. A Critical Study, Committee on the Judiciary of the US Senate*, 87. Kongreß, 1. Sitzungsperiode, Washington D.C. 1961, Kap. 7.

Die Stellung der Haushalte

Die privaten Haushalte werden hier sowohl als Konsumenten wie auch als Arbeitskräftelieferanten aufgefaßt und unter den folgenden vier Aspekten untersucht:
1. das wirtschaftliche und politische Umfeld,
2. die Beschäftigungsverhältnisse,
3. die Arbeitsbedingungen und
4. der Lebensstandard.

Das Schwergewicht der Untersuchung soll so weit wie möglich auf den institutionellen Bedingungen liegen. Die Untersuchung beginnt mit den Volksdemokratien, die Lage der Haushalte in Jugoslawien wird dann getrennt behandelt.

Das wirtschaftliche und politische Umfeld

Allgemein gesprochen wurden die Bedingungen für die Haushalte in den sieben Volksdemokratien zwischen 1950 und 1953 durch das äußere sozioökonomische und politische System sowie durch die oben beschriebene Strategie der beschleunigten Industrialisierung bestimmt. Diese Einflüsse waren jedoch widersprüchlich. Einerseits schuf der Industrialisierungsfeldzug, in Verbindung mit gewissen anderen ideologischen und institutionellen Eigenschaften des Systems, nicht nur vielfältige Beschäftigungsmöglichkeiten außerhalb der Landwirtschaft[20], sondern ermöglichte auch eine ungekannte gesellschaftliche Mobilität. Dazu trugen

---

20 Der Index der nichtlandwirtschaftlichen Beschäftigung (1950 = 100) stand 1955 bei 127 in Bulgarien, 115 in der Tschechoslowakei, 124 in der DDR, 120 in Ungarn, 134 in Polen und 137 in Rumänien (*Rocznik Statystyczny 1965*, S. 561).

Wanderungsbewegungen vom Land in die Stadt ebenso bei wie die Beförderung von Arbeitern zu Vorarbeitern und Führungskräften, die großen Anstrengungen zur Verbesserung der allgemeinen und besonders der beruflichen Bildung auf allen Ebenen und die besondere Förderung sozialer Gruppen, die in dieser Beziehung früher unterprivilegiert waren. Die große Nachfrage nach ungelernten Arbeitern, vor allem auf dem Bau, verbesserte ihre Stellung auf der Lohnskala und verringerte so die Lohndifferenzen gegenüber der Vorkriegszeit. Die Zunahme lohnender unselbständiger Beschäftigungsmöglichkeiten erweiterte den Geltungsbereich der Sozialversicherung. Die Bauern profitierten von einem weiter wachsenden Markt für landwirtschaftliche Produkte – obgleich sie sich schon während des Krieges und unmittelbar danach an Wachstum gewöhnt hatten – und der Entschärfung von Arbeitslosigkeit und Unterbeschäftigung, was zu einer Zunahme des Pro-Kopf-Verbrauchs in den ländlichen Haushalten führte. Dieses Wachstum wurde jedoch durch die staatliche Beschaffungspolitik begrenzt.

Andererseits erforderten die angestrebte beschleunigte Industrialisierung und die höchste Priorität der Schwerindustrie besonders während der nach oben korrigierten Pläne 1950/51 eine scharfe Steigerung der Akkumulationsquote. Da eine wirkliche Hilfe aus dem Ausland fehlte[21], geriet der

---

Für Albanien betrug der Index 166 (*Anuari statistikor i RPSh 1959*, S. 60). Ein Teil dieses Zuwachses schließt wohl auch Menschen ein, die ihre Bindungen an die Landwirtschaft nicht endgültig gelöst hatten (»Arbeiterbauern«).

21 *Artur Bodnar*, damals Beamter im Sekretariat des RGW und in der polnischen Planungskommission, beziffert in dem Buch *Gospodarska europejskich krajow socjalistycznych* (Warschau 1962, Kap. 6, Abs. 4) den Gesamtbetrag der sowjetischen Kreditvergabe an andere sozialistische Länder (in Europa und Asien) in der Zeit von 1947 bis 1957 auf 28 Mrd. »alte« Rubel (vor 1961) oder etwa 7 Mrd. US-$ nach dem damaligen offiziellen Wechselkurs. Tabelle 32 (S. 42 dieses Werks) zeigt die Verteilung auf einzelne Länder, die jedoch nur die Hälfte des angegebenen Gesamtbetrags abdeckt. Nach diesen Zahlen empfing Albanien 150 Mio. $, Bulgarien 340 Mio. $, Rumänien 220 Mio. $, Ungarn 400 Mio. $, Polen 1 000 Mio. $, die DDR 450 Mio. $ und die Tschechoslowakei 40 Mio. $. (Die Tschechoslowakei war danach mit einem Überschuß der gewährten über die erhaltenen Kredite von etwa 45 Mio. $ der einzige Nettogläubiger.) Der wirkliche Beitrag dieser Kredite zur Milderung der Investitionsbelastung der Volksdemokratien ist sehr schwer einzuschätzen, weil über die verschiedenen Vorteile, die die Sowjetunion aus Reparationen, Gemeinschaftsunternehmen und Vorzugspreisen zog, keine Daten verfügbar sind. *Bodnar* zeigt den Umfang der 1956 mit dem Einverständnis der Sowjetunion erfolgten Annullierung von Schulden (Al-

Konsum schwer unter Druck. Die Akkumulationsquote erreichte ihren höchsten Stand zwar nicht in allen Staaten gleichzeitig (in der Tschechoslowakei 1950/51, in Ungarn und Rumänien 1952 und in Polen 1953), aber im großen und ganzen waren Zeitpunkt und Ergebnisse ähnlich: Die Löhne waren niedrig und fielen während der Periode real; der inflationäre Druck wurde dadurch verstärkt, daß die Summe der Arbeitseinkommen wegen der Zunahme der Beschäftigung schneller wuchs als das Angebot von Konsumgütern. Der Warenmangel veranlaßte die meisten Länder, die Rationierung beizubehalten oder teilweise wiedereinzuführen. Die Kaufkraft der Bevölkerung wurde darüber hinaus durch drastische Währungsreformen (in Polen 1950, in Bulgarien 1951 und in Rumänien 1952) beschnitten. Die Aufhebung der Rationierung durch die tschechoslowakische Währungsreform 1953 und die polnische Preis- und Lohnreform zu Beginn desselben Jahres wurde dann als deflationäres Heilmittel eingesetzt. Die Investitionen in die soziale Infrastruktur verharrten auf einem niedrigen Niveau; dies gilt besonders für den Wohnungsbau. Hier kam es durch die großen Kriegsschäden und die starke Zuwanderung in die Städte sogar in den mit hoher Priorität ausgestatteten neuen Industriegebieten zu einer wahrhaft hoffnungslosen Situation. Die Nachteile für die Bauern wurden schon im Zusammenhang mit der Veränderung der Eigentumsverhältnisse erwähnt.

Die Haushalte befanden sich dem Staat gegenüber auch in rein wirtschaftlicher Hinsicht in einer äußerst schwachen Verhandlungsposition. Die Abhängigkeit vom Staat war besonders außerhalb der Landwirtschaft gravierend, wo der Staat zum monopolistischen Arbeitgeber, Konsumgüterlieferanten und Verteiler aller Arten von Sozialleistungen geworden war. In der privaten Landwirtschaft besaß der Staat

---

banien 100 Mio. $, Rumänien 150 Mio. $); im polnischen Fall war dies die altbekannte Kompensation für unangemessene Preise bei Kohlelieferungen, und Rumäniens Entschuldung könnte ähnliche Gründe gehabt haben. Insgesamt herrscht in der westlichen Literatur die Ansicht vor, daß man in den Jahren 1950 bis 1957 kaum von Hilfe für die Volksdemokratien sprechen kann; dies gilt besonders für die Jahre 1950 bis 1953, als es in realen Größen zu einem Nettoabfluß von Ressourcen kam. Es gibt keine überzeugenden Daten aus osteuropäischen Quellen, die diese Ansicht widerlegen.

keine derart umfassende Macht, aber sein wirklicher Einfluß war, wie bereits ausgeführt, wesentlich größer, als dies in der formalen Beschreibung zum Ausdruck kommt. Der wichtigste Grund für die Schwäche der Haushalte lag auf politischem Gebiet. Wenn der kontrollierende Staat selbst hätte kontrolliert werden können, wäre die Beziehung sicherlich eine andere gewesen. Das totalitäre Regime schaltete jede Kontrolle von unten auf politischem wie auf wirtschaftlichem Gebiet aus und ließ die Haushalte als Produzenten (weil es keine freien Gewerkschaften und Bauernvereinigungen gab) wie als Konsumenten (wegen des Verkäufermarktes und wiederum wegen fehlender Konsumentenvertretungen) völlig schutzlos. Sicher gab es Ansätze für Widerstand der Arbeiterschaft in den traditionellen Industriezentren (Proteste, gelegentliche Streiks auf verschiedenen Zechen in Polen 1951) und in den Dörfern; völlige Willkür war nie möglich, aber der Einparteienstaat war im großen und ganzen in der Lage, die Richtlinien mit ökonomischen Mitteln und durch die eiserne Faust des Terrors zu bestimmen. Streiks wurden nie ausdrücklich verboten, aber in allen Strafgesetzen fanden sich Paragraphen, die den Behörden erlaubten, mit drakonischen Strafen auf jeden Versuch einer organisierten Arbeiteraktion zu reagieren.

Die Beschäftigungsverhältnisse

Grundsätzlich wurden die Beschäftigungsverhältnisse durch freie Verträge geregelt. Wegen der stark ansteigenden Nachfrage nach Arbeitskräften und wegen der neu eröffneten Bildungs- und Ausbildungschancen könnte man erwarten, daß sich die effektiven Möglichkeiten zur Wahl des Berufs und des Arbeitsplatzes erweiterten. Die administrativen Einschränkungen, die während der Zeit von 1950 bis 1953 eine derart große Rolle spielten, müssen zumindest zum Teil vor diesem Hintergrund gesehen werden.

Man muß zwischen verschiedenen Stufen institutioneller Eingriffe in die Freiheit der Beschäftigungsverhältnisse unterscheiden; sie reichten von lediglich regulierenden Maßnahmen bis hin zur Zwangsarbeit. Die tatsächliche Bedeutung einiger Bestimmungen hing von ihrer offiziellen Auslegung ab, die sich mit den politischen Verhältnissen wandelte. Die Proklamation der »Pflicht zu arbeiten« im Gegensatz zum »Recht auf Arbeit« durch die Verfassungen (in Polen bereits 1946 durch besondere Gesetze) konnte sich von einer bloß verbalen Bestimmung zur rechtlichen Grundlage einer Arbeitspflicht entwickeln, und diese konnte sich gegen Mitglieder der früheren besitzenden Klasse richten oder aber, sobald die Arbeitskräfte knapp wurden, gegen jedermann außerhalb des sozialistischen Sektors.

Eine Registrierungspflicht für die gesamte aktive Bevölkerung – normalerweise Männer zwischen 18 und 55 Jahren sowie Frauen zwischen 18 und 45 – wurde in fast allen osteuropäischen Ländern eingeführt. Das Netz der Arbeitsämter wurde ausgebaut, nicht nur um Arbeitsplatzwechsel zu kontrollieren und Einstellungen vorzunehmen (alle Arbeitsplätze mußten aufgrund der Bestimmungen vom Arbeitsamt vergeben werden), sondern auch, um jene aufzuspüren, die keinen Arbeitsplatz übernehmen wollten. In Bulgarien mußten solche Leute vom Arbeitsamt an das Amt für Arbeitskräftemobilisierung gemeldet werden; ähnliche Regelungen gab es auch in anderen Staaten, etwa in Rumänien und Albanien. Arbeitskräftemobilisierungen wurden in verschiedenen Formen in allen Volksdemokratien praktiziert. In Polen wurde bereits 1948 die Organisation *»Słuzba Polsce«* (»Dienst für Polen«) gegründet, die das Recht hatte, junge Männer und Frauen zwischen 18 und 21 Jahren, die nicht zum Militärdienst eingezogen wurden, bis zum Alter von 30 Jahren zu einem sechsmonatigen obligatorischen Zivildienst einzuberufen. Arbeitsbataillone ähnlicher Art wurden nach jugoslawischem Vorbild in Albanien, Bulgarien und auch in anderen Staaten gebildet.

Derartige »Jugendbrigaden« wurden gewöhnlich als freiwillig bezeichnet, was besonders in der Anfangsphase des großen industriellen Aufbaus, der viele junge Leute begeisterte, ein Körnchen Wahrheit enthielt. Mit der Zeit und der wachsenden Enttäuschung wurde dieses Netz aber immer weiter ausgebaut und erfaßte viele, die ganz bestimmt keine Freiwilligen waren. Obwohl die Jugendbrigaden rückblickend als Symbole der »heroischen Periode« betrachtet werden, gab es also schon Elemente von Zwang. Nicht verwechselt werden dürfen die Jugendbrigaden allerdings mit einer anderen Form der Arbeitskräftemobilisierung, den militärischen Arbeitsbataillonen. Diese setzten sich aus Wehrpflichtigen zusammen, die aus verschiedenen Gründen nicht zum aktiven Dienst herangezogen wurden. Die Gründe reichten von politischer Unzuverlässigkeit über die begrenzte Stärke der Streitkräfte, insbesondere in den ehemaligen Feindstaaten, bis zum simplen Bedarf nach Arbeitskräften an unbeliebten Arbeitsplätzen, wie z. B. dem polnischen Kohlebergbau. Die Zahl dieser militärischen Arbeitsbataillone stieg während dieser Zeit in allen Ländern mit Ausnahme der DDR. Schließlich gab es in der ganzen Region eine klare Form der Zwangsarbeit: die Arbeit der gerichtlich verurteilten Gefangenen und der von den Behörden verurteilten Insassen der Konzentrationslager. Die damals verhängten drakonischen Strafen dienten daher sowohl politischen als auch wirtschaftlichen Zielen. Es ist schwierig, das absolute Ausmaß und die relative Bedeutung dieser Arbeitsformen außerhalb des freien Vertragssystems zu quantifizieren.[22] Sicher scheint aber zu sein, daß die Bedeutung der Arbeitskräftemobilisierung und der Zwangsarbeit im engeren Sinn wesentlich kleiner war als in der UdSSR.

Neben der Durchsetzung einer allgemeinen Arbeitspflicht wurden auch administrative Maßnahmen zur sektoralen und regionalen Arbeitskräftelenkung eingeführt. Sie dienten vor allem der Verteilung der Auszubildenden und der Mehrzahl der Hochschulabsolventen auf bestimmte Arbeitsstellen. In all diesen Fällen und besonders im Fall der sogenannten Arbeitsreserveschulen nach sowjetischem Vorbild hatten die Absolventen der Kurse eine bestimmte Arbeitsstelle an einem bestimmten Ort für eine Mindestzeit von drei bis vier Jahren anzunehmen. In einigen Ländern, besonders in der Tschechoslowakei, wurde dieses System durch feste Quoten bei der Aufteilung der Volksschulabgänger auf weiterführende allgemeinbildende Schulen, Be-

---

22 Obgleich recht oft Schätzungsversuche unternommen wurden, u. a. von einem UN-Komitee in den fünfziger Jahren, führten sie nie zu vollständigen und vergleichbaren Ergebnissen.

rufsschulen und Berufstätigkeit ergänzt. 1951 führte die tschechoslowakische Regierung ein System der »organisierten Rekrutierung« für vorrangige Sektoren ein. Sie teilte Soldaten, die ihren Militärdienst beendet hatten, Arbeitsplätze zu und versetzte auch Arbeiter aus Nichtvorrangberufen, um die den örtlichen Behörden und den Ministerien vorgegebenen Quoten zu erfüllen. Derart drakonische Maßnahmen fanden sich nirgendwo sonst; sie sind wahrscheinlich durch den besonders akuten Arbeitskräftemangel in diesem Land zu erklären, der auch zu vielfältigen Maßnahmen zur Steigerung der Frauenarbeit geführt hat. Überall wurden Vorkehrungen zur Behinderung des Arbeitsplatzwechsels getroffen; dazu zählten die obligate Zustimmung des Arbeitgebers zum Wechsel des Arbeitsplatzes und die Einführung von Arbeitsbüchern als Beschäftigungsnachweis. Ähnlich wie in der Sowjetunion wurden Gesetze zur Steigerung der Arbeitsdisziplin eingeführt: Kleinere Verfehlungen, wie das verspätete Erscheinen zur Arbeit, wurden mit drei bis sechs Monaten »Besserungsarbeit« am eigenen Arbeitsplatz, einem Umzugsverbot und ein 10–25%igen Lohnkürzung bestraft. Trotz dieser Maßnahmen war die Fluktuation der Arbeitskräfte beträchtlich. Dies war eine Konsequenz der wirtschaftlichen und sozialen Verhältnisse, insbesondere des »Verkäufermarktes« für Arbeit und der Bindungen zum Land, die viele Arbeiter sich bewahrten, sowie von Mängeln des Verwaltungsapparates.

Die Arbeitsbedingungen

Formale Prinzipien und Wirklichkeit unterschieden sich auch in bezug auf die Arbeitsbedingungen. Die ersteren erforderten, daß alles, was mit der Arbeit in einem Betrieb, sei er staatlich, genossenschaftlich oder privat, zu tun hat, Gegenstand einer kollektiven Übereinkunft zwischen den Vertretern der Arbeitgeber und den Gewerkschaften als Vertreter der Arbeitnehmer sein müsse; solche allgemeinen jährlichen Vereinbarungen sollten durch Protokolle mit detaillierten Regelungen für bestimmte Wirtschaftszweige und für einzelne Großunternehmen ergänzt werden. Tatsächlich aber wurden die grundlegenden Arbeitsbedingungen durch

Regierungsverordnungen bestimmt und ließen keinerlei Raum für Verhandlungen.

Die wöchentliche Arbeitszeit wurde vielfach schon durch Vorkriegsgesetze entsprechend den traditionellen Forderungen der Gewerkschaften festgelegt. In den meisten Ländern hatte die Arbeitswoche 48 Stunden mit Abschlägen für bestimmte Gruppen. In Polen waren es seit 1944 46 Stunden (auch hier gab es Abschläge), also genausoviel wie in den Jahren 1918 bis 1936.[23] Die Praxis zeichnete sich während der Jahre 1950 bis 1953 durch eine große Zahl erzwungener Überstunden und Sonntagsarbeit aus. In Bulgarien wurde halboffiziell eine »gesetzliche Überstunde« von zwei Stunden pro Woche eingeführt. In anderen Staaten gab es nichts dergleichen, aber der Druck der »angespannten Planung« und der Arbeitskräftemangel in bestimmten Industrien führten in Verbindung mit der niedrigen Arbeitsproduktivität überall zum weitverbreiteten Einsatz von Überstunden. In seiner Rede vor der 7. Tagung des Zentralkomitees im Oktober 1956 bezifferte *Gomulka* die im Jahre 1955 auf den Kohlezechen geleisteten Überstunden auf 15% aller Arbeitsstunden. (Für die gesamte Industrie weist das offizielle Statistische Jahrbuch für das besagte Jahr eine Quote von 8% aus.) Obwohl kein anderes Land für diese Periode entsprechende Daten veröffentlicht hat, ist überall eine große Zahl von Überstunden geleistet worden, nicht so sehr wegen einer besseren Bezahlung als auf behördlichen Druck. Tatsächlich war selbst den Statistischen Ämtern die genaue Zahl von Überstunden nicht bekannt, da diese wegen der Begrenzung des Lohnfonds oft nicht gemeldet wurden. Die Kombination erzwungener Überstunden, vor allem der Sonntagsarbeit, und der Abneigung, diese voll zu bezahlen, war auch der Hauptgrund für den Bergarbeiterstreik von 1951 in Polen. Dies wird auch einen erheblichen Teil der Beschwerden ausgemacht haben, die von den Arbeitern 1956 vorgelegt und vom ZK in einer einzigartigen Resolution feierlich anerkannt wurden: »Die Partei und die Regierung haben Schritte zur allmählichen Rückerstattung der Summe eingeleitet, die aus Fällen der Verletzung von Zusi-

---

23 *H. Muszalski*, Skracanie czasu pracy, Warschau 1973.

cherungen aus kollektiven Verträgen und der Arbeitsgesetzgebung während der vergangenen Jahre herrührt. Die Rechte und berechtigten Forderungen, die aus dieser Situation entstanden sind, sollen planmäßig, abhängig von ihrer Höhe und den wirtschaftlichen Ressourcen des Landes, innerhalb von zwei bis drei Jahren befriedigt werden.«[24] Die Regulierung erfolgte nie, aber das Dokument blieb als Beweis für die Kluft zwischen dem formalen Rahmen und der Realität auf diesem Gebiet. Die Zentralkomitees anderer Parteien haben keine entsprechenden Beschlüsse gefaßt, aber die Situation war dort sicherlich mindestens genauso schlimm wie in Polen.

Das System der Entlohnung (sowohl der Löhne als auch der Gehälter) war wegen seines direkten Bezugs zur funktionellen Einkommensverteilung (zwischen Akkumulation und Konsum) eines der am strengsten überwachten Elemente des wirtschaftlichen Mechanismus.[25] In jeder der Volksdemokratien wurde eine Regierungsbehörde zur Beaufsichtigung dieses Bereichs geschaffen, obwohl die Grundsatzentscheidungen auf der höchsten Ebene der Macht in formaler Absprache mit dem Zentralrat der Gewerkschaften getroffen wurden. Typischerweise wurde das Entlohnungssystem von vier Faktoren bestimmt:

1. von der Klassifizierung des Wirtschaftszweiges – in Rumänien gab es in Zusammenhang mit Lohnfragen vier Kategorien, in Albanien zwölf, in anderen Ländern hing die Zahl von der Anzahl der Industriezweige ab;
2. von der Qualifikation der Arbeit – zwischen sieben und zwölf Kategorien für körperliche Arbeit, fünfzehn Kategorien für Angestellte in Rumänien;
3. vom Grundlohn oder -gehalt der niedrigsten Lohngruppe;
4. von Koeffizienten für das zahlenmäßige Verhältnis zwischen Grundlohn und höheren Lohngruppen.

---

24 Resolution des 8. Plenums vom Oktober 1956, nach der englischen Übersetzung von *Paul A. Zinners* (Hg.), *National Communism and Popular Revolt in Eastern Europe. A Selection of Documents on Poland and Hungary*, New York 1956, S. 249.
25 Vgl. *Jan Adam, Evolution of the Wage System in Eastern Europe*, London 1979.

Manchmal wurde der zuletzt genannte Koeffizient durch das Verhältnis von höchster und niedrigster Lohngruppe in einer Branche bestimmt. So wurden in Polen 1949 folgende Koeffizienten eingeführt: 2:1 für die chemische Industrie, 2,26:1 für die elektrotechnische Industrie, 2,28:1 für die metallverarbeitende Industrie und 3:1 für den Bergbau.[26] Kriterien für die Einordnung von Arbeitern in bestimmte Qualifikationsniveaus und für Beförderungen wurden für jeden Industriezweig, gewöhnlich sehr detailliert, bestimmt. In der Praxis wurden diese Bestimmungen, um Arbeitskräfte anzulocken, regelmäßig durch die Höhergruppierung von Arbeitern mißachtet.

Die Grundlohnkoeffizienten sind jedoch nicht repräsentativ für die tatsächlichen Einkommensunterschiede. Sie dienten hauptsächlich als Grundlage zur Berechnung der Stücklöhne. Stücklöhne waren das charakteristische Kennzeichen des Lohnsystems während der stalinistischen Periode in Osteuropa und wurden als getreues Abbild des sozialistischen Prinzips »Jedem nach seiner Arbeitsleistung« betrachtet. Der Anteil der Stücklöhne wurde zum Maßstab für eine richtige Organisation von Entlohnung und Arbeitsanreizen in den jeweiligen Unternehmen und Industriezweigen erhoben. In der Tschechoslowakei erreichten infolgedessen die Stücklöhne einen Anteil von 69% der Lohnsumme in der Industrie und 86% in der Bauwirtschaft, während der Anteil der Zeitlöhne auf 12% bzw. 6% zurückging (der Rest waren Prämien und Zulagen).[27] In anderen Staaten war das Verhältnis ähnlich. Das Sekretariat der Economic Commission for Europe schreibt in einer Studie über die Einkommensverhältnisse im Nachkriegseuropa: »Der Anteil der Lohnempfänger auf Stücklohnbasis in der sowjetischen Industrie wuchs stetig von 18% 1920 auf etwa 77% 1956 ... Die Entwicklung in den osteuropäischen Ländern war ähnlich.«[28] Wie aus den Daten von 1954 für die Sowjetunion hervorgeht, arbeitete etwa die Hälfte der Akkordarbeiter in einem einfachen und die andere Hälfte in

---

26 *H. Krencik, Podstawy i kierunki polityki płac w PRL*, Warschau 1972, S. 63/64.
27 *Strucny hospodarski vyvoj Ceskoslovenska do roku 1955*, Prag und Bratislawa 1969, S. 485.
28 *Economic Survey of Europe in 1965*, Teil 2, Genf 1967, Kap. 8, S. 14.

einem progressiven System. Das letztere beinhaltete einen scharfen Anstieg des Stücklohns, wenn eine bestimmte Produktionsleistung überschritten wurde. Es erwies sich als unmöglich, entsprechende Daten für die Volksdemokratien zu bekommen, aber deren Entwicklung verlief in dieselbe Richtung. Das System der Zeitlöhne wurde gewöhnlich durch einen ausgefeilten Satz von Prämien, die sich nach verschiedenen Kennziffern und Sonderaufgaben richteten, ergänzt. Die variablen Zahlungen bildeten einen erheblichen Teil des Gesamteinkommens und machten die tatsächlichen Lohndifferenzen wesentlich größer, als dies in den Grundtarifen zum Ausdruck kam.

In einem Stücklohnsystem sind die Vorgaben die wichtigste Größe. Es ist schwierig, die »Strafftheit« der Normen im Vergleich zur westlichen Industrie abzuschätzen; wenn man aber das technische Niveau der Industrie und die niedrige Qualifikation der Arbeitskräfte in den meisten Volksdemokratien zu dieser Zeit in Betracht zieht, muß sie hoch gewesen sein. Außerdem wurde es politisch begrüßt, wenn ein Unternehmen von »statistischen« zu »technischen« und von »durchschnittlichen« zu »überdurchschnittlichen« Normen überging; die jeweils erstgenannten Normen wurden aus den tatsächlich erbrachten Leistungen abgeleitet, die jeweils letztgenannten spiegelten das wider, was ein überdurchschnittliches Unternehmen nach Schätzung der Techniker leisten könnte. Das gleiche Ziel, die Normen zu erhöhen, stand auch hinter den Kampagnen zum »Sozialistischen Wettbewerb« und der *Stachanow*-Bewegung (»eine höhere Form des sozialistischen Wettbewerbs«). In allen sieben Ländern wurden große Anstrengungen unternommen, derartige Aktivitäten voranzutreiben; um die örtlichen *Stachanows* in den einzelnen Ländern wurde ebensoviel Publicity gemacht wie um die Einführung von Methoden, die von den sowjetischen Spitzenreitern des sozialistischen Wettbewerbs entwickelt worden waren.

In Bulgarien verlangte eine formale Regelung die jährliche Überprüfung aller Normen, und auch in den anderen Ländern fanden ziemlich häufig umfassende Revisionen statt, so etwa in Ungarn, wo die am 31. Juli 1950 eingeführten Normen im Juni 1952 landesweit berichtigt wurden. Partielle Korrekturen innerhalb einer Industrie oder für bestimmte Arbeiten fanden häufig jährlich statt und verletzten damit den allgemeinen Grundsatz, daß eine Norm, sobald sie »technologisch« geworden war, nur noch aufgrund von Veränderungen der objektiven Bedingungen der jeweiligen Tätigkeit geändert werden durfte. Normen waren einer der häufigsten Gründe für Beschwerden und hätten daher die Bedeutung des innerbetrieblichen Interessenausgleichs erhöhen müssen. Aber die Unterordnung der Gewerkschaften, deren Repräsentanten in den Beschwerdeausschüssen für die Arbeiter sprechen sollten, unter Management und Partei verminderte die Wichtigkeit dieses Vorgangs. Dennoch hat sich die bloße Existenz derartiger Institutionen als hilfreich erwiesen, als die politischen Umstände sich, wie während des »Tauwetters« nach *Stalins* Tod, veränderten. Dasselbe kann auch über die Rolle der Arbeitssicherheitsinspektion gesagt werden.

Trotzdem sollte man zur Kenntnis nehmen, daß wegen des Nachfragedrucks nach Arbeitskräften, wegen der überragenden Bedeutung der Planerfüllung im Zielsystem des Managements und wegen der Unzulänglichkeit der Methoden zur Überprüfung der Produktivität und zur Normaufstellung das Verhältnis von Lohn- und Produktivitätsentwicklung die geplanten Proportionen regelmäßig überschritt und so das als Lohnabweichung bekannte Phänomen hervorrief.

Zum Lohnsystem im weiteren Sinne gehören nicht nur monetäre Elemente, sondern auch verschiedene Formen naturaler Entlohnung. Diese waren teilweise althergebracht (freie Kohle für Bergleute und Eisenbahner), gewannen aber angesichts des Mangels an Bedeutung. Eine andere Form der Entlohnung war die Bevorzugung beim Kauf von Gütern zu offiziellen Preisen durch Bezugsscheine, besondere Läden in den bevorrechtigten Betrieben und bevorzugte Einrichtungen für bestimmte Personengruppen. Auch das Rationierungssystem als solches konnte als eine Form naturaler Bezahlung angesehen werden, weil die Rationen nach Berufen differenziert wurden und es von beruflichen und anderen Vorrechten abhing, ob die Ration auch tatsächlich verfügbar war (entweder überhaupt oder zumindest in normaler Qualität). Das Rationierungssystem war jedoch für eine leistungsbezogene Differenzierung weniger geeignet, und das war auch einer der Gründe, warum die Regierungen es mittels deflationärer Preis- und Währungsreformen so bald wie möglich abschaffen wollten. Andere naturale Zuwendungen bestanden weit über das Jahr 1953 hinaus, in erster Linie weil sie einen Beitrag zur Sicherung der bevorzugten Stellung der Partei und des Staatsapparates (in dem die Polizei und die höheren Militärs eine herausragende Stellung einnahmen) leisteten. Zu einem gewissen Grad wurde das System auch zur Vorzugsbehandlung von besser bezahlten Beschäftigten in der Industrie, wie Managern, *Stachanow*arbeitern und herausragenden technologischen Führern genutzt. Von entscheidender Bedeutung war in diesem System die Zuteilung von Wohnungen: Wohnraum war sehr knapp, einerseits wegen der Landflucht, andererseits weil praktisch keine Miete zu zahlen war; sie wurde eine festverankerte Institution in fast allen Volksdemokratien.

Schließlich müssen die inoffiziellen Begünstigungen erwähnt werden: Gelegenheiten zum Diebstahl und zum Profit aus den in einer Mangelwirtschaft üblichen Wuchergeschäften. Die seltenen Untersuchungen auf diesem Gebiet (z. B. in Polen unter der Leitung von *Kalecki*)[29] zeigen die weite Verbreitung derartiger Praktiken. Auch wenn es keine quantitativen Schätzungen dazu gibt, muß dies bei einer Betrachtung der Einflußfaktoren der Einkommensverteilung und des Arbeitskräfteeinsatzes berücksichtigt werden.

Über die landwirtschaftlichen Arbeitsbedingungen außerhalb des Staatssektors kann nichts Bestimmtes gesagt werden. Für die Produktionsgenossenschaften gilt, daß die Entlohnung vom Typ der Kooperative abhing. Im Typ 3, der dem sowjetischen *Artel* nachgebildet war, wurde das System der genormten Arbeitstage *(trudodni)* übernommen. Es muß aber betont werden, daß, verglichen mit der frühen Phase der Kollektivierung in der Sowjetunion, die Bezahlung der *trudodni* in Osteuropa eine höhere Priorität genoß. In den meisten Staaten hielten die Einkommen der Genos-

---

29 M. *Kalecki, Zregalnien gospodarczo-spotecznych Polski Ludowej,* Warschau 1964, S. 83–90.

senschaftsbauern durchaus mit denen der Privatbauern Schritt, besonders wenn man die schwere Last in Betracht zieht, die den letzteren vom Staat aufgebürdet wurde. Zwang und ökonomische Instrumente der Kollektivierung standen in einem anderen Verhältnis als in der Sowjetunion, und man ließ die Landwirtschaft nicht in eine Katastrophe wie die von 1933 abgleiten. Beides sicherte dem Genossenschaftssektor in Osteuropa sogar auf dem Höhepunkt der *Stalin*-Ära bessere Arbeitsbedingungen als in der Sowjetunion.

Der Lebensstandard

Der Lebensstandard der Mehrheit der Bevölkerung im Osteuropa der frühen fünfziger Jahre hing vom laufenden Einkommen der Beschäftigten, von der Anzahl der verdienenden und nichtverdienenden Familienangehörigen und von der Höhe der Sozialleistungen ab. Privates Kapital konnte nach den Verstaatlichungen vernachlässigt werden, und die Haushalte besaßen nur geringes Vermögen. Zu dieser Situation trugen sowohl die formelle und informelle Enteignung (etwa durch die Kommunalisierung von Miethäusern und die zwangsweise Einquartierung in privaten städtischen Häusern) als auch die schweren Kriegsverluste in den meisten Staaten bei.

Eine quantitative Analyse der relativen Bedeutung verschiedener Determinanten des Lebensstandards würde den Rahmen dieses Buches sprengen, das auf den institutionellen Aspekt abzielt. Festzuhalten ist aber, daß der Faktor »Beschäftigung«, also die durchschnittliche Anzahl der Verdiener pro Familie, sich, wenn auch sehr unregelmäßig, positiv entwickelte, während der Faktor »Realeinkommen« insgesamt gesehen in die umgekehrte Richtung tendierte. [30]

---

30 Von den fünf Ländern, für die in *Incomes in Post-war Europe*, a.a.O., Kap. 7, S. 34, Zahlen genannt werden, zeigen drei 1953, trotz einer gewissen Kehrtwende der Politik in der zweiten Jahreshälfte, einen deutlichen Rückgang der Reallöhne auf; der Index (1950 = 100) stand in der Tschechoslowakei bei 95, in Ungarn bei 85 (1952 81) und in Polen bei 92; in Rumänien betrug er überraschenderweise 110 und in der DDR 177 (durch die Erholung von einem extrem niedrigen Niveau in

Das durchschnittliche Nominaleinkommen stieg überall brutto wie netto an, weil direkte Steuern auf das Einkommen unbedeutend blieben. Unterschiedlich entwickelte sich der Index der Lebenshaltungskosten. In Polen stieg der Index der Verbraucherpreise zwischen 1950 und 1955 um etwa 80 % und in Ungarn um ca. 70 %; für die Tschechoslowakei wird die Steigerung auf 20 % und für Rumänien auf 17 % geschätzt; in Bulgarien stiegen die Lebenshaltungskosten bis 1952 und begannen dann zu fallen; in der DDR sanken die Verbraucherpreise seit 1950 stetig; all dies sind natürlich nur provisorische Daten. Angesichts der umfassenden oder teilweisen Rationierung von Konsumgütern kann die Entwicklung der Kaufkraft nur schwer eingeschätzt werden. Die Rationierung wurde in der Tschechoslowakei, in Ungarn, Polen und Bulgarien 1953, in Rumänien Ende 1954, in Albanien teilweise 1956 und endgültig 1957 und in der DDR erst 1958 abgeschafft. Abgesehen von der Rationierung erschwert auch das Nebeneinander verschiedener Markttypen mit ständig wechselnden Anteilen die Errechnung eines synthetischen Index der Lebenshaltungskosten. Der Grad der Sozialisierung des Einzelhandels (staatlich und genossenschaftlich) geht aus Tabelle I.1 hervor. Wegen der gesetzlichen Kontrolle der privaten Händler (besonders in der DDR), war das Ausmaß der Organisierung des Konsumgütermarktes jedoch größer als im Anteil des staatlichen und genossenschaftlichen Handels zum Ausdruck kommt. Aber selbst der organisierte Markt war geteilt, wenn man die unterschiedlichen Zugangsmöglichkeiten zu preislich fixierten Gütern betrachtet. Es existierte eine Skala von »offenen« bis hin zu »geschlossenen« Geschäften unterschiedlicher Kategorien – von nur geringfügig besser belieferten Fabrikläden und Kantinen bis zu sehr guten Geschäften für Parteifunktionäre, Sicherheitsbeamte und Streitkräfte. Während der gesamten Rationierungsperiode unterhielt der Staat ein paralleles Handelsnetz für nichtrationierte Verkäufe zu wesentlich höheren Preisen, das üblicherweise nach der Abschaffung der Rationierung für Pro-

---

einem geschlagenen, besetzten und geteilten Land). Der Index der Reallöhne in der Industrie Albaniens lag 1955 um 20 % über dem Stand von 1950 (*Anuari statistikor i RPSh 1950*, S. 118).

dukte höherer Qualität beibehalten wurde (»Delikatläden«). Schließlich betrieb der Staat in einigen Ländern besondere »Hartwährungsgeschäfte« (Gold und konvertierbare Währungen), so die *Tuzex* in der Tschechoslowakei, *PeKaO* in Polen u. a., nach dem Vorbild des sowjetischen *Torgsin* der Vorkriegszeit. Außerhalb des organisierten Marktes verdienen zwei Arten freier Märkte Erwähnung: der legale oder halblegale Bauernmarkt, auf dem landwirtschaftliche Erzeugnisse direkt oder über einen kleinen Zwischenhandel an die Verbraucher verkauft wurden, und der Schwarzmarkt, wo Waren, die in staatlichen Geschäften gekauft oder gestohlen worden waren, zu höheren, markträumenden Preisen weiterverkauft wurden.

Sozialleistungen waren in der Region während der Jahre 1950 bis 1953 von unterschiedlicher Bedeutung. Der aus öffentlichen Quellen gespeiste Verbrauch ohne den eigentlichen Staatsverbrauch, also den Ausgaben für die Streitkräfte, die Polizei und die Verwaltung, wuchs in Ungarn und der Tschechoslowakei deutlich schneller als der Privatverbrauch, in Polen dagegen langsamer.[31] Institutionell gesehen verteilten sich die Sozialleistungen auf zwei Gruppen:

1. Leistungen des Sozialversicherungssystems, wie der Gesundheitsdienst, Kranken- und Berufsunfähigkeitsversicherung, Mutterschafts- und Familienbeihilfen und Pensionen, sowie
2. staatliche Leistungen, die in keiner Verbindung zum Sozialversicherungssystem standen, wie Zuschüsse für den Wohnungsbau und die Kultur.

Verglichen mit der Vorkriegszeit war das Sozialversicherungssystem in den meisten Ländern sehr gut ausgebaut. Albanien bildete eine Ausnahme, und auch in Rumänien war das System weniger umfassend als in den anderen Ländern. Die Mitgliedschaft in der Sozialversicherung war für die Beschäftigten obligatorisch, und sie mußten ein Drittel

---

31 *Incomes in Post-war Europe*, a.a.O., Kap. 7, S. 14. Für andere Länder stehen keine Daten zur Verfügung. Beispiele für den Niedergang des Anteils öffentlicher Unterstützungen am Gesamtverbrauch auf dem Höhepunkt der stalinistischen Periode werden auch von *W. Brus, Srodki publiczne i srodki ludności w gospodarce mieszkaniowej*, Warschau 1970, anhand von Daten aus Polen und der UdSSR aufgezeigt.

bis die Hälfte der Prämien bezahlen. Beträchtlichen Wert legte man auf die Arbeitslosenversicherung, die den Angestellten etwas größere Vorteile bot als den Arbeitern. Aus der Vorkriegszeit übernahm man in den meisten Ländern Institutionen, die den Mitgliedern Mitbestimmungsmöglichkeiten und den Versicherungen selbst ein gewisses Maß an Autonomie einräumten; beides verschwand allerdings, als, wie in Polen geschehen, das Regime autoritärer wurde.

Im Grunde genommen behielt die Sozialversicherung, sieht man von kleineren Veränderungen – wie der Abschaffung eines formellen Beitrags der Arbeiter – ab, ihre Vorkriegsgestalt bei oder wurde nach diesem Muster neu gegründet. Aber die Größenordnung veränderte sich grundlegend: Durch die Verstaatlichung und die Beschneidung der selbständigen Tätigkeiten wuchs die Zahl der Arbeitnehmer und ihrer Familienangehörigen, die vom Sozialversicherungssystem erfaßt wurden. Dieser Trend spiegelte hauptsächlich die Wanderung von Arbeitskräften aus der Landwirtschaft in die Industrie und das Bauwesen wider und hielt während der Zeit von 1950 bis 1953 an. In dieser Zeit unterzog man das Sozialversicherungssystem grundlegenden organisatorischen Veränderungen nach sowjetischem Vorbild. Einer der wenigen danach noch verbleibenden Unterschiede war die Beschränkung der Gesundheitsfürsorge auf die Versicherten. Dies ergab sich aus der Existenz »nichtsozialistischer Elemente« in den osteuropäischen Gesellschaften. Nur Bulgarien, wo die Kollektivierung weiter fortgeschritten war, führte im März 1951 die allgemeine Gesundheitsfürsorge ein.

Alle Arten von Sozialleistungen stiegen während der Periode sowohl pro Kopf der Bevölkerung als auch pro Zahlungsempfänger beträchtlich an. In absoluten Größen blieb das Niveau der Zahlungen jedoch sehr niedrig, was besonders für die Altersrenten gilt. Auch die Zahlen der Gesundheitseinrichtungen und des medizinischen Personals pro Kopf der Bevölkerung wuchsen. Obwohl die getroffenen Vorkehrungen im Vergleich mit den Bedürfnissen unzulänglich blieben, wurden beachtliche Erfolge bei der Bekämpfung ansteckender Krankheiten erzielt.

Im Bildungswesen setzte sich 1950 bis 1953 die Entwicklung fort, die mit den Veränderungen der Jahre 1945 bis 1949 begonnen hatte. Bis auf die Schulbücher waren alle Bildungseinrichtungen kostenlos, und es wurden erhebliche Fortschritte bei der Bekämpfung des Analphabetentums unter Erwachsenen gemacht. Durch finanzielle Unterstützungen, vorrangige Zulassungen und ein besonderes System vorbereitender Schulen (»Arbeiterfakultäten«) sollte die Benachteiligung von Personen aus niedrigeren Einkommensschichten beseitigt werden. Dem stand die formelle und informelle Diskriminierung der früheren Ober- und Mittelschicht sowie der Familien »politisch Unzuverlässiger« gegenüber. Wie bereits erwähnt, wurde in den meisten Staaten ein Netz berufsbildender Schulen (Arbeiterreserven) geschaffen.

Angesichts der überall geringen Neubauaktivitäten übernahmen zentrale und örtliche Behörden mit oder ohne formelle Enteignung die Kontrolle über einen Großteil des Wohnungsbestandes in den großen und mittleren Städten. Die Zuteilung von Wohnraum befand sich schon 1950 fest in der Hand der Wohnungsämter. Die Mieten wurden, außer in der DDR, auf einem sehr niedrigen, manchmal nur nominellen Niveau gehalten. Neue Wohnungen baute fast ausschließlich der Staat und verteilte sie nahezu kostenlos nach politischen und beruflichen Kriterien. Der Anteil privater Bauten hing hauptsächlich von der Situation auf dem Land ab und war sowohl wegen der allgemeinen wirtschaftlichen Lage als auch wegen der absoluten Knappheit an Baumaterial gering.

Über den effektiven Anteil der Sozialleistungen am Haushaltseinkommen existieren für den betrachteten Zeitraum kaum Daten. Die bereits zitierten polnischen Studien schätzen die Beihilfen auf etwa ein Viertel des Arbeitseinkommens und weniger als ein Fünftel des gesamten Einkommens der Bevölkerung 1950 bzw. ein Fünftel und ein Sechstel 1955. Die Größenordnungen werden sich in den anderen Ländern ähnlich entwickelt haben. Noch weniger kann über die Verteilung der Sozialleistungen gesagt werden, vor allem wenn man naturale Zuwendungen (einschließlich des Bildungssystems) berücksichtigt, deren Verteilung auch deshalb sehr ungleichmäßig war, weil durch Diskriminierungen teilweise bewußt wirtschaftlicher und politischer Druck ausgeübt wurde. Trotzdem muß man fairerweise sagen, daß die Sozialleistungen insgesamt gesehen die Einkommensverteilung in den Städten egalisiert haben, besonders indem sie die Misere der Ärmsten, vor allem großer Familien mit nur einem einzigen niedrigen Einkommen, linderten. Andererseits vergrößerten die Sozialleistungen die Einkommensunterschiede zwischen Stadt und Land: Nach polnischen Quellen erhielt ein Landbewohner nur 10 % dessen, was ein Stadtbewohner bekam. Erstaunlicherweise waren es auch 1965 nur 20 %. Das lag sicher daran, daß die polnische Landwirtschaft in der Hand privater Bauern blieb. In anderen Staaten, wo die Kollektivierung die Regel war, wurden den landwirtschaftlichen Haushalten höhere Sozialleistungen gewährt. Dennoch wurden in der Tschechoslowakei die Mitglieder der »*Artel*«-Genossenschaften (Typ 3 und 4) gegenüber den Arbeitnehmern benachteiligt, auch wenn sie besser als Selbständige und Mitglieder von Genossenschaften niederen Typs behandelt wurden. Obwohl dort wie in anderen Ländern die Bevorzugung der »kollektivierten Dörfer« die vom Sozialversicherungssystem vorgesehenen formalen Unterschiede weit übertraf, vergrößerten die Sozialleistungen überall den Einkommensunterschied zwischen Stadt und Land.

Die Lage der Haushalte in Jugoslawien

Die Situation der Haushalte in Jugoslawien zwischen 1950 und 1953 ist noch schwerer zu beurteilen als in den Volksdemokratien. Hier handelte es sich um eine echte Übergangsperiode mit ständig wechselnden Institutionen. 1950 begann man, das stalinistische Modell zu demontieren, aber es dauerte mindestens bis Ende 1952, ehe die neuen Institutionen Form annahmen und die Situation der Haushalte beeinflussen konnten.

Das allgemeine politökonomische Umfeld der Jahre 1950 bis 1953 war für die Haushalte ungünstig. Die Industrialisierungskampagne mit ihren beschäftigungssteigernden

Wirkungen hatte ihren Höhepunkt erreicht; als Folge des von der Sowjetunion inspirierten Handelsembargos der Volksdemokratien verlangsamte sich die Industrialisierung, und es kam zur Aufgabe des Fünfjahrplans für 1947 bis 1951. Gleichzeitig konnte der Anteil des Konsums am Nationaleinkommen jedoch nicht steigen, weil man die langfristigen Entwicklungsziele nicht aufgeben wollte und aus politischen Gründen die Verteidigungsausgaben nicht senken konnte. Wegen der schlechten Ernten in zwei von vier Jahren (1950 und 1952) standen noch weniger Konsumgüter zur Verfügung. Positiv wirkten sich dagegen westliche Kredite aus, die jugoslawische Leistungsbilanzdefizite in Höhe von 2% des Bruttosozialprodukts 1950, 6% 1952 und 4% 1954 finanzierten und dadurch Nahrungsmittelimporte ermöglichten. Betrachtet man die politische Position der Haushalte, also ihre Verhandlungsmacht, so zeichneten sich die ersten Verbesserungen erst gegen Ende der Periode ab.

Über die Beschäftigungsverhältnisse während dieser vier Jahre gibt es nur wenig Informationen. Die allgemeine Richtung des institutionellen Wandels legt jedoch die Vermutung nahe, daß die Freiheit der Arbeitsplatzwahl, wohl auch unter dem Einfluß der veränderten Bedingungen auf dem Arbeitsmarkt, zunahm. Dafür spricht auch, daß solche Formen der Arbeitskräftemobilisierung wie die in Jugoslawien vorher weit verbreiteten Jugendbrigaden nicht mehr öffentlich erwähnt wurden.

Die Arbeitsbedingungen scheinen sich bis 1952 nicht verändert zu haben, als man begann, die Lohnsumme durch die »Rate der Akkumulation und Fonds« zu regeln. Die Beziehungen zwischen Unternehmensleitung und Belegschaft veränderten sich infolge der Gründung von Arbeiterräten 1950 und aufgrund der Aufwertung der Gewerkschaften, die aus der Rolle des »Transmissionsriemens« der Partei entlassen wurden und nun gegen schlechte Arbeitsbedingungen sprechen konnten. Es ist schwer zu beurteilen, welche Folgen der Übergang der Kompetenz zur Festlegung der Tarife und Lohngruppen auf die Arbeiterräte hatte. Die Kernfrage des neuen Systems, die lange über die Anfangsjahre hinaus ungelöst blieb, war die Verbindung der Unternehmenseinkommen (vor allem der Lohnkosten) mit dem Beitrag des Unternehmens zum Nationaleinkommen.

Die Aufhebung der Regierungskontrolle über das Lohnsystem erlaubte den selbstverwalteten Betrieben eine differenziertere Entlohnung unterschiedlich qualifizierter Arbeiter (siehe *Tabelle I.4*). Dieser Wandel kann unterschiedlich interpretiert werden. In der unmittelbaren Nachkriegszeit war es zu einer drastischen Angleichung der Einkommen gekommen; die erneute Änderung muß daher zu einem gewissen Grad als Reaktion auf die übermäßige Einebnung von Einkommensunterschieden angesehen werden. Ob es eine Bewegung weg vom Akkordlohn gab und wie die Normen aufgestellt wurden, ist nicht bekannt, aber die Kampagnen zum »Sozialistischen Wettbewerb« und im Rahmen der *Stachanow*-Bewegung hörten bald auf.

Tabelle I.4
Abweichung des Einkommens qualifizierter Kräfte in Jugoslawien 1950–52
(Einkommen ungelernter Arbeiter = 100 [1950])

	1951	1952
Grundschullehrer	101	100
Gymnasiallehrer und Universitätsdozenten	125	156
angelernte Arbeiter	105	110
Facharbeiter	120	144

Der Lebensstandard war in Jugoslawien zwischen 1950 und 1953 niedriger als irgendwo sonst in Europa, abgesehen von Albanien. Nach offiziellen Schätzungen wurde das durchschnittliche Vorkriegsniveau des Pro-Kopf-Konsums erst 1954 wieder erreicht, und zwar mit einer beträchtlichen strukturellen Verschiebung zugunsten der Arbeiter und Bauern; das Fehlen einheitlicher Marktpreise bis Ende 1952 macht jedoch eine realistische Einschätzung unmöglich. Die Rationierung wurde seit 1950 schrittweise abgebaut, gleichzeitig wurden die staatlichen Einzelhandelspreise beträchtlich erhöht. Übergangsweise wurde jedoch ein Rabattmarkensystem eingeführt, das den am schlechtesten bezahlten Arbeitern eine 80%ige Vergünstigung und den Bauern, die ihre Ablieferungsquote erfüllt hatten, eine 65%ige Ermäßigung einräumte. 1952 liefen diese Übergangsmaßnahmen aus, und die Ablieferungspflicht der Bauern wurde aufgehoben. Die Freigabe der Preise und die drastische Abwertung der Währung ließen den Index der Lebenshaltungskosten 1952 auf das 2,16fache des Niveaus von 1949 steigen.

Das Sozialversicherungssystem unterlag im Betrachtungszeitraum keinen wesentlichen Veränderungen; die bedeutendste war die Abschaffung der Arbeitnehmerbeiträge 1950. Der Geltungsbereich des Systems erstreckte sich Mitte der fünfziger Jahre auf etwa die Hälfte der Bevölkerung, nämlich auf alle formell Beschäftigten und die Mitglieder von Genossenschaften jeweils einschließlich ihrer Familienangehörigen. Die Gewerkschaften wurden in die Verwaltung der Sozialversicherung einbezogen, aber hier wie auf anderen Gebieten kam es erst 1953 zu wirklich bedeutenden Änderungen.

Teil II

1953–1956

Das »Tauwetter« und der »Neue Kurs«

Das politische Leben
nach dem Tode Stalins

In diesem Kapitel geht es um die institutionellen und sozialen Veränderungen in Osteuropa zwischen Stalins Tod im März 1953 und der Etablierung eines gewissermaßen neuen Gleichgewichts nach dem »Polnischen Oktober« und dem Ungarnaufstand. Im Vergleich mit der im vorigen Kapitel behandelten Periode waren dies innen- und außenpolitisch Jahre der politischen Bewegung. Innenpolitisch entstanden beträchtliche Unterschiede zwischen den einzelnen Ländern, was an sich schon ein Zeichen für Wandel ist.

Das außenpolitische Umfeld der sieben »Volksdemokratien« wurde von den Entwicklungen in der UdSSR nach Stalins Tod und deren Konsequenzen für die sowjetisch-osteuropäischen Beziehungen bestimmt, insbesondere von der Entschärfung des Kalten Krieges und von der Entspannung des sowjetisch-jugoslawischen Verhältnisses. Weil die innere Entwicklung der UdSSR als der wichtigste Anstoß für die Entwicklungen anderswo betrachtet werden kann, muß sie hier, wenn auch nur kurz, charakterisiert werden.

Generell kann das, was in der Sowjetunion damals vorsichtig und begrenzt geschah (zumindest war das von der neuen Führung so gewollt), als »Entstalinisierung von oben« bezeichnet werden. Entstalinisierung war dringend erforderlich: 1953 zeigte das System offensichtliche und wachsende Zeichen einer Unfähigkeit, mit den sich auftürmenden Schwierigkeiten fertig zu werden, die, wären sie ungelöst geblieben, auf lange Sicht die Säulen des Systems einschließlich der internationalen (auch militärischen) Stellung hätten untergraben können. Es ging also nicht nur um eine Verbesserung des Loses der Bevölkerung, sondern auch um das direkte Interesse der herrschenden Schicht, ganz besonders der höchsten Führungsspitze. Dies erklärt auch, warum unmittelbar nach Stalins Tod wenigstens drei Anwärter auf die höchste Macht im Staate mit einem im Grunde gleichen Programm hervortraten (oder dies versuchten): *Berija, Malenkow* und *Chruschtschow*. Der erbarmungslose Kampf zwischen ihnen drehte sich nicht so sehr um die Frage »Was muß getan werden«, als um die Frage »Wer soll es tun« und darum, die besten Trümpfe in die Hand zu bekommen. Drei Gründe müssen die Parteielite zu Veränderungen bewegt haben:

1. die berechtigte Sorge um das Schicksal des sowjetischen Staates und des gesamten Blocks, mit der die Position des Establishments aufs engste verbunden war;
2. das verständliche Bestreben, die dauernde Bedrohung zu beseitigen, der sich jedes Mitglied des Establishments (die höchste Spitze wahrscheinlich am meisten) unter dem System der unbegrenzten persönlichen Diktatur und des Terrors ausgesetzt sah;
3. die Erfordernisse des Machtkampfes.

Mit Stalins Tod endete die Periode jener einzigartigen »Einheit der Partei«, die durch die monolithische und bedingungslose Unterordnung unter den Willen des Diktators gekennzeichnet war. Während interne Kämpfe in der Stalinzeit dazu dienten, sich des Wohlwollens »von oben« zu versichern, weil sich Einflußnahmen »von unten« als gefährlich erweisen konnten, waren Stalins Nachfolger, ob Führer oder Kandidaten für die Führung, bis zu einem gewissen Grad von der Unterstützung von unten, von der des Parteiapparats und letzten Endes auch von der der breiten Öffentlichkeit abhängig. Andererseits wollten alle sowjetischen Exponenten der Entstalinisierung von oben die Grundlagen des Systems bewahren, vor allem den politischen Totalitarismus. Daher ihr Dilemma, das die gesamte Periode charakterisiert: Wie konnte man sich von der stalinistischen Deformation (oder, je nach der Radikalität des Bruchs mit der Vergangenheit, der »Abweichung« oder den »Auswüchsen«) befreien und dabei die Wesensmerkmale des Systems bewahren? Anders ausgedrückt: Wie konnte man das System stabilisieren und gleichzeitig neuen Herausforderungen anpassen? Die Machtkämpfe und Meinungsverschiedenheiten in der Parteispitze drehten sich während der Nachstalinzeit zum großen Teil um diese Frage. Dieser interne Streit überlagerte tiefergehende Konflikte über die Möglichkeit fundamentaler Veränderungen, die den Rahmen des Sozialismus sowjetischen Typs sprengen. Beides zusammen bildet den komplexen Hintergrund, ohne den die charakteristischen Stop-and-go-Bewegungen, die Schwerfälligkeit, der Zickzackkurs und die offensichtlich inkonsistenten Veränderungen von Politik und Institutionen keinen Sinn ergeben.

Die Abneigung gegen eine Unterteilung der Periode von 1953 bis 1956, rührt von einem derartigen Verständnis des Prozesses her[1]: Klare Abgrenzungen sind nicht erkennbar, besonders dann, wenn man die Entwicklung nicht nach verbalen Erklärungen, sondern nach den tatsächlichen Ereignissen und für Osteuropa als Ganzes beurteilt.

Die Zusammenhänge zwischen Entwicklungen in der Sowjetunion und in den Volksdemokratien werden im folgenden im Detail untersucht. Einleitend müssen aber einige Bemerkungen zur allgemeinen Natur des Wandels gemacht werden.

Das Wichtigste scheint das Verschwinden der unumstrittenen halbgöttlichen Autorität Stalins zu sein. Niemand konnte an seiner Stelle eine derartige Ergebenheit fordern. Interne Meinungsverschiedenheiten und Kämpfe in der sowjetischen Führung eröffneten den Führern der Volksdemokratien einige Handlungsmöglichkeiten. Ihre Unterstützung gewann eine gewisse Bedeutung für die kämpfenden Fraktionen innerhalb der UdSSR und in der Folge auch international, insbesondere nachdem China zu einem unabhängigen Zentrum der kommunistischen Welt geworden war. Es kam zu einer eigentümlichen und beschränkten Form des Pluralismus und zu einer allmählichen Verbesserung der Verhandlungsposition der nationalen Führungen,

---

[1] Im Gegensatz dazu unterscheidet Z. *Brzezinski, The Soviet Bloc: Unity and Conflict*, Cambridge (Mass.) 1967, S. 170, zwischen einer durch ökonomische Liberalisierung und politischen Status quo gekennzeichneten Periode unter Malenkow (1953/54) und einer Periode gleichzeitiger wirtschaftlicher Entstalinisierung und politischer Liberalisierung unter dem Einfluß des aufsteigenden Chruschtschow.

die durch die von der neuen sowjetischen Regierung in Gang gesetzte Entspannung im Ost-West-Verhältnis noch gestärkt wurde. Von noch größerer Bedeutung war die sowjetisch-jugoslawische Aussöhnung, weil die Sowjetunion damit eingestand, einen großen Fehler im Verhältnis zu einem anderen Staat begangen zu haben, und die Möglichkeit »verschiedener Wege« zum Sozialismus anerkannte.

Daraus ist jedoch nicht zu schließen, daß das wachsende Gefühl der osteuropäischen Führer für ihre Unabhängigkeit von Anfang an die treibende Kraft der Entwicklung war. Trotz aller anfänglichen Abneigung gegen eine getreue Nachahmung des stalinistischen Modells hatten sich die osteuropäischen Führungen während der schicksalhaften Jahre 1949–53 zu ihm bekannt und sahen den Zusammenhang zwischen ihm und ihrer eigenen politischen Zukunft. Der Anstoß für Änderungen kam daher eher von der sowjetischen als von der nationalen Seite und stieß im Falle Polens zumindest auf einigen Widerstand der Parteiführung. Erst später änderte sich die Situation insofern, als sich der verständliche Druck der Bevölkerung nach Veränderungen verstärkte und es 1956 zu den Ausbrüchen in Polen und Ungarn kam. Entsprechend entwickelten sich die zwischenstaatlichen Beziehungen zwischen der UdSSR und den Volksdemokratien: Im Herbst 1954 wurden die sowjetisch-rumänischen, die sowjetisch-ungarischen und die sowjetisch-bulgarischen Gemeinschaftsunternehmen aufgelöst. Dies konnte offensichtlich nicht auf offenen Druck der früheren Feindstaaten zurückgeführt werden, mit der möglichen (aber nach dem heutigen Stand der Literatur nicht sicheren) Ausnahme der ungarischen Regierung unter *Imre Nagy*. Andererseits war der Erlaß der rumänischen und polnischen Schulden 1956 ein klares Ergebnis solchen Drängens, ebenso wie die sowjetische Erklärung über ihre Beziehungen zu den Volksdemokratien und die darauffolgenden Verträge über bilaterale Angelegenheiten wie den Status der sowjetischen Truppen, konsularische Fragen und die wechselseitige Behandlung von Staatsangehörigen. Obwohl der Block und die sowjetische Vorherrschaft in ihm weiterhin vor allem durch informelle Parteikanäle aufrechterhalten wurden, war es ein Charakteristikum dieser Periode, daß die UdSSR Anstalten machte, sich der zwischenstaatlichen Beziehungen zu bedienen: Auch die Gründung des Warschauer Pakts und die erkennbare Reaktivierung des RGW deuten darauf hin. Zum Teil, aber keineswegs ausschließlich, war dies auch eine Antwort auf entsprechende Entwicklungen im Westen. Die gleichzeitige Entkrampfung der Parteibeziehungen, die Einstellung der Kominformtreffen und die Auflösung dieser Organisation im Jahre 1956 hingen vor allem mit der jugoslawischen Frage zusammen.

Die Variation der Instrumente, deren sich die UdSSR zur Kontrolle der Volksdemokratien bediente, bedeutete nicht, daß deren Beziehungen zum Westen sich weniger eng an der Sowjetunion ausrichteten, außer für eine kurze Zeit während der turbulenten Ereignisse in Ungarn 1956. Aber das neu entstandene Umfeld verringerter Spannungen trug schon 1954 zu einer gewissen Wiederbelebung der kulturellen und wirtschaftlichen Kontakte bei. Der Handel Osteuropas (ohne die Sowjetunion) mit Westeuropa, der zwischen 1948 und 1952 von 49 % auf 19 % des gesamten Außenhandelsumsatzes gefallen war, stieg bis 1955 wieder auf 21 %.[2] Gegen Ende der betrachteten Periode begann die Isolierung Osteuropas bezüglich persönlicher und kultureller Beziehungen – wenn auch von Land zu Land sehr unterschiedlich – abzuflauen. Weil dies für den Westen eine recht erfolgreiche Periode war, zeigte die Öffnung des RGW den tiefen Graben zwischen Propaganda und Wirklichkeit auf und hatte daher besonders auf die Jugend einen ideologischen Einfluß.

Die äußeren Umstände haben also günstige Bedingungen für eine Veränderung der Verhältnisse in den Volksdemokratien parallel zur sowjetischen Entwicklung geschaffen. Dennoch führten diese Umstände in Verbindung mit der teilweise vorhandenen Autonomie der nationalen Parteiführungen in einigen Fällen zu Entwicklungen, die die Grenzen des von der Sowjetunion und der Gesamtheit der nationalen Parteiführungen Akzeptierten überschritten. Obwohl gewisse Konzessionen diese Grenzen erweiterten, wurde ihre Existenz immer wieder demonstriert (am härte-

---

2 *Economic Bulletin for Europe,* Vol. 7/2 S. 35–38, Vol. 8/2, S. 43–47.

sten in Ungarn). Ende 1956 hatte Polen sich am weitesten vom Stalinismus entfernt, und für einen Moment schien es fast so, als folge Polen einem eigenen Weg.

Bezüglich Jugoslawiens lag die Bedeutung der sowjetischen und osteuropäischen Einstellung darin, daß sie die Möglichkeit eröffnete, innen- und außenpolitisch einen Mittelweg zu gehen. Ziemlich plausibel ist, daß die Aussöhnung eine weitere Entwicklung des jugoslawischen Sozialismus in Richtung einer Art Sozialdemokratie[3] verhinderte. Interessant ist, daß diese Veränderung des außenpolitischen Umfeldes zeitlich mit der Verschärfung des Konflikts zwischen der jugoslawischen Führung und *Milovan Djilas* einherging.

Die allmähliche Normalisierung der Handelsbeziehungen zwischen Jugoslawien und dem Ostblock, die auf der Genfer Konferenz vom April 1954 in Gang gesetzt wurde, war für die Wirtschaft von einiger Bedeutung, obwohl Jugoslawien für die Schäden des abrupten sowjetischen Embargos von 1948 bis 1953 nur eine magere Entschädigung erhielt; 1954 und 1955 wurden nur weniger bedeutende Abkommen zwischen der Sowjetunion und Jugoslawien unterzeichnet. Verhandlungen mit Ungarn, unter anderem über die Wiederaufnahme der Reparationen, hatten nur vernachlässigbare Ergebnisse. Aber der Handel mit Osteuropa belebte sich äußert schnell und wurde teilweise durch Kredite gefördert (75 Millionen $ von Polen). Angesichts seiner ernsten Zahlungsbilanzprobleme waren Jugoslawien die Absatzmärkte in Osteuropa besonders willkommen.

Innenpolitisch waren die Volksdemokratien zu dieser Zeit durch ein komplexes Muster sich überlagernder Einflüsse gekennzeichnet. Neben den besprochenen externen Faktoren waren das die jeweilige Strategie der nationalen Parteiführung, mit möglichst wenig Schaden für sich wie für das politische System »aus der Klemme« zu kommen, und der Druck der Öffentlichkeit. Letzterer machte sich fast sofort nach den allerersten Anzeichen der Entstalinisierung bemerkbar: Ende Mai 1953 kam es in Pilsen und im Juni in

---

3 Eine Verbindung zur Sozialistischen Internationale bestand über die von den Kommunisten beherrschte Massenorganisation Sozialistischer Bund des arbeitenden Volkes.

Berlin zu Aufständen. Diese ersten offenen Ausbrüche von Unzufriedenheit wurden, besonders in Berlin, wo die sowjetischen Truppen eingriffen, brutal niedergeschlagen. Sowohl in der Tschechoslowakei als auch in der DDR behielten die Parteiführungen als Reaktion auf diese Vorfälle ihren harten Kurs bei. In Albanien, Bulgarien und Rumänien gab es keine vergleichbaren Demonstrationen der Unzufriedenheit, aber die Regierungen verfolgten eine ähnliche Politik: Eine politische Neubewertung der früheren Aktivitäten der Polizei wurde nicht geduldet; Veränderungen der Wirtschaftspolitik, insbesondere zur Förderung der Konsumgüterproduktion, und der Agrarpolitik wurden durchgeführt, aber die grundsätzliche Gültigkeit der vergangenen eigenen und sowjetischen Politik wurde nicht in Zweifel gezogen; schließlich hielt man im ideologischen und kulturellen Bereich streng an der Orthodoxie fest. Einzelne Mitglieder der Parteiführungen wurden im Rahmen des innerparteilichen Kampfes zu Sündenböcken, aber die »Generallinie« war davon nicht betroffen.

Von diesem Muster unterschieden sich Ungarn und Polen insofern, als der Druck nach Veränderungen von einigen Intellektuellen aufgegriffen wurde, die allgemeine Schlüsse aus der Vergangenheit ziehen und ein funktionsfähiges sozialistisches System konstruieren wollten. In beiden Ländern waren unter den Reformern viele Parteifunktionäre und Aktivisten. Durch ihre Teilnahme wurde die abweichende Meinung zu einer politischen Kraft. In beiden Fällen wollten die Reformbewegungen die Führung einer charismatischen Persönlichkeit übertragen: *Imre Nagy* in Ungarn und *Wladijslaw Gomulka* in Polen. Trotz der enormen Wichtigkeit der politischen Entwicklungen in Ungarn und Polen war ihr Einfluß auf institutionelle Veränderungen während der betrachteten Periode eher bescheiden. Die Regierung *Imre Nagy* war nur während der ersten Phase der Entstalinisierung im Amt (seit Juli 1953) und wurde von innen durch die starke Stellung *Rakosis* geschwächt, dem es schließlich Anfang 1955 gelang, die Waagschale auf seiner Seite herunterzudrücken. Die politische Aufwallung, die mit der Erhebung von 1956 endete, brachte keine dauerhaften institutionellen Veränderungen hervor, beeinflußte aber die politische Entwicklung auf lange Sicht. In Polen beschleunigte sich der Reformprozeß 1955 und noch einmal 1956 nach dem Parteitag der KPdSU und dem Arbeiteraufstand in Posen. Das Klima der Kritik am stalinistischen Wirtschaftssystem begünstigte ein ziemlich radikales und umfassendes Programm sozioökonomischer Reformen, vor allem in der Landwirtschaft. Einige Punkte dieses Programms, wie die ersten Versuche, den Unternehmen etwas wirtschaftliche Freiheit zu geben, und die Bildung von Arbeiterräten wurden sogar schon in die Tat umgesetzt, bevor *Gomulka* im Oktober 1956 wieder an die Macht kam, oder unmittelbar danach. All das geschah ganz am Ende der Periode 1953 bis 1956, und die meisten Reformen erwiesen sich als eher kurzlebig, abgesehen von denen, die die Landwirtschaft betrafen, oder sie wurden während der folgenden konservativen Gegenoffensive eingestellt.

Jugoslawiens Innenpolitik blieb unverändert, abgesehen von der *Djilas*-Affäre, die für alle, die radikale Änderungen des politischen Systems erwarteten, ein herber Schlag gewesen sein muß. Die Aussöhnung mit der Sowjetunion hinderte die Partei jedoch nicht an einer Fortsetzung der Wirtschaftsreform, die im übrigen Osteuropa mit Interesse verfolgt wurde. Wenn Tempo und Tiefe der institutionellen Änderungen hinter den Erwartungen zurückblieben, so lag das nicht an politischen Hindernissen, sondern an der Natur der Sache.

Der »Neue Kurs« der Wirtschaftspolitik

Die allgemeinen politischen Veränderungen in der Sowjetunion und später auch in den Volksdemokratien nach *Stalins* Tod führten nicht zu institutionellen Reformen der Wirtschaft, sondern zu einer Neuorientierung der Wirtschaftspolitik. Dies ergab sich aus dem Bestreben, die ökonomischen und soziopolitischen Probleme im Rahmen des bestehenden Systems zu bewältigen. Die Umverteilung der Ressourcen, die von allen sieben Staaten in der zweiten Hälfte des Jahres 1954 vorgenommen wurde, zeigte sich in fünffacher Gestalt.

Das erste war ein Rückgang des wirtschaftlichen Wachstums. Die durchschnittliche Wachstumsrate des Nettomaterialprodukts lag zwischen 1953 und 1956 in allen Ländern niedriger als in den vorangegangenen drei Jahren; lediglich für Polen kann ein derartiger Rückgang nur im Vergleich mit der Periode von 1949 bis 1953 festgestellt werden. In einigen Ländern war der Rückgang dramatisch: In Bulgarien von 19% auf 2%, in Ungarn von 9% auf −2% (was zum großen Teil auf den Aufstand zurückzuführen ist) und in Rumänien von 16% auf 4%.[4] Dieser Rückgang der Wachstumsrate wurde von einem noch stärkeren Rückgang des Wachstums der Investitionen begleitet, nicht aber von einem absoluten Rückgang der Investitionsausgaben. Die Akkumulationsquote (der Anteil von Nettoinvestitionen und Wachstum der Lagerbestände am Nettomaterialpro-

---

4 Durchschnittszahlen zu konstanten Preisen aus *Rocznik Statystyczny* 1965, Tab. 31 (816). Auch in Jugoslawien ist (nach derselben Quelle) interessanterweise eine niedrigere Wachstumsrate festzustellen, die jedoch auf die außergewöhnlich schlechte Ernte von 1956 zurückzuführen ist; bezieht man das Jahr 1957 ein, so lag die durchschnittliche jugoslawische Wachstumsrate deutlich über dem Durchschnitt der Jahre 1950–53.

dukt) fiel nahezu überall: In der Tschechoslowakei von ca. 25% zu laufenden Preisen 1953 auf 17% 1954, 20% 1955 und 13% 1956; in Polen von ca. 28% 1953 auf ca. 23%, 22% und 21% in den folgenden Jahren; in Ungarn von 25% im Jahre 1953 auf 17%, 5% bzw. 4% und in Rumänien von 32% 1953 auf 24% 1955.[5] Die schwere Belastung durch Reparationen und andere unbezahlte Exporte sowie das niedrige absolute Niveau (das nicht unterschritten werden durfte, ohne die Versorgung zu gefährden) sind die Gründe für die mit 12% in beiden Jahren niedrige, aber konstante Akkumulationsquote in der DDR. Das Gegenstück dieser Entwicklung war das Wachstum der Konsumquote und ein noch stärkeres Anwachsen des Konsums in absoluten Zahlen, wie es die *Tabelle II.1* zeigt.

Ein zweiter Aspekt ist die Umverteilung der Investitionsmittel zwischen den Wirtschaftszweigen. Bezüglich des Anteils der Industrie an den gesamten staatlichen Investitionen läßt sich kein eindeutiger Beweis führen, aber ein gewisser Rückgang ist allgemein erkennbar. Dies gilt besonders für den Maschinenbau, während die Landwirtschaft und in einigen Fällen auch der Wohnungsbau steigende Anteile erhielten (siehe *Tabelle II.2*). Durch die Einbeziehung privater Investitionen in der Landwirtschaft würde der Wandel noch deutlicher. Mangels genauer Daten zeigt die Tabelle nur die Entwicklungsrichtung.

Drittens zeichnete sich ein Wechsel bei der Nutzung bestehender Kapazitäten zugunsten der Konsumgüterproduktion oder konsumorientierter Investitionen, wie z. B. dem Wohnungsbau, ab. Von besonderer Bedeutung war die Umstellung eines Teils der Rüstungsindustrie auf die Produktion dauerhafter ziviler Gebrauchsgüter.

Viertens kam es zu einem Paket von Veränderungen in der Landwirtschaft. Abgesehen von höheren Investitionen waren drei Elemente nicht nur aus rein wirtschaftlicher, sondern auch aus sozialer und politischer Sicht von Bedeutung. Da war zunächst die Lockerung des Zwangs zur Kollekti-

---

5 Vgl. die jeweiligen Statistischen Jahrbücher und *Economic Survey of Europe*, 1955 und 1957. Die Zahlen für verschiedene Länder sind nicht direkt vergleichbar, weil das Verhältnis der Preise von Investitions- und Konsumgütern sehr unterschiedlich ist.

vierung, die überall zu einer niedrigeren Steigerungsrate der Zahl der Landwirtschaftlichen Produktionsgenossenschaften führte, in einigen Staaten sogar zu einem Rückgang ihrer absoluten Zahl und ihres Anteils an der landwirtschaftlichen Nutzfläche (am deutlichsten 1953/54 in Ungarn, aber auch in der Tschechoslowakei). Sogar Bulgarien, wo die Bedingungen für die Kollektivierung günstiger waren, sah in den Jahren 1954/55 keine weiteren Fortschritte. Allerdings war dies wohl auf die Notwendigkeit zurückzuführen, die Produktionsgenossenschaften zu festigen, die vorher auf breiter Front geschaffen worden waren. In Polen führte der politische Wechsel nicht zur Aufhebung, sondern zur Vermeidung einer Kollektivierung, die bis dahin noch nicht übermäßig weit vorangekommen war. Abgesehen davon behielten die Produktionsgenossenschaften aber eine gegenüber den privaten Bauern privilegierte Stellung, um einen Anreiz zum Beitritt in die Produktionsgenossenschaft beizubehalten.

Tabelle II.1
Anteil des privaten Konsums am Nettosozialprodukt 1952–57
(1) in Prozent des Nettosozialprodukts
(2) Index des Pro-Kopf-Konsums (1953 = 100)

		1952	1953	1954	1955	1956	1957
Bulgarien	(1)	66,6	65,9	74,4	76,6	78,9	80
	(2)	85	100	110	123	131	141
Tschecho-	(1)	62	57	62	61	61	62
slowakei	(2)	104	100	113	122	128	138
DDR	(1)a)	67,8	69,2	70,9	71,7	—	—
	(2)	83,6	82,3	84,0	81,2	78,3	77,9
Ungarn	(1)	52,0	46,4	57,7	—	—	—
		—	—	69,8	70,3	84,5	71,0
	(2)	98	100	119	127	137	146
Polen	(1)	60,8	55,4	60,0	60,2	—	—
		—	—	62	72,2	74,5	73,8
	(2)	99	100	115	123	134	—
Jugoslawien	(1)b)	63,0	53,1	55,0	53,8	57,5	53,3
	(2)b)	—	100	103,6	114,6	114,2	130,1

a) Einschließlich Wiedergutmachungen und Subventionen
b) Anteil am Bruttosozialprodukt zu Preisen von 1966
Die Indizes sind auf der Basis konstanter Preise errechnet.
Die Angaben für Ungarn für die Jahre 1952–54 sind zu Preisen von 1949 und für 1954–57 zu Preisen von 1954; für Polen für 1952–55 zu Preisen von 1950 und für 1955–57 von 1954.
Quellen: Economic Survey of Europe in 1957, Kap. 4, S. 3 Statistički godišnjak SFRJ 1972, Tabellen 103/2, S. 77, Tabelle 105/3, S. 104.

Tabelle II.2
Staatliche Bruttoinvestitionen nach Wirtschaftszweigen
(gerundete Prozentzahlen)

	Industrie			Landwirtschaft		
	1953	1955	1956	1953	1955	1956
Albanien[a]	50	41	54	10	18	10
Bulgarien	40	39	37	14	20	22
Tschechoslowakei	42	39	37	11	14	15
DDR	50	52	48	17	15	—
Ungarn	48	41	46	6	11	—
Polen	52	43	44	10	15	17
Rumänien	57	57	55	7	14	10

a) 1950
Quelle: Economic Survey of Europe 1955, S. 229, und 1956, Kap. 8, S. 25, ergänzt durch die nationalen Statistischen Jahrbücher.

Die Abschwächung der Kollektivierungskampagne wurde von einer Lockerung der »Anti-Kulacken«-Maßnahmen in der Steuer- und Beschaffungspolitik begleitet, die vor allem die leistungsfähigen Bauern von derartigen Maßnahmen befreite. Indem präziser definiert wurde, wer als »Kulack« zu behandeln sei, wurde der Spielraum für willkürliche Aktionen verringert. Eine ganze Reihe von Maßnahmen zielte darauf ab, die Produktion der privaten Bauern anzuregen: Ablieferungsquoten und Steuern wurden zunächst eingefroren, dann gesenkt, die staatlichen Aufkaufpreise wurden erhöht, und die Versorgung der Landwirtschaft mit industriellen Konsumgütern und Produktionsmitteln wurde verbessert.

Schließlich wurde die Diskriminierung des privaten Kleingewerbes außerhalb der Landwirtschaft gelockert, was in einigen Fällen zu einem bescheidenen Anstieg der Zahl privater Handwerker und Kleinbetriebe führte oder sie zumindest vor dem vollständigen Absterben bewahrte.

All diese Maßnahmen wirkten sich positiv auf den Konsum und die Einkommen der Bevölkerung aus. Lediglich der gegenüber der vorhergehenden Periode der beschleunigten Industrialisierung verlangsamte Anstieg der Beschäftigung außerhalb der Landwirtschaft könnte diesen Vorteil etwas relativiert haben.

Hier erhebt sich die Frage, ob der »Neue Kurs« mit dem Sturz *Malenkows* Anfang 1955 endete. Tatsache ist, daß

Chruschtschows Verlautbarungen über den von ihm angeklagten Irrtum der Verletzung des »Gesetzes des bevorzugten Wachstums der Abteilung I« (Produktionsmittel) sehr schnell ähnliche Erklärungen in den Volksdemokratien folgten. Aber eine Kehrtwende der praktischen Politik war weniger offensichtlich, zumindest, wenn man die Region als Ganzes betrachtet. Der Versuch, zur alten Politik zurückzukehren, war am deutlichsten in Ungarn, wo sich *Rakosi* nicht nur gegen *Nagy* durchsetzte, sondern auch dessen Linie als Abweichung verurteilen konnte; dennoch kam es nur in der Landwirtschaft zu einer Kehrtwende, wo sich die Kollektivierung durch erneuten Druck wieder beschleunigte. Weder bei den Investitionen noch beim Grundmuster der industriellen Entwicklung können für Ungarn während der Jahre 1955/56 bedeutende Veränderungen ausgemacht werden (die Daten für 1956 sind durch die Folgen des Aufstandes verzerrt).

Wie bei den übrigen Staaten sind die Eindrücke gemischt, und wenn dies irgend etwas beweist, dann am ehesten die Fortführung des »Neuen Kurses« in den Jahren 1955 und 1956. Das kann kaum überraschen, da die Umverteilung der Jahre 1953/54 nicht allein die Folge einer freien Entscheidung war, sondern zum großen Teil eine notwendige Korrektur bestehender Ungleichgewichte. Die laufenden mittelfristigen Pläne wurden gewichtigen Veränderungen unterworfen, wobei Staaten, in denen die Planperiode gerade zu Ende gegangen war (die Tschechoslowakei und Bulgarien), sich zeitweise genötigt sahen (bis 1957), nur mit Jahresplänen zu arbeiten. Möglich ist, obwohl es dafür nur spärliche und keineswegs zwingende Beweise gibt, daß die Verlangsamung der industriellen Entwicklung 1953/54 zu weit ging und bald korrigiert werden mußte (etwa durch eine wieder stärkere Betonung der Vorrangindustrie, insbesondere der Treibstoff- und Energieproduktion). Das begründet allerdings nicht die Schlußfolgerung, daß die Wirtschaftspolitik der Jahre 1953–56 in zwei Phasen unterteilt werden kann, deren letztere eine Rückkehr zum Stalinismus beinhalte. Im großen und ganzen kann dieser Zeitraum als Übergangszeit zwischen zwei Entwicklungsphasen angesehen werden, wobei die zweite keine simple Wiederholung der ersten war.

Die Unvermitteltheit der Brüche, die den »Neuen Kurs« auszeichnete, zeigt, daß die stalinistische Hyperindustrialisierung keine »objektive Notwendigkeit« für die osteuropäischen Staaten war. Unter den damals gegebenen Umständen war der »Neue Kurs« hilfreich, aber er konnte weder frühere Verluste, noch die langfristigen Folgen der plötzlichen Umleitungen von Ressourcen während der Jahre 1950–53 sofort ausgleichen. Die Plötzlichkeit der neuerlichen Änderung – so nötig sie auch war– beinhaltete selbst einen negativen Aspekt, weil sie einen weiteren Unsicherheitsfaktor für den langfristigen Entwicklungsprozeß darstellte. Es kann daher nicht überraschen, daß nach der überwiegenden Meinung osteuropäischer Ökonomen ein besser ausgewogener und weniger straffer Plan (etwa so wie die vor der vollständigen Übernahme des Stalinismus ausgearbeiteten Pläne) für die Jahre 1950–55 wahrscheinlich sowohl zu einem höheren langfristigen Wachstum als auch zu einem größeren sozialen Wohlstand geführt hätte.

Die jugoslawische Politik der Periode von 1953 bis 1956 ähnelte derjenigen der anderen osteuropäischen Staaten in gewisser Weise. Seit 1953 verlagerte sich der Schwerpunkt der Kapitalbildung langsam in Richtung auf die Konsumgüterindustrien und die Landwirtschaft, wie aus *Tabelle II.3* hervorgeht.

Tabelle II.3
Anteile an den Nettoanlageinvestitionen in Jugoslawien

	1952	1953	1954	1955
Fabrikation und Bergbau	55	45	38	34
Bauwirtschaft	3	5	5	4
Stromerzeugung	16	16	14	12
Landwirtschaft[a]	5	5	6	9
Handel	1	4	4	4
Sonstige[b]	8	13	22	24

a) ohne Investitionen aus privaten Quellen; diese hätten den Anteil der Landwirtschaft 1955 wesentlich erhöht
b) einschließlich Wohnungsbau
Quelle: Economic Survey of Europe in 1955, S. A-2.

Der Plan für 1954 und die folgenden zwei Jahre unterstrich die Wichtigkeit einer Steigerung der landwirtschaftlichen Produktion nicht nur durch eine erhöhte Zuteilung von Investitionsmitteln, sondern auch durch die Sicherstellung einer verbesserten Versorgung mit Düngemitteln und ähnlichen Gütern; die Erträge hingen allerdings stark von anderen Umständen ab (vor allem vom Wetter) und waren nicht besonders beeindruckend. In der Industrie wuchs die Konsumgüterproduktion nur wenig schneller als die von Produktionsgütern. Die Industrieproduktion insgesamt erhöhte sich enorm. Die Aufhebung des Embargos der UdSSR und der anderen osteuropäischen Länder, die auch eine Verminderung der Verteidigungsausgaben erlaubte, trug dazu ebenso bei wie die Umorientierung des jugoslawischen Außenhandels, teilweise mit Hilfe westlicher Kredite, und schließlich die damals ziemlich positiven Auswirkungen des veränderten Wirtschaftsmechanismus.

Das Funktionssystem der Wirtschaft

Die Sozialisierung der Produktionsmittel und ihre Überführung in staatliches und kollektives Eigentum schritt während der Jahre 1953–56 stetig voran, und 1956 war der Anteil des sozialistischen Sektors an der Entstehung des Nationaleinkommens überall höher als 1950 (siehe *Tabelle II.4*) und 1953, obwohl für dieses Jahr nicht überall offizielle Schätzungen veröffentlicht wurden.

Das Wachstum des sozialistischen Sektors setzte sich jedoch anders zusammen als in der Vorperiode. Außerhalb der Landwirtschaft nahm das sozialistische Eigentum an den Produktionsmitteln nicht (oder fast nicht) durch weitere Verstaatlichungen oder Vergenossenschaftlichungen zu, sondern vor allem durch die Ausweitung der Produktionskapazitäten und der Beschäftigung in den schon vorher verstaatlichten Produktionszweigen. Mehr noch: Der »Neue Kurs« ließ die kleinen privaten Aktivitäten vor allem im Handwerk und bei den Dienstleistungen wiederaufleben oder bremste zumindest ihren Niedergang. Dieser Umschwung war jedoch zu unbedeutend, um einen Niederschlag in der Nationaleinkommensstatistik zu finden. Immerhin ist der Rückgang des Staatsanteils in Polen wahrscheinlich so zu erklären, während in anderen Ländern der vorherrschende Trend lediglich geringfügig modifiziert wurde. In der Tschechoslowakei stieg der Anteil der im privaten Sektor einschließlich der Landwirtschaft Beschäftigten zwischen 1954 und 1955 leicht an, und dasselbe gilt für Ungarn, wenn man den Privatsektor und die Selbständigen zusammenfaßt.

In Jugoslawien, wo das Privateigentum in der Industrie, im Bauwesen, im Transportwesen und im Handel bis 1948 bei-

Tabelle II.4
Anteil des sozialistischen Sektors an der Entstehung des Nettosozialprodukts
(in Prozent)

	1950	1955	1956
Albanien	—	51,7	52,2
Tschechoslowakei	78	90	—
DDR	53	64	—
Ungarn	67	73	—
Polen	—	70	69
Rumänien	61	62	—
Jugoslawien[a]	60[b])	61,5	65,5

a) Anteil am Bruttosozialprodukt   b) 1953
Quellen: Nationale Statistische Jahrbücher (Albanien 1959, Tschechoslowakei 1965, DDR 1959, Ungarn 1968, Polen 1965, Rumänien 1961, Jugoslawien 1972).

nahe völlig verschwunden war, änderte sich bei sektoraler Betrachtung wenig: Der Anteil des privaten Handwerks am Bruttosozialprodukt blieb, abgesehen von einem vorübergehenden Anstieg 1954, zwischen 1953 und 1956 stabil. Die bäuerliche Landwirtschaft blieb während der gesamten Periode der wichtigste Teil des Privatsektors.[6] Weit wichtiger war die Fortsetzung der 1950 begonnenen Reform des Wirtschaftssystems. Die Verfassung von 1953 machte die Arbeiterselbstverwaltung zum Prüfstein für den Übergang von der »mittelbar sozialistischen« Form des Staatseigentums zum »unmittelbar sozialistischen« gesellschaftlichen Eigentum. Weil die früheren Staatsunternehmen von der operativen Kontrolle durch die Regierung befreit wurden und die Arbeiterschaft als kollektiver Unternehmer angesehen wurde, verwischte sich der Unterschied zwischen »gesellschaftlichem« und genossenschaftlichem Eigentum, und diese begriffliche Unsicherheit schlug sich auch in theoretischen Darstellungen nieder. Deshalb bemerkte *Bicanic,* daß die Verfassung von 1953 nur zwei Sektoren anerkannte, nämlich den gesellschaftlichen und den nichtgesellschaftlichen Sektor (womit nur der private gemeint sein kann), und daß die Genossenschaften in bezug auf ihre Rechte und Pflichten den sozialistischen Unternehmen vollständig gleichgestellt seien. Er erkennt dabei die Existenz einer kleinen Zahl von Unternehmen an, die weiterhin zentral verwaltet wur-

---

6 *Statistički godišnjak SFRJ (1972),* Tab. 105/1, S. 102.

den oder nur unter begrenzter Arbeiterselbstverwaltung standen, so z. B. die Rüstungsindustrie, die er dennoch als sozialistisch bezeichnet.[7]

Im jugoslawischen System wurde das statische Konzept des Sozialismus durch ein dynamisches abgelöst: Die Sozialisierung wurde nicht als ein einmaliger Schritt, sondern als Prozeß angesehen, der um so weiter fortgeschritten sei, je stärker die Produzenten selbst die Produktionsmittel kontrollierten.

Wie bereits erwähnt, beeinflußte der »Neue Kurs« auch die Kollektivierung der Landwirtschaft, freilich keineswegs in allen Ländern gleich (siehe *Tabelle II.5*). In Albanien wuchs zwar die bescheidene Anzahl der Genossenschaften von 1953 bis 1956 stetig, aber der entscheidende Druck der Kollektivierung setzte erst 1957 ein. Die bulgarische Regierung trieb 1953–55 die Konsolidierung früher geschaffener Kooperativen voran und ging erst 1956 an die Schaffung neuer Betriebe. Ein Grund für den relativ geringen Einfluß des »Neuen Kurses« auf den Wandel der Eigentumsverhältnisse in der Landwirtschaft waren die recht guten Produktionsergebnisse der kollektivierten Landwirtschaft.

In der Tschechoslowakei und in Ungarn fand bezüglich der Kollektivierung ein Stop-and-go-Prozeß statt – 1953/54 wurde die Auflösung einiger Genossenschaften geduldet, bis 1955/56 eine Kehrtwende stattfand. In Ungarn brach die Kollektivierungskampagne nach dem Aufstand für die letzten Monate des Jahres 1956 zusammen, wurde aber bald wieder vorangetrieben. In der Tschechoslowakei ging die Entwicklung weiter, und im Jahre 1957 überstieg der Anteil des genossenschaftlich bewirtschafteten Landes 50 %, zusammen mit den Staatsbetrieben sogar zwei Drittel der landwirtschaftlichen Nutzfläche. In Rumänien kam die Kollektivierung dagegen nur langsam voran, und beschränkte sich bis 1955 fast ausschließlich auf eine sehr lose Form der Genossenschaft (Ackerbaugesellschaft). Im Juli 1955 rief das Zentralkomitee der Partei nach mehr echten Produktionsgenossenschaften und forcierte die Gründung

---

[7] Vgl. *Rudolf Bicanic, Economic Policy in Socialist Yugoslavia,* Cambridge 1973, S. 31/32.

der »Cooperative Agricol de Productie« (CAP). Die Behörden der DDR trieben die Kollektivierung zwar systematisch voran, konnten aber noch keine entscheidenden Erfolge verzeichnen.

Tabelle II.5
Sozialisierung der landwirtschaftlichen Nutzfläche
(1) Anteil der Produktionsgenossenschaften
(2) Anteil der Produktionsgenossenschaften und Staatsgüter
in Prozent der landwirtschaftlichen Nutzfläche

	1952		1953		1954		1955		1956		1957	
	(1)	(2)	(1)	(2)	(1)	(2)	(1)	(2)	(1)	(2)	(1)	(2)
Albanien	—	6	—	8	8	9	—	15	31	34	58	61
Bulgarien	53	61	60	63	—	—	61	64	63	—	87	90
Tschechoslowakei	34	43	33	43	29	42	29	43	33	49	51	68
DDR	3	—	12	30	14	28	20	33	23	30	25	34
Ungarn	25	37	26	39	18	31	22	34	9	—	12	—
Polen	5	17	7	19	8	19	11	24	9	22	1	13
Rumänien[a]	5	—	11	25	11	24	13	26	13	38	20	48
Jugoslawien[b]	13	—	3	—	2	23	2	—	—	23	—	—

a) Spalte (1) einschließlich »Ackerbauassoziationen«
b) Spalte (2) ausschließlich »Bauern«-Arbeitskooperativen
   (nach Kozlowski)
Quellen: Kozlowski, a. a. O.; V. Průcha u. a., Hospodářské dějiny Československa v 19. a 20. storoci, Bratislava 1974; N. Spulber, The Economics of Communist Eastern Europe, New York 1975; East Central Europe under the Communists (die jeweiligen Länderbände); Economic Survey of Europe in 1954, 1955, 1956, 1957.
Anmerkung: Die Angaben beziehen sich in der Regel auf das letzte Quartal des jeweiligen Jahres; in einigen Fällen weichen die Quellen beträchtlich voneinander ab, wahrscheinlich wegen der unterschiedlichen Definitionen von Land (landwirtschaftlich genutzte oder landwirtschaftlich nutzbare Fläche), von Kooperative (mit losen Zusammenschlüssen oder ohne) sowie von kollektivierter Fläche (mit privatem Hofland oder ohne). Bezüglich absoluter Zahlen sind die Daten daher nicht vergleichbar, aber sie kennzeichnen die Richtung des Wandels.

Auch in Polen kam es fast bis zum Ende der Periode nicht zu dramatischen Veränderungen; die Gesamtzahl der Genossenschaften stieg bis 1956 insgesamt sogar, wenn auch nur sehr langsam, an. Erst 1956, aber schon vor *Gomulkas* neuerlicher Machtübernahme, begann die Liberalisierung des politischen Lebens die brüchige Grundlage der Kollektivierung zu untergraben, und danach wurden neun von zehn bestehenden Kollektiven spontan aufgelöst. Das Ergebnis war, daß das Land und das sonstige landwirtschaftliche Vermögen überwiegend in privater Hand blieben.

Abgesehen von der Ausbreitung der Staatsbetriebe gab es in der Entwicklung der Eigentumsverhältnisse der jugoslawischen Landwirtschaft verglichen mit der Vorperiode wenig Neues. Die Enteignung des die Grenze von 10 ha übersteigenden privaten Landes vergrößerte die staatlich bewirtschaftete Fläche. Die Staatsgüter gingen zur Selbstverwaltung über, aber der sozialistische Sektor blieb unter 10 % des kultivierten Landes.[8]

Bis Ende 1956 blieb, abgesehen von einigen indirekten Konsequenzen der Landwirtschafts- und Handwerkspolitik, das von den sieben Volksdemokratien 1947 gleichermaßen übernommene zentralistische System praktisch intakt, mit der einzigen Ausnahme Polens. Eine tiefverwurzelte Ideologie, die dieses System mit sozialistischer zentraler Planung identifizierte, und die gefestigten Interessen von Parteiführung und -apparat verhinderten zunächst eine offene Suche nach dem Zusammenhang zwischen den neuen Zielen und der Notwendigkeit einer Änderung des Wirtschaftsmechanismus. Die Führung glaubte damals, daß es zur Neuverteilung der Hilfsmittel genüge, die neuen Ziele zu erkennen, eine Politik zu verkünden und die entsprechenden Befehle zu erteilen. Bald stellte sich jedoch heraus, daß dies nicht so einfach war, und die Notwendigkeit irgendeines Wechsels wurde allgemein anerkannt. Die Bewegung begann 1955 in der UdSSR mit einem Erlaß, der die Kompetenzen der Unternehmensdirektoren erweiterte, Anreize schuf und einige andere Maßnahmen zur Stärkung des Systems der wirtschaftlichen Rechnungsführung *(Chozrasčet)* beinhaltete. An sich waren diese Maßnahmen, die in den Volksdemokratien übernommen wurden, von geringer praktischer Bedeutung, aber sie ermutigten die Ökonomen, auch in der institutionellen Struktur nach Erklärungen für Fehler der Vergangenheit und Konzepten für die Zukunft zu suchen. In der UdSSR forschte *Liberman* in dieser Richtung, und in Polen und Ungarn gewann die Diskussion über den Wirtschaftsmechanismus schnell an Bedeutung.[9] 1956, unter dem Einfluß des XX. Parteitags der KPdSU und angesichts

---

8 *Statistički godišnjak SFRJ 1972,* Tab. 107/2, S. 130. Es wird jedoch geschätzt, daß der Anteil des sozialistischen Sektors an der gesamten landwirtschaftlichen Nutzfläche Ende 1956 23 % erreichte.

9 In Polen begann die Diskussion dieses Problems schon 1953. Damals bildeten *Stalins* Ausführungen zum Wertgesetz in *ökonomische Probleme des Sozialismus*

des gewachsenen Interesses am jugoslawischen Experiment, das zumindest zeitweise diskutiert werden durfte, verbreitete sich die Suche nach neuen institutionellen Lösungen auch in anderen Ländern, vor allem in der DDR, wo *F. Behrens* und *A. Benary* Verbesserungsvorschläge machten. Trotz vieler Differenzen in der theoretischen Begründung und dem unterschiedlichen Ausmaß, in dem die Reformer mit praktischen Vorschlägen befaßt waren, gingen ihre Vorschläge im Grunde alle in drei Richtungen. Es wurde allgemein anerkannt, daß einige Entscheidungsbefugnisse auf untergeordnete Einheiten (Unternehmen und Unternehmensverbände) übertragen werden müssen und die horizontalen Beziehungen zwischen den Unternehmen zu Lasten der vertikalen, hierarchischen Strukturen gestärkt werden müssen. Zweitens war man sich einig, daß die Zahl der verbindlichen Plankennziffern vermindert oder sogar auf Null gebracht werden müsse; die Zuteilung von Produktionsfaktoren in physischen Größen sollte durch finanzielle Kennziffern ersetzt werden; vor allem durch die Kennziffer Gewinn sollte ein Zusammenhang zwischen dem Einsatz von Material und Arbeitskraft und dem finanziellen Ergebnis hergestellt werden. Drittens stimmte man überein, daß Prämien, wenn nicht ausschließlich, so doch zumindest in einem Maße an das wirtschaftliche Ergebnis des Unternehmens gekoppelt werden müssen, das für die Arbeitskräfte spürbar ist.

Ziemlich häufig (am deutlichsten in Polen) wurde ein Zusammenhang hergestellt zwischen der Veränderung des Funktionssystems und der Beteiligung der Arbeiter an der Unternehmensführung; die Reform wurde als notwendige Bedingung der Arbeiterselbstverwaltung angesehen.

Es war leicht zu erkennen, warum derartige ökonomische Diskussionen so freimütig und antizentralistisch geführt wurden, wo auch immer eine politische Öffnung stattfand: Die Unterdrückung aller Einwände gegen das bestehende System hatte nur wenige Jahre gedauert. Dagegen war es überraschend, daß – abgesehen von einigen isolierten Stim-

---

in der UdSSR den Ausgangspunkt für eine Kritik der Überzentralisierung. In Ungarn wurde der Diskussion durch *Gyorgi Peter*, den damaligen Vorsitzenden des Nationalen Amtes für Statistik, der Weg gebahnt.

men – die zentrale Planung als solche überwiegend unterstützt wurde. Man wollte sie stärken, indem man sie vom Anspruch einer in Wirklichkeit nicht vorhandenen Präzision, Effizienz und Universalität befreite, der sehr oft als Deckmantel für den tatsächlichen Mangel an Planungskapazität diente und die wirkliche Planung in einer perversen Art zusätzlich erschwerte. Die Absicht, den Bereich der Planung zu erweitern, statt abzubauen, fand ihren Ausdruck einmal in der stark betonten Unterscheidung zwischen lang- und kurzfristigen ökonomischen Entscheidungen und dem daraus abgeleiteten Bedürfnis nach verschiedenen Stufen von Zentralisierung und Dezentralisierung, zum anderen in der Aussage, daß die »Spielregeln« für die Unternehmen von der Zentrale nach makroökonomischen Kriterien festgelegt werden müssen, sowie in der postulierten Beibehaltung des »parametrischen« Charakters der Preise und anderer in die Kalkulation der Unternehmen eingehenden Größen, die weiterhin von den zentralen Organen kontrolliert werden sollten. Die praktischen Änderungen des Wirtschaftssystems konnte man jedoch in allen Volksdemokratien vernachlässigen. In den meisten Ländern, vor allem in der DDR und der Tschechoslowakei, wurden 1956 die zentralen Planungsorgane scheinbar des Status eines Superministeriums beraubt. Das einzige Land, in dem ernsthafte Reformversuche gemacht wurden, war, unter der Annahme, daß sich Ungarn in einer besonderen Situation befand, Polen. Nach dem Posener Arbeiteraufstand wurde der politische Druck sehr stark und verband sich eng mit dem Bedürfnis, die Wirtschaft durch die Einführung eines neuen Systems leistungsfähiger zu machen. Als das Zentralkomitee der Partei im Juli 1956 einer allgemeinen Reform zustimmte, setzte ein spontaner Prozeß des Wandels von unten ein: Einige Unternehmen verlangten und bekamen einen sogenannten »Versuchsstatus« mit wirklich demokratisch gewählten Arbeiterräten. Um Desorganisation und einen Verlust politischer Kontrolle zu vermeiden, wurde im September 1956 eine gemeinsame Kommission von Partei und Regierung (mit starker Beteiligung von Wissenschaftlern) eingesetzt. Die Kommission entwarf schnell drei Maßnahmen, die die tragenden Säulen des polnischen Reformversuchs von 1956 werden sollten: eine Verwaltungsvorschrift

(Rozporzadzenie) Nr. 704 des Ministerrates; sie sorgte für eine bedeutende Ausweitung der Unternehmensautonomie und reduzierte die Zahl der zentral bestimmten verbindlichen Planziele drastisch; ein Unternehmensfonds, der eine klare Verbindung zwischen zusätzlichen Prämien für die Arbeitskräfte und dem finanziellen Erfolg des Unternehmens herstellte; das Gesetz über die Arbeiterräte, das den Arbeiterräten – frei gewählt und keinem hierarchischen Apparat untergeordnet – einen sehr hohen Status im Leitungssystem gab. (Ein Generaldirektor konnte z. B. nicht gegen den Willen des Arbeiterrates ernannt werden, und der Rat konnte auch seine Entlassung verlangen.) Alle drei Maßnahmen wurden im Oktober 1956, nach *Gomulkas* Rückkehr zur Macht, in Kraft gesetzt, waren aber eigentlich Ergebnis und Ausdruck der unmittelbar vorangegangenen Periode. Nach *Gomulkas* Rückkehr zur Macht ging der Reformprozeß mit der Anpassung anderer Sektoren an die durch die drei genannten Gesetze geschaffene Situation noch für einige Zeit weiter. Der Binnenhandel wurde partiell reformiert mit dem Ziel, ihn stärker vom Erfolg auf dem Markt abhängig zu machen; für eine gewisse Zeit erhielten mehr Unternehmen die Genehmigung zu Experimenten. Ein beratender Wirtschaftsrat wurde mit der Vorbereitung einer umfassenden Reform beauftragt. Aber schon bald wurde der Reformprozeß gestoppt (wieder mit Ausnahme der Landwirtschaft), und dieser Stopp verwandelte sich alsbald in einen allgemeinen Rückzug.

Die Änderungen des jugoslawischen Wirtschaftssystems ergaben sich nicht aus einer politischen Wende, sondern aus den praktischen Schwierigkeiten bei der Fortsetzung des bereits gewählten Kurses. Wie zu erwarten war, erwies es sich als gar nicht leicht, einen Interessenausgleich zwischen den von den Arbeitern geleiteten autonomen Unternehmen und der Volkswirtschaft als Ganzem zu finden. Die Rate der Akkumulation und Fonds, die zwischen 1950 und 1953 eingeführt wurde, erwies sich als zu starres und willkürliches Instrument der Verteilungspolitik, weil sie zu ungerechtfertigten Einkommensunterschieden führte und einseitig auf eine höhere Leistungsfähigkeit des Arbeitseinsatzes zielte, ohne die anderen Inputs in Betracht zu ziehen. 1954 wurde sie durch ein sogenanntes Verrechnungslohnsystem ersetzt, das für die nächsten drei Jahre bestand.[10] Nach diesem System wurden die Grundlöhne (Verrechnungslöhne) durch die vom Plan vorgegebenen Lohnsätze und die zwischen Unternehmen, Gewerkschaften und lokalen Behörden vereinbarten Lohnschemen bestimmt. Der nach Abzug der Kosten (einschließlich der Verrechnungslöhne) verbleibende Überschuß hieß ganz einfach »Gewinn« und stand den Unternehmen nach einem 50%igen Steuerabzug für zusätzliche Vergütungen zur Verfügung. Diese Form der Gewinnbeteiligung war jedoch auf 16% des Jahreslohnes, also den Betrag zweier Monatslöhne, begrenzt; der Gewinn diente auch der Selbstfinanzierung der Unternehmen. Darüber hinaus wurde eine allgemeine Umsatzsteuer eingeführt und eine 6%ige Abgabe auf Kapital erhoben, ganz gleich, ob dieses Kapital aus einbehaltenen Gewinnen oder aus irgendeiner anderen Quelle stammte. Alle diese Steuern und Abgaben flossen in den Staatshaushalt oder besser gesagt in die Haushalte der verschiedenen politisch-administrativen Ebenen, was in Jugoslawien wegen seiner multinationalen Struktur besonders wichtig war. Die verschiedenen staatlichen Behörden kontrollierten damit weiterhin den überwiegenden Teil der Investitionen. Das Resultat dieser Kombination aus zentraler Verfügung über Investitionsmittel und lokaler Autonomie war, daß sich die Unternehmen wie auf einer Versteigerung durch das Versprechen höherer Zinssätze gegenseitig überboten – natürlich nur im Rahmen der finanziellen Grenzen, die den einzelnen Branchen durch den »Gesellschaftlichen Plan« gezogen waren. Im selben Jahr 1954 kamen auch die ersten Beschränkungen der freien Preisbildung, die, wie erwähnt, erst 1952 mit Ausnahme der Preise weniger Basisprodukte eingeführt worden war. Während zunächst nur Obergrenzen für einige Grundstoffpreise festgelegt wurden, entstand nach und nach ein ausgetüfteltes System von Preiskontrollen einschließlich einer Institution – dem Bundesamt für Preise –, die für ihre Durchsetzung sorgen sollte. Seitdem schwankt die jugoslawische Praxis dauernd zwischen der Freigabe der Preise im Rahmen des

---

10 Vgl. *Branco Horvat, Yugoslav Economic Policy in the Post-war Period,* American Economic Review, Vol. 61, Nr. 3 (Juni 1971) Teil 2, S. 115.

(sozialistischen) Marktes und verschiedenen Mitteln zur Kontrolle der Preisbewegungen. Auch die Kontrolle des Außenhandels wurde verschärft, insbesondere im Zusammenhang mit Devisentransaktionen durch importierende und exportierende Unternehmen.

Trotz dieser Korrekturen wurden die Grundzüge des jugoslawischen Systems erhalten und blieben einzigartig in Osteuropa.

Lebensstandard und Arbeitsbedingungen

Die Umkehrung des Niedergangs

Vieles, was über die Lage der Haushalte während der Zeit von 1953 bis 1956 gesagt werden muß, wurde bereits in den vorigen Abschnitten dieses Kapitels dargestellt. Politisch und wirtschaftlich, als Konsumenten und als Arbeitskräfte, konnte sich ihre Situation gegenüber dem Einbruch der Jahre 1950–53 nur verbessern. Auch dieser Trend wurde 1955 gestoppt (obgleich dies, wie der »Neue Kurs« generell, unterschiedlich gesehen wird), aber dennoch war die Entwicklung insgesamt positiv.

Zur Verbesserung trugen hauptsächlich die folgenden Faktoren bei: Der Anteil des Konsums am Nationaleinkommen stieg an, und die Akkumulationsquote fiel entsprechend. Durch die neue Landwirtschafts- und Konsumgüterpolitik verbesserte sich die Versorgung. Und die Bedeutung von Zwangsarbeit und formalisierten Disziplinarmaßnahmen verringerte sich graduell zugunsten ökonomischer Anreize. Andererseits sank wegen des generellen Rückgangs des wirtschaftlichen Wachstums die Wachstumsrate der Beschäftigung, besonders in der Industrie und im Bauwesen[11], und die soziale Mobilität nach oben war wegen der nach der schnellen Umgestaltung 1950–53 eintretenden Stabilisierung etwas geringer.

---

11 Gegen Ende der Periode kam es vereinzelt sogar zu offener Arbeitslosigkeit, so in Polen und Ungarn. Folgt man dem *Economic Survey of Europe* von 1957, rechtfertigte dies nicht die manchmal damit verbundene Aufregung, führte aber, wenn man sich die Wichtigkeit eines zweiten Einkommens in der Familie vor Augen führt, stellenweise zu ernsten Problemen.

Die Beschäftigungsverhältnisse

Während des »Neuen Kurses« kam es zwar zu einer gewissen Entkrampfung des straffen Systems der Jahre 1950–53, aber zu einer tiefgreifenden Änderung kam es erst 1956 durch die Aufhebung gesetzlicher Beschränkungen der Mobilität der Arbeitskräfte und eine Lockerung der Arbeitsdisziplin in der Fabrik.[12] Sicher, eine harte Arbeitsdisziplin herrschte auch noch 1954: Noch im Dezember 1953, also nach Beginn des »Neuen Kurses« bedrohte ein rumänischer Erlaß die Absolventen höherer Schulen mit Freiheitsentzug von 3 bis 12 Monaten, wenn sie die Arbeit nicht aufnahmen, die ihnen zugewiesen worden war und zu der sie sich vor der Aufnahme in die Schule verpflichtet hatten. In Bulgarien wurde andererseits neun Monate später im Rahmen des »Neuen Kurses« die Vorschrift im Gesetz über die Sicherung des Belegschaftsstandes der Unternehmen abgeschafft, die willkürliche Arbeitsniederlegungen mit Gefängnis oder »Besserungsarbeit« bedrohte. Aber andere Beschränkungen blieben bestehen, und in Rumänien wurden weitere eingeführt: Im März 1954 traten allgemeine Regeln für den obligatorischen Arbeitsdienst in Kraft, die eine Zwangsrekrutierung von Arbeitskräften für zivile Projekte ermöglichten und damit Männer im Wehrdienstalter erfaßten, die aufgrund der Begrenzung des Friedensvertrages von 1947 nicht zu den Streitkräften eingezogen werden konnten. Polen lockerte sein Gesetz über die Arbeitsdisziplin, aber erst im Mai 1955. Kurios waren die Ereignisse in der Tschechoslowakei, wo eine Regierungsanordnung vom 1. Juli 1953, die harte Strafen für die Abwesenheit vom Arbeitsplatz vorsah, nur fünf Tage später widerrufen wurde.

Ein wesentlicher Bestandteil des »Neuen Kurses« war die Reduzierung der Zwangsarbeit, die zuvor eine bedeutende Rolle in der Wirtschaft der Volksdemokratien gespielt hatte. Die bescheideneren Industrialisierungsziele verringerten die Kraft des Arguments, daß eine schnelle Mobilisierung von Arbeitskräften nur durch administrative Lenkung möglich sei. Tatsächlich war der Arbeitskräftemangel nach 1953

---

12 Vgl. *Economic Survey of Europe*, 1956, Kap. I., S. 35.

weniger ausgeprägt. Obgleich das Abgehen von der administrativen Arbeitskräftelenkung durch neue wirtschaftliche Ziele erzwungen wurde, beinhaltete dies auch ein politisches Zugeständnis von einiger Bedeutung.

In Ungarn setzte sich *Imre Nagy* für die Abschaffung der Zwangsarbeitslager ein. In Rumänien schien die Zahl der Zwangsarbeitslager leicht zurückzugehen, obgleich die Gesetze über die Zwangsarbeit nie aufgehoben wurden. In Polen wurde Anfang 1955 die 1945 geschaffene »Kommission zur Bekämpfung von Verschwendung und Sabotage« abgeschafft. Arbeitslager bestanden noch Ende 1954. Eine Quelle zählt 27 einfache Lager auf, 8 Lager, die an Gefängnisse angeschlossen waren, und 7 militärische Arbeitsbataillone mit einer Gesamtzahl von 50 000 Insassen, was dieser Quelle zufolge die niedrigste Zahl in Osteuropa war.[13] Andererseits gibt es für die Zeit von 1954 bis 1955 keinerlei Hinweise auf einen Rückgang der Zwangsarbeit in Bulgarien.

Die allgemeine politische Entspannung beeinflußte auch den Stellenwert der Gewerkschaften und anderer Formen von Arbeitervertretungen. Auf dem 3. rumänischen Gewerkschaftskongreß im Januar 1953 wurde zugegeben, daß die Gewerkschaften nur eine formale Vertretung der Arbeiter waren: Viele Betriebsgewerkschaftskomitees haben sich seit den letzten Wahlen kein einziges Mal beim »Fußvolk« sehen lassen.[14] Dennoch blieben die Gewerkschaften während der ersten Phase des »Neuen Kurses« (1953/54) der »Transmissionsriemen von der Partei zur Arbeiterklasse«. Druck von unten war jedoch in dieser Periode stärker spürbar als vorher. Auch wenn die Löhne noch immer kein Thema für Verhandlungen zwischen Management und Betriebsbelegschaft waren, begann sich die Situation in bezug auf die Normen 1955 zu ändern.

In Ungarn wandelte sich die Rolle der Gewerkschaften unter *Imre Nagy* nicht, abgesehen von personellen Wechseln in der Führung des Nationalrats der Gewerkschaften, die jedoch keine grundlegenden Änderungen mit sich brachten. In Polen brachte das Jahr 1954 die Einführung eines neuen

---

13 Vgl. *East Central Europe under the Communists, Poland*, a.a.O., S. 248.
14 Vgl. *East Central Europe under the Communists, Romania*, a.a.O., S. 257–258.

Schiedsverfahrens. In allen Unternehmen, die 100 Arbeitskräfte und mehr beschäftigten, wurden Kommissionen zur Regelung von Arbeitskonflikten eingesetzt, deren Zusammensetzung jedoch von der Regierung bestimmt wurde. Nach dem Gesetz über die Arbeiterräte vom November 1956 sollten die von der Belegschaft gewählten Arbeiterräte die Funktion der Geschäftsführung in den staatlichen Unternehmen übernehmen. Die Aufsichtsbehörde ernannte den Generaldirektor im Einvernehmen mit dem Arbeiterrat. Er sollte beiden, der Behörde und dem Rat, verantwortlich sein. Der zuständige Minister entschied im Streitfall zwischen dem Direktor und dem Rat. Die Löhne sollten vom Rat in Zusammenarbeit mit dem Gewerkschaftskomitee des Unternehmens festgesetzt werden. Dieses Komitee hatte entscheidenden Einfluß in allen sozialen Fragen, in Fragen der Versicherung und der Arbeitsbedingungen.[15]

Während der ersten Tage des ungarischen Aufstandes schien es so, als ob eine tendenzielle Machtverschiebung vom Parteiapparat auf die Revolutions- und Arbeiterräte stattfände, die sich spontan als Antwort auf die sowjetische Intervention gebildet hatten. Es kann nicht überraschen, daß die wirtschaftlichen Forderungen dieser Organisationen weniger deutlich waren als ihre politischen. Dennoch verlangten sie auch eine Aufhebung der Normen. Nach einem Bericht der Vereinten Nationen war die Entstehung dieser Körperschaften eines der charakteristischsten Ereignisse des Aufstandes. Sie bedeutete den ersten praktischen Schritt zur Wiederherstellung der Ordnung und zur Neuorganisation der ungarischen Wirtschaft auf sozialistischer Basis, jedoch ohne die strenge Aufsicht der Partei und ohne den Terrorapparat.[16] Anders als das polnische Selbstverwaltungsexperiment bestand der ungarische Versuch etwas länger als der Aufstand selbst. Obwohl die *Kádár*-Regierung die Räte Ende 1956 legalisierte, ihnen ähnlich weite Vollmachten wie ihren jugoslawischen Gegenstücken gab und ihre Bedeutung für den Aufbau eines auf die Bedürfnisse Ungarns zugeschnittenen Sozialismus anerkannte, wurden die Räte im November 1957 aufgelöst.

---

15 Vgl. *Economic Survey for Europe*, 1956, Kap. I., S. 420–423.
16 Vgl. *East Central Europe under the Communists, Hungary*, a.a.O., S. 363.

In der DDR wurde Ende 1956 über die Einführung ähnlicher Körperschaften diskutiert. Ihr Spielraum sollte relativ eng sein und von ausschließlich experimenteller Natur. Es hat den Anschein, als ob die ostdeutschen Behörden angesichts der Unruhen in den anderen Ländern ein lediglich symbolisches Zugeständnis machen wollten. Die Kreiskomitees der Arbeiter, die zunächst versuchsweise gebildet worden waren, wurden 1958 wieder aufgelöst.

Die Arbeitsbedingungen

Bezüglich der Arbeitsbedingungen gab es während der Periode zwar keine bedeutenden institutionellen Veränderungen, wohl aber Änderungen bei der Durchsetzung.

Der Druck zur Ableistung von Überstunden ging langsam zurück, teilweise zweifellos wegen des geringeren Arbeitskräftebedarfs, teilweise aber auch wegen der allgemeinen politischen Entspannung und der genaueren Beachtung bestehender Gesetze. In Polen begann eine langwierige Entwicklung, die schließlich zur Abschaffung der quasi-obligatorischen Sonntagsarbeit im Bergbau führte. Gegen Ende der Periode wurde die gesetzliche Wochenarbeitszeit reduziert, 1956 in Bulgarien und der Tschechoslowakei auf 46 Stunden und in der DDR 1957 auf 45 Stunden. In Albanien und Rumänien wurde 1957 die Arbeitszeit für Schwerarbeiter und Jugendliche verkürzt.[17]

Das System der Löhne und Lohngruppen blieb zumeist unverändert. Lediglich in Rumänien fand zu Beginn des »Neuen Kurses« im November 1953 eine Lohnreform statt, die die Löhne in der Nahrungsmittel-, Textil- und Leichtindustrie relativ anhob und die Gehälter der Manager, Techniker und Verwaltungsangestellten verbesserte.[18] In Ungarn wurden die Einkommen der Ärzte und Lehrer zwischen 1954 und 1955 angehoben, und in Polen kam es zu einer gewissen Vergrößerung der Lohnunterschiede in der Kohleindustrie.

---

17 Vgl. *Economic Survey of Europe in 1956*, Kap. I., S. 35–36.
18 Vgl. *G. Ionescu, Communism in Romania*, Oxford 1964, S. 234–235.

In der Folge des XX. Parteitags der KPdSU und des wachsenden inländischen Drucks in Richtung auf eine Angleichung der Löhne und allgemeine Verbesserungen des Lebensstandards wurde in allen Ländern, außer in der DDR und der Tschechoslowakei, ein Mindestlohn eingeführt. Letztere hatten ohnehin schon den höchsten Lebensstandard und die geringsten Einkommensunterschiede. Die am schlechtesten bezahlten Arbeiter erhielten Lohnerhöhungen zwischen 20 % und 30 %. Dies kam in allen Ländern den gleichen Gruppen zugute. Nur spärliche Informationen stehen jedoch darüber zur Verfügung, welcher Anteil der gesamten Arbeiterschaft in den einzelnen Ländern betroffen war. Die Quote scheint mit 16 % der nicht in der Landwirtschaft Beschäftigten in der UdSSR selbst am höchsten und in Polen mit 9 % immer noch nicht unbedeutend gewesen zu sein. Fast alle Länder begannen Ende 1956 oder Anfang 1957 mit der Zahlung dieser Mindestlöhne; Polen und Ungarn waren wieder die Vorreiter und führten die neue Lohnstruktur bereits im April bzw. Juni 1956 ein.

Zeitlöhne bildeten nur einen kleinen Teil des Gesamteinkommens, und wie in der Vorperiode dominierte auch 1953–56 das Stücklohnsystem. Die relative Leichtigkeit, mit der die Normen in bestimmten Industriezweigen übererfüllt werden konnten, führte tendenziell dazu, daß die Grundlohnskalen keine differenzierende Wirkung ausüben konnten. Dies vergrößerte die Schwierigkeiten, dringend gebrauchte Arbeitskräfte für Industrien zu gewinnen, in denen eine Übererfüllung der Normen wegen des höheren Mechanisierungsgrades (zumindest manchmal) schwieriger war. In Ungarn, so schätzte man 1954, arbeiteten 30 % der Facharbeiter nicht in ihrem erlernten Beruf, da sie die Normen bei ungelernter Tätigkeit leichter erfüllen konnten. Wegen des Fortbestehens dieser Praktiken führte auch die Lockerung der administrativen Bestimmungen nicht zu einer bedeutenden Erhöhung der Arbeitskräftemobilität.

Zusammengenommen arbeiteten 1956 75 % der Arbeiter auf der Basis des Stücklohns, das war mehr als 1953. In Rumänien waren es 1955 72 % und in Polen fast 100 %. Die Lohndrift infolge der Normübererfüllung war daher durchaus bedeutend. Wie *Tabelle II.6* veranschaulicht, hatten sich große Mißverhältnisse zwischen den Industriezweigen und zwischen den Ländern aufgetan, zum Teil, weil die Normen unterschiedlich stark reduziert wurden. Wie die Arbeiteraufstände von 1953 in Berlin und Posen zeigten, blieb die Vorgabe von Normen eine der wichtigsten Quellen sozialer Konflikte in der Industrie.

Tabelle II.6
Übererfüllung der Normen in der Industrie 1955
in Prozent

	Bulgarien[a]	Tschechoslowakei	DDR	Ungarn[b]	Polen
Schwerindustrie	34	43	25	—	47[c]
Leichtindustrie	30	56	30	20	37[c]
Maschinenbau	40	81	46	40	100–120[c]
Fahrzeugbau	—	115[d]	—	60	105

a) März 1956   b) 1954   c) 1952   d) Juni 1956
Quelle: Economic Survey of Europe in 1956, Kap. I., S. 37.

1956, wieder infolge der politischen Atmosphäre, die der XX. Parteitag der KPdSU schuf, kam es zu einer merklichen Beschleunigung institutioneller Veränderungen. Die Grundlöhne wurden erhöht, in Rumänien z. B. um 36%, damit sie einen höheren Anteil des Gesamteinkommens ausmachten. Die sogenannten progressiven Stücklöhne sollten ganz abgeschafft werden. Allgemein kann man diese Entwicklung als Rationalisierung des Stücklohnsystems betrachten, das teilweise außer Kontrolle zu geraten drohte. Zeitlöhne scheinen keinen Boden gewonnen zu haben, außer nach dem Aufstand in Ungarn. Wie aus den *Tabellen II.7* und *II.8* hervorgeht, deuten die spärlichen Daten für 1955 darauf hin, daß – verglichen mit 1950 – die Einkommensdifferenzen zwischen Branchen und sozialen Gruppen leicht zurückgegangen sind. Es ist schwer zu sagen, in welchem Maße diese Entwicklungen auf eine bewußte Politik einerseits und spontane Bewegungen andererseits zurückzuführen sind. Der Abbau der Lohndifferenzierung nach Branchen kann wahrscheinlich mit den veränderten Prioritäten für einzelne Sektoren erklärt werden.

Sozialistischer Wettbewerb und *Stachanowismus* scheinen über die ganze Periode Bestand gehabt zu haben. Es gibt

Tabelle II.7
Nominaleinkommen im Staatssektor nach Wirtschaftszweigen 1950–55
Index (Nationaler Durchschnitt = 100)

	1950	1953	1955
Bulgarien			
Industrie	99,1	—	105,6
Bauwesen	116,8	—	125,6
Landwirtschaft	77,5	—	82,6
Handel	91,3	—	88,1
Transportwesen	115,5	—	110,7
Andere Zweige der Warenproduktion	128,9	—	110,7
Verwaltung	100,2	—	94,6
Tschechoslowakei			
Industrie	—	108,5	107,8
Bauwesen	—	115,4	113,8
Landwirtschaft	—	71,4	75,7
Handel	—	76,4	83,1
Nichtproduktive Zweige	—	92,9	93,3
DDR			
Industrie	—	—	106,3
Bauwesen	—	—	103,2
Landwirtschaft	—	—	82,6
Transportwesen	—	—	100,2
Handel	—	—	84,5
Ungarn			
Industrie	107,3	—	106,6
Bauwesen	99,4	—	104,8
Landwirtschaft	60,4	—	80,9
Transportwesen	92,1	—	97,5
Handel	99,3	—	87,7
Nichtproduktive Zweige	101,5	—	96,8
Polen			
Industrie	—	108,3	109,2
Bauwesen	—	125,5	122,0
Landwirtschaft	—	69,8	76,7
Transportwesen	—	97,2	100,2
Handel	—	87,5	83,7
Verwaltung	—	96,1	94,7
Bildung	—	86,4	90,1

Quellen: Incomes in Post-war Europe, UN/ECE 1965, Teil 2, Kap. 8, S. 66–67; Economic Survey of Europe in 1965, Teil 2, Kap. 8, S. 66–67.

keinen Hinweis darauf, daß sie verschwunden sind, aber die *raison d'être* (Daseinsberechtigung) dieser Institutionen muß in einer Ära untergraben worden sein, in der der Druck auf einen höheren Lebensstandard, höhere Reallöh-

Tabelle II.8
Nominaleinkommen in der Industrie nach Tätigkeiten 1950 und 1955

	Index (1950 = 100)	Arbeiterein- kommen = 100	
	1955	1950	1955
Bulgarien			
Arbeiter	117	100 a)	100,0
Ingenieure und Techniker	133	135,4a)	153,2
Führungs- und Verwaltungspersonal	116	96,5	95,2
Tschechowslowakei			
Arbeiter	143	—	100,0
Ingenieure und Techniker	—	—	126,2
Führungs- und Verwaltungspersonal	—	—	85,1
Ungarn			
Arbeiter	196	100,0b)	100,0
Ingenieure und Techniker	170	199,0	172,2
Führungs- und Verwaltungspersonal	145	140,0	103,7
Polen			
Arbeiter	204	100,0	100,0
Ingenieure und Techniker	176	181,1	156,4
Führungs- und Verwaltungspersonal	166	120,6	98,5

a) 1952   b) 1949
Quelle: a.a.O., S. 34
Anmerkung: Die Daten erfassen die gesamte Industrie in der Tschechoslowakei, die staatliche und genossenschaftliche Industrie in Bulgarien und nur die Staatsindustrie in Ungarn.

ne und geringere Einkommensdifferenzen derart groß war. In Rumänien hörte die Berichterstattung über *Stachanow*-Erfolge Ende 1953 auf. Nur Albanien konnte sich eines permanenten Wachstums der Zahl der *Stachanow*arbeiter und Schwerstarbeiter erfreuen und fuhr fort, darüber zu berichten.[19]

Über die nichtmonetären Komponenten der Entlohnung kann nichts gesagt werden, was sich von der Vorperiode unterscheidet. Gegen Ende der Periode wurde die Unzufriedenheit der Bevölkerung mit den besonderen Privilegien des Apparats in Polen und Ungarn zu einer politischen Frage.

---

19 Vgl. *East Central Europe under the Communists, Romania,* S. 266, *Albania,* S. 145. 6760 Stachanowiten im Juni 1954, verglichen mit 2027 Mitte 1952; 24720 Schwerstarbeiter im Juni 1954, verglichen mit 23465 im Jahre 1952.

Tabelle II.9
Nominaleinkommen von Arbeitern und Angestellten in ausgewählten Wirtschaftszweigen 1950 und 1955
Index (Gesamte Industrie = 100)

	Bergbau	Eisenmetall	Nichteisenmetall	Baumaterial	Textilien	Schuhe	Lebensmittel
Bulgarien							
1950	—	135,4	126,8	110,3	81,9	108,3	83,4
1955	—	128,4	135,0	105,8	83,7	94,5	86,5
Tschechoslowakei							
1950	—	126,9	120,4	101,1	67,9	92,7	99,9
1955	—	125,7	118,0	105,8	74,8	88,6	90,4
Ungarn							
1950	—	115,9a)	111,3b)	87,4	85,7	105,1	85,2
1955	—	112,7a)	151,7b)	92,9	80,2	95,1	81,7
Polen							
1950	141	114	116	107	78c)	101	92
1955	146	126,2	129,8	95,6	74c)	83,5	84,5

a) einschließlich NE-Metallurgie
b) nur Bergbau
c) einschließlich Bekleidungsindustrie
Quelle: a.a.O., S. 68–70
Anmerkung: Siehe Tabelle II.8

Der Lebensstandard

Während der Jahre 1953–56 stiegen die Realeinkommen überall in Osteuropa an, nachdem sie vorher in den meisten Staaten gefallen waren (siehe *Tabelle II.10*). In den ersten zwei Jahren wurde dies vor allem durch die Senkung von Preisen und Steuern ermöglicht, später, besonders 1956, gewannen Nominallohnerhöhungen an Bedeutung.

Die Erhöhung des Lebensstandards kam auch der Landbevölkerung zugute, weil die Preise, die den Bauern gezahlt wurden, stiegen[20], und die Preise, die sie zahlen mußten, sanken. Der Anteil der Zwangsablieferungen wurde nach und nach kleiner, und entsprechend stieg der Anteil der über freie Verträge und sogenannte nichtobligatorische Lieferun-

---

20 In der Tschechoslowakei stiegen die Milchpreise zwischen 1953 und 1956 um 40 %, die Schweinepreise um 50 %, und die Rinderpreise verdoppelten sich, vgl. *Economic Survey of Europe in 1956*, Kap. I., S. 11.

Tabelle II.10
Verbraucherpreise, Nominal- und Reallöhne 1950–57
Index (1955 = 100)

	1950	1951	1952	1953	1954	1956	1957
Bulgarien							
Verbraucherpreise	—	—	128,2	119,2	105,9	91,8	92,6
Nominallöhne	73,8	77,8	86,7	91,5	96,6	105,9	110,8
Reallöhne	—	—	69,3	77,6	91,4	114,2	118,5
Tschechoslowakei							
Verbraucherpreise	—	—	—	115,6	102,7	97,3	95,4
Nominallöhne	78,9	84,0	87,6	91,5	97,7	103,8	105,9
Reallöhne	91	87	86	86,1	95,1	106,5	110,8
DDR							
Verbraucherpreise	—	—	—	—	—	—	—
Nominallöhne	72,0	77,3	81,5	87,5	94,4	102,8	106,5
Reallöhne	44,3	60,2	69,2	78,1	90,7	103,4	108,8
Ungarn							
Verbraucherpreise	62,8	75,9	106,5	106,0	100,8	99,0	101,4
Nominallöhne	60,1	64,2	82,7	87,0	97,4	110,5	133,7
Reallöhne	95,6	84,6	77,6	82,1	96,5	111,6	131,8
Polen							
Verbraucherpreise	61,5	—	—	109,4	102,5	99,0	104,3
Nominallöhne	54,0	59,2	64,4	91,1	96,7	110,9	126,6
Reallöhne	91,1	91,2	84,3	84,0	94,8	111,5	120,5
Rumänien							
Verbraucherpreise	88,6	—	—	—	—	98,2	105,3
Nominallöhne	68	—	—	—	—	111	125
Reallöhne	80	83	83	88	96	107	121

Quelle: a.a.O., Kap. 7, S. 34, 40

gen zu höheren Preisen abgesetzten Produkte. Allerdings genossen die Produktionsgenossenschaften weiterhin steuerliche Vorteile, und die Zwangsablieferungen belasteten die Privatbauern stärker. Der Lebensstandard auf dem Lande verbesserte sich auch deshalb, weil den Genossenschaftsmitgliedern größere Flächen zur privaten Bewirtschaftung überlassen wurden. Ein Vergleich der Länder für einzelne Jahre vor 1955 ist schwierig, weil die Daten über das bäuerliche Realeinkommen rar sind (siehe *Tabelle II.11*). Der Index des Gesamteinkommens der Bauern stieg in Rumänien von 1950 = 100 auf 1952 = 106,9, 1953 = 143,2, fiel dann wieder auf 1954 = 138,5 und schwankte danach um einen steigenden Trend (1955 = 170,3, 1956 = 141,8, 1957 = 186,8).[21] Trotz der Spärlichkeit der Daten und ihrer mitunter geringen Aussagekraft besteht kein Zweifel daran, daß sich der Lebensstandard der Landwirte von 1953 bis 1956 deutlich verbessert und das Ungleichgewicht zwischen Stadt und Land vielleicht etwas reduziert hat.

Tabelle II.11
Landwirtschaftliches Realeinkommen pro Kopf
Index (1955 = 100)

	1950	1951	1952	1953	1954	1955	1956	1957
Bulgarien	—	—	90,3	—	—	100,0	96,3	115,0
Ungarn[a]	90,5	95,4	85,6	80,3	88,4	100,0	105,4	110,0
Polen[b]	—	—	—	—	—	100,0	115	121
Rumänien	59	—	63	—	82	100,0	84	110

a) Konsum
b) Insgesamt (nicht pro Kopf), nur Einkommen aus landwirtschaftlicher Tätigkeit.
Quelle: a. a. O., Kap. 7.

Tabelle II.12
Einzelhandelsumsatz 1953 bis 1957
Prozentualer Zuwachs gegenüber dem Vorjahr in realen Größen

	1953	1954	1955	1956	1957
Albanien	—	—	8[b]	11	18
Bulgarien	11	27	12	15	9
Tschechoslowakei	—	20	11	9	9
DDR	10	14	7[b]	4[b]	7[b]
Ungarn	10	21	5	10	4
Polen	6	18	11	15	14
Rumänien	26[ac]	15[c]	10[c]	12[c]	13[bc]

a) nur städtischer Umsatz (ländlicher Umsatz – 16)
b) zu laufenden Preisen
c) nur sozialistischer Sektor
Quelle: Economic Survey of Europe 1955, S. 176; 1956, Kap. 1, S. 11; 1957, Kap. 1, S. 26.

Wie aus *Tabelle II.12* hervorgeht, wurde der Anstieg des Nominaleinkommens in Stadt und Land von einer verbesserten Konsumgüterversorgung begleitet.

Der Aufschwung der Einzelhandelsumsätze wurde wohl zunächst durch freigegebene Lagerbestände und dann durch

---

21 Vgl. *J. M. Montias, Economic Development in Communist Romania,* Cambridge (Mass.) 1967, S. 12.

Importe ermöglicht (vor allem Lebensmittel in der Tschechoslowakei und der DDR und industrielle Verbrauchsgüter in Rumänien). Erst später begann sich die Steigerung der inländischen Produktion bemerkbar zu machen, insbesondere nach der Umstellung von Kapazitäten der Rüstungsindustrie und verwandter Industrien. Die Verbesserung der Versorgung setzte sich von Land zu Land anders zusammen: In Polen, Bulgarien und Rumänien wuchsen die Lebensmittelverkäufe am schnellsten, in der DDR und der Tschechoslowakei waren es die Industriegüter, und in Ungarn wuchsen beide Gruppen gleich schnell. Albanien und die DDR waren erst 1957/58 in der Lage, die Lebensmittelrationierung abzuschaffen. Ein interessanter Aspekt der neuen Verhältnisse war, daß erstmals – wenn auch nur zeitweilig und schwach – Anzeichen eines Käufermarktes erkennbar waren. Textilien und Konfektionskleidung waren von schlechter Qualität und unmodischem Design und stellten die Planer vor ganz neue Probleme bei der Abstimmung von Angebot und Nachfrage.

Tabelle II.13
Wohnungsbau 1950 bis 1956
Neubauten pro 1000 Einwohner

	1950	1955	1956
Bulgarien	—	5,8	5,6
Tschechoslowakei	3,1	3,9	4,8
DDR	1,7	4,9	5,4
Ungarn	2,6	3,2	2,6
Polen	2,7	3,3	3,3
Rumänien	3,0[a]	3,2	4,4
Jugoslawien	1,6[a]	1,7	2,1

a) 1951
Quelle: Anuarul Statistic al RPR 1961, S. 454.

Gewisse Verbesserungen machten sich auch im Wohnungsbau bemerkbar, dem man größere Beachtung schenkte und einen größeren Anteil der Investitionsmittel zukommen ließ als zuvor. Die Zahl der Neubauten wuchs, wie *Tabelle II.13* zeigt, in allen Volksdemokratien und in Jugoslawien. Dazu kam in den meisten Ländern ein Wachstum des privaten Wohnungsbaus: In der Tschechoslowakei war 1956 fast die Hälfte der Neubauwohnungen privat, verglichen mit einem

Siebtel 1953; in Polen wuchs der Anteil des privaten Wohnungsbaus von weniger als 5% 1953 auf fast 40% 1956. Da die meisten dieser Wohnungen in ländlichen Gebieten gebaut wurden, spiegeln diese Zahlen auch ein gewachsenes Vertrauen der Bauern wider.

Es versteht sich von selbst, daß diese Entwicklung die katastrophalen Wohnverhältnisse in den Industriegebieten nicht nachhaltig verbessern konnte, aber sie zeigt doch, daß man begann, das Problem zu beachten. Noch zeichneten sich auch keine institutionellen Änderungen der Wohnungszuteilung ab, aber es wurden Ideen entwickelt, die kurz darauf verwirklicht werden sollten.

Auch auf dem Gebiet der Sozialversicherung fand der bedeutendste Wandel 1956 statt. Eine polnische Verordnung vom Juni 1954 über die Alten-, Behinderten- und Hinterbliebenenversicherung bedeutete einen Schritt weg vom Vorkriegssystem, das bis in die frühen fünfziger Jahre bestand. Diese neue Verordnung erhöhte den Wert der Zuwendungen und vergrößerte den Kreis der Zahlungsempfänger.[22] Ein neues ungarisches Krankenversicherungsgesetz (23. Dezember 1955) erweiterte ebenfalls den Geltungsbereich auf bestimmte Angestelltenberufe, auf Arbeiter, die zeitweise in staatlichen landwirtschaftlichen Unternehmen arbeiteten, sowie auf die Fahrer von Traktoren und Erntemaschinen. Das neue Gesetz erstreckte sich weder auf Personen, die zur Ausübung ihres Berufs eine Genehmigung der Behörden benötigten (also auf private Mechaniker und Handwerker) noch auf Bauern, die unabhängig eine Fläche von mehr als 2 ha bewirtschafteten. Ein neues Rentengesetz in Ungarn erhöhte im September 1954 die Rente von 15% auf 50% des letzten Einkommens, zuzüglich 1% (vorher 2%) des Einkommens für jedes Arbeitsjahr nach 1945. Der »Neue Kurs« Ungarns und Polens in dieser Hinsicht fand in den anderen Ländern keine Entsprechung, aber selbst in diesen beiden Staaten blieb die Lage eines Rentners miserabel. 1956 änderte sich die Situation etwas; alle Staaten führten eine Mindestrente ein, die von einem Viertel des Durch-

---

22 Vgl. *East Central Europe under the Communists, Poland*, a.a.O., S. 495.

schnittseinkommens in Polen bis zu dessen Hälfte in Bulgarien reichte.

Die Einteilung der Rentner in »alte« (also solche, die ihre Rentenanwartschaft vor der Einführung des Nachkriegsmodells erworben hatten) und »neue« bestand fort, obgleich die Diskriminierung der »alten« in Polen 1957 ernsthaft überprüft wurde. Das Kindergeld wurde in Bulgarien, der Tschechoslowakei und Rumänien angehoben. Ein neues Sozialversicherungssystem wurde 1956 in der Tschechoslowakei eingeführt. Es vergrößerte die Rentenunterschiede, indem es Arbeiter und Angestellte in drei Gruppen unterteilte. Ein Ziel dieser Maßnahme war, eine festere Bindung an den jeweiligen Beruf zu erreichen.[23]

Es gab von 1953 bis 1956 nur wenige Änderungen im Bildungssystem, außer in Ungarn, wo ein größerer Wert auf die Qualität der Bildung als auf die Anzahl der Schüler gelegt wurde. Vorrangiges Ziel blieb, eine Mehrheit von Arbeiter- und Bauernkindern zu sichern, aber der Befähigung wurde ein größeres Gewicht beigemessen. Eine technische Ausbildung, die nicht durch eine gute Allgemeinbildung untermauert war, wurde nicht länger als ausreichend betrachtet. Anderswo reflektierten Veränderungen im Bildungswesen die veränderten wirtschaftlichen Präferenzen, so die Betonung der landwirtschaftlichen Ausbildung in Bulgarien. Nach dem XX. Parteitag der KPdSU 1956 wurde die Kritik am Bildungswesen deutlicher. In der Tschechoslowakei führte dies im Mai 1956 sogar zu einer Demonstration an der Karls-Universität in Prag, und in Polen richtete sich die Kritik besonders gegen den dogmatischen Inhalt der Lehre.

Die Stellung der Haushalte in Jugoslawien

Die Veränderung des Wirtschaftssystems im allgemeinen und die Einleitung der Entwicklung zur Arbeiterselbstverwaltung im besonderen stärkten die Stellung der jugoslawischen Arbeiter als Produzenten. Ihre Möglichkeiten, über Löhne und Gehälter zu entscheiden, waren jedoch viel stär-

---

23 Vgl. *Economic Survey of Europe in 1956*, Kap. I., S. 32–33.

Tabelle II.14
Verbraucherpreise, Nominal- und Reallöhne in Jugoslawien 1953 bis 1956
Index (1953 = 100)

	1954	1955	1956
Verbraucherpreise[a]	98	110	116
Nominallöhne:			
Arbeiter	107	111	—
Angestellte	109	118	123
Reallöhne:			
Arbeiter	108	100	—
Angestellte	112	107	108

a) Lebenshaltungskosten für einen 4-Personen-Haushalt
Quelle: Statistički godišnjak SFRJ 1955, S. 6–8

ker beschränkt als Entscheidungen über andere Fragen des Unternehmens. Unter dem 1954 eingeführten System waren sowohl das Niveau als auch die Struktur der Grundlöhne von oben vorgegeben und die Unternehmen starteten bizarre Manöver, um die Erlaubnis zu erhalten, höheren Lohngruppen mehr zu bezahlen. Der variable Teil des Lohns, der sich nach der Gewinndividende richtete, gewann im Lauf der Zeit an Bedeutung und erreichte 1957 einen durchschnittlichen Anteil von 9 % der Lohnkosten.

Die Auswirkungen der institutionellen Veränderungen auf den Lebensstandard waren durchwachsen. Auf der einen Seite stiegen die Nominallöhne, wie es Tabelle II.14 zeigt, und der Einzelhandel stellte sich stärker als bisher auf die Nachfrage ein mit dem Ergebnis, daß eine größere Auswahl von Waren besserer Qualität auf den Markt kam. Die Importe wirkten in die gleiche Richtung. Auf der anderen Seite entließen die Unternehmen eine große Zahl überzähliger Arbeitskräfte, die anderswo nicht so leicht beschäftigt werden konnten. Der Zusammenhang mit dem neuen Wirtschaftssystem ist zwar komplex, aber das Verhalten der Unternehmen schien die theoretische Annahme zu bestätigen, daß ein selbstverwaltetes Unternehmen unter sonst gleichen Umständen Arbeitskräfte einsparen würde: Das Ziel, das Nettoeinkommen pro Beschäftigten zu maximieren, muß gegenüber kapitalistischen wie zentralgeleiteten Unternehmen zu einer Begrenzung von Output und Beschäftigung sowie zur Wahl kapitalintensiverer Techniken bei Neuinvestitionen[24] führen.

Auch die Preisentwicklung erwies sich als negative Auswirkung des neuen ökonomischen Mechanismus auf die Haushalte: Das Vertrauen in die Kräfte des Marktes führte zu einer ziemlich starken Preissteigerung. Zu einem bestimmten Teil war dies eine Folge früherer Preisbegrenzungen. Zum anderen Teil spiegelte es aber die oligopolistische Stellung bestimmter Unternehmen wider. Wie aus *Tabelle II.14* hervorgeht, stieg das Realeinkommen eines 4-Personen-Haushaltes 1954, ging aber im darauffolgenden und wahrscheinlich auch in allen weiteren Jahren wieder zurück. Die Zahlen weisen darauf hin, daß sich das Einkommen der Angestellten nominal wie real besser entwickelte als das der Arbeiter. Zur Entwicklung der landwirtschaftlichen Einkommen liegen keine genauen Zahlen vor, aber Hinweise, daß sie relativ stabil geblieben bzw. durch die Abschaffung der Zwangsablieferungen leicht gestiegen sind. Die Aufkaufpreise für landwirtschaftliche Produkte stiegen von 1951 bis 1959 um 7% während die Preise für die von der Landwirtschft benötigten Güter sich nur um 1% erhöhten.

Tabelle II.15
Industriearbeiterlöhne in Jugoslawien 1954 und 1956
Index (Landesdurchschnitt = 100)

	1954	1956
Bosnien-Herzegowina	93	95
Kroatien	100	104
Montenegro	92	95
Makedonien	83	85
Serbien	98	96
Slowenien	113	110

Quelle: Incomes in Post-war Europe, Economic Survey of Europe in 1965, Teil 2, Kap. 12, S. 15–16

---

24 Das Problem wurde zuerst von *B. N. Ward* in: *The Firm in Illyria,* American Economic Review, Vol. 45, Nr. 4 (September 1958), diskutiert und vom gleichen Autor in: *The Socialist Economy: A Study of Organizational Alternatives,* New York 1967, weiterentwickelt. Die daran anschließende Diskussion konnte Wards Grundaussage nicht erschüttern, und spätere empirische Studien (z. B. *D. Granick, Enterprise Guidance in Eastern Europe,* Princeton 1975) stärkten seine Position.

Bezüglich der regionalen Unterschiede ergibt sich kein vollständig klares Bild, aber auf der Basis der *Tabelle II.15*, die die Löhne von Arbeitern und Angestellten in der Industrie darstellt, kann eine gewisse Egalisierung angenommen werden.

Auf dem Gebiet der Sozialversicherung gab es nur eine einzige bedeutende Änderung: Die Krankenversicherung wurde 1955 auf die privaten Bauern ausgedehnt. Bis zu diesem Jahr hatten sie nur bei Infektionskrankheiten und Geburten Anspruch auf freie Heilfürsorge. Diese Erweiterung trat jedoch erst 1960 voll in Kraft.

Teil III

1957–1965

Auf der Suche nach einer ausgewogenen Entwicklung

In der Entwicklung der Volksdemokratien können die Jahre 1957 bis 1965 als Periode der Wiederherstellung eines relativen Gleichgewichts bezeichnet werden, das durch die turbulenten Ereignisse von 1956 erschüttert worden war. Das bedeutet jedoch keine bloße Rückkehr zu den früheren Verhältnissen; die innen- und außenpolitischen Verhältnisse hatten sich zu sehr geändert. Obwohl in der politischen Sphäre ein gewisses Maß an Uniformität gewahrt wurde, entwickelten sich die inneren Verhältnisse der einzelnen Länder unterschiedlich. Gegen Ende der Periode kam es erneut zu Spannungen, was zu der potentiell explosiven Situation Ende der sechziger Jahre führte. Jugoslawien ging weiterhin seinen eigenen Weg.

Sowjetisch-osteuropäische Beziehungen während der Ära Chruschtschow

Drei grundlegende Faktoren beeinflußten das außenpolitische Umfeld der Volksdemokratien. Der erste war die Entschlossenheit der Sowjetunion, ihre Vorherrschaft in Osteuropa erneut zu festigen und den dazu nötigen Zusammenhalt zu sichern. Zweitens war es der Sowjetunion unmöglich, diese Ziele mit den gleichen Mitteln zu verfolgen wie bisher. Dies war vor allem auf die öffentliche Verurteilung zumindest einiger stalinistischer Praktiken, auf die darauf folgende – wenn auch schwankende – Entspannung der Ost-West-Beziehungen und den sich abschwächenden und nach einer Weile zerbrechenden monolithischen Charakter des internationalen Kommunismus zurückzuführen. Letzteres war hauptsächlich ein Resultat des sich verschärfenden chinesisch-sowjetischen Konflikts, zum Teil aber auch der Anerkennung Jugoslawiens als sozialistischer Staat und der beginnenden Unabhängigkeit einiger kommunistischer Parteien des Westens. Der dritte Faktor war die Entwicklung in der Sowjetunion selbst, die ihr, zumindest bis zu *Chruschtschows* Sturz, die Fähigkeit raubte, ein konsistentes institutionelles System zu bestimmen, das den unverfälschbaren Stempel des »einzig wahren« Sozialismus trug. Ohne diese drei Faktoren im einzelnen zu erörtern, ist die Herausarbeitung einiger Punkte, vor allem der wirtschaftlichen Aspekte, unumgänglich.

Zunächst ist es nötig, die Beziehungen zwischen der sowjetischen Führung und den Führungen der Volksdemokratien in Betracht zu ziehen. Die erstere wollte ihre volle Autorität wiedergewinnen, letztere ordneten sich nach den Enthüllungen des XX. Parteitages zwar nicht mehr bedingungslos unter, waren sich aber der bedrohlichen Bedeutung des ungarischen Aufstandes und seiner Unterdrückung bewußt. Einerseits hörte die Sowjetunion für zumindest einige der Parteiführer auf, die nicht in Frage zu stellende Verkörperung der sozialistischen Sache zu sein, in dem Sinne, daß sie stets im Interesse aller Mitglieder der Gruppe handelt. Das Eingeständnis sowjetischer Fehler in der Innenpolitik und in den Beziehungen zu den anderen sozialistischen Ländern (mit spürbaren wirtschaftlichen Folgen) ließ sie die Existenz eigener Interessen erkennen, die vertreten werden und um die man verhandeln und kämpfen konnte. Andererseits muß der ungarische Aufstand den osteuropäischen Parteiführungen die Rolle der Sowjetunion als letzter Schutz ihrer eigenen Stellung und Behüter des Systems deutlich gemacht haben. Die Vehemenz, mit der das ungarische Volk sich gegen die Kommunistische Partei und ihren Machtapparat wandte, offenbarte, wie sehr die herrschende Schicht auf den sowjetischen Schutz angewiesen war. Gleichzeitig muß die blutige Niederschlagung des Aufstandes den Reformern in höheren Parteirängen die Grenzen ihrer Wahlmöglichkeiten und vor allem die Unmöglichkeit, sich wie Jugoslawien 1948 von der Sowjetunion loszusagen, verdeutlicht haben; dies um so mehr, als der Westen unwillig oder unfähig war zu helfen, weil er die bei einer Aufkündigung der Vereinbarungen von Jalta fällige Konfrontation scheute. Daraus ergab sich in den Parteiführungen – auch unter den Linientreuen – die Neigung, innerhalb der vorgegebenen Grenzen Handlungsspielräume zu schaffen, die jedoch in den einzelnen Ländern unterschiedlich ausgeprägt war. Deshalb erhielt sich Polen solche Besonderheiten wie eine private Landwirtschaft, eine weitere Öffnung zum Westen und ein besseres Verhältnis zur Kirche. Rumänien leitete in den späten fünfzigern und frühen sechzigern eine Außenpolitik ein, die unter anderem auf einer geschickten Ausnutzung der chinesisch-sowjetischen Spannungen basierte. Ungarn liberalisierte langsam das nach dem Aufstand eingesetzte Gewaltregime. Die Tschechoslowakei und die DDR stärkten ihre wirtschaftliche und politische Stellung innerhalb des Blocks und blieben in manchen Phasen bei der »Säuberung« von der stalinistischen Vergangenheit hinter der Sowjetunion zurück. Die insgesamt erfolgreichen Bemühungen um die Wiederherstellung der sowjetischen Vorherrschaft in Osteuropa schlossen einige selbständige und verschiedenartige Entwicklungen einzelner Länder nicht aus, auch was die wirtschaftlichen Institutionen angeht.

Der zweite Faktor war wahrscheinlich von entscheidender Bedeutung. Die stalinistische Methode der bedingungs- und praktisch regellosen Unterordnung war nicht länger anwendbar. Die Aufstellung von Regeln hatte während des »Neuen Kurses« begonnen, aber wie in kommunistischen Systemen üblich, hing die tatsächliche Bedeutung der formalen Vereinbarungen von den realen politischen Umständen ab. Zum Beispiel müssen die durch den Warschauer Pakt 1955 kodifizierten Formen der militärischen Zusammenarbeit nach dem Abschluß von Vereinbarungen über die Grundsätze der Stationierung sowjetischer Truppen in einigen Volksdemokratien eine neue Bedeutung erlangt haben. Das Ende eines derartigen Vertrages mit Rumänien deckte sich mit dem Beginn einer neuen Phase der rumänischen Außenpolitik. Im Falle Polens stieg die Bedeutung der formellen Bündnisverpflichtungen ohne Zweifel durch den Abzug sowjetischer Offiziere aus den Schlüsselpositionen der polnischen Armee Ende 1956 und 1957, beginnend mit Marschall *Rokossovssky*.[1] Dasselbe schien nach der Auflösung des Kominform auch für die zwischenparteilichen Beziehungen zu gelten: Die alten Phrasen von der Unabhängigkeit jeder Partei und ihrer freiwilligen Anerkennung der »führenden Stellung« der Kommunistischen Partei der Sowjetunion waren trotz des sowjetischen Versuchs, die Parteien auf der Weltkonferenz 1957 wieder auf eine Linie zu bringen, nicht länger bloß leere Worte. Die Veränderung gegenüber früher konnte am Ton und den Auswirkungen der Verurteilung des jugoslawischen Revisionismus (vor allem im Zusammenhang mit dem Programm von Ljubljana) gegenüber der Exkommunizierung von 1948 gemessen werden. Der Bruch mit China und die Abweichung Albaniens 1960/61 unterstrichen die neue Lage. Die Sowjetunion

---

[1] Das Amt des Generalstabschefs blieb noch wesentlich länger in der Hand eines früheren sowjetischen Offiziers. Noch wichtiger war die langsame, aber sichere Säuberung der polnischen Armee von Offizieren, die »schuldig« waren oder im Verdacht standen, während der sowjetischen Bedrohung im November 1956 einen widerspenstigen Standpunkt eingenommen zu haben.

war nicht nur unfähig, den Abfall Albaniens, das de facto sowohl den Warschauer Pakt als auch den RGW verließ, zu verhindern, sondern auch nicht in der Lage, bei den Volksdemokratien eine einmütige Verurteilung Chinas und Albaniens durchzusetzen.

Auf wirtschaftlichem Gebiet waren die Jahre 1957–65 durch die wachsende Bedeutung des RGW als institutionelles Instrument der Abstimmung innerhalb des Blocks gekennzeichnet. Dies war ein Aspekt des Wandels hin zu geordneteren Formen der auswärtigen Beziehungen. Der RGW diente zwar als Instrument zur Festigung der ökonomischen Vorherrschaft der Sowjetunion, wurde als solches aber nur nach einer genauen Abwägung der politischen Konsequenzen eingesetzt. Die offene wirtschaftliche Ausbeutung der Vergangenheit mußte Formen weichen, die den politischen Zusammenhalt zumindest nicht gefährdeten und gefährliche Explosionen innerhalb des Blocks verhindern halfen. Die vorherrschende Meinung ist heute, daß die Sowjetunion nach 1956 keine direkten materiellen Vorteile gegenüber Osteuropa erzielte, und die wenigen westlichen Forscher, die weiterhin die Existenz solcher Vorteile behaupten, werden von anderen westlichen Gelehrten scharf angegriffen.[2] (Das bedeutet jedoch nicht das Ende aller mehr allgemeinen Verluste, die aus den strukturellen Nachteilen durch die Entwicklungsstrategie und den von der Sowjetunion auferlegten institutionellen Aufbau resultieren.) Unmittelbar nach den Ereignissen von 1956 nahm die Sowjetunion Rückerstattungen entweder als Ausgleich für frühere Ungerechtigkeiten (im Falle Polens und Rumäniens) oder in Form von Krediten vor, deren Bedingungen einer Subvention glichen (mit Sicherheit gegenüber Ungarn und Polen und wahrscheinlich auch gegenüber anderen Ländern). Natürlich konnte die wirtschaftliche Hilfe nicht auf die »widerspenstigen« Staaten begrenzt werden. Auch die »treuen«, vor allem Bulgarien, mußten belohnt werden. Wenn man

---

[2] Vgl. *Horst Menderhausen, Terms of Trade between the Soviet Union and Smaller Communist Countries*, Review of Economy and Statistics, Mai 1959 und Mai 1960; *F. D. Holzman, Soviet Trade Pricing and the Question of Discrimination*, a.a.O., Mai und November 1962; *F. L. Pryor, The Communist Foreign Trade System*, Cambridge (Mass.) 1963, Kap. 5.

die sowjetische Rolle als wichtigster Lieferant von Rohstoffen für Osteuropa und die damals herrschenden Preisverhältnisse betrachtet, könnte es durchaus sein, daß die Volksdemokratien in dieser besonderen Phase wirtschaftlich von der Sowjetunion profitierten, die damit ihre politische Unterordnung erreichen wollte. Ihre Verhandlungsposition verbesserte sich auch, weil sie innerhalb der Institutionen des RGW nationale Interessen verfolgen (oder zumindest vorbringen) konnten und weil es mehr als eine Option im Handel mit dem Westen gab, dessen Anteil zwischen 1955 und 1960 leicht stieg und einigen Ostblockstaaten westliche Kredite einbrachte.

Diese Neuorientierung war in der ersten Hälfte der Periode deutlicher als in der zweiten, in der es zu Krisen, wie der Errichtung der Berliner Mauer 1961 und zur Konfrontation der Supermächte wegen der auf Kuba stationierten Raketen kam, und dadurch wahrscheinlich zu einem stärkeren sowjetischen Druck auf die Wirtschaft des Blocks und zu einer zusätzlichen Anspannung der wirtschaftlichen Hilfsmittel. Dieser Druck war, zum Teil wegen des jetzt höheren Potentials der Volksdemokratien, weit weniger intensiv als der, der dem Ausbruch des Koreakrieges folgte.

Der dritte Faktor verstärkte in gewisser Weise den zweiten: Nicht nur internationale, sondern auch interne Spannungen ließen die UdSSR nach Unterstützung durch die Volksdemokratien suchen. Ohne Frage half dieser »Pluralismus«, das anfängliche Mißtrauen zwischen *Chruschtschow* und *Gomulka* in eine »besondere Beziehung« zu verwandeln und etwas Ähnliches auch in bezug auf *Kádár* zustande zu bringen. Obgleich es in keiner Weise zu einer Werbung um Stimmen gegen Vorteile nach westlichem Muster gab, steigerten die Führer und politischen Aktivisten ihren Tatendrang und erreichten eine bessere Verhandlungsposition. *Chruschtschows* Sieg über die »Anti-Partei-Gruppe« um *Malenkow, Molotow* und *Kaganovič* und besonders die zweite Runde der »Entstalinisierung von oben« auf dem XXII. Parteitag 1961 gaben solchen Führern und Ideen einen Anstoß, die zwar von radikalen Reformern als neokonservativ bezeichnet wurden, gemessen an früheren kommunistischen Standards aber wohl als radikal bezeichnet werden müssen. *Chruschtschows* Politik trug in sich den Keim des Wandels. Und auch die, die zunächst dem alten Verhaltensmuster der Nachahmung folgten, wie die DDR und bezüglich der territorialen Wirtschaftsverwaltung auch Bulgarien, begannen später selbst nach verheißungsvolleren Neuerungen zu suchen, die nicht unbedingt vorher von der Sowjetunion ausprobiert worden sein mußten.

Eine derartige Konzentration auf das Neue könnte die Grundlagen der wechselseitigen Beziehungen berühren. Aber nichts von dem, was oben gesagt wurde, soll den Eindruck erwecken, daß der Ostblock seine Stabilität und die Sowjetunion ihre entscheidende Vorherrschaft verloren hatten. Das allgemeine Merkmal dieser Periode ist die erneute Festigung dieser Vorherrschaft und ihre im großen und ganzen im Laufe der Zeit erfolgte Stärkung. Was aber nicht übersehen werden sollte, ist, daß sich die Formen verändert hatten.

Die äußeren Bedingungen für die institutionelle Entwicklung Jugoslawiens blieben im wesentlichen die gleichen. Es gab keine ausdrücklichen, von außen auferlegten, Beschränkungen. Jedoch konnte das jugoslawische Modell sich nicht zur Alternative für die Volksdemokratien entwickeln, auch wenn einige seiner Elemente (vor allem die Dezentralisierung und die Beteiligung der Arbeiter am Management) weiterhin deren Interesse fanden.

Eine allgemeine Beschreibung der inneren Entwicklung der Volksdemokratien während dieser Periode stößt auf die Schwierigkeit, daß sich die einzelnen Länder recht unterschiedlich entwickelten. Dennoch blieben einige grundlegende gemeinsame Probleme, und die Versuche zu ihrer Lösung führten gegen Ende der Periode zu größeren Gemeinsamkeiten als am Anfang. In keinem der Länder veranlaßten die Ereignisse von 1956 die Machthaber dazu, die Grundlagen des politischen Systems anzutasten und den totalitären Sozialismus in einen demokratischen umzuformen. In fünf von sieben Ländern änderte sich die personelle Zusammensetzung der Führung nicht oder nur sehr langsam, unter offenkundiger Bewahrung der Kontinuität. Andererseits mußten sich die Methoden der Machtausübung aus den gleichen Gründen ändern, die oben bezüglich der externen Bedingungen genannt wurden. Vor allem anderen mußte die wirtschaftliche Leistungsfähigkeit gesteigert werden, um jene beharrlichen Konsumentenbedürfnisse zu befriedigen, die man nicht länger so leicht übersehen konnte. Im Laufe der Zeit brachte das Ziel, die Grundlagen des Systems zu bewahren, in Verbindung mit der Notwendigkeit, innerhalb dieses Rahmens gewisse Änderungen vorzunehmen, *Ulbricht, Novotny, Zhivkov* und *Gheorgiu-Dej* unvermeidlich näher an *Gomulka* und *Kádár*. Die Unterschiede verschwanden nicht ganz, wurden aber, was interne Reformen betrifft, wesentlich kleiner. Dies rechtfertigt den Versuch, zunächst die gemeinsamen Aspekte der innenpolitischen Entwicklung in Osteuropa zu skizzieren, um dann die für jedes Land eigentümlichen Elemente in einer etwas schnelleren Art und Weise vorzustellen.[3]

Die wichtigste Veränderung der politischen Bedingungen war der Übergang (in einigen Fällen schrittweise, in anderen abrupt) von dem, was man als vorbeugenden Terror auf breiter Front bezeichnen kann, zu einer Art selektivem Terror gegen solche, die politische Aktivitäten gezeigt hatten oder solcher verdächtigt wurden, die als gefährlich für das Regime angesehen wurden. Zusammen mit einer recht vorsichtigen und immer auf das politisch Zweckmäßige beschränkten Wiederherstellung der Gesetzlichkeit rief dies ein Gefühl der persönlichen Sicherheit hervor, das sich als sehr bedeutsam für die Verbesserung der Situation der Haushalte erwies. Die persönlichen Interessen der Partei- und Staatsfunktionäre deckten sich dabei bis zu einem gewissen Grade mit den Interessen der Bevölkerung.

Pragmatischere Einstellungen entstanden auf dem Gebiet der Ideologie: In vielen Bereichen, die als politisch weniger sensibel, aber wirtschaftlich und militärisch sehr bedeutend eingeschätzt wurden, vor allem in der gesamten Wissenschaft, verschwand das militante Beharren auf einer vorgegebenen Linie des Denkens. Sogar in den Geisteswissenschaften und in der Kunst wurde (in einigen Ländern wieder langsamer als in anderen) das Prinzip, daß die Partei be-

---

[3] Die allgemeinen Punkte stützen sich meist auf *W. Brus, Socialist Ownership and Political Systems*, London 1975, Kap. 3, Abs. 2.

stimmt, was getan und wie es getan werden muß, durch die Abgrenzung verbotener Bereiche ersetzt. Am härtesten war der Kampf gegen die Sozialwissenschaften, die in nicht konformistischer Art Probleme der sozialistischen Gesellschaft untersuchten. Es war kein Wunder, daß die kritische marxistische (im offiziellen Sprachgebrauch »revisionistische«) Analyse der sozioökonomischen und politischen Realität den strengsten Beschränkungen unterlag. Der wachsende Anteil des Pragmatismus auf ideologischem Gebiet hatte große Bedeutung für den institutionellen Wandel der Wirtschaft.

Die kontrollierte »Öffnung nach außen« war ein weiteres Zeichen des Wandels mit weitreichenden Folgen auf kulturellem, sozialem und wirtschaftlichem Gebiet; was dies betrifft, gab es einen offenkundigen Zusammenhang mit der Notwendigkeit, den Außenhandel auszudehnen, um Zugang zu den Erfahrungen der technologisch weiter fortgeschrittenen Länder zu erhalten.

Diese Veränderungen waren zusammen mit der Verbesserung des materiellen Wohlergehens der Bevölkerung sehr wichtig für das tägliche Leben vieler Millionen und sollten daher nicht unterbewertet werden. Dennoch führten sie nicht zu einer inhaltlichen Veränderung, da die politische Macht ein monopolistisches Vorrecht der engen Führungsgruppe der Kommunistischen Partei blieb. Die Struktur des politischen Systems blieb in ihren wichtigsten Elementen unverändert:

- in der Vorherrschaft des Parteiapparats und der Exekutivorgane gegenüber formell gewählten Versammlungen im Staat, in den Gewerkschaften und in der Partei;

- in der Ernennung von Partei-, Staats- und Gewerkschaftsorganen durch die entsprechende übergeordnete Ebene des Apparats, die die Kandidaten einsetzte und den eigentlichen Wahlakt in eine Formalität verwandelte;

- im strikten Gehorsam gegenüber dem besonderen Konzept der »führenden Rolle der Partei« (Unterordnung aller anderen Institutionen unter den Parteiapparat, insbesondere durch die vollständige Kontrolle über die Perso-

nalpolitik, den Ausschluß jeglicher unabhängiger politischer Initiativen und freier Vereinigungen)
- und in der Monopolisierung der Massenmedien, sowohl durch die Auswahl des Personals für Presse, Verlage, Radio und Fernsehen, als auch durch die »normale«, allgegenwärtige vorbeugende Zensur.

Zu der interessantesten Sonderentwicklung in einer Volksdemokratie kam es in Polen, wo anscheinend die Kräfte der demokratischen »sozialistischen Erneuerung« die Oberhand gewannen und eine neue Führung an die Macht brachten, die nach kurzer Unentschlossenheit von der Sowjetunion anerkannt wurde. Tatsächlich lösten interne Mechanismen schon bald die »Normalisierung« aus. Verschiedene parallel laufende Entwicklungen müssen in diesem Zusammenhang genannt werden:

1. Die Einschränkung der kurzlebigen Redefreiheit und der unentwickelten Möglichkeiten zur Bildung unkontrollierter Vereinigungen im Zuge der antirevisionistischen Kampagnen;
2. die peinlich genaue Ausschaltungen aller Mitglieder des Partei- und Staatsapparats sowie der Militär- und Sicherheitsorgane, die in die Demokratisierungsbewegung verstrickt waren;
3. der quantitative und funktionelle Wiederaufbau des Apparates nach einer kurzen Periode der Schrumpfung in der Zahl der Ämter und des Personals in den Parteikomitees auf allen Ebenen;
4. die rapide Abnutzung der neu gewonnenen Bedeutung des Parlaments *(Sejm)*, der nichtkommunistischen Parteien, der Arbeiterräte und der unabhängigen Expertenkommissionen;
5. der stetige Wiederaufbau des Status und der umfassenden Macht der Geheimpolizei.

All dies hatte Polen bis 1965 nicht wieder in die Front der osteuropäischen Staaten eingereiht, aber den Graben beträchtlich verkleinert.

Die allgemeine Bedeutung der polnischen »Normalisierung« liegt in der Tatsache, daß sie die enormen Schwierigkeiten aufzeigte, denen sich kommunistische Reformer ausgesetzt sehen. Es zeigte sich, daß die polnischen »Revisionisten« zu optimistisch waren, was die massenhafte Unterstützung ihres Programms der »sozialistischen Erneuerung« angeht. Sie unterschätzten die Bedeutung der Lebenserfahrung mit einem System, das nicht nur von einer Minderheit unter fremder Vorherrschaft eingeführt worden war, sondern während der ersten Dekade seiner Existenz auch die bösartigsten antikommunistischen Voraussagungen und Warnungen als im Kern richtig bestätigte. Die Revisionisten brachte dies in eine Art Kreuzfeuer: Sie benötigten die Unterstützung der Massen für grundlegende Änderungen, aber sie hatten Angst, den Antisozialisten in die Hände zu arbeiten, die häufig und offen ihren dunkel chauvinistischen Meinungen Ausdruck verliehen. Daher waren sie eher bereit, mit den Wächtern der »Einheit der Partei« Kompromisse zu schließen. Dies wiederum ermöglichte den Konservativen, den Druck zu mindern und sogar einige der Aufrührer zurück in ihr eigenes Lager zu ziehen. Damit soll nicht gesagt werden, daß der »Polnische Oktober« von Anfang an unwiderruflich zum Untergang verdammt war; der spätere tschechoslowakische Versuch (1968) zeigte einen wesentlich größeren internen Erfolg. Dennoch sprechen diese Überlegungen dagegen, den Grund für den Mißerfolg von 1956 ausschließlich bei den externen Faktoren oder bei der Macht der gefestigten Interessen der Parteielite zu suchen.

Paradoxerweise war Polen die einzige der Volksdemokratien, für die die Jahre 1957–65 eine schrittweise Einschränkung des politischen Liberalismus brachten, worin es auch 1965 den übrigen Mitgliedern des sowjetischen Blocks noch weit voraus war. Für die anderen Länder war dies, trotz der immer wieder eingelegten Pausen, eine Periode der – wenn auch langsamen und in absoluten Werten zu vernachlässigenden – Liberalisierung.

Aus dieser Sicht war Ungarn am bemerkenswertesten, wenn man die Entwicklung vom tiefsten Punkt nach der Beseitigung aller politischen Errungenschaften des Aufstandes von 1956 betrachtet. Dieser Punkt war offensichtlich 1958 erreicht, als *Imre Nagy* und viele andere wegen ihrer Rolle beim Aufstand hingerichtet wurden. Danach ging es stetig aufwärts. Langsam beschleunigte sich der Liberalisierungsprozeß, der durch *Kádárs* Slogan »Wer nicht gegen uns ist, ist für uns« in Gang gesetzt wurde. Es ist schwierig, in dieser Hinsicht einen genauen Vergleich anzustellen, aber es scheint so, als ob Ungarn um 1965 auf vielen Gebieten mit Polen gleichzog und sich in die entgegengesetzte Richtung entwickelte. Dieser Prozeß beeinflußte stark die Richtung der Wirtschaftsreform, deren Vorbereitungen gegen Ende der Periode begannen.

Die Tschechoslowakei, die DDR und Bulgarien können, was die politischen Entwicklungen der Jahre 1957–65 angeht, gemeinsam behandelt werden. Alle drei Regierungen hielten so lange wie möglich an dem unveränderten politischen System fest und gaben nur nach, wenn dies absolut unvermeidbar wurde, wie etwa ihre verspätete Rehabilitierung der Opfer der »Säuberungen« zeigt. Am deutlichsten widerstrebte die tschechoslowakische Regierung, was zu lächerlichen Versuchen führte, ihr Gesicht zu wahren: So wurden nach seinem Tode neue Anklagen gegen *Slansky* erhoben, als die alten nicht länger haltbar waren. Wie auch immer, es fanden Änderungen statt, und gegen Ende der Periode verstärkten sich die Anzeichen des Tauwetters. In der Tschechoslowakei kam mit dem politischen Tauwetter der Druck nach einer Wirtschaftsreform. Sogar für den Parteiführer *Antonin Novotny,* der sich nach dem XXII. Parteitag der KPdSU angeblich für einen Reformismus à la *Chruschtschow* entschieden hatte, wurde dies allmählich akzeptabel.[4] Die Führung der DDR versuchte, den Wandel so weit wie möglich auf die wirtschaftliche Sphäre zu beschränken.

Wenn Rumänien nicht mit diesen drei Ländern zusammen genannt werden kann, dann wegen der Kombination von innenpolitischem Konservatismus und außenpolitischem Abenteurertum. Albanien könnte als »Rumänien in den letzten Zügen« beschrieben werden, weil es die politische

---

4 Dies wird von einem Mitglied der tschechoslowakischen Parteiführung unter *Dubczek, Zdeněk Mlynář,* in: *Nachtfrost. Erfahrungen auf dem Weg vom realen zum menschlichen Sozialismus,* 1978 erwähnt. In diesem Zusammenhang zeigt *Mlynar* die Bestürzung, mit der *Chruschtschows* Sturz von *Novotný* aufgenommen wurde, der sich sogar eine Art Protest erlaubte.

Struktur des Stalinismus unter dem Schirm der chinesisch-sowjetischen Spaltung und der Furcht vor einer sowjetisch-jugoslawischen Annäherung nahezu vollkommen intakt hielt. 1961/62 brach Albanien völlig mit dem Block und wurde bis 1978 ein Satellit Chinas.

Die politischen Umstände in Jugoslawien behielten ihren besonderen Charakter: Man erklärte weite Gebiete für politisch weniger sensibel und pflegte eine größere Offenheit gegenüber dem Westen, aber alles blieb innerhalb des autokratischen Rahmens. Von 1957 bis 1965, als trotz der Schwankungen im sowjetisch-jugoslawischen Verhältnis das Bedürfnis abnahm, die systematischen Unterschiede zur Sowjetunion und zu den Volksdemokratien herauszustreichen, führte die Frage einer weiteren Liberalisierung und Vermarktung der Wirtschaft zu einer politischen Polarisierung im Bund der Kommunisten, die sich zudem mit wachsenden nationalen Spannungen verbanden. Interne politische Faktoren verzögerten wahrscheinlich die Durchführung der radikalen Wirtschaftsreform von 1965, konnten sie aber nicht verhindern. Dies wiederum hatte die politische Konfrontation des Jahres 1965 zur Folge, die mit der Entlassung des Innenministers *Alexander Rankovic* endete.

Der Sturz *Chruschtschows* im Oktober 1964 machte auf die Staaten Osteuropas großen Eindruck und hatte innenpolitische Rückwirkungen. Deren Folgen werden im Teil IV unter Berücksichtigung der institutionellen Änderungen untersucht: In diesem Teil geht es im wesentlichen um die »*Chruschtschow*-Ära«, und nur wegen des Endes der Planperiode wird das Jahr 1965 noch einbezogen.

Das veränderte gesellschaftliche und wirtschaftliche Gefüge

Die hier betrachtete Periode erstreckt sich fast über das gesamte zweite Jahrzehnt der sozialistischen Entwicklung Osteuropas. Zusammen mit der schnellen Industrialisierung brachte sie tiefgreifende Veränderungen der sozioökonomischen Struktur, die die institutionellen Lösungen und wirtschaftlichen Strategien beeinflußten. Es ist weniger zweckmäßig, den Veränderungen der sozioökonomischen Struktur, wie sie während dieser Zeit stattfanden, zu folgen, als das zu skizzieren, was als Ergebnis der revolutionären Umgestaltung in den späten vierziger und den fünfziger Jahren entstanden war, und seine Entwicklung und Verbesserungen während der frühen sechziger Jahre zu zeigen. Die meisten Daten vergleichen daher 1960–65 mit der Zeit vor 1956.

Eigentum und Beschäftigungsverhältnisse

Außerhalb der Landwirtschaft war in den späten vierziger Jahren die unbestrittene Vorherrschaft des sozialistischen (hauptsächlich staatlichen) Sektor errichtet und in den folgenden Jahren durch hohe Zuwachsraten gestärkt worden. Um 1960 verdienten in Osteuropa mindestens 90 % der außerhalb der Landwirtschaft Beschäftigten ihren Lebensunterhalt in sozialistischen Unternehmen und Institutionen. In Albanien, Bulgarien, der Tschechoslowakei, Rumänien und Jugoslawien erreichte der Anteil der in der sozialistischen Industrie, dem sozialistischen Bauwesen und Handel Beschäftigten nahezu 100 %. Die DDR kam mit 86 % der außerhalb der Landwirtschaft Beschäftigten 1957 auf den niedrigsten Anteil.[5] In der nichtsozialisierten Industrie waren hier 1959 16% und 1967 immer noch über 15% beschäftigt; in diesem Jahr gab es einen bedeutenden Wandel vom privaten zu einem halbstaatlichen Sektor, also privaten Firmen mit staatlicher Beteiligung. Ungarn und Polen lagen dazwischen. In Ungarn betrug der Anteil der Beschäftigten in der privaten Industrie 1960 ca. 6% und 1965 4% verglichen mit 18% 1950[6]; man muß allerdings die selbständigen Handwerker einschließlich einer kleinen Zahl von Lohnarbeitern besonders berücksichtigen; dies waren im Handwerk 1965 fast 100 000, im Handel 10 000, in der Bauwirtschaft 65 000 und im Dienstleistungssektor 1967 56 000; zusammen waren hier mit 225 000 Personen etwa viermal so viel beschäftigt wie in der privaten Industrie (etwa 61 000). Beides zusammengenommen kommt man auf etwa 300 000 Aktive im nichtlandwirtschaftlichen Privatsektor, was 1965 etwa einem Zehntel der gesamten aktiven Bevölkerung außerhalb der Landwirtschaft entsprach.[7] Die Angaben über die Verteilung der aktiven Bevölkerung in Polen zeigen, daß sich die absolute Zahl der im privaten Sektor außerhalb der Landwirtschaft Beschäftigten gegenüber 1950 erhöhte (334 000 im Jahre 1950, 379 000 1960 und 406 000 im Jahre 1965), ihr Anteil an der Gesamtbeschäftigung aber von 8 über 6 auf 5% zurückging. Eine Quelle von 1968 zählt über 230 000 Personen, die aus Kommissionsfonds oder als Konzessionsinhaber bezahlt wurden und daher in gewisser Weise zum privaten oder halbprivaten Sektor gezählt werden können.[8] Besonders interessant sind die Konzessionsinhaber, die meist kleine Lebensmittelversorgungsbetriebe auf eigene Rechnung führten und an den Staat eine feste Pacht zu zahlen hatten. Im Zusammenhang mit der Entwicklung des Tourismus entstanden in Rumänien und Bulgarien in weniger offener Form ähnliche Phänomene. In Jugoslawien wurden private Hotels und Lebensmittelgeschäfte zu einem bedeutenden Faktor auf dem touristischen Markt.

---

5 *Statistisches Jahrbuch der DDR 1968*, S. 115.
6 *Hungarian Statistical Yearbook*, S. 79.
7 Die Berechnung stützt sich auf das *Hungarian Statistical Yearbook 1968*, S. 77, 79, 150 und 151. Wegen der spärlichen Erläuterungen können sich einige Fehler (z. B. Doppelzählungen) eingeschlichen haben.
8 *Rocznik Statystyczny 1970*, S. 60 und 66.

Die der privaten nichtlandwirtschaftlichen Beschäftigung gewidmete Aufmerksamkeit kann die allgemeine Schlußfolgerung nicht erschüttern, daß der Staat ein quasimonopolistischer Arbeitgeber war, insbesondere, wenn man das Ausmaß der staatlichen Kontrolle über die meisten Genossenschaften berücksichtigt. Sie zeigt jedoch, daß in einigen Ländern weiterhin nicht völlig unbedeutende Bereiche privater Wirtschaft existierten. In welchem Maß diese Bereiche als unabhängig vom Staat qualifiziert werden können, steht nicht fest, weil die quantitativen Merkmale nur einen Aspekt beleuchten. Der private Sektor unterlag zum Beispiel in der DDR wahrscheinlich einer weitaus strengeren Kontrolle als in Ungarn und Polen, wo selbst einige Teile des sozialistischen Sektors als Deckmantel für private Aktivitäten genutzt werden konnten; dies war der Fall bei einigen genossenschaftlichen Einrichtungen im Handwerk und Dienstleistungsbereich oder bei den Formen privater Betätigung im Gesundheitswesen und der Rechtsberatung. Sodann existierten stets Elemente eines »Parallelmarktes«, einer halblegalen, illegalen oder schlicht kriminellen Durchdringung des sozialistischen Sektors durch private Interessen. Insgesamt war das vorherrschende Muster der sozioökonomischen Abhängigkeit vom Staat beim Erwerb des Lebensunterhalts in dieser Periode noch nicht allumfassend.

In der Landwirtschaft fand während der Jahre 1957–65 in allen Ländern außer Polen und Jugoslawien die entscheidende Wende von der privaten zur kollektiven Bewirtschaftung statt. Bulgarien erreichte diesen Wendepunkt schon früher (siehe *Teil II*), und die Tschechoslowakei führte die Änderung 1957/58 durch, mehr oder weniger gleichzeitig mit Albanien; in der DDR, Ungarn und Rumänien dauerte es ungefähr bis 1960. Die Umwandlung der losen »Ackerbaugesellschaften« in voll entfaltete Produktionsgenossenschaften vom Kolchostyp wurde in Rumänien jedoch erst 1962 abgeschlossen. Die Eigentumsstruktur in der Landwirtschaft 1960 im Vergleich zu 1956 und 1958 zeigt *Tabelle III. 1*.

Die Tabelle zeigt den Rückgang der Sozialisierung in Ungarn und Polen nach 1956 und ihren Wiederanstieg in Ungarn, aber nicht in Polen. Wichtiger als das unterschiedliche

Tabelle III.1
Die Sozialisierung der Landwirtschaft 1956–60
in Prozent der gesamten bzw. bebaubaren Fläche

	1956	1958	1960
Albanien			
Staats- und Genossenschaftsgüter	36,5	79,2	85,0
Genossenschaftsgüter	28,2	67,7	—
Bulgarien			
Staats- und Genossenschaftsgüter	71,9	84,7	90,8
Genossenschaftsgüter	65,4	79,1	79,9
Tschechoslowakei			
Staats- und Genossenschaftsgüter	47,8	77,5	87,4
Genossenschaftsgüter	37,1	72,5	84,2
DDR			
Staats- und Genossenschaftsgüter	29,4	36,3	90,0a)
Genossenschaftsgüter	21,5	27,9	84,0a)
Ungarn			
Staats- und Genossenschaftsgüter	38,9	29,1	77,0
Genossenschaftsgüter	22,2	13,0	60,3
Polen			
Staats- und Genossenschaftsgüter	23,4	13,8	12,6
Genossenschaftsgüter	9,6	1,0	1,1
Rumänien			
Staats- und Genossenschaftsgüter	30,8	55,3	83,7
Genossenschaftsgüter	17,5	41,8	60,9
Jugoslawien			
Staats- und Genossenschaftsgüter	23,7b)	—	10,4
Genossenschaftsgüter	17,9b)	1,6	1,0

Quellen: Economic Survey of Europe in 1960, Kap. 4, S. 5; RWPG: Ludnost, gospodarka, kultura, Warschau 1972, S. 65.

Tempo der Kollektivierung war aber die grundsätzliche Ähnlichkeit der Methoden und des Endergebnisses in allen Ländern, die die Kollektivierung durchführten. Was die Methoden angeht, setzte sich der Trend der Jahre 1953–56 fort; statt auf direkten Zwang legte man nach 1956 ein stärkeres Gewicht auf politische und wirtschaftliche Instrumente: Statt der Peitsche wählte man das Zuckerbrot. Dieses Vorgehen stand im Zusammenhang mit einem nachlassenden Widerstand der Bauern [9] – weshalb weniger Zwang nö-

---

[9] Dr. Z. *Kozlowski*, dessen ausführlicher Rat bei der Abfassung dieses Kapitels eingeholt wurde, führt dieses Phänomen auf den Geist der Resignation zurück, der sich nach den ungarischen Erfahrungen entwickelte.

tig war – auf der einen Seite und mit einigen von *Chruschtschow* in der Sowjetunion eingeführten Reformen auf der anderen Seite, die flexiblere Methoden ideologisch weniger zweifelhaft erscheinen ließen. Zu diesen Maßnahmen gehörte die Abschaffung der Maschinen-Traktor-Stationen mit ihrer überwachenden Funktion, was die Autonomie der neugeschaffenen Produktionsgenossenschaften steigerte, ihnen den Besitz eigener Maschinen erlaubte und mehr technologisch entwickelte und attraktive Arbeitsplätze auf den LPGs schuf. Eine zweite Gruppe von Zugeständnissen war die Abschaffung der Zwangsablieferung von landwirtschaftlichen Produkten, die zusammen mit dem Wegfall der Zahlungen in Naturalien für die Dienste der Maschinen-Traktor-Stationen den Handlungsspielraum ein wenig [10] erhöhte und durch höhere Aufkaufpreise und den Zugang zum freien Markt zu besseren Austauschverhältnissen führte. Schließlich erhöhte sich die Sicherheit des persönlichen Einkommens durch die Einführung von Vorauszahlungen in Bargeld. Diese Reformen wurden in allen sieben Volksdemokratien durchgeführt (abgesehen davon, daß die Maschinen-Traktor-Stationen in Rumänien beibehalten wurden) und hatten, gemessen an den Produktionszahlen, die besser als in der Sowjetunion während der entsprechenden Periode waren, einen beachtlichen Effekt. Die insgesamt größere Bedeutung, die den Genossenschaften niederen Typs gegenüber den dreißiger Jahren in der Sowjetunion zugebilligt wurde, überdauerte den Abschluß der Umwandlung allerdings nicht.

Schon bald wurde die Kolchose sowjetischen Typs zur vorherrschenden, wenn nicht einzigen Form; dies bedeutete kollektives Eigentum des Bodens, des Grundbestandes an Vieh und der maschinellen Zugkraft sowie die Verteilung des Einkommens nahezu ausschließlich nach Arbeitsleistung. Es gab Versuche, darüber noch hinauszugehen, vor allem in Bulgarien. Hier versuchte man 1958/59, einige Elemente des zeitgleich in China stattfindenden »Großen Sprungs nach vorn« zu übertragen und Kommunen aufzu-

---

10 Der Ausdruck »ein wenig« ist mit Bedacht gewählt, weil die vertraglichen Lieferungen, die an die Stelle der Zwangsablieferungen traten, nahezu die gleiche bindende Kraft hatten.

bauen und griff erst später wieder auf den sowjetischen Typ der Kolchosverschmelzung zurück. Dennoch blieb mit Ausnahme einiger vereinigter bulgarischer Güter das auf ein bestehendes Dorf beschränkte »*artel*« das repräsentative Modell.

Die äußerst wichtige Frage des privaten Hoflandes wurde zunächst nicht überall gleich geregelt. Die Tschechoslowakei und Bulgarien zeigten anfänglich (1961/62) eine sehr einschränkende Einstellung gegenüber privatem Hofland, was die Wechselfälle der sowjetischen Tagespolitik widerspiegelte. Dennoch kam es gegen Ende der Periode (und darüber hinaus) zu einer deutlichen Annäherung im Sinne einer Entspannung des offiziellen Standpunkts und einer Anerkennung der potentiellen Bedeutung des privaten Hoflands. Nur Albanien führte 1967, nach Beendigung der Kollektivierung, scharf einengende Maßnahmen gegen das private Hofland durch. Die konstruktivste Politik in bezug auf das private Hofland verwirklichte Ungarn, wo es nicht nur als unvermeidbarer Anreiz für die Bauern, sondern auch als notwendiger Faktor zur vollen Nutzung der Produktionskapazitäten im kollektiven Bereich anerkannt wurde. Über 50 % ihres Einkommens zogen die Genossenschaftsmitglieder hier 1960–65 aus ihrem privaten Hofland.

Auch in Polen machte die sozialistische Landwirtschaft vor allem von 1961 bis 1965 einige Fortschritte. Dies war jedoch nicht auf die Kollektivierung privater Bauernhöfe zurückzuführen, sondern auf das Wachstum der Staatsgüter und die Entwicklung der »landwirtschaftlichen Zirkel«, einer genossenschaftlichen Institution, die fast die gesamte Maschinenwartung an sich zog und in beschränktem Maß auch selbst an der Bewirtschaftung und Weiterverarbeitung beteiligt war. Um 1965 arbeiteten auf den Staatsgütern 360 000 Menschen, in staatlichen Maschinen- und Reparaturwerkstätten waren es mehr als 50 000 und in den »landwirtschaftlichen Zirkeln« 114 000, bei etwa fünf Millionen Menschen, die auf ca. 3,5 Millionen privaten Bauernhöfen insgesamt lebten und arbeiteten. Die 1957 auf dem Höhepunkt der Regierungszeit *Gomułkas* proklamierte Unterstützung der privaten Landwirtschaft wurde nie völlig rückgängig gemacht, aber eingeschränkt: Zwangsablieferungen unterhalb der Marktpreise wurden die ganze Zeit über beibehalten, Traktoren und andere Maschinen waren für private Bauern einfach nicht zu haben. Langsam wurde Druck mit dem Ziel ausgeübt, Land, das im Besitz alter, nicht mehr zur Bewirtschaftung fähiger Bauern stand, einzuziehen. Per Saldo verbesserte sich die Stellung der privaten Bauern verglichen mit ihrem Los zwischen 1950 und 1956 jedoch beträchtlich. Man könnte sagen, daß die Bauern zum ersten Mal die positiven Auswirkungen der Industrialisierung auf die Landwirtschaft spürten. In einigen Gebieten hochspezialisierter und intensiver Bewirtschaftung (Gemüseanbau, Früchte und Blumenzucht vor allem im Umkreis der Städte) bestanden beachtliche private Unternehmen, die nicht nur den Verbrauchermarkt direkt belieferten, sondern auch an den Staat und genossenschaftliche Großhändler sowie Exportbetriebe verkauften. Diese »Kämpfer gegen den Strom« wie sie volkstümlich genannt wurden, bereicherten sich schnell und warfen durch ihren verdächtigen Konsum und wegen der Korruption beträchtliche Probleme auf.

Jugoslawien entwickelte sich insofern ähnlich wie Polen, als die Regierung die Kollektivierung nicht wiederbelebte, aber die Bedeutung der Staatsgüter vergrößerte; diese besaßen 1960 798 000 ha, verglichen mit 431 000 ha 1953. Außerdem versuchte es, die private Landwirtschaft durch »allgemeine Genossenschaften« zu überwachen und zu lenken. Die letzteren waren wahrscheinlich weiter verbreitet und umfassender als die landwirtschaftlichen Zirkel in Polen, aber ohne deren monopolistische Stellung und staatliche Finanzierung. Der Hauptunterschied war, daß in Jugoslawien eine starre Obergrenze von 10 ha für die Größe eines privaten Bauernhofes festgesetzt wurde, was die interne Kapitalbildung bedeutend einschränkte. Außerdem gab es keinerlei Hinweis auf die Existenz einer Gruppe wie der polnischen »Kämpfer gegen den Strom«, zum Teil wegen des heftigeren Wettbewerbs unter den Staatsgütern.

Legt man die Erzeugung des gesamten Nettosozialprodukts zugrunde, betrug der Anteil des sozialistischen Sektors 1965 in Bulgarien und der Tschechoslowakei nahezu 100% (vgl. *Tabelle III.2)*, und in diesen beiden Staaten war auch der

Anteil des sozialistischen Sektors an der Beschäftigung am größten (vgl. *Tabelle III.3*).

Tabelle III.2
Anteil des sozialistischen Sektors am Nettosozialprodukt 1965
(in Prozent)

Bulgarien	99,7
Tschechoslowakei	99,2
DDR	86,0
Ungarn	97,0
Polen	77,5
Rumänien	96,3
Jugoslawien	77,7

Quellen: RWPG, a.a.O., S. 27; für Jugoslawien Statistički godišnjak 1972, S. 103.

Tabelle III.3
Beschäftigung im sozialistischen Sektor 1955–65
(in Prozent der Gesamtbeschäftigung)

	1955	1960	1965
Bulgarien	65	94	97
Tschechoslowakei	76	95	97
DDR	61	83	89
Ungarn	66	80	90
Polen	58	58	64
Rumänien	38	84	93

Quelle: M. Elias, Magnitude and Distribution of the Labour Force in Eastern Europe, in Joint Economic Committee of the US Congress, Economic Development in Eastern Europe, Washington D.C. 1970, S. 217-223.

Berufsstruktur und Verstädterung

Die Veränderungen der Berufsstruktur durch die Industrialisierung waren von 1957 bis 1965 verständlicherweise weniger spektakulär als in der vorangegangenen Periode, als einige Länder die Entwicklung etwa bis 1953 von einem sehr niedrigen Niveau aus vorangetrieben hatten. Dennoch ist, wie *Tabelle III.4* zeigt, der Anteil der industriellen Berufe überall, selbst in der Tschechoslowakei und der DDR, gestiegen und der Anteil der Landwirtschaft entsprechend gefallen.

1965 war nur in Albanien, Rumänien und Jugoslawien mehr als die Hälfte der arbeitenden Bevölkerung in der

Tabelle III.4
Verteilung der arbeitenden Bevölkerung
(in Prozent)

	Industrie und Bauwesen	Land- und Forstwirtschaft	Transport- und Nachrichtenwesen	Nichtmaterielle-Dienstleistungen
Bulgarien				
1950	11,4	79,5	1,8	5,0
1960	27,1	55,5	4,1	9,2
1965	33,3	45,3	5,1	10,8
Tschechoslowakei				
1950	36,3	38,6	5,2	11,3
1960	45,6	25,9	6,1	14,2
1965	46,3	21,1	6,5	17,4
DDR				
1950	43,7	27,3	6,0	14,4
1960	48,3	17,3	7,1	15,3
1965	48,8	15,1	7,1	17,1
Ungarn				
1950	23,3	50,6	4,2	16,4
1960	34,0	38,9	6,2	14,3
1965	40,3	29,7	7,0	15,7
Polen				
1950	26,2	54,0	4,4	8,6
1960	33,2	44,2	5,3	10,2
1965	33,6	41,1	5,6	10,9
Rumänien				
1950	14,2	74,3	2,4	6,4
1960	20,0	65,6	2,6	7,6
1965	25,5	56,7	4,1	9,2
Jugoslawien				
1950	12,5	73,3	2,0	7,2
1960	20,9	65,0	2,6	11,4
1965	24,8	57,7	3,3	14,2

Quellen: Für Bulgarien, die Tschechoslowakei, die DDR, Ungarn, Polen und Rumänien, RWPG, a.a.O., S. 24; für Jugoslawien die Statistischen Jahrbücher, zit. nach T. Alton in Joint Economic Committee of the US Congress, a.a.O., Tabelle 10.
Anmerkung: Die Daten für verschiedene Länder sind nicht unbedingt vergleichbar.

Land- und Forstwirtschaft beschäftigt. Die Tabelle zeigt, daß unter weitgehend vergleichbaren Umständen (wie in Ungarn und Polen) das Ausmaß des Rückgangs der landwirtschaftlichen Bevölkerung von der Kollektivierung beeinflußt wurde. In den vier Ländern mit kollektivierter Landwirtschaft (Bulgarien, Tschechoslowakei, die DDR und Ungarn) ging die Zahl der in der Landwirtschaft Beschäftigten in der Dekade bis 1965 beträchtlich zurück, in den beiden Ländern, die nicht kollektivierten (Polen und Jugoslawien), konnte man diesen Rückgang dagegen vernachlässigen.[11] Bezüglich Polen ist dieses Bild allerdings etwas ungenau, weil eine große Zahl privater Kleinbauern, die weniger als 2 ha bewirtschafteten, eine Arbeit außerhalb der Landwirtschaft aufnahm. Die Zahl dieser Arbeiterbauern wurde 1960 auf etwa eine Million geschätzt, was bedeutet, daß ein Fünftel der bäuerlichen Haushalte nicht mehr ausschließlich von der Landwirtschaft lebten; mehr noch, bei zwei Drittel dieser Personen übertraf das nichtlandwirtschaftliche Einkommen dasjenige aus der Landwirtschaft. (Der Begriff »Arbeiterbauern« wird häufig benutzt, um diese Gruppe von den »bäuerlichen Arbeitern« zu unterscheiden, die noch überwiegend in der Landwirtschaft tätig waren.) Diesbezüglich gibt es wenig Hinweise auf die Entwicklung in Jugoslawien; es scheint, daß die Entwicklung hier weniger ausgeprägt war, teilweise wegen der geringeren Beschäftigungsmöglichkeiten unter der Bedingung hoher Arbeitslosigkeit.

Der relative und absolute Rückgang der landwirtschaftlichen Beschäftigung ist jedoch kein zufriedenstellender Maßstab für das Tempo der industriellen Entwicklung in den einzelnen Ländern. Das Ausmaß der Abwanderung in andere Berufe hing auch vom Anteil der beiden Sektoren am Beginn der Entwicklung ab: Je größer der nichtlandwirtschaftliche Anteil war, desto größer war der Druck, parallel zum Wachstum der industriellen Beschäftigung zusätzliche Arbeitskräfte aus der Landwirtschaft zu ziehen, und – was noch wichtiger war – der Druck auf eine Steigerung des gesamten Arbeitsangebots, der in die entgegengesetzte Richtung wirkte. Dies erklärt die durchweg hohe Abwande-

---

11 Genaue Daten sind wegen der Häufigkeit von Misch- und Grenzfällen (Arbeiterbauern, mithelfende Familienangehörige usw.) nur schwer zu bekommen. Nach einer Monographie von *W. Herer* und *W. Sadowski, Migracjaz volnictwa Efektyi Koszly,* Warschau 1975, ging die Zahl der in der Landwirtschaft Beschäftigten zwischen 1960 und 1970 pro Jahr durchschnittlich um 0,9 % in Polen und Jugoslawien, 1,5 % in Rumänien, 2,3 % in Bulgarien, 2,5 % in der Tschechoslowakei, 2,9 % in Ungarn und 3,4 % in der DDR zurück (vgl. a.a.O., S. 21; die Angaben für die Tschechoslowakei und die DDR beziehen sich auf die Jahre 1965–73, die für Ungarn auf 1960–72).

rungsrate in der DDR und der Tschechoslowakei; der Anteil der nichtlandwirtschaftlichen Beschäftigung war nämlich zu Beginn relativ hoch, das Arbeitsangebot stieg wegen demographischer Faktoren in der Tschechoslowakei nur wenig und schrumpfte durch die massive Auswanderung von 2,5 Millionen Menschen zwischen 1950 und 1970 in der DDR. In Ungarn war die Situation insofern ähnlich, als die Bevölkerung im Jahresdurchschnitt nur um 3 Promille wuchs, verglichen mit 6,2 Promille für Osteuropa insgesamt (1960–1970), in Polen um 9, in Bulgarien um 8, in Rumänien um 9, in Albanien um über 25 und in Jugoslawien um über 10 Promille. [12]

Der Arbeitskräftemangel kann im Falle der DDR, der Tschechoslowakei und Ungarns als ein Grund zu einer rationalisierenden Kollektivierung bezeichnet werden, die ohne Zweifel zur Freisetzung von Arbeitskräften aus der Landwirtschaft beitrug. Ein derartiger Zusammenhang bestand in Bulgarien nicht, was vielleicht erklärt, warum Bulgarien einer der ersten, wenn nicht der erste Staat war, der versuchte, für seine überschüssigen Arbeitskräfte Beschäftigungsmöglichkeiten in anderen osteuropäischen Ländern zu finden. [13]

Das Wachstum der nichtlandwirtschaftlichen, insbesondere der industriellen Beschäftigung war die wichtigste Ursache der zunehmenden Verstädterung (siehe *Tabelle III.5*). Die Anteile der städtischen Bevölkerung sind wegen der unterschiedlichen Definition von »Stadt« nicht ohne weiteres vergleichbar, und die Beziehung von Industrialisierung und Urbanisierung war in Osteuropa keineswegs eindeutig. Einerseits wohnte ein wachsender Teil der nicht in der Landwirtschaft Beschäftigten weiterhin in ländlichen Gebieten, sei es wegen der Art ihrer Beschäftigung (Entwicklung landwirtschaftlicher Dienstleistungen, industrielle Verarbeitung von landwirtschaftlichen Produkten, ländliche Verwaltung, Bildung, Gesundheitswesen usw., sei es, weil sie Arbeiterbauern oder Pendler waren und etwa wegen der städtischen

---

12 *F. Levcik, Forschungsberichte* des *Wiener Instituts für internationale Wirtschaftsvergleiche*, Nr. 32, Dezember 1975; *A. Maryanski, Problemy ludnosciowe Krajow ...*, Warschau 1974.
13 Vgl. *Levcik*, a.a.O., S. 9.

Tabelle III.5
Städtische Bevölkerung
(in Prozent)

	Vor dem Krieg	1950	1960	1965
Albanien	15	20	31	33
Bulgarien	21	27,5	38,0	46,4
Tschechoslowakei	—	51,5	57,4	61,0
DDR	72	70,9	71,9	73,1
Ungarn	39	37,7	41,7	43,3
Polen	30	36,9	48,3	49,7
Rumänien	21	24,7	32,4	38,1
Jugoslawien	22a)	—	28b)	—

Quellen: Für Bulgarien, die Tschechoslowakei, die DDR, Ungarn, Polen und Rumänien (1950, 1960, 1965) RWPG, a.a.O., S. 23; für die anderen Staaten und Jahre sind die Angaben gerundete Werte aus den jeweiligen Statistischen Jahrbüchern der einzelnen Länder und des RGW; C. Gati (Hg.), Politics of Modernization in Eastern Europe, New York 1975, S. 372; Yugoslavia, Development with Decentralisation. Report of a Mission sent to Yugoslavia by the World Bank, Baltimore 1975.

Wohnungsnot oder wegen behördlicher Zuzugsbeschränkungen blieben. Andererseits ergibt sich ein übertriebenes Bild der Urbanisierung durch die statistische Neueinteilung der Bevölkerung solcher Gebiete, die zu Städten erklärt wurden.[14]

Zusammenfassend kann man feststellen, daß sich die Verschiebung von der Landwirtschaft zur Industrie und anderen nichtlandwirtschaftlichen Tätigkeiten sowie die Abwanderung vom Land in die Stadt trotz eines etwas geringeren Tempos des Strukturwandels 1957–65 in ganz Osteuropa fortsetzte; betrachtet man die gesamte Zeit seit Kriegsende, waren die Auswirkungen beträchtlich. Selbst in den Staaten, in denen das absolute Niveau der landwirtschaftlichen Beschäftigung nur wenig abnahm, ging der gesamte Zuwachs der arbeitenden Bevölkerung in Berufe außerhalb der

---

14 Eine ausführliche polnische Studie offenbarte, daß sich der Zuwachs der Stadtbevölkerung zwischen 1950 und 1955 von 3,1 Millionen wie folgt zusammensetzte: 1,2 Millionen (39%) durch natürlichen Zuwachs, ebenfalls 1,2 Millionen durch die Veränderung der Stadtgrenzen und nur 0,7 Millionen (22%) durch Zuzug. Die entsprechenden Zahlen für 1955–60 waren: 2,2 Millionen insgesamt, 1,1 Millionen, 0,7 Millionen und 0,4 Millionen (18%). E Strzelecki, *Roswoj ludnosci Polski w dwudziestdecin 1944–64*, in: *A. Sarapata* (Hg.), *Przemiany spoteczne w Polsce ludowy*, Warschau 1965, S. 111. Für Jugoslawien wird die Zahl der Zuwanderer in die Städte zwischen 1950 und 1970 auf etwa 3 Millionen geschätzt; damit wäre der Einfluß der Zuwanderung auf das Wachstum der Stadtbevölkerung deutlich größer als in Polen.

Landwirtschaft. Unter anderem bedeutete dies, daß in den Staaten, in denen zu Anfang die Bauern die Mehrheit der Bevölkerung stellten, nun ein großer Anteil der Arbeiterklasse bäuerlicher Herkunft war. In den frühen sechziger Jahren waren zum Beispiel in Polen 50 % der Industrie- und 60 % der Bauarbeiter auf dem Lande aufgewachsen und hatten dort bis zu ihrem 14. Lebensjahr gelebt.[15]

Wandel des Ausbildungsstandards

Dieses Kapitel gibt nur einen flüchtigen Überblick über die durch den Prozeß der Industrialisierung ausgelösten Veränderungen im Qualifikationsgrad der Arbeiterschaft. Vergleichende Untersuchungen über lange Zeiträume sind schwer zu bekommen, und die Informationen sind daher sehr bruchstückhaft.

Ein sehr allgemeines, wenn auch nicht sehr aufschlußreiches Bild ergibt sich aus *Tabelle III.6*. Es zeigt, wie wenig formale statistische Daten auf diesem Gebiet aussagen: Nähme man sie wörtlich, so käme man zu dem wenig glaubhaften Ergebnis, daß der niedrigste Bildungsstand unter der Arbeiterschaft in der Deutschen Demokratischen Republik herrschte und der zweithöchste in Bulgarien und Rumänien. Offensichtlich unterscheiden sich sowohl die Bildungssysteme der Länder als auch die statistischen Kategorien. Das einzige vernünftigerweise feststellbare Phänomen ist ein recht steiler Anstieg des jeweiligen Indikators während der behandelten Periode. In den meisten Staaten betrug die Steigerung über einen Zeitraum von vier bis sechs Jahren etwa 15–20 %. Der ostdeutsche Indikator stieg um 70 % und der rumänische um nicht mehr als 3 %, was eher dafür spricht, daß Rumänien in der Vorperiode erfolgreicher war als die DDR. Die *Tabelle III.7* zeigt ein ausführliches Bild der Veränderungen des Ausbildungsstandes der Arbeiterschaft in Polen; sie beruht auf speziellen Zählungen, die 1958, 1964 und 1968 (zuletzt 1973) durchgeführt wurden. Das wichtigste Resultat des Jahrzehnts bis 1968 war die

---

15 *A. Sarapata* (Hg.), a.a.O., S. 486.

Tabelle III.6
Beschäftigte mit höherer Schulbildung oder berufsfachlicher Bildung im gesamten sozialistischen Sektor
(auf 1000 Beschäftigte)

	Mit höherer Bildung (1)	Mit höherer berufsfachlicher Bildung (2)	Gesamt (1 + 2)
Bulgarien			
1960	52	93	145
1964	57	111	168
Tschechoslowakei			
1960	32	134	166
1966	40	160	200
DDR			
1960	20	35	55
1965	34	59	93
Ungarn			
1964	46	62	108
1968	57	69	126
Polen			
1958	35	65	100
1964	39	76	115
Rumänien			
1961	52	105	157
1964	51	111	162
Jugoslawien			
1970	51	180	231

Quellen: RWPG, a.a.O., S. 26; für Jugoslawien Statisticki Godisnjak 1972, S. 93 (zur höheren Schulbildung wird in Jugoslawien nur »Visoko obrazovanje« gezählt; »Vise strucno« und »Srednije strucno« gelten zusammen als höhere berufliche Ausbildung).

Halbierung des Anteils der Bevölkerung ohne Volksschulbildung, die mit einem Drittel 1958 einen erstaunlich hohen Anteil der Arbeiterschaft ausmachte, vor allem wenn man berücksichtigt, daß von dieser Erhebung nur ein kleiner Teil der landwirtschaftlichen Arbeitskräfte erfaßt wurde. Auch 1968 lag der Anteil mit einem Sechstel noch sehr hoch. Der zweitwichtigste Effekt scheint das schnelle Wachstum der beruflich Qualifizierten zu sein. Die absolute Zahl der Arbeitnehmer mit höherer Schul- oder berufsfachlicher Ausbildung verdoppelte sich während des Jahrzehnts und belief sich im Jahre 1968 auf nahezu 1,4 Millionen Arbeitnehmer, die aufgrund ihrer Ausbildung in verantwortliche Positionen aufsteigen konnten.

Tabelle III.7
Beschäftigte des sozialistischen Sektors in Polen nach ihrer formalen Ausbildung
(in Prozent)

	1958	1964	1968
Hochschule	3,8	4,3	4,7
Höhere allgemeinbildende Schule	4,3	4,4	4,5
Berufsfachschule	6,9	8,4	11,3
Volksschule[a]	53,9	60,4	53,9
nicht beendete Volksschule	31,1	22,5	16,4

a) Diese Gruppe umfaßt drei in der Quelle genannte Kategorien: Personen, die ihre höhere Allgemeinbildung nicht beendeten, Personen mit Berufsgrundausbildung und Personen mit Volksschulbildung. Der Anteil jener mit Berufsgrundausbildung stieg von 8 % 1958 auf über 15 % 1968.
Quelle: Rocznik Statystyczny 1970, S. 67.

Die *Tabelle III.7* bezieht sich auf die gesamte Arbeiterschaft, einschließlich der älteren Generation, obgleich es in der Natur der Bildungskampagne lag, daß die Ergebnisse sich zuerst bei den Jüngeren zeigten. In diesem Zusammenhang ist es interessant festzustellen, daß in Polen 1958 vier Fünftel aller Beschäftigten mit höherer Bildung ihren Abschluß nach dem Zweiten Weltkrieg erlangt hatten. Es kann angenommen werden, daß die Entwicklung des Bildungsstandes der polnischen Arbeiterschaft mehr oder weniger typisch für den größten Teil Osteuropas war. Obwohl der Fortschritt weniger dramatisch war als manchmal vermutet, hatten die Gesellschaften, von denen hier die Rede ist, Mitte der sechziger Jahre beachtliche Fortschritte gegenüber ihrer Ausgangsposition gemacht.

Die Hinweise auf einen Zusammenhang zwischen verbesserter Bildung und höherer sozialer Mobilität nach oben sind sehr rar. Meist bezieht man sich in diesem Zusammenhang auf den Anteil der Arbeiter- und Bauernkinder an den Universitätsstudenten. Ohne Neben- und Abendstudenten waren dies in Polen 1960 26,4 % aus Arbeiterfamilien, 20,2 % aus Bauernfamilien, 48,0 % aus Familien von Angestellten und 5,6 % andere. In der DDR kamen im Jahre 1960 50,3 % aus Arbeiterfamilien, 4,2 % aus Familien von LPG-Mitgliedern, 34,8 % aus Angestelltenfamilien und aus der Intelligenz und 10,7 aus anderen Familien.[16] Trotz berechtigter Zweifel an der Genauigkeit solcher Statistiken zeigen diese und ähnliche Daten für andere Staaten eindeutig eine wichtige Verbesserung der Bildungsmöglichkeiten für Arbeiter- und Bauernkinder verglichen mit der osteuropäischen Vergangenheit und den meisten westlichen Ländern. Dies bedeutet nicht, daß in dieser Hinsicht in Osteuropa Chancengleichheit verwirklicht wurde[17], vor allem, weil aus verständlichen Gründen die Sozialstruktur zu einem späteren Zeitpunkt weniger zugänglich für Veränderungen wurde. Dennoch war die Erweiterung der Bildungschancen sehr bedeutsam und hat die soziale Struktur der Intelligenz (einschließlich der Manager) stark beeinflußt, die Mitte der sechziger Jahre etwa zur Hälfte in erster Generation aus Arbeiter- und Bauernfamilien stammte.

Soziale Sicherheit

Hier geht es um die soziale Sicherheit in einem weiteren Sinn, nämlich um alle Aspekte, die die Sicherheit des Bürgers in der Gesellschaft berühren, und um den Anspruch, daß die sozialistische Umgestaltung die dem Kapitalismus innewohnende Unsicherheit beseitigt habe. Der Untersuchung liegen die Erfahrungen Osteuropas in der zweiten Dekade seiner sozialistischen Entwicklung zugrunde.

Für die Begründetheit dieses Anspruchs spricht zweifellos die Sicherheit des Arbeitsplatzes in einer Situation, die durch Voll- oder gar Überbeschäftigung gekennzeichnet war.

Obwohl es in unregelmäßigen Abständen zu Ungleichgewichten kam, etwa zu Überschüssen oder Defiziten in einzelnen Regionen oder unzureichenden Arbeitsplätzen für Frauen, die recht schmerzhaft sein konnten (wie in Polen und Ungarn nach den Ereignissen von 1956), hörte die Ar-

---

16 *Rocznik Statystyczny 1975*, S. 457; *Statistisches Jahrbuch der DDR 1968*, S. 473.
17 Nach einer Berechnung des Autors waren in Polen im Jahr 1966/67 die Studenten aus Angestelltenfamilien gegenüber denen bäuerlicher Herkunft im Verhältnis 5:1 und gegenüber Arbeiterkindern im Verhältnis 3:1 überrepräsentiert, *W. Brus, Srodki publiczne i srodki ludności w gospodarce mieszkaniowej*, Warschau 1970, S. 28.

beitslosigkeit auf, ein Problem oder gar eine Bedrohung zu sein. Dies traf auf alle sieben Volksdemokratien einschließlich Albanien, aber nicht auf Jugoslawien zu, wo die Arbeitslosigkeit in der betrachteten Periode zu ernster Sorge Anlaß gab: Die offizielle Arbeitslosenzahl stieg von 159 000 im Jahre 1960 auf 237 000 im Jahre 1965, die Arbeitslosenquote von 5% auf 6% der Beschäftigten, und mindestens ebenso viele arbeiteten im Ausland. Die Sicherheit des Arbeitsplatzes ging in den Volksdemokratien jedoch nicht Hand in Hand mit einer Entwicklung des Einkommens, die einen sozial vertretbaren minimalen Lebensstandard sicherte. In vielen Fällen war in einer Familie normaler Größe ein zweites Einkommen nötig, um die bloße Existenz zu sichern. Trotz einiger Fortschritte bei der Entwicklung der Realeinkommen änderte sich dies in der Periode von 1957 bis 1965 nicht.

Das Bildungssystem und die Sozialleistungen trugen in beachtlichem Maße zur sozialen Sicherheit bei. Bildung war grundsätzlich frei: Schulgelder wurden nicht erhoben, dafür gab es Stipendien für höhere Stadien der Ausbildung (allerdings nicht überall umfassend); die Kosten für Lehrbücher und viele zusätzliche Auslagen mußten dagegen privat getragen werden. Das Bildungssystem blieb jedoch fortdauernd unterausgestattet und verfügte nicht über ausreichende Kapazitäten.

Der Sozialversicherungsschutz wurde in der Zeit von 1957 bis 1965 erheblich ausgedehnt. In den meisten Staaten wurde er infolge der Kollektivierung und der Einbeziehung der Bauern in die Sozialversicherung tatsächlich umfassend. So stieg in Ungarn der Anteil der sozial Abgesicherten an der Gesamtbevölkerung (einschließlich der Familienangehörigen) von 47% im Jahre 1950 auf 85% 1960 und 97% im Jahre 1967.[18] Dies scheint auch für andere Länder repräsentativ zu sein; die Beschaffung genauer Zahlen scheitert aber daran, daß sich die statistischen Angaben meist entweder auf die Zahl der versicherten Familienoberhäupter oder einfach auf die Sozialausgaben beziehen.

---

18 *Hungarian Statistical Yearbook 1968*, S. 347.

Aber selbst in den Ländern, in denen die private Landwirtschaft die Überhand behielt, stieg die Zahl der geschützten Personen wegen des höheren Anteils nichtlandwirtschaftlicher Berufe und der größeren Zahl von Familien, die in beiden Sektoren arbeiteten (Arbeiterbauern), rapide an: In Polen von 47% im Jahre 1950 auf 60% 1960 und 71% im Jahre 1965. In Jugoslawien betrug die Zahl der Personen, die unter den Sozialversicherungsschutz fielen, 1960 9,08 Millionen oder knapp die Hälfte der Bevölkerung und 60% im Jahre 1965.[19] Nur in einem Staat, nämlich in Bulgarien, stand der gesamten Bevölkerung freie Heilfürsorge im Rahmen des nationalen Gesundheitsdienstes zur Verfügung. In den anderen Staaten wurde die freie Heilfürsorge nur den Versicherten gewährt. Zumindest in einem Fall, nämlich in Polen, diskriminierte das System der Krankengelder noch immer die Arbeiter, denen nur ein Teil des Lohns ersetzt wurde, während den Angestellten das volle Gehalt ausgezahlt wurde. Das Gesundheitssystem litt auf mannigfaltige Weise unter seiner geringen Priorität vor allem gegenüber Investitionen, aber sein positiver Beitrag zur sozialen Sicherheit im weiteren Sinne kann nicht bezweifelt werden. Der wichtigste Effekt der Gesundheitsfürsorge war natürlich die Gesundheit selbst, und der übliche Indikator wird hier zur Verdeutlichung des Wandels herangezogen, nämlich der Rückgang der Säuglingssterblichkeit *(Tabelle III.8)*.

Der Fortschritt beim Schutz der Gesundheit war allgemein und in einigen Fällen beeindruckend, wie in Bulgarien. Gleichzeitig zeigt die Tabelle aber auch, daß der Fortschritt in einigen Ländern nicht ausreichte, um die Lücke zu den weiterentwickelten westlichen Ländern (Großbritannien steht hier als Beispiel) zu schließen, und daß die Osteuropäischen Errungenschaften, verglichen mit anderen europäischen Staaten, die, wie Spanien, auf einem ähnlichen Niveau begonnen hatten, nicht ungewöhnlich waren.

Was die Altersversorgung betrifft, so nahm die Zahl der Pensionsberechtigten zwischen 1957 und 1965 wegen der Einbeziehung der Genossenschaftsbauern rasch zu. Die ak-

---

19 *Rocznik Statystyczny 1970*, S. 528; *Statistički godišnjak 1972*, S. 282.

Tabelle III.8
Säuglingssterblichkeit
Todesfälle pro 1000 Geburten

	Vor dem Krieg	1950	1960	1965
Albanien	100,8	121,2	83,0	86,8
Bulgarien	146,4	94,5	45,1	30,8
Tschechoslowakei	111,4	77,7	23,5	25,5
DDR	66,3a)	72,2	38,8	24,8
Ungarn	133,5	85,7	47,6	38,8
Polen	139,2	111,2	54,8	41,4
Rumänien	179,0	116,7	74,6	44,1
Jugoslawien	138,8	118,4	87,7	71,5
Großbritannien	58,5	31,4	21,8	19,0
Spanien	124,5	69,8	43,5	37,3

a) für ganz Deutschland.
Quelle: Rocznik Statystyczny 1970, S. 593.

tuelle Anzahl der Empfänger stieg wegen des Alterns der Bevölkerung ebenfalls. Dennoch blieb es ein Problem, auch nur das bloße Überleben eines Rentners zu garantieren. Trotz einer 1960 gegenüber 1955 deutlich höheren Durchschnittsrente (sie verdreifachte sich in Polen – allerdings von einem eher symbolischen Niveau – und stieg in der Tschechoslowakei um 40 %) blieb das Verhältnis von durchschnittlicher Monatsrente und durchschnittlichem Monatseinkommen niedrig, in einigen Fällen sehr niedrig. In der Tschechoslowakei war dieses Verhältnis mit 47 % am höchsten, erstaunlicherweise dicht gefolgt von Rumänien mit 45 %, dann folgte Polen mit 37 %, Ungarn mit 30 %, die DDR mit 26 % und Bulgarien mit weniger als 19 %. 1965 stieg das Verhältnis in den meisten Fällen um 2–3 Prozentpunkte, außer in Rumänien, wo es auf 37 % fiel, und in der Tschechoslowakei, wo es konstant blieb.[20] Angesichts des generell niedrigen Lohnniveaus kann man, von Ausnahmen abgesehen, kaum behaupten, daß eine Sicherung im Alter erreicht worden war.

In einem sozioökonomischen System mit derart umfassender Staatskontrolle über die Arbeitsstätten kann die Frage nach der sozialen Sicherheit nicht beantwortet werden,

---

20 *RWPG*, a.a.O., Tabellen 9 und 13 (S. 80–83); *Rocznik Statystyczny 1975*, S. 567; *Statistisches Jahrbuch der DDR 1968*, S. 81.

ohne – wenn auch nur skizzenhaft – den politischen Aspekt zu berühren. In dieser Sicht war die stalinistische Periode in den Volksdemokratien für viele soziale Gruppen durch hohe Unsicherheit gekennzeichnet. Auch wenn man die privaten Unternehmer beiseite läßt, lebte die Mehrheit der Bauern und Handwerker unter einer ständigen Bedrohung ihrer wirtschaftlichen und sozialen Stellung. Unter den im Staatssektor Beschäftigten waren die Arbeiter dem geringsten Maß an Unsicherheit ausgesetzt (weniger wegen ihres ideologischen Status als wegen der Natur ihrer Arbeit), der größten Unsicherheit sahen sich Personen in Führungspositionen der Wirtschaft, im Bildungsbereich und in anderen Berufen preisgegeben. Sie mußten nicht nur politische Zuverlässigkeit und Aktivität beweisen, sondern waren auch durch unvorhersehbare Änderungen der Politik und den Glauben der Partei an die kollektive Verantwortung gefährdet.

Die Nach-*Stalin*-Ära hat in dieser Hinsicht eine Verbesserung gebracht, was aufgrund der oben beschriebenen politischen Entwicklungen trotz aller Einschränkungen bezüglich einzelner Länder klar sein sollte. Unsicherheit im engeren Sinne blieb ein Problem jener, die die vorgeschriebenen Grenzen in der Politik überschritten oder ihren Beschwerden laut Ausdruck verliehen. Für den Rest ging es immer mehr darum, die nicht aufhörenden Überprüfungen der politischen Zuverlässigkeit zu bestehen, besonders wenn sie danach strebten, eine verantwortliche Position zu erreichen oder zu behalten, einen höheren sozialen Status, eine kreative Arbeit, materielle Vorteile oder den Umzug an einen schöneren Wohnort erreichen wollten. In diesem Zusammenhang sollte man vielleicht nicht von geringerer Sicherheit sprechen, sondern von dem Preis, der für diese Sicherheit durch Verzicht auf Freiheit und Selbstachtung gezahlt werden mußte.

Es ist schwierig, aus dem oben Gesagten Grundelemente der zwischen 1957 und 1965 entstandenen sozioökonomischen Struktur zu entwickeln und allgemeine Schlüsse zu ziehen. Dennoch ist eine solche Verallgemeinerung für das Verständnis der Gebote und Zwänge der Wirtschaftspolitik und der institutionellen Veränderungen unverzichtbar.

Die osteuropäischen Gesellschaften der späten fünfziger und frühen sechziger Jahre, besonders jene mit einer früher eher rückständigen Struktur (d. h. alle Länder außer der Tschechoslowakei und der DDR), zeigten viele typische Merkmale eines schnellen sozialen Wandels im Modernisierungsprozeß. Es ist hier nicht nötig, alle Probleme aufzuzählen, die aus dem Verschwinden der alten sozialen Bindungen und der zu langsamen Entwicklung der neuen entstehen. Aber über diesen zeigten sich solche Merkmale, die direkt oder indirekt mit dem System, in dessen Rahmen der Entwicklungsprozeß stattfand, zu tun hatten.

Von den letzteren war der »soziale Fortschritt« am bedeutsamsten, in dessen Folge Millionen von jungen Bauern in die Städte und in die Industrie gingen und so eine große Zahl junger Menschen aus Arbeiter- und Bauernfamilien in technische, politische und Verwaltungspositionen sowie in höhere Berufe wie den des Lehrers brachte. Dieser Prozeß wurde aus ideologischen Gründen entwickelt und zweifellos auch deshalb – teilweise erfolgreich – in Gang gesetzt, um politische Unterstützung zu gewinnen. Gleichzeitig muß er aber enorme Erwartungen geweckt haben, insbesondere vor dem Hintergrund der rosaroten Versprechung, daß mit der sozialistischen Übernahme der Produktionsmittel diese ein für allemal von Instrumenten der Ausbeutung in ein Mittel zur Steigerung des Gemeinwohls umgewandelt worden seien. Diese Erwartungen wurden in materieller Hinsicht kaum erfüllt, weil man während der ersten Phase der Industrialisierung nicht gleichzeitig die ehrgeizigen Produktionsziele verwirklichen und das Realeinkommen steigern konnte. Unter denen, die in Angestellten- und Führungspositionen aufgestiegen waren, setzte sich eine Einstellung durch, den Lebensstandard nicht an seinem vorherigen Niveau, sondern an einem »richtigen« Standard oder am Einkommen und der Lebensweise der früheren Inhaber seiner Position oder vergleichbarer Positionen im Westen zu messen. Nicht zuletzt wegen der Desillusionierung nach der Enthüllung der stalinistischen Praktiken wurde es gleichzeitig immer schwerer, fehlende materielle Anreize ideologisch auszugleichen; das Bewußtsein, Entscheidungen wegen des fehlenden Zugangs zur Macht nicht beeinflussen zu können (sei es am Arbeitsplatz, in der Unternehmensleitung oder auf politischem Gebiet), zeigte sich nur manchmal offen, führte aber überall zu einem verborgenen Druck.

Vor dem Hintergrund dieser Konflikte müssen Einstellung und Politik der herrschenden Schichten in Osteuropa zwischen 1957 und 1965 gesehen werden. Höchsten Vorrang hatte die Erhaltung der Fundamente des politischen Systems; um die wachsenden Erwartungen zu kanalisieren, mußten die Parteiführungen daher die materielle Wohlfahrt steigern. Dies erforderte jedoch eine Politik und institutionelle Veränderungen, die bezüglich der politischen Ziele alles andere als indifferent waren; daher die Stop-and-go-Bewegungen, die in den sechziger Jahren für viele der osteuropäischen Staaten so charakteristisch waren. Jugoslawien blieb in vieler Hinsicht ein besonderer Fall: Unter dem wachsenden Druck nationalistischer Tendenzen (besonders in Kroatien) versuchte es, ein politisches und ideologisches Denkmal hochzuhalten, indem es das Konzept des »Selbstverwaltungssozialismus« vorantrieb.

Wirtschaftliche Probleme und die politische Linie

In den frühen fünfziger Jahren wurde in den Volksdemokratien der Beginn einer wesentlich ausgewogeneren wirtschaftlichen Entwicklung für die zweite Hälfte des Jahrzehnts ins Auge gefaßt. Diese Erwartung stützte sich auf die Annahme, daß die Ungleichgewichte der ersten Phase der Industrialisierung bis dahin überwunden seien und durch ein besseres Gleichgewicht Vorteile aus dem Handel mit der UdSSR und anderen sozialistischen Ländern sowie aus der Koordination der Wirtschaftspläne gezogen werden könnten. Die mittelfristigen Pläne für die ersten Jahre der Dekade waren so terminiert, daß die Periode von 1956 bis 1960 durch aufeinander abgestimmte Fünfjahrpläne in der UdSSR und in den Volksdemokratien abgedeckt werden konnte. Die Notwendigkeit, 1953 einen »Neuen Kurs« einzuleiten (siehe *Teil II*), zeigte, daß die Ungleichgewichte weit größer waren als erwartet und der abrupte Wechsel die weitere Entwicklung und ihre Anfälligkeit für Schwankungen vergrößerte. Die Aufstände von 1956 waren eine Quelle der Unbeständigkeit, die unregelmäßigen Schwankungen der landwirtschaftlichen Erträge und der Zahl der neu in den Arbeitsprozeß Eintretenden (eine Folge der kriegsbedingten Verzerrung des demographischen Zyklus) eine andere. Nur wenige Länder konnten daher die ursprünglich für 1956–60 vorgesehenen Fünfjahrpläne beibehalten. Die DDR tat es der UdSSR gleich und ersetzte ihren Fünfjahrplan 1959 durch einen Plan für sieben Jahre (1959–1962). Albanien gab seinen Plan im Jahre 1958 auf und strich eine Anzahl von Großprojekten. Ungarn hielt an seinem Plan formal fest, stützte sich aber in Wirklichkeit zumindest bis 1958 auf jährliche Notpläne. Rumänien erklärte seinen Plan 1959 für erfüllt und integrierte das Jahr 1960 in einen Sechsjahrplan bis 1965. Bulgarien stimmte seine Pläne vorher nicht mit der Sowjetunion ab: Der Plan für 1953–57 wurde durch den für 1957–62 abgelöst, aber Mitte 1958 durch einen plötzlichen Schwenk zum »Großen Sprung nach vorn« abgebrochen, der – wie in China – innerhalb von zwei Jahren zusammenbrach; der neue Plan (1961–65) deckte sich dann mit der Zeitspanne der meisten übrigen Pläne im Block. Als einzige Volksdemokratien behielten die Tschechoslowakei und Polen ihre mittelfristigen Pläne bei, beide änderten sie jedoch 1957.[21] 1961 betrug der Planhorizont, abgesehen vom rumänischen Sechsjahrplan und dem Siebenjahrplan der DDR, überall fünf Jahre. Aber während dieses Zeitraums verließ Albanien auf dramatische Weise den RGW, der tschechoslowakische Plan löste sich mehr oder weniger in seine Bestandteile auf, und der polnische und ostdeutsche Plan wurden starken Veränderungen unterworfen, als die Schwierigkeiten sich häuften. All dies mindert die Aussagekraft eines Vergleichs von Zielen und Ergebnissen beträchtlich.

Die häufigen und grundlegenden Änderungen der mittelfristigen Pläne bedeuteten jedoch nicht unbedingt weniger Stabilität als in den frühen fünfziger Jahren. Dies scheint zum Teil nur deshalb so, weil zu *Stalins* Lebzeiten Pläne und statistische Daten einer strengeren Geheimhaltung unterlagen; auf der anderen Seite spiegelten die Veränderungen die schwere Aufgabe der Planer wider, eine Anzahl von Zielen zu verwirklichen, die nicht mehr wie früher – obwohl sie im Plan standen und dort eine Art Reserve darstellten – einem einzigen Ziel geopfert werden konnten.

Grundsätzlich standen die Planer vor dem Dilemma, sowohl spürbare Verbesserungen des Lebensstandards als auch ein fortdauerndes Wachstum zu erreichen. In der Vergangenheit war eine derartige Kombination – vereinfacht gesagt – nie gelungen: Entweder wurde das erste Ziel geopfert (wie vor 1953) oder das zweite (wie unter dem »Neuen

---

21 Jugoslawien startete einen Fünfjahrplan für 1957–61; dies war sein zweiter Plan (seit derjenige für 1947–51 im Jahre 1949 gestoppt worden war), aber wegen der Unterschiede des wirtschaftlichen Mechanismus können Zeitpunkt und Stabilität des Plans nicht als Indiz für den Stand und die Entwicklungsrichtung der Volkswirtschaft betrachtet werden.

Kurs«). Nach 1956 hätte der Eindruck entstehen können, daß das Problem, wenn nur die Erkenntnis und der Wille gegeben waren, nicht so groß war. Die Wachstumsraten des Nationaleinkommens waren verhältnismäßig hoch und wurden von einem beachtlichen Wachstum der Realeinkommen begleitet. In der Tat waren die ersten zwei bis drei Jahre, die manchmal als »Konsumphase« bezeichnet werden, so gut, daß sie trotz der ab 1958 spürbaren Rückschläge das Gesamtergebnis der Periode von 1956 bis 1965 bestimmen (siehe *Tabelle III.9*).

Tabelle III.9
Nationaleinkommen und Reallöhne 1956–1960
(jährliches Wachstum in Prozent)

	Nettosozialprodukt		durchschnittlicher Reallohn	
	1956–60 (1)	1961–65 (2)	1956–60 (3)	1961–65 (4)
Albanien	7,3	7,9	—	—
Bulgarien	9,6	6,6	6,1	1,9
Tschechoslowakei	7,0	1,9	4,6	1,2
DDR	7,1	3,4	7,4	2,5
Ungarn	6,0	4,1	8,0	1,7
Polen	6,5	6,2	5,1	1,5
Rumänien	6,6	9,1	8,2	4,1
Jugoslawien	8,0	6,9	8,0	5,4

Quellen: Spalte (1) offizielle Zahlen nach J. Narczewski, The Crisis of Socialist Planning, New York 1974, Tabelle 23 (außer für Albanien); Spalte (2) RWPG, a.a.O., S. 15 und 123; Spalte (3) Economic Commission for Europe, Incomes in Post-war Europe, Genf 1966, Tabellen 7.9 und 7.12 außer für Jugoslawien Statistički godišnjak 1972, S. 276; Spalte (4) RWPG, a.a.O., S. 82; Statistisches Jahrbuch der DDR 1968, S. 437; Statistički godišnjak 1972, S. 276.

Die bäuerlichen Einkommen stiegen in der Tschechoslowakei nur wenig, fast mit der gleichen Rate wie die Reallöhne in Polen, in Ungarn um mehr als 5 % und in Jugoslawien ebenfalls um 5 %.[22]

Verschiedene Faktoren trugen zum relativen Erfolg der ersten Jahre dieser Periode bei. Erstens gab es einen verspäteten Effekt der massiven Investitionen in der Vergangenheit: Viele bedeutende Kapazitätserweiterungen erforderten relativ geringe Ausgaben, weil die Hauptlast bereits in den früheren Perioden getragen worden war. Zweitens schuf in ei-

---

22 *Economic Commission for Europe, Incomes in Post-war Europe*, Genf 1966.

nigen Staaten (hier ist Polen zu nennen) eine regelmäßigere und pragmatischere Landwirtschaftspolitik günstige Rahmenbedingungen für eine erhöhte Ausbringung. Drittens verzeichnete man beträchtliche Zuflüsse von außen dank der sowjetischen Bemühungen, Schadenersatz für die Vergangenheit zu leisten: Wiedergutmachungszahlungen an Polen und Rumänien, die Streichung der albanischen Schulden und die bedeutenden Kredite, die den meisten Volksdemokratien 1956/57 zum Teil in harter Währung gewährt wurden.[23] Außerdem profitierte Polen von amerikanischen Krediten und Hilfeleistungen im Wert von über 500 000 $ im Verlauf von fünf Jahren. Die relative Bedeutung dieser Faktoren war von Land zu Land unterschiedlich, aber insgesamt hatten sie einen positiven Effekt. Sie ermöglichten neue Formen von Planentscheidungen, die weniger stark durch die früheren dogmatischen Starrheiten eingeschränkt waren (vor allem bei der Bewertung von Investitionsprojekten und des Außenhandels) und kleinere institutionelle Veränderungen, die – wie vorsichtig auch immer sie waren – einen unmittelbar heilsamen Effekt hatten, weil sie völlig irrationale Regelungen beseitigten.

Zusammengenommen muß der Einfluß dieser Faktoren unter den Parteiführungen der Volksdemokratien und der Sowjetunion einen gewissen Optimismus begünstigt haben, daß man die doppelte Aufgabe der Steigerung des Konsums ohne politisch gefährliche tiefergreifende Strukturveränderungen bewältigen könnte. Um 1958/59 kam es erneut zu einer Phase steigender Investitionen. Der Zuwachs in einem einzigen Jahr war gewaltig in Albanien (50% 1958), Bulgarien (47,9% 1959), Ungarn (41% 1959) und Rumänien (26,4% 1960) und verglichen mit früheren Jahren auch noch recht groß in den als gemäßigt einzustufenden Ländern, der Tschechoslowakei (19,6% 1959), der DDR (16% 1959) und Polen (17,2% 1959).[24] Obgleich dies zusammen mit einer Zunahme der Lagerbestände die Akkumulations-

---

23 *Economic Survey of Europe in 1957,* Tabelle VI-R, Kapitel 4; das einzige Land, das von diesem Kreditregen nicht profitierte, war die Tschechoslowakei, die lediglich einen Kredit in unbekannter Höhe für die Erweiterung der Uranminen verbuchen konnte.
24 *Economic Survey of Europe in 1957,* Tabelle VI-R, Kapitel VI.

quote beträchtlich steigerte, erreichte die Bürde nicht das Gewicht der frühen fünfziger Jahre. Die Kapitalbildung unterschied sich auch sektoral: In den meisten Fällen wuchsen die Anteile der Landwirtschaft und des Wohnungsbaus nicht auf Kosten der Industrie, sondern zu Lasten anderer Sektoren, vor allem des Transport- und Fernmeldewesens und der sozialen Infrastruktur.

Trotz der Tatsache, daß die beabsichtigte »zweite Beschleunigung« weniger ehrgeizig war (abgesehen von Bulgariens und Albaniens unglücklichem »Großem Sprung nach vorn«) und in den reiferen Volkswirtschaften besser verankert wurde, erwies sie sich im großen und ganzen als Fehlschlag, wenn man die wirtschaftlichen Ergebnisse des zweiten Jahrfünfts (1961–65) mit dem Ergebnis der Jahre 1956–60 vergleicht (siehe *Tabelle III.9*).

In praktisch allen Ländern sank die Zuwachsrate der Reallöhne. Außer in Rumänien und Jugoslawien war dieser Niedergang drastisch und wurde überall – jedoch nicht in Rumänien – von einem verlangsamten Wachstum des Nationaleinkommens begleitet, der im Falle der Tschechoslowakei und der DDR höchst dramatisch war. Hinzugefügt werden muß, daß die Schwankungen der Wachstumsrate zu groß waren, um durch Mißerfolge in der Landwirtschaft erklärt werden zu können, und auch in der Tschechoslowakei und der DDR, wo das Sozialprodukt überwiegend von der Industrie geschaffen wird, waren sie stark ausgeprägt. Zu bemerken ist auch, daß in den meisten Ländern das Wachstum der Beschäftigung während der gesamten Periode von 1957 bis 1965 sehr viel langsamer war als zuvor. Dies weist auf die Unfähigkeit der osteuropäischen Volkswirtschaften hin, Beschäftigungswachstum durch Produktivitätssteigerungen zu ersetzen.[25] Für das Thema des nächsten Abschnitts ist es wichtig festzustellen, daß die Probleme des »intensiven Wachstums« von vielen osteuropäischen Öko-

---

25 Der Behauptung eines ungünstigen Einflusses der Landwirtschaft muß widersprochen werden. Die Kollektivierung produzierte keine Katastrophen sowjetischen Ausmaßes, und die landwirtschaftliche Produktion erreichte in einigen Staaten beträchtliche Wachstumsraten (so etwa 3,2 % jährlich in Bulgarien), blieb aber in allen Staaten hinter den im Plan ausgedrückten Erwartungen zurück (einschließlich Polen, wo es keine Kollektivierung gab und die jährliche Wachstumsrate 1961–65 nur 2,7 % statt der geplanten 4,1 % betrug).

nomen auf Unzulänglichkeiten des institutionellen Modells zurückgeführt wurden, und zwar sowohl innenpolitisch als auch in Zusammenhang mit dem RGW, der zu jener Zeit eine vernünftige internationale Arbeitsteilung behinderte.[26]

---

26 Dies spiegelt sich unter Bezug auf binnenwirtschaftliche Themen in einer großen Zahl von Schriften über die Wirtschaftsreformen in der Tschechoslowakei, der DDR, Ungarn, Polen und der UdSSR wider und bezüglich der Probleme des RGW indirekt in dem Dokument über die »Grundlagen der internationalen sozialistischen Arbeitsteilung« (ratifiziert im Jahr 1962, in englischer Sprache veröffentlicht in *New Times* [Moskau], Nr. 27, 1962).

Die »erste Welle«
der Wirtschaftsreformen

Die ersten Anzeichen für den zunehmenden Druck nach einer Reform des Planungs- und Leitungssystems wurden bereits erörtert. Nach den Ereignissen des Jahres 1956 in Ungarn und Polen galt es zwei einander widersprechende Dinge zu beachten: Einerseits das Mißtrauen der Führung und ihrer konservativen Unterstützer gegenüber den politischen Konsequenzen einer Reform, andererseits die ökonomische Wirklichkeit in Verbindung mit ihren bereits erwähnten soziopolitischen Aspekten, die nach einem Wandel sowohl der internen Institutionen als auch der wirtschaftlichen Beziehungen zwischen den sozialistischen Ländern verlangte.

Interne Veränderungen

Zu Beginn des Jahres 1957 war Polen das einzige Land, das sich zu einer Wirtschaftsreform bekannte (der Begriff »Wirtschaftsreform« steht gemeinhin für Veränderungen des Funktionssystems der Wirtschaft). Die ersten praktischen Schritte wurden Ende 1956 mit der Einrichtung eines dem Ministerrat unterstellten Wirtschaftsrates unternommen. Diese beratende Körperschaft war die Antwort auf die weitverbreitete Forderung nach der Einbeziehung nichtoffizieller Experten in den als überbürokratisiert und überpolitisiert angesehenen Entscheidungsprozeß. In den Wirtschaftsrat als eines der Resultate des »Polnischen Oktober« setzte die öffentliche Meinung hohe Erwartungen; er sollte eine Gegenmacht zu den bestehenden zentralen wirtschaftlichen Institutionen bilden. Er bestand aus Wissenschaftlern, Planern, Managern und politischen Persönlichkeiten, die wegen ihrer persönlichen Fähigkeiten und nicht von Amts wegen berufen worden waren. Ursprünglich gehörten ihm 36 vom Vorsitzenden des Ministerrats berufene Mitglieder an; der Vorsitzende, *Oskar Lange,* und seine sechs Stellvertreter bildeten das Präsidium. Der Rat verfügte über einen eigenen kleinen, aber hochqualifizierten Stab, der in der Lage war, unabhängige Analysen durchzuführen und dazu Kontakte mit Forschungsinstituten, wirtschaftlichen Einheiten und Regierungsstellen aufzunehmen. Die Hauptaufgaben des Rates waren der Entwurf institutioneller Veränderungen, die Beurteilung von Regierungsmaßnahmen auf diesem Gebiet sowie eine unabhängige Bewertung der wirtschaftlichen Lage und der Aussichten. Wenig beliebt beim zentralen Partei- und Staatsapparat verkümmerte der Wirtschaftsrat nicht deshalb, weil er seine beratende Funktion schlecht erfüllte, sondern gerade weil er seinen Pflichten nachkam oder dies zumindest versuchte und dadurch einen Informationsfluß zwischen Regierung und Öffentlichkeit gewährleistete. Die Geschichte des Wirtschaftsrates ist ein Lehrbeispiel dafür, wie eine grundsätzlich nach wie vor autokratische Struktur einen Fremdkörper ausstößt. Zwischen 1958 und 1959 verlor der Rat praktisch seine Bedeutung und hörte 1962 auch formal auf zu bestehen, als sein Mandat nicht verlängert wurde. In seinen einflußreichen frühen Tagen tat er sich jedoch als kollektiver Autor der »Thesen über einige Grundsätze der Veränderungen des Wirtschaftsmodells« hervor, die im April 1957 veröffentlicht und im Juli 1957 von der Regierung zur Grundlage ihres Handelns gemacht wurden.[27]

Die Thesen begannen mit einem Bekenntnis zu den Grundsätzen der zentralen Planung, die allerdings von den früher angewandten Formen und Methoden unterschieden wurden. »Die Vertiefung der zentralen Planung und ihre Beförderung auf eine höhere Ebene ist eine der Grundvoraussetzungen für eine gute Entwicklung unserer Wirtschaft. Nicht durch eine Vielfalt hoch aufgeschlüsselter Kennziffern bei der Ausarbeitung und Ausbalancierung des Plans, sondern durch eine tiefergehende ökonomische Analyse und durch

---

27 Diese Zusammenfassung der Thesen basiert auf dem als Teil einer Textsammlung in polnischer Sprache erschienen Papier *Dyskusja o polskim modelu gospodarczym,* Warschau 1957.

gut fundierte Schätzungen überall dort, wo genaue wirtschaftliche Berechnungen nicht möglich sind, ist einer Verbesserung der Planung gedient.«

Mit einigen Ausnahmen beschränkten sich diese Thesen strikt auf ökonomische Angelegenheiten, unter der stillschweigenden Annahme, daß die politischen Errungenschaften des »Polnischen Oktober« zumindest beibehalten, wenn nicht erweitert würden. Das Reformkonzept, das die Thesen vertraten, bildete in gewisser Weise einen Kompromiß zwischen radikalen und konservativen Ansichten. Dies wurde unter anderem in der sehr vorsichtigen Wortwahl deutlich, die sogar »direktive Planung« mit »effektiver Planung« gleichsetzte (obwohl sie nicht jedes System verbindlicher Ziele einschloß). Dennoch standen sie für eine Entwicklung weg vom administrativen Planungssystem und hin zum Einsatz wirtschaftlicher Hebel: Verbindliche Planauflagen sollten als Ausnahme toleriert und durch den Staatshaushalt angemessen kompensiert werden, in der Regel aber sollte das finanzielle Interesse des Unternehmens respektiert werden. Der Horizont der zentralen Planung sollte von der kurzen auf die mittlere und lange Frist erweitert werden, wo die Beständigkeit der Investitionsentscheidungen einschließlich der Entscheidung über Großprojekte erreicht und die notwendigen Rahmenbedingungen für autonome Investitionen der Unternehmen und ihrer Verbände aus eigenen Mitteln (Abschreibungen und einbehaltene Gewinne) oder Krediten (von den Banken) geschaffen werden konnten. Während die Thesen vorschlugen, die Güterzuteilungen durch vertragliche Beziehungen zwischen Lieferanten und Verbrauchern zu ersetzen, forderten sie aus Angst vor inflationärem Druck nicht die Aufhebung der Lohnfondsgrenzen des Unternehmens, sondern wollten diese statt wie bisher an die Planerfüllung jetzt an die Veränderung der Wertschöpfung koppeln (also an die Netto- statt an die Bruttoproduktion). Der Übergang zum Prinzip der Profitabilität, der unter anderem Neuerungen innerhalb der Unternehmen fördern sollte, unterstrich die dringende Notwendigkeit einer Reform der Preisstruktur, und es wurde ein Versuch unternommen, den prinzipiellen Einfluß der Planer über die Preise als parametrisches Instrument zur

Beeinflussung der Unternehmen mit der Forderung nach flexiblen und markträumenden Preisen zu versöhnen. Die Thesen enthielten eine ganze Reihe detaillierter Vorschläge zu diesem und ähnlichen Problemen, wie der Organisation der Staatsindustrie, der Rolle des Zinses und der Kredit- und Finanzpolitik sowie einen Zeitplan zu ihrer Verwirklichung in den zwei folgenden Jahren. Das letztere stellte den Versuch dar, die richtige Reihenfolge der einzelnen Maßnahmen sicherzustellen, wobei die Reform der Produktionsgüterpreise bis 1958 abgeschlossen sein sollte. Obwohl diese polnischen Thesen von 1957 unbestimmter und bedeutend weniger ausgearbeitet waren als die Entwürfe für die ungarische Reform von 1968 und viele Aspekte des Wandels eigenen Papieren vorbehalten blieben, verfolgten sie die Idee einer grundlegenden Veränderung vom zentralistischen System zu dem, was der Autor ein »Modell der Planwirtschaft mit eingebautem (und reguliertem) Marktmechanismus« nennt.[28] Anders als der spätere ungarische Entwurf betonten die Thesen die Bedeutung der Arbeiterräte als Mitbestimmungsorgane und verbanden die Verbesserung des Planungssystems mit einer Demokratisierung der makroökonomischen Entscheidungen.[29]

Die formale Bestätigung der Thesen bedeutete nicht, daß die regierenden Gruppen diese Ideen akzeptiert hatten; waren sie doch in ihrem öffentlichem Auftreten durch den immer noch vorhandenen »Geist des Oktober« eingeschränkt. In anderen sozialistischen Staaten hielt man sich weniger zurück: Die Thesen stießen in den Nachbarländern auf dieselbe feindselige Haltung wie die gesamte polnische Wirtschaftsdebatte. Man zielte in erster Linie gegen einheimische »Revisionisten« (die Kampagne gegen *Fritz Behrens* und *Arne Benary* in der DDR wurde am bekanntesten), meinte aber ebenso die polnischen Reformer.

---

[28] W. Brus, *The Market in a Socialist Economy*, London 1972 (Englische Ausgabe von *Ogólne problemy funkcjonowania gospodarki socjalistycznej*, Warschau 1961).

[29] »Die Demokratisierung der Leitung der Volkswirtschaft erfordert die aktive Beteiligung der Beschäftigten, der Arbeiterräte, der lokalen Behörden und des Sejm an der Planaufstellung. Die Bedingung für eine derartige Beteiligung ist die Offenheit des wirtschaftlichen Lebens und die Formulierung der Probleme, die sich den Planern stellen, in einer Weise, die zur vollen Erkenntnis der verfügbaren wirtschaftlichen Alternativen beiträgt.« (*Thesen*, a.a.O., S. 265.)

Die Zurückweisung der »revisionistischen Versuche, den Sozialismus durch die Mittel des Marktes zu untergraben«, wurde nach der internationalen kommunistischen Konferenz 1957 in Moskau und der erneuten Verschlechterung der sowjetisch-jugoslawischen Beziehungen wegen des Programms von Ljubljana noch deutlicher. Sie löste aber keineswegs irgendein praktisches Wirtschaftsproblem, und Ende des Jahres 1957 tauchte, diesmal in der Tschechoslowakei, ein anderes Papier von allgemeiner Bedeutung auf. Es hieß »Probleme des neuen Planungs- und Finanzsystems für die tschechoslowakische Industrie« und wurde im Februar 1958 vom Zentralkomitee der Partei verabschiedet. Es prangerte den Marktmechanismus an und war in seinen Zielen, verglichen mit den polnischen Thesen, begrenzt.[30] Nichtsdestoweniger faßte es praktisch einige Bewegungen in dieselbe Richtung ins Auge: Die zentralen Planungsbehörden sollten sich weniger mit Einzelheiten befassen und dafür mehr mit der langfristigen makroökonomischen Planung. Die Freiheit der Unternehmungen auf dem Gebiet der operativen Planung und sogar der Investitionen wurde erweitert (die teilweise Dezentralisierung der Kapitalbildung sollte einer der Hauptpunkte der Reform werden). Die Anreize für das Unternehmen als solches und für die Beschäftigten sollten verstärkt und durch langfristige Normen so mit der Profitabilität verbunden werden, daß die Unternehmensführung nicht mehr zum Verbergen, sondern zum Aufdecken der Produktionskapazitäten veranlaßt würde. Durch eine Reorganisation der Industrie und die Verschmelzung von Unternehmen sollte die Last der Kontrolle von oben vermindert und die Fähigkeit der industriellen Einheiten gesteigert werden, ihre neu erworbenen Freiheiten zu nutzen. Das charakteristische Merkmal der tschechoslowakischen Reform war die Absicht, alle Maßnahmen als Paket zum Januar 1959 in Kraft zu setzen. Zu diesem Zweck wurde Anfang 1958 eine Preisreform durchgeführt, die – zumindest theoretisch – ein lobenswertes Verständnis für die Bedeutung einer beständigeren Preisstruktur unter

---

30 Vgl. *O. Kyn, Czechoslovakia*, in: *H. H. Höhmann, M. C. Kaser, K. C. Thalheim* (Hg.), *The Economic Systems of Eastern Europe*, London 1974, S. 107–108; *V. Prucha*.

den neuen Bedingungen offenbarte. Der tschechoslowakische Entwurf wurde später wegen seines Mangels an Beständigkeit und seiner halbherzigen Versuche, behördliche durch wirtschaftliche Instrumente zu ersetzen, kritisiert: »Die administrative Aufgliederung der Planziele blieb ein grundlegendes Instrument der Planung, und die Planerfüllung blieb das wichtigste Kriterium für die Bewertung der Unternehmen.«[31]

Der polnische und tschechoslowakische Reformentwurf waren der programmatische Ausdruck dessen, was als erste Welle der Reform bezeichnet werden könnte. In den anderen Staaten erschienen während dieser Zeit keine derartigen Papiere. Die Richtlinien für das »Neue ökonomische System« der DDR von 1963 gehörten bereits zur zweiten Welle der Reformen.

Die wichtigste Frage ist offensichtlich, was tatsächlich in den beiden Ländern mit einem weitgehenden Reformprogramm und in denen ohne ein solches zwischen 1961 und 1962 passierte, die als Wellental zwischen der ersten und der zweiten Welle bezeichnet werden können. In Polen spiegelten die Entwicklungen der wirtschaftlichen Sphäre jene des politischen Rahmens wider. Die deutlichsten Rückschläge gab es an den Berührungspunkten zwischen wirtschaftlichem Management und politischer Führung, bei der Rolle der Partei und bei den Arbeiterräten.

Der Versuch, die Größe des Parteiapparats zu reduzieren und seine Rolle zu verändern – die, wie schon gesagt, bedeutend war –, geschah durch die Beseitigung (oder zumindest Schwächung) des Systems der dualen Unterordnung, das dem Parteiapparat das unbestreitbare Recht zur Überwachung und zum Eingriff auf jeder Ebene der Wirtschaft und besonders im Zentrum zugestand. Es wurden Schritte unternommen, den hauptamtlichen Stab der Parteikomitees bis auf einen Kern hochqualifizierten Personals (in vielen Fällen außerhalb des Kreises professioneller *Apparatschiks*) abzubauen, dessen Hauptaufgabe es wäre, die Arbeit ständiger oder Ad-hoc-Komitees aus den jeweils betroffenen

---

31 B. *Komenda* und C. *Kozusnik, Some Basic Problems of the Improvement of the System of Management of the Socialist Economy,* zit. nach *Kyn,* a.a.O., S. 108.

Bereichen der Wirtschaft (Fabrikleiter oder aktive Mitglieder der Arbeiterräte) zu organisieren. Es wurde beabsichtigt, den Widerspruch zwischen »Regierenden« und »Regierten« im Wirtschaftsleben zu entschärfen, die Kommunikationsstrukturen zu verbessern und eine Vielfalt von Meinungen in den Prozeß der Entscheidungsvorbereitung einzubringen. Dies stimmte mit der Absicht der Thesen überein, die wirtschaftlichen »Spielregeln« für Unternehmen und ganze Industrien dadurch zu untermauern, daß man sie für alle Nachteile entschädigte, die ihnen durch die Befolgung von Instruktionen gegen ihr eigenes finanzielles Interesse entstanden. Wie in anderen Teilen des politischen Systems wurde jedoch auch diese Bewegung bald gestoppt und langsam rückgängig gemacht, ohne einen Wechsel der Politik offiziell zuzugeben. Die numerische Stärke des Apparats wuchs langsam an, die Unabhängigkeit außenstehender Komitees wurde geschwächt und das frühere Verhältnis wiederhergestellt: Der Apparat diente nicht den Komitees, sondern die Komitees waren der verlängerte Arm des Apparats, und die Parteibürokratie gewann ihre Oberherrschaft über die Wirtschaft zurück.[32]

In einem engen Zusammenhang mit diesem Prozeß stand die Untergrabung von Bedeutung und Unabhängigkeit der Arbeiterräte. Hervorgegangen aus politischem Druck und 1956 durch Gesetz als demokratisch gewählte unmittelbare Vertreter der Arbeiterschaft konstituiert, sahen sich die Arbeiterräte mit ihrer großen formalen Autorität quer durch die gesamte Industrie beträchtlichen Problemen ausgesetzt, ihre Rechte auszuüben und sich selbst als vollgültigen Bestandteil des neuen Leitungssystems zu etablieren. Statt mit Geduld und Hilfe begegnete man ihnen mit politischer Feindseligkeit und dem unentwegten Bemühen, diese neue Institution auf die Linie der alten Praktiken zu bringen. Die Verhinderung von Reformen bei jeder Gelegenheit begrenzte bald den Wirkungskreis der wahren Mitbestimmung, und der Parteiapparat gewann die Macht der *Nomenklatura* zu-

---

32 Nicht alle Neulinge von 1956 wurden durch die »Gegenreformation« aus ihren Ämtern gedrängt. Einige wurden vom Apparat völlig absorbiert und erreichten unter Umständen hohe Positionen in der Partei- oder Regierungshierarchie.

rück, also der Entscheidung über die personelle Zusammensetzung der Räte und Gewerkschaften.

Durch ein Gesetz wurden die Arbeiterräte 1958 zu einem Element unter anderen in einem ausgeklügelten System von »Selbstverwaltungsinstitutionen«: Zum Selbstverwaltungsorgan wurde eine »Konferenz der Arbeiterselbstverwaltung« (auf polnisch KSR), der außer dem Arbeiterrat die gesamten Betriebspartei- und -gewerkschaftskomitees, das Komitee der offiziellen Jugendorganisation und der Organisation des technischen Personals angehörten. Die Mitglieder des Präsidiums des Arbeiterrates, das zwischen den KSR-Versammlungen die Selbstverwaltung ausüben sollte, wurden von Amts wegen durch den Sekretär des Parteikomitees und den örtlichen Gewerkschaftsvorsitzenden ergänzt. Der Zweck dieses komplizierten Geflechts war ziemlich offensichtlich: Der Arbeiterrat sollte den von Partei und Gewerkschaft benannten Mitgliedern zahlenmäßig unterlegen sein, die der Hierarchie außerhalb des Unternehmens unterstellt und politisch, materiell und disziplinarisch vollkommen von ihr abhängig waren. Die Umwandlung der Selbstverwaltungsorgane in einen neuen »Transmissionsriemen der Partei« beraubte sie des Vertrauens und der Unterstützung, die viele Arbeiterräte anfangs erfahren hatten; dies wiederum verstärkte ihre Abhängigkeit von den politischen Machtzentren, und das ganze System wurde bedeutungslos. Es überrascht daher nicht, daß diese Institutionen nach den genannten Veränderungen bis zum April 1980 im wesentlichen unverändert blieben.

Die Entwicklung des wirtschaftlichen Mechanismus im engeren Sinne kann aufgrund des allgemeinen Trends besser beurteilt werden als durch eine Aufzählung der vielen einzelnen Maßnahmen und Gegenmaßnahmen.[33] Unzweifelhaft fand während der besagten Periode eine Reihe von Veränderungen statt, die, einzeln genommen und nach dem äußeren Anschein bewertet, als Fortsetzung der Reform ver-

---

33 Die Wirrungen der polnischen Wirtschaftsreform in dieser Periode brachten eine recht umfangreiche Literatur hervor. Unter den wichtigsten Publikationen in englischer Sprache sind: *J. M. Montias, Central Planning in Poland,* New Haven 1972; *J. G. Zielinski, Economic Reforms in Polish Industry,* Oxford 1973; *T. M. Podolski, Socialist Banking and Monetary Control: The Experience of Poland,* Cambridge 1973.

standen werden können. Ein Gesetz vom 15. November 1956 verwandelte den Status des kontrollierenden Planungsorgans; an die Stelle der staatlichen Plankommission, eines Symbols für ein zentralistisches Superministerium, trat eine dem Ministerrat unterstellte Plankommission, eine Körperschaft, die theoretisch ein ökonomischer Generalstab der Regierung ohne Befehlsgewalt und ohne Möglichkeit direkter Zuteilungen werden sollte. 1958 wurden die Hauptverwaltungen der Industrieministerien in Industrievereinigungen umgewandelt, die als wirtschaftliche (im Gegensatz zur behördlichen) Form der horizontalen Organisation von Industrieunternehmen konzipiert waren. Sie sollten nicht durch den Staatshaushalt, sondern durch Beiträge der Mitgliedsunternehmen unterhalten werden und einen Ausgleich zwischen den Einzelinteressen und den gemeinsamen Interessen der Branche herstellen; die Direktoren der Mitgliedsunternehmen sollten als Rat der Vereinigung handeln, deren Generaldirektor vom Ministerium ernannt wurde.

Das Recht der Unternehmen zu vertraglichen Beziehungen untereinander, ihr Zugang zu Kreditmöglichkeiten und die selbständigen Entscheidungsmöglichkeiten über kleinere Investitionen wurden erweitert. Die zuletzt genannten Maßnahmen bildeten einen Teil der Reform des Bankensystems, durch die bis zu einem gewissen Grade die behördliche Kontrolle durch eine Kontrolle seitens der Bank ersetzt wurde.[34] Das Gewicht der synthetischen, finanziellen Kennziffern (Rentabilität) wurde sowohl durch das, was *Zielinski* das »feeding system« des Unternehmens nennt (die Einbehaltung von Teilen des Gewinns für Investitionen im Umlaufvermögen und in gewissem Ausmaß auch im Anlagevermögen), als auch durch ein System persönlicher Anreize erhöht, bei dem nicht nur der Unternehmensfonds zu einem großen Teil vom Profit abhing, sondern auch der Prämienfonds für das Management.[35]

---

34 *Podolskis* Arbeit gibt ein genaues Bild, a.a.O., Kap. 7–9.
35 Der Unternehmensfonds war eine Quelle für zusätzliche Zahlungen und Nebenleistungen für die Gesamtbelegschaft eines Industrieunternehmens. Nach 1956 wuchs seine relative Bedeutung gegenüber dem Lohnfonds. Während ein Viertel dem Wohnungsbau vorbehalten war, konnte der Rest für Barzahlungen genutzt werden (bis zur Höhe eines Monatslohns pro Jahr) sowie für kollektive Leistun-

Im Jahre 1960 schließlich verkleinerte eine Preisreform für Produktionsgüter die Kluft zwischen Durchschnittskosten und Preisen erheblich, auch wenn sie weit davon entfernt war, die Anforderungen an ein beständiges Preissystem zu erfüllen. Bei den Preisen international gehandelter Rohstoffe wurden sogar die Verhältnisse auf dem Weltmarkt berücksichtigt.

Tatsächlich war die Bedeutung all dieser Maßnahmen weit geringer, als es den Anschein hat. Dieses Ergebnis (das sich überall in Osteuropa immer wieder einstellte) lag nicht nur an der bruchstückhaften Durchführung der Maßnahmen, sondern auch an ihrem fragmentarischen Charakter innerhalb des alten zentralistischen Wirtschaftssystems. Das zentrale Ziel der Thesen, daß wirtschaftliche Instrumente die Befehlswirtschaft beseitigen sollten, wurde nicht verwirklicht. Im Gegenteil: Im Laufe der Zeit erreichten Ausmaß und Bedeutung direktiver Planziele und Zuteilungen nahezu ihren anfänglichen Umfang. Bis Mitte 1959 war die Zahl der den Unternehmen auferlegten verbindlichen Planziele und Obergrenzen auf 19 angewachsen (gegenüber 6 bis 8 Ende 1956). Bruttogrößen, sei es die Bruttoproduktion, sei es – was etwas rationaler ist– der Umsatz, blieben vorherrschend.[36] Der verfügbare Lohnfonds und die Sonderzahlungen aus dem Unternehmens- und Prämienfonds richteten sich wieder wie früher nach der Erfüllung kurzfristiger (meist jährlicher) Bruttoproduktionsziele. Das gleiche galt auch für viele andere Kennziffern, die von oben formell oder informell vorgegeben und meist als nicht verbindliche »informative Kennziffern« verschleiert wurden. Tatsächlich waren sie bindend, wenn nicht bei der Prämiierung, so doch sicherlich bei der Beurteilung der Führungskräfte, deren Karriere davon abhing. Die Zahl der rationierten und zen-

---

gen für die Arbeiter. Seit 1958 war der Unternehmensfonds nicht mehr an den geplanten Gewinn, sondern zu einem kleineren Teil an die erreichten Gewinn und zum größeren Teil an die Gewinnsteigerung gegenüber dem Vorjahr gekoppelt. Im Jahre 1960 wurde ein ähnliches Prinzip auf den Prämienfonds für das Management übertragen, was als bedeutender Faktor in dem Bemühen angesehen wurde, die Tendenz zur Verschleierung der wirklichen Produktionskapazität, um dadurch ein niedrigeres Planziel zu bekommen, zu überwinden.

36 Nach offiziellen Angaben rechneten 1964 82% aller Industrieunternehmen (mit einem Anteil von 77% an der gesamten Industrieproduktion) in Bruttogrößen (vgl. *Zielinski*, a.a.O., S. 123).

tral zugeteilten Güter nahm seit Mitte der fünfziger Jahre von etwa 1500 auf ungefähr 400 zwischen 1958 und 1965 ab, sie blieb aber dennoch beachtlich.[37] Auch hier kann die kleinere Zahl über unterschiedliche Grade der Anhäufung hinwegtäuschen, und in vielen Fällen wurde lediglich die Zuständigkeit für die Rationierung auf die Ministerien und Industrievereinigungen übertragen. In der Praxis übernahmen die Industrievereinigungen schnell die Rolle der früheren Hauptverwaltungen und wurden gegen alle Erwartungen ein Teil der bürokratischen Hierarchie. Die finanzielle Autonomie wurde stark eingeschränkt. Von den Unternehmen einbehaltene Gewinne konnten – auch innerhalb der geltenden Regeln – nicht ohne die Zustimmung der Aufsichtsbehörde verwendet werden. »Dezentrale Investitionen« wurden auf diese Weise zum Gegenstand zentraler Entscheidungen; was blieb, war eine andere Finanzierungstechnik. Dasselbe galt für die Kreditbeziehungen mit den Banken, die sich nicht länger nach den festgelegten Regeln, die ein quasikommerzielles Element beinhalteten, richten konnten, sondern ihre Kreditpolitik an den Plankennziffern und Weisungen orientieren mußten. Es liegt auf der Hand, daß all dies keinen geeigneten Rahmen für das Funktionieren solcher Instrumente wie des Zinssatzes bildete. Banken und Unternehmen orientierten sich weiterhin vornehmlich an quantitativen Zielen und Grenzen.

Es wäre falsch anzunehmen, daß bezüglich des Wirtschaftsmechanismus während der zweiten Hälfte der fünfziger Jahre in Polen überhaupt keine Fortschritte gemacht worden seien. Es wurden einige Elemente größerer Flexibilität eingeführt, und man kümmerte sich stärker als bisher um mikroökonomische Wirksamkeit. Insgesamt aber muß die Reform als Fehlschlag angesehen werden, vor allem, wenn man sie an den durch die Ereignisse von 1956 ausgelösten hohen Erwartungen mißt. Die Gründe dafür können nur vor dem oben beschriebenen allgemeinen Hintergrund verstanden werden. Allerdings sollte man auch die Schwierigkeiten nicht unterschätzen, denen man sich gegenübersieht, wenn man ein zentralistisches System in eine von einer Art

---

37 A.a.O., S. 63.

Marktmechanismus gesteuerte Kombination von zentraler Rahmenplanung und wirklich dezentralisierten Entscheidungen überführen will. Diese Schwierigkeiten sind um so größer und grenzen an Unmöglichkeit, wenn eine laufende Wirtschaft stückweise verändert wird, die prinzipiell vom Angebot beschränkt wird und in der Praxis an vielfältigen Engpässen leidet. Unter derartigen Bedingungen tendiert die Logik des zentralistischen Systems dazu, sich zu behaupten, indem sie die neuen Elemente aufsaugt und in den alten Rahmen einbezieht. Aus all dem folgt, wie am Beispiel der Arbeiterselbstverwaltung gezeigt wurde, daß eine Reform dieser Art nur mit einem starken politischen Willen durchgeführt werden kann, der entschlossen sein muß, Hindernisse und die in der ersten Phase unvermeidbaren Rückschläge zu überwinden. Tatsächlich fehlte dieser Wille nicht nur, sondern die regierende Schicht sah die Reform als Bedrohung an und wollte sie so weit wie möglich abwenden. Deshalb zog die Führung die Zügel wieder an und begann mit einer Rezentralisierung, als sich 1958/59 infolge einer stärker expansionistischen Politik (mit einem deutlichen Wachstum der Investitionen) erste Spannungen und inflationärer Druck zeigten.[38]

Die Entwicklung in der Tschechoslowakei vollzog sich im großen und ganzen nach demselben Muster, allerdings wegen der unterschiedlichen politischen Situation ohne derart scharfe Wendungen. Auch wurde nie der Versuch gemacht, Elemente von breiterer politischer Bedeutung einzuführen wie eine Verkleinerung des Parteiapparates oder die Einrichtung von Arbeiterräten.[39]

Das wichtigste organisatorische Element der Reform war die Umwandlung von 1417 Industrieunternehmen in 383

---

38 Die Vollversammlung des Zentralkomitees der Polnischen Vereinigten Arbeiterpartei wies im November 1959 eindeutig in diese Richtung, indem sie einige konkrete Rezentralisierungsmaßnahmen ankündigte. Gleichzeitig wurden einige Mitglieder der »alten Garde« erneut in leitende Positionen berufen.

39 Die Reform von 1958 wurde in der ökonomischen Literatur kaum beachtet, besonders verglichen mit den zehn Jahre später stattgefundenen Veränderungen. Weder *Kyn*, a.a.O., noch *J. Michal, Central Planning in Czechoslovakia*, Stanford 1960, widmen ihr viel Raum. Mehr Information bietet *G. Feiwel, New Economic Patterns in Czechoslovakia*, New York 1968. Die ziemlich ausführliche Abhandlung bei *Pruchas*, a.a.O., unterscheidet sich in ihrer Beurteilung der Reform von 1958 nicht wesentlich von derjenigen im Westen.

»produzierende Wirtschaftseinheiten« *(vývobně hospodářské jednotky, VHJ)*, von denen die meisten um ein führendes Unternehmen gruppiert wurden, während 67 Unternehmensvereinigungen waren. Durch den höheren Konzentrationsgrad sollten die zentralen Planungsorgane und Industrieministerien von der Last detaillierter Anweisungen befreit werden. In der ersten Phase der Reform führte dies zum Abbau der Bürokratie. Die Zahl der den VHJ verbindlich vorgeschriebenen Planziele wurde reduziert und das Gewicht vertraglicher Beziehungen zwischen Produzenten und Abnehmern erhöht: 1959 wurden nur noch 266 Güter zentral zugeteilt, verglichen mit etwa 10 000 Mitte der fünfziger Jahre.[40] Die wichtigste Veränderung stützte sich auf die organisatorische Konzentration der Industrie und war eine beträchtlich erweiterte Rolle der Unternehmen im Investitionsprozeß. Die Möglichkeit zu dezentralen Investitionen hing vom »Normativ der materiellen Anreize für Unternehmen« ab, die (grundsätzlich für mehrere Jahre im voraus) den Anteil des Unternehmens an der Gewinnsteigerung gegenüber dem Basisjahr 1958 (oder an der absoluten Höhe des Gewinns bzw. – wo die Grundregel nicht angewandt werden konnte – an der Kostensenkung) bestimmte. Dezentrale Investitionen konnten auch aus einem Teil der zulässigen Abschreibungen, Einsparungen beim Umlaufvermögen und Rückflüssen aus dem Verkauf ungenutzter Anlagen getätigt werden. Der erwartete Anstieg des Anteils dezentraler Investitionen wurde für so bedeutend gehalten, daß die Finanzierung und Kontrolle von der Investitionsbank, die vornehmlich Haushaltsmittel verteilte, auf die Staatsbank, die mit allen finanziellen Transaktionen in der Industrie befaßt war, übertragen wurden. Parallel zu den Anreizen für die Unternehmen wurde ein ebenfalls langfristiges »Normativ der persönlichen materiellen Anreize« eingeführt, das auf denselben Grundsätzen beruhte.[41] Beide Normative

---

40 Vgl. a.a.O.
41 Das Verhältnis von Grundlöhnen und Prämien aus den Anreizsystemen ist schwer zu ermitteln. Der »Unternehmensfonds« war auf 1,2 % des Lohnfonds begrenzt (*Economic Commission for Europe, Economic Planning in Europe*, Genf 1965, Kap. VI, S. 38) und diente ausschließlich dem kollektiven Verbrauch. Unabhängig davon gab es aber auch einen Prämienfonds, der nach den gleichen Erfolgskriterien bestückt wurde wie das Anreizsystem des Unternehmens.

stellten den Unternehmen höhere Anerkennungen in Aussicht, wenn sie die Verbesserung der Ergebnisse vorausgesagt hatten (im Gegensatz zur Übererfüllung eines »weichen« Plans). Dies sollte sie davon abbringen, ihre Kapazitäten während der Planaufstellung zu verschleiern.

Die tatsächliche Wirkung der Reform wurde erstens durch ihre inneren Widersprüche geschmälert: Das System der Planziele wurde zwar gemildert, aber nicht abgeschafft, mit der Folge, daß zahlreiche Konflikte zwischen den von den Unternehmen autonom verfolgten Zielen und der Erfüllung verbindlicher Planziele (einschließlich Bruttoproduktion) auch über die formal festgesetzten Normen hinaus auftraten. Die Preisreform erwies sich als viel zu oberflächlich, um Bedingungen zu schaffen, in denen die finanziellen Ergebnisse der Unternehmen ihren wirklichen Beitrag zum volkswirtschaftlichen Erfolg widerspiegeln konnten. Zweitens wurden die Grundsätze der Reform von 1958 nur für kurze Zeit verwirklicht: Wachsende Ungleichgewichte, verursacht durch den Zusammenbruch zu weit gesteckter Pläne zu Beginn der sechziger Jahre, mußten als Begründung für die Rücknahme der Reform herhalten. In den Jahren 1961/62 setzten Jahrespläne mit detaillierten Planzielen und -zuweisungen die langfristigen Normen außer Kraft und bremsten die dezentralisierten Investitionen[42] sowie die anderen Möglichkeiten für eine unabhängige Unternehmenspolitik. »Die Dezentralisierungsbewegung wurde bald für die wachsenden wirtschaftlichen Schwierigkeiten verantwortlich gemacht, und die Reform lief langsam aus. Die folgende Rezentralisierungswelle konnte eine weitere Verschlechterung jedoch nicht vermeiden. Die Wirtschaft hörte auf zu wachsen, und die Ungleichgewichte wurden so stark, daß das gesamte Planungssystem zur Koordination des Wirtschaftsprozesses untauglich wurde.«[43]

Ungarn gehörte zur Gruppe der Staaten, die bis zur zweiten Hälfte der sechziger Jahre keinen umfassenden Entwurf für eine Wirtschaftsreform vorlegten. Absichtserklärungen, die die *Kádár*-Regierung kurz nach dem Ungarischen Aufstand

---

42 Im Jahre 1963 wurde eine Staatskommission für Investitionen gegründet, um auf diesem Gebiet eine strikte Zentralisierung durchzusetzen.
43 *O. Kyn*, a.a.O., S. 108 (im Original englisch).

abgegeben hatte (z. B. ihre Erklärung vom 6. Januar 1957), schienen fast vollständig auf dringende politische Ziele gerichtet. Einerseits sollten sie der Bevölkerung versichern, daß nicht alle Reformen rückgängig gemacht würden, andererseits sollten sie die Grundlagen des bestehenden Wirtschaftssystems festigen. Praktisch war der erste Teil der Periode nach 1956 durch eine Rezentralisierung gekennzeichnet, vor allem durch die Wiedereinführung vieler abgeschaffter obligatorischer Planziele, deren Zahl in der Kohleindustrie bald auf 27 anwuchs verglichen mit 5 Anfang 1957. Dieser Rückschlag führte jedoch nicht bis zur Situation von vor 1954 zurück. Im Laufe der Zeit begann man auf einigen Gebieten mit Veränderungen. Auf der Ebene der Anreize wurde ein Prämienfonds (ähnlich dem polnischen Unternehmensfonds) gebildet, der an den Gewinnzuwachs gekoppelt war und bis zur Höhe eines Monatslohns für Zahlungen an alle Beschäftigten verwendet werden konnte. Der Umsatz wurde als Plankennziffer gegenüber dem Wert der Bruttoproduktion gestärkt, die in den meisten Wirtschaftszweigen auf die Bedeutung eines »indikativen Ziels« reduziert wurde.[44] Welche praktischen Folgen dies gehabt hat, ist schwer zu bestimmen. Im Jahre 1959 wurde eine Preisreform durchgeführt, die an den Grundsätzen des Systems nicht rührte und seine Starrheit nicht beseitigte, aber zu einer Annäherung der relativen Preise an die Produktionskosten und zu einer besseren Berücksichtigung von Qualitätsunterschieden führte. Im gleichen Jahr wurde ein Teil des Profits für eine Zuführung an den Entwicklungsfonds des Unternehmens freigegeben, was gewisse Möglichkeiten für die dezentrale Finanzierung von Anlage- und Umlaufvermögen schuf. Gleichzeitig wurde versucht, durch die Trennung der Ausgaben für Forschung und Entwicklung von den laufenden Kosten den bestehenden negativen Anreiz für Innovationen zu beseitigen. 1961 wurde festgelegt, daß nur noch aufgrund von Kaufaufträgen produziert werden durfte, eine Veränderung, die das Gewicht vertraglicher Beziehungen zwischen den Unternehmen etwas erhöhte. Obgleich das System der Materialzuteilung in physischen Größen für die wichtigsten Rohstoffe fortbestand (und mit

---

44 Vgl. *Economic Planning in Europe*, a.a.O., Kap. IV, S. 38.

dem Prinzip der »Kaufaufträge« in Konflikt geraten sein muß), kam das Sekretariat der UN-Wirtschaftskommission für Europa damals zu dem Schluß, daß »die laufende Überwachung oder Kontrolle von Liefer- und Bezugsvereinbarungen der Unternehmen im übrigen Osteuropa etwas straffer war als in Ungarn«[45]. Die 1961 erfolgte Neubewertung des Anlagevermögens könnte als erster Schritt zur Einführung einer Kapitalabgabe gewertet werden, die 1963 auf 5% des Bruttobuchwertes des Anlage- und Umlaufvermögens festgelegt wurde. Schließlich wurde 1963 die mittlere Ebene der Industrieverwaltung reformiert: Die in den Ministerien angesiedelten Branchenhauptverwaltungen wurden abgeschafft und viele Unternehmen zu Trusts (mit untergeordneten Unternehmen) oder zu erweiterten Unternehmen (mit unterstellten Betrieben ohne Unternehmensstatus) zusammengefaßt. Trusts und erweiterte Unternehmen wurden den Ministerien direkt unterstellt, und eine Stufe der Hierarchie entfiel. Die interne Organisation der Trusts und erweiterten Unternehmen unterschied sich von Branche zu Branche, war aber straffer als zum Beispiel in den polnischen Industrievereinigungen. Die Konzentration der ungarischen Industrie erhöhte sich und rief ein monopolistisches Verhalten hervor, das besonders ernst wurde, als man versuchte, eine radikalere Entwicklung zu starten.

Alles in allem blieb die Entwicklung in Ungarn nicht hinter Polen und der Tschechoslowakei zurück, obwohl kein einziges Reformdokument vorlag. Mehr noch, wegen der in Ungarn gewählten politischen Strategie unterlagen die institutionellen Veränderungen hier nicht dem Wechselspiel feierlich angekündigter und kurz darauf zurückgenommener Wirtschaftsreformen. Die tatsächlichen Änderungen waren bescheiden und blieben im Rahmen des zentralistischen Systems, können aber rückblickend als eine Art Vorbereitung für die Reform von 1968 betrachtet werden.

In der Deutschen Demokratischen Republik kam es in der Zeit zwischen 1957 und 1962 zu häufig wechselnden institutionellen Veränderungen des Wirtschaftssystems. Nach einer summarischen Verurteilung »revisionistischer Markt-

---

45 A.a.O., Kap. VI, S. 28.

tendenzen« 1957 verfolgte die DDR-Führung ein Reorganisationsprogramm; in gewissem Maß übernahm sie die territorialen Einheiten, die damals in der UdSSR durch *Chruschtschow* eingeführt wurden. 1958 wurden die Industrieministerien durch regionale Wirtschaftsräte ersetzt. Die Nachahmung der UdSSR ging jedoch nicht bis zur Unterordnung des Hauptteils der Industrie unter regionale Körperschaften: Die »Schlüsselindustrien« blieben zentral unterstellt, und die regionalen Körperschaften kontrollierten vor allem die Konsumgüter-, Leicht- und örtlichen Industrien. Immerhin wurden fast 40 % der Bruttoproduktion in regionale Verantwortung überführt, wesentlich mehr als in jedem anderen osteuropäischen Land. Gleichzeitig traten die »Vereinigungen Volkseigener Betriebe« (VVB) an die Stelle der Hauptverwaltungen in den abgeschafften Ministerien. Demgemäß wurden einige VVB zentral, andere regional geleitet: beide Gruppen übernahmen den größten Teil der bürokratischen Strukturen der früheren Behörden. In einem gewissen Gegensatz zur Tendenz, die Aktivitäten der zentralen Planungsorgane auf langfristige Probleme zu konzentrieren, wurden der Staatlichen Plankommission (die starke Branchenabteilungen besaß) die Aufgaben der Planung und Leitung der Wirtschaft übergeben. Um 1961 erkannte man die Untauglichkeit dieser Konstruktion und schuf einen Nationalen Wirtschaftsrat zur operativen Führung der Wirtschaft im Rahmen der Jahrespläne. Ähnlich wurden auch die Wirtschaftsorgane der regionalen Behörden in Plankommissionen und Wirtschaftsräte aufgeteilt. Über mehr als rein organisatorische Änderungen kann nicht berichtet werden, weil keine wirkliche Weiterentwicklung des Entscheidungsprozesses und keine Ablösung behördlicher Instrumente stattfand, abgesehen von einer gewissen Steigerung der Rolle der VVBs bei der Zuteilung von Lieferungen und unbedeutenden Änderungen der verbindlichen Kennziffern und ihrer Verbindung mit den Prämienzahlungen.

Auch Bulgarien ahmte zu einem gewissen Grad *Chruschtschows* Reorganisation nach, indem es 1958/59 die Ministerial- durch die Territorialstruktur ersetzte. Dies fiel mit der Proklamation der kurzlebigen Wachstumspolitik des

»Großen Sprungs« zusammen. Abgesehen von einer bescheidenen Verminderung der Plankennziffern kam es nicht zu einer Lockerung des streng zentralistischen Systems. Unter den Plankennziffern wurde der Stellenwert der finanziellen Indikatoren (Gewinn, Kostensenkung) erhöht.[46] Erste Anzeichen für die Absicht, das Funktionssystem zu verändern, zeigten sich 1963, als – auf experimenteller Basis – 50 »Staatliche Wirtschaftsvereinigungen« DSOs mit größerer Autonomie geschaffen wurden. Die Lage in Rumänien ähnelte im großen und ganzen der in Bulgarien, jedoch ohne einen »Großen Sprung« und ohne die DSOs. In Albanien vollzog sich der Aufbau des Wirtschaftsmechanismus insgesamt langsamer, und paradoxerweise wurde ein vollentwickeltes Wirtschaftssystem sowjetischen Typs erst eingeführt, als die diplomatischen und wirtschaftlichen Beziehungen zur UdSSR Ende des Jahres 1961 abgebrochen wurden.[47]

Insgesamt blieben die Auswirkungen der »ersten Welle« institutioneller Änderungen in den Volksdemokratien unbedeutend. Am wichtigsten waren wahrscheinlich die indirekten Effekte, vor allem das gestiegene Bewußtsein für die Notwendigkeit, die vorherrschende quantitative Betrachtungsweise durch eine qualitative zu ersetzen (oder zu ergänzen), was eine Kosten-Nutzen-Rechnung sowohl auf makro- wie auf mikroökonomischer Ebene bedeutet hätte. Dies drückte sich durch eine intensive Suche nach angemessenen Methoden der Wirtschaftlichkeitsrechnung auf solchen Gebieten wie der Investition- und Außenhandelsrentabilität sowie der Preisbildung aus.

Der Wiederaufnahme hoher Investitionsraten Ende der fünfziger Jahre, den daraus überall folgenden Ungleichgewichten und dem Zusammenbruch des Wachstums in der Tschechoslowakei und der DDR begegnete man größtenteils durch Rezentralisierung. Die Führung versuchte, die erfolglosen Maßnahmen für die Probleme verantwortlich zu machen. Dies war besonders dreist in bezug auf übertriebe-

---

[46] Nach *Economic Planning in Europe*, a.a.O., Kap. VI, Tab. 2, bestimmte die Erfüllung und Übererfüllung des Gewinnplans die Größe des Unternehmensfonds, je nach Erfüllung der Produktionsziele. Die Prämien der Unternehmensleitung wurden von der Erfüllung des Kostensenkungsplans abhängig gemacht.

[47] *M. C. Kaser, Albania*, in: *Höhmann/Kaser/Thalheim* (Hg.), a.a.O., S. 253.

ne Investitionsausgaben, die nicht auf die dem zentralistischen System eigenen Mängel, sondern auf die den Unternehmen zugestandene sehr bescheidene Autonomie zurückgeführt wurden. Ziemlich bald kehrte man jedoch zum Reformansatz zurück, und Mitte der sechziger Jahre begann die »zweite Welle« der Reformen.

Die Analyse der Gründe für das Fehlschlagen des Versuchs, zur früheren Dynamik zurückzukehren, muß wirtschaftlich gesehen zu dem Schluß geführt haben, daß eine Steigerung der Inputs nicht ausreichen würde, ohne den abwärts gerichteten Trend der Effizienz umzukehren, der sich in den Verhältnissen von Investitionen und Bruttoproduktion sowie Lagerhaltung und Output, in der Materialintensität je Produktionseinheit und der Arbeitsproduktivität zeigte. Dies war um so nötiger, als der Konsum (besonders im Hinblick auf die Landwirtschaft mit ihrem großen direkten und indirekten Bedarf) nicht länger den niedrigsten Rang behalten durfte. Der Spielraum zur Vergrößerung der Beschäftigung hatte enge Grenzen oder bestand überhaupt nicht, wie in der Tschechoslowakei, in Ungarn und besonders in der DDR (auch nach dem Bau der Berliner Mauer, die jegliche bedeutende Auswanderung stoppte). Die Abhängigkeit vom Außenhandel hatte sich gesteigert und drängte zur Produktion qualitativ besserer, technisch fortschrittlicherer Industriegüter nicht nur für westliche, sondern auch für östliche Märkte. Zwischen den meisten RGW-Mitgliedern entwickelte sich ein merkwürdiger Wettbewerb um die Anteile an den sowjetischen Rohstofflieferungen: Politische Überlegungen gaben den Ausschlag bei der Festlegung des größten Teils der Lieferungen, aber geringe Änderungen wurden durch die Fähigkeit, mit attraktiven Gütern zu zahlen, beeinflußt.

Auf der politischen Seite fürchtete die Führung wirtschaftliche Reformen nicht mehr so wie früher. Seit dem Ungarischen Aufstand und dem »Polnischen Oktober« waren einige Jahre vergangen, die Kraft der Demokratisierungsbewegung hatte nachgelassen, und die Ordnung war wiederhergestellt. Eine »ordentliche« Wirtschaftsreform, die von solch radikalen Ideen wie Arbeiterräten gesäubert war, wurde mit größerem Wohlwollen betrachtet. Auch ideologische Rechtfertigungen kamen schrittweise voran, besonders als in der UdSSR selbst das Interesse daran wuchs.[48]

Dies erklärt die Wiederaufnahme der Reform und die Tatsache, daß dieses Mal die Initiative von den am weitesten entwickelten und zu jener Zeit politisch am wenigsten radikalen Staaten Osteuropas ergriffen wurde, nämlich von der DDR und der Tschechoslowakei. Im Juli 1963 wurden in der DDR die »Richtlinien für das neue Wirtschaftssystem« angenommen. 1964 wurden in Polen neue Reformschritte vorbereitet. Im Januar 1965 beschloß das Zentralkomitee der Kommunistischen Partei der Tschechoslowakei »Die Grundsätze für die Verbesserung der planvollen Leitung der Volkswirtschaft«. Im selben Jahr (in das auch die sowjetische Reform fiel) wurden in Bulgarien »Thesen« für eine Reform beschlossen, und Ungarn begann mit den Vorbereitungen für die Reform von 1968. Albanien führte Anfang 1966 eine »Reorganisation des Leitungssystems« durch (der Begriff »Reform« wurde vermieden). Der letzte Staat war Rumänien, wo eine Resolution des Zentralkomitees der Partei im Oktober 1967 die Notwendigkeit einer Reform des Funktionssystems anerkannte. Da die Verwirklichung der meisten dieser Entscheidungen in die Zeit nach 1965 fiel und in *Teil IV* behandelt wird, bedarf es hier nur einer kurzen Beschreibung der ostdeutschen »Richtlinien« von 1963, die für die meisten der damaligen Reformmodelle ziemlich typisch waren.

Das »Neue ökonomische System der Planung und Leitung« wurde als Ergebnis einer kritischen Bewertung der alten Planungs- und Funktionsprinzipien dargestellt, die sich als ungeeignet für eine neue Phase der »intensiven Entwicklung« erwiesen hätten. Erforderlich sei ein wesentlich stärker wirtschaftlichkeitsorientiertes System (im Gegensatz zu einem mengenorientierten System), das flexibler und gleichzeitig effektiv geplant sein sollte. Dieses Ziel sollte durch Veränderungen in dreierlei Richtung erreicht werden: In bezug auf die Methoden der zentralen Planung, in bezug auf die Organisation der Volkswirtschaft und in bezug auf den

---

48 *Libermanns* Artikel *Plan, Gewinn, Prämie* machte in Osteuropa einen enormen Eindruck, nicht so sehr wegen seines Inhalts als wegen der Tatsache, daß er in der Prawda vom 9. September 1962 veröffentlicht wurde.

Gebrauch wirtschaftlicher »Hebel«. Die Methoden der zentralen Planung sollten durch eine Konzentration auf »langfristige strukturelle Entwicklungen« und die Anwendung höherentwickelter Auswahlkriterien durch weitestgehenden Einsatz moderner Informationsverarbeitungs- und Entscheidungstechniken verbessert werden. Der Grundsatz direktiv-hierarchischer Pläne aufeinanderfolgenden Ebenen blieb in Kraft, aber die Anzahl verbindlicher Kennziffern sollte drastisch reduziert und die verbleibenden sollten auf wirtschaftliche Effekte zugespitzt werden. Die Organisationsstruktur, die den so definierten Aufgaben der zentralen Planung gerecht werden konnte, mußte die zentrale Kontrolle mit einem ausreichenden Maß an Autonomie und »Selbstregulierung« verbinden; dies bedingte eine angemessene Rolle der VVB, diesmal nicht als zwischengeschaltete halbbürokratische Einheiten, sondern als voll entwickelte sozialistische Konzerne. Die VVB wurden als finanziell selbständige und gewinnorientierte Einheiten angesehen, die nicht nur in der Lage waren, Entscheidungen über laufende Produktionsprobleme zu treffen, sondern innerhalb vorgegebener Grenzen auch über ihre Zukunft bestimmen konnten. Das Verhältnis zwischen den VVB und ihren Mitgliedsunternehmen konnte relativ eng sein (in den vertikalen Organisationen, den Kombinaten) oder relativ lose (in horizontalen Vereinigungen). Grundsätzlich verfolgte man jedoch das Ziel, die VVBs gegenüber den Unternehmen (VEBs) zu stärken, unter anderem indem man die VVBs als Ganzes mit dem Staatshaushalt verband und ihnen so eine beachtliche markt- und finanzwirtschaftliche Funktion überließ. Die Richtlinien wiesen eindeutig auf eine Rückkehr von der territorialen zur sektoralen Organisation der Wirtschaftsverwaltung, die tatsächlich 1965/66 durch die Schaffung von acht Industrieministerien erreicht wurde. Als bedeutender Vorteil der neu definierten VVB wurde die Stärkung der Forschungs- und Entwicklungsabteilungen durch ihre Integration in die Produktion angesehen. Unter den Instrumenten wurde das größte Gewicht auf die finanziellen Kennziffern gelegt (Gewinn, Umsatz und Kosten), ohne daß eine von ihnen zum Hauptmaßstab des Erfolgs gemacht wurde. Sie sollten das wichtigste Kriterium des Verhaltens von VVB und VEB werden, deren finanzielle Situation und Wachstumsmöglichkeiten von ihren Ergebnissen abhingen. Umgekehrt spiegelten die Ergebnisse unter anderem die Weise wider, in der Verträge zwischen den Unternehmen ausgeführt wurden. Persönliche Anreize (in erster Linie Löhne) blieben, abgesehen vom Prämienfonds, nur indirekt mit den finanziellen Ergebnissen der Unternehmen verbunden. Wie zu erkennen war, enthielten die »Richtlinien«, verglichen mit den bescheidenen Reformkonzepten der nicht so fernen Vergangenheit, kaum neue Ideen, neuartig war lediglich die Absicht, eine zwar bescheidene, aber zusammenhängende Lösung voranzutreiben. Offensichtlich stand eine Prüfung der Wirksamkeit und Beständigkeit dieser Lösung noch aus, aber der Prozeß der Erfüllung zog sich seit April 1964 über längere Zeit hin.

Die Institutionalisierung der außenwirtschaftlichen Beziehungen

Der Außenhandel und andere Formen außenwirtschaftlicher Beziehungen blieben bis 1965 relativ unbedeutend, wuchsen aber erkennbar. Sicherlich wird das Pro-Kopf-Handelsvolumen, wie es *Tabelle III.10* zeigt, durch die Preisentwicklung aufgebläht, die Preise aber waren in dem Jahrzehnt vor 1965 ziemlich stabil, als Bulgarien, die Tschechoslowakei, Ungarn und die DDR recht respektable Werte erreichten (die letztere startete 1950 aus einer Ausnahmesituation). Die Handelsabhängigkeit, also die Hälfte des Umsatzes in Prozent des Nationalprodukts, erreichte für die Jahre 1961–65 einen Durchschnitt von (erste Zahl inländische, zweite – in Klammern – Weltmarkt-Preise) in Bulgarien 26,6% (16,5%), in der Tschechoslowakei 17,9% (13,2%), in der DDR 14,7% (12,0%), in Ungarn 26,6% (14,6%), in Polen und Rumänien zu Weltmarktpreisen 11,8% bzw. 8,2%.[49] Der Außenhandel Osteuropas wuchs 1956–60 schneller als die Weltausfuhren und schneller als

---

49 *B. Askansas, H. Askansas, F. Levcik, Structural Developments in CMEA Foreign Trade over the Period 1960–1974*, Wiener Institut für internationale Wirtschaftsvergleiche, Forschungsberichte, Nr. 23, Tab. 1, S. 4–5. Dieselben Autoren berechneten für 1961–65 auch eine sehr hohe Handelselastizität in bezug auf das Wachstum des Nationalprodukts: 3,9 für die Tschechoslowakei, 2,5 für Ungarn,

der Außenhandel der westlichen industrialisierten Länder, fiel aber 1961–65 unter die westliche Zuwachsrate zurück und blieb nur leicht über dem Zuwachs des Weltaußenhandels.

Tabelle III.10
Außenhandel[a]) pro Kopf in Osteuropa 1950–65
(in $ zu laufenden Preisen)

	1950	1955	1960	1965
Albanien	13	—	—	—
Bulgarien	18	32	77	144
Tschechoslowakei	58	74	137	190
DDR	24	68	128	173
Ungarn	35	58	92	150
Polen	27	34	48	73
Rumänien	16	25	37	58
Jugoslawien	12	20	38	61

a) die Hälfte der Summe von Exporten und Importen.
Quellen: Rocznik Statystyczny 1966, S. 651–652, und 1975, S. 618–619; M. Kaser, Comecon: Integration Problems of the Planned Economies, London 1967, Tab. 1, S. 140; für Albanien 1950 A. Bodnar, Gospodarka europejskich krajów socjalistycznych, Warschau 1962, S. 295, und für Jugoslawien 1955 Statistički godišnjak 1972, S. 77 und 205.

Was die Richtung des Handels angeht, erreichte der RGW-interne Handel mit zwei Dritteln der Exporte 1953 seinen Höhepunkt, fiel dann aber im Ausnahmejahr 1956 auf seinen niedrigsten Stand seit 1948 (55%) zurück; danach stabilisierte er sich in jeder Hinsicht bei etwas über 60%. Die UdSSR war der wichtigste Handelspartner, der Anteil der westlichen Länder schwankte um 20% des Umsatzes, und der Anteil der Entwicklungsländer stieg von 7% im Jahre 1960 auf 9% im Jahre 1965. Der Staat, der eine andere Entwicklung zeigte, war Rumänien, dessen Importe aus anderen RGW-Mitgliedstaaten zwischen 1960 und 1965 um 10 Prozentpunkte fielen: Ein Vorbote kommender Dinge.

Während der Sinnkrise der Nach-*Stalin*-Ära figurierte der Außenhandel vor allem als ein Faktor, dessen breitere Nutzung bedeutend zur Intensivierung der Wirtschaft beitragen sollte. In diesem Zusammenhang ist auf zwei Aspekte der

---

2,1 für Bulgarien, 1,7 für die DDR, 1,6 für Polen und 1,1 für Rumänien; die durchschnittliche Elastizität für alle RGW-Mitglieder betrug 1,4, was auf den niedrigen Wert für die Sowjetunion (1,2) zurückzuführen ist.

institutionellen Verhältnisse einzugehen: Auf die Organisation der Außenhandelsgeschäfte und ihre Verbindung mit dem Binnenwirtschaftssystem sowie auf die ökonomischen Beziehungen auf internationaler Ebene, zuerst und vor allem im RGW.

Bezüglich des ersten, internen, Aspektes beinhaltete das oben beschriebene System sowjetischen Typs ein staatliches Außenhandelsmonopol, das in der denkbar strengsten Weise ausgelegt wurde. Diese Einstellung überdauerte die Periode von 1957 bis 1965 und ließ die Säulen der zentralistischen Organisation des Außenhandels nahezu unberührt: die zentral und in physischen Größen angesetzten Import- und Export-Quoten, die organisatorische Trennung von Außenhandelsfirmen und inländischen Unternehmen, den Preisausgleich, der inländisches Preisniveau und Preisverhältnisse von der Außenwelt abkoppelte, und die Konzentrierung von Devisentransaktionen und diesbezüglichen Entscheidungen bei den Kontrollbehörden. Selbst in Polen, wo 1956/57 radikale Forderungen erhoben wurden, wurden die Außenhandelsinstitutionen wohl am wenigsten diskutiert, und es wurde praktisch kein Versuch unternommen, sie zu verändern; damals wurde die Frage nach Kriterien und Methoden zur Bewertung der makroökonomischen Außenhandelseffizienz aufgegriffen. Die Gründe waren mannigfaltig und reichten von der politischen Empfindlichkeit des gesamten Bereichs des Außenhandels bis zu dem Gefühl, daß die tatsächlichen Wahlmöglichkeiten wegen der überwältigenden Rolle der bilateralen Handelsabkommen mit quasi Tauschhandelscharakter sehr begrenzt waren. Im Lauf der Zeit jedoch begannen diejenigen, die den Druck durch die zunehmende Außenhandelsabhängigkeit erfaßten, die Vorstellung anzugreifen, daß ein Außenhandelsmonopol als Grundlage einer wirksamen zentralen Planung nur in einer bestimmten Art interpretiert werden könne. Diese Überlegung führte nach 1965 dazu, daß der Reform des Außenhandelssystems höchste Priorität eingeräumt wurde, trug aber während dieser Periode kaum Früchte. Immerhin kam es zu vorsichtigen Anpassungen. Vertreter der exportgüterproduzierenden und importgüterkonsumierenden Industrien wurden an den Handelsgesprächen beteiligt, Anreize zur Exportförderung wurden geschaffen oder ausgebaut, um die wegen höherer Qualitätsanforderungen und mangelnder Preisvorteile bestehende Abneigung der Industrie gegenüber dem Export zu überwinden. Es erwies sich als unerwartet bedeutsam für die Förderung eigenständiger Initiativen, daß in die Exportpläne gütermäßig nicht aufgegliederte Devisenziele eingearbeitet wurden, die die Absicht der Regierung reflektierten zu exportieren (vor allem auf westliche Märkte), ohne schon vorher zu wissen, was.

Der externe Aspekt unterlag auf der anderen Seite einer Veränderung, die scheinbar nur organisatorisch, aber sicher nicht ohne wirtschaftliche Bedeutung war. Die politischen Gründe für die beschleunigte Entwicklung des RGW wurden bereits oben erwähnt. Wirtschaftlich war sie sowohl eine Antwort auf die Gründung der Europäischen Wirtschaftsgemeinschaft (EWG) als Folge der Römischen Verträge vom März 1957 als auch Folge einer grundsätzlichen Tendenz, die Vorteile der internationalen Arbeitsteilung innerhalb einer »sozialistischen Integration« besser zu nutzen.

Die Organisation des RWG, wie sie sich in der Zeit von 1957 bis 1965 herausbildete, ist in der westlichen Literatur ausführlich beschrieben worden.[50] Aufmerksamkeit verdient nur ein halbes Dutzend Punkte:

1. der De-facto-Verfall der albanischen Mitgliedschaft 1962, die Verwirrung um den jugoslawischen Beobachterstatus (1956–58 und wieder seit 1965), der Beobachterstatus für die asiatischen sozialistischen Länder (China seit 1956, Nordkorea seit 1957, Nordvietnam und die Mongolei seit 1958), der im Falle der Mongolei 1962 und viel später (1978) im Falle Vietnams zur vollen Mitgliedschaft führte, und der praktische Rückzug Chinas sowie der Beobachterstatus Kubas, das 1972 Vollmitglied wurde;

2. die regelmäßigere Einberufung des Rates mit wesentlicheren Themen auf der Tagesordnung und, besonders

---

50 Siehe besonders *M. Kaser, Comecon, Integration Problems of the Planned Economies*, 2. Auflage, London 1967.

wichtig, die speziell den RGW-Angelegenheiten gewidmeten Treffen der Ersten Parteisekretäre der Mitgliedstaaten;

3. wurde im Jahre 1962 ein Exekutivkomitee aus den stellvertretenden Regierungschefs gebildet. Die Tatsache, daß es von 1962 bis 1965 zwanzigmal zusammentraf, bewies seine quasi operative Funktion. Die Mitglieder des Exekutivkomitees haben ständige Vertreter beim RGW-Hauptquartier in Moskau;
4. die Bildung ständiger Kommissionen für besondere Aspekte der wirtschaftlichen Zusammenarbeit. Einige befaßten sich mit bestimmten Branchen, andere mit Funktionen, wie Finanzen, Wirtschaftswissenschaften und Statistik; ihre Zahl kletterte bis 1966 auf 21, von denen 8 (einschließlich aller funktionellen Kommissionen) in Moskau angesiedelt waren. Im Oktober 1963 wurde die Internationale Bank für wirtschaftliche Zusammenarbeit gegründet, und um 1965 arbeiteten bereits etliche andere RGW-Institutionen, besonders der gemeinsame Waggonpool und Intermetall;
5. eine Stärkung des RGW-Sekretariats, das Material von den Mitgliedsländern sammelte und verarbeitete sowie eigene Analysen erstellte;
6. schuf der RGW in den Mitgliedstaaten ein ausgebautes Netz von Kooperationspartnern. Jedem Ministerrat wurde ein Komitee für außenwirtschaftliche Zusammenarbeit angeschlossen, und in allen wichtigen Ministerien, Institutionen der mittleren Ebene und Unternehmen mit starken Außenhandelsverflechtungen wurden besondere Büros eingerichtet. Die Entwicklung dieses Netzes spiegelt unzweifelhaft die wachsende Bedeutung wider, die die herrschenden kommunistischen Parteien dem RGW beimaßen. Diese veranstalteten während der fraglichen Periode mindestens fünf zwischenparteiliche Treffen zu Fragen des RGW.

Einige Ergebnisse zeigten sich. Die Menge der wechselseitig verfügbaren Informationen steigerte in der Periode 1957 bis 1965 die Zusammenarbeit, und die Nachrichtenverbindungen wurden verbessert. Die ersten koordinierten Aktivitäten begannen: Der Anfang eines gemeinsamen elektrischen Verbundnetzes und Eisenbahnwaggonpools und die »Freundschafts«-Ölpipeline. Gleichzeitig begann die Hauptaufgabe der Branchenkommissionen, die Spezialisierung innerhalb der Branchen. Die Kommissionen konnten jedoch nur Vorschläge machen, die erst durch die Zustimmung der betroffenen Länder gültig wurden. Dies minderte ihre Bedeutung, und nach einer polnischen Quelle wurden von den 80 000 bis 100 000 Typen und Größen von Maschinen und Ausrüstungen, die die Maschinenbauindustrie eines entwickelten Landes herstellt, 1965 nicht mehr als 1600 durch Spezialisierungsvereinbarungen im Rahmen des RGW abgedeckt.[51] Eine Spezialisierung auf Produkte war noch weniger zu erkennen, was eng mit dem weiten Problem der Plankoordination zusammenhängt.[52] Schließlich wurden allgemeine Verhaltensregeln für die wirtschaftlichen Beziehungen abgestimmt und akzeptiert: Preisbildung, Zahlungen, vertragliche Verpflichtungen usw. Einige dieser Probleme werden noch kurz angesprochen.

Obwohl die Bedeutung dieser und einiger anderer Schritte zur Bewältigung des gestiegenen Handelsvolumens zwischen den osteuropäischen Ländern nicht geleugnet werden kann, wurden in einigen grundlegenden Bereichen keine Fortschritte erzielt, am wenigsten bei der Planabstimmung, für die zentral geplante Volkswirtschaften auf den ersten Blick die besten Bedingungen zu haben scheinen.[53] Tatsächlich wurde der größte Fortschritt durch die Aktivitäten des RGW gerade auf diesem Gebiet erwartet.

In der Praxis schlugen alle Versuche zur multilateralen Koordination der Pläne fehl; dies gilt nicht nur für die Fünfjahrpläne von 1956 bis 1960, sondern auch für die der Jahre 1961–65, als durch den gegenseitigen Austausch von Informationen über die Entwürfe der 15jährigen Perspek-

---

51 L. Ciamaga, *Dotychczasowa współpraca krajów RWPG*, in: *P. Bozyg* (Hg.), *Integracja ekonomiczna krajów socjalistycznych*, Warschau 1970.
52 Vgl. *M. Kaser*, a.a.O., S. 165/166.
53 »Welchen Aspekt der Integration wir auch betrachten, den laufenden Handel, die Investitionen oder die Technologiepolitik, (fast) immer müssen wir fragen, ob die Anweisungen der Integratoren in den Plan jedes Landes eingebaut wurden. Wenn das nicht der Fall ist, sind sie äußerst wenig wert.« *P. J. D. Wiles, Communist International Economics*, Oxford 1968, S. 316.

tivpläne ein neuer Versuch unternommen wurde. In beiden Fällen war das einzige wirkliche Ergebnis eine große Anzahl bilateraler Handelsabkommen, die auf fünf Jahre geschlossen und durch jährliche Protokolle konkretisiert wurden, und eine kleine Anzahl von Investitionsprojekten, die alle, bis auf eines in der Periode 1956–60, bilateral waren.[54] Dieses Verfahren war kaum angemessen, weil bereits festgestellte Pläne koordiniert werden sollten. Von 1964 an (auf der Grundlage einer 1963 getroffenen Regelung) wurde daher ein Übergangsverfahren eingeführt, nach dem Informationen über die möglichen Grundzüge der nationalen Pläne ausgetauscht wurden, von deren über 1000 Kennziffern etwa 200 Materialbilanzentwürfe zu einer konsolidierten RGW-Bilanz zusammengefaßt wurden.[55] Damit wurde zwar offensichtlich eine Technik zur Plankoordination geschaffen, die substantiellen Hindernisse wurden jedoch nicht aus dem Weg geräumt.

Die Gründe für diesen Fehlschlag können in drei Kategorien unterteilt werden. Die erste könnte historisch genannt werden; sie umfaßt sowohl den allgemeinen Mangel an Erfahrung für die Bewältigung einer ohne Zweifel ungeheuren Aufgabe als auch die äußerst ungünstigen Bedingungen einer Unbeständigkeit, die häufige und grundlegende Wechsel bei der Vorbereitung der nationalen Pläne sowie Notmaßnahmen während ihrer Durchführung verlangte. Die zweite Kategorie ist systembedingt und beinhaltet die Methoden des Umgangs mit außenwirtschaftlichen Beziehungen.[56] Bewegungen von Produkten, Produktionsfaktoren und Geld über die Grenze werden zu Recht oder zu Unrecht aus dem Blickwinkel des integrierten Ganzen gesehen, und nicht zentral kontrollierte Bewegungen werden vorsichtshalber verboten. Angesichts des bestehenden internen Planungssystems, der hochgradigen Isolierung der Binnen- von

---

54 Das einzige Beispiel für ein multilaterales Abkommen dieses Typs (Investitionsprojekt) war das zwischen Rumänien, Polen und der DDR geschlossene Kreditabkommen über die Zusammenarbeit beim Bau einer Papiermühle auf der Basis von Schilfrohr. (*M. Deniszcuk* und *K. Derbin, Koordynacja planów gospodarczych krajów RWPG,* Warschau 1972.)
55 A.a.O., S. 104.
56 Wie *Peter Wiles* sagt, ist es wesentlich einfacher, Marktwirtschaften zu koordinieren als Planwirtschaften (a.a.O., S. 322).

den Außenpreisen, der bedeutenden Unterschiede der relativen Preise selbst zwischen RGW-Mitgliedern, des hartnäckigen Verkäufermarktes und der vorherrschenden Zuteilung der Produktionsfaktoren in physischen Größen überrascht es nicht, daß eine »Importe-zuerst«-Politik verfolgt wurde, die die notwendigen Importe durch die Bereitstellung von Gütern und Dienstleistungen für den Export sicherte. Daher begann die Abstimmung in der Zeit von 1957 bis 1965 stets mit Güterlisten, die dann bis zum wechselseitigen Ausgleich der Zahlungen verändert wurden. Diese tauschartigen Beziehungen konnten nur auf bilateraler Basis funktionieren (oder höchstens auf trilateraler, wenn drei Länder über die Aufrechnung genau festgelegter Lieferungen Einigkeit erzielten). Wie in den Beziehungen zwischen den zentral geleiteten Unternehmen innerhalb jedes Landes, durfte das Geld keine aktive Rolle spielen, also Kaufkraft sein, mit der jede Ware zum angegebenen Preis erworben werden kann. Die Logik des Systems verwandelte praktisch jeden Versuch der Multilateralisierung in Warentauschvereinbarungen, was so weit ging, daß das gleiche Produkt in verschiedenen bilateralen Transaktionen unterschiedliche Preise hatte. Die Preisbildungsregel im RGW (von 1958 bis 1964 die »Weltmarktpreise« von 1957) wurde lediglich als Grundlage für das Aushandeln besonderer Vertragspreise zwischen jedem Vertragspartnerpaar angesehen. Die Terms of Trade hingen vom Ergebnis dieser Verhandlungen ab und konnten politische Bedeutung als Mittel verborgener Unterstützungen oder Benachteiligungen durch die UdSSR haben. Die Stellung der UdSSR als weitaus wichtigster Handelspartner und Hauptlieferant einiger wichtiger Rohstoffe mußte zusätzlich zur Bilateralisierung beigetragen haben, weil das Schicksal aller Pläne maßgeblich von der erfolgreichen »Abstimmung« mit der Sowjetunion abhing.[57]

---

57 Ihren dramatischsten Ausdruck fand diese Tatsache, als *Erich Apel,* der Vorsitzende der DDR-Plankommission und Architekt des »Neuen ökonomischen Systems«, am 3. Dezember 1965 Selbstmord beging, nachdem er ein neues DDR-sowjetisches Handelsabkommen unterzeichnet hatte, das nach seiner Ansicht nachteilig für die DDR war.

Die dritte Kategorie von Gründen war politisch. Der sicherste Weg zur wirtschaftlichen Integration war unter den beschriebenen Umständen eine supranationale Zentralplanung. So etwas wurde tatsächlich 1962 von *Chruschtschow* vorgeschlagen und fand die deutliche Unterstützung der am höchsten industrialisierten Staaten (Tschechoslowakei und DDR) und Polens. Der Entwurf eines Dokuments mit dem Titel »Grundprinzipien der internationalen sozialistischen Arbeitsteilung« sollte ursprünglich in die gleiche Richtung weisen. Bevor es jedoch 1962 verabschiedet wurde, gelang es den Gegnern, den Text zu verwässern. Der prinzipielle Widerspruch kam aus Rumänien, das in jedem Versuch zur zentralen Verteilung von Ressourcen auf RGW-Ebene eine Bedrohung seiner eigenen Wirtschaftspläne und seines politischen Status sah. Der Widerstand war jedoch auch anderswo ziemlich stark: In Polen wurde (trotz *Gomulkas* Rolle als Statthalter *Chruschtschows*) der rumänische Standpunkt mit Befriedigung aufgenommen, weil er ohne Polens eigene Mitwirkung den erwünschten Erfolg brachte. Die allgemeine politische Lage begünstigte einen Vorstoß zu einer supranationalen Planung nicht [58], und in der folgenden Periode begann daher die Suche nach Lösungen, um die multilateralen Bindungen ohne sie zu stärken. Zu einem bestimmten Zeitpunkt mußte es so scheinen, daß dies indirekt die Aussichten wirtschaftlicher Reformen, einschließlich des Außenhandelsmechanismus, verbessern würde, und gegen Ende der Periode wurden neue Institutionen geschaffen, namentlich die Internationale Bank für wirtschaftliche Zusammenarbeit, die das bescheidene Verrechnungsschema von 1957 verbesserte (wird in *Teil IV* kommentiert).

Der osteuropäische Handel mit dem Westen verzeichnete während der Zeit von 1957 bis 1965 keinen besonderen Aufschwung (tatsächlich war die Wachstumsrate in den vorangegangen und den folgenden Perioden höher), aber seine Bedeutung ging weit über sein quantitativ meßbares Volu-

---

[58] Wieder ein passender Kommentar von *Peter Wiles:* »Der Widerspruch des RGW ist, daß die UdSSR unter *Stalin* die Macht, aber nicht den Willen hatte, jeden Grad der wirtschaftlichen Einheit unterhalb der offenen Annexion zu verwirklichen, während sie unter *Chruschtschow* zwar den Willen, aber nicht die Macht hatte.« (A.a.O., S. 311.)

men hinaus, weil der Handel erstmals Zugang zu technologisch fortgeschrittenen Produkten gewährte, teilweise durch die ersten Abkommen zwischen Ost und West über industrielle Zusammenarbeit in den frühen sechziger Jahren. Das größte institutionelle Hindernis auf westlicher Seite war das Embargo von Exporten in den Warschauer Pakt, das während des Kalten Krieges erlassen wurde: Die Comecon-Embargoliste umfaßte 1952 50 % der international gehandelten Waren. In den sechziger Jahren hielten die Europäer im wesentlichen nur bei militärischen Gütern streng am Embargo fest, während es die Vereinigten Staaten noch wesentlich enger auslegten. Obwohl Zölle den Ost-West-Handel behinderten, scheint die Schaffung von Wirtschaftsgemeinschaften, an erster Stelle die EWG, aber auch die EFTA, während dieser Periode keinen Schaden angerichtet zu haben, zum Teil auch, weil durch das GATT einige Vorteile gewonnen wurden.[59] Polen wurde von den USA die Meistbegünstigungsklausel zugestanden, und die DDR erfreute sich weiterhin ihrer besonderen Position im Handel mit der Bundesrepublik (die ihn als innerdeutschen Handel ansieht). Wichtiger waren westliche Importquoten in bilateralen Handelsabkommen. Das bedeutendste Hindernis für eine Ausdehnung des Handels mit dem Westen war jedoch wirtschaftlicher Natur, vor allem die begrenzte Fähigkeit Osteuropas, für Westimporte zu zahlen. Die Struktur der osteuropäischen Exporte in den und Importe aus dem Westen hinkte deutlich hinter dem her, was aufgrund der Wirtschaftsstruktur Osteuropas zu erwarten war: Primärgüter dominierten auf der Exportseite, Fertigwaren auf der Importseite. In dem Maße, in dem dies mit dem Wirtschaftssystem und seiner Art der Durchführung des Außenhandels zusammenhing, konnte es als institutioneller Faktor bezeichnet werden.

---

59 Nur die Tschechoslowakei war während der gesamten Nachkriegsperiode Mitglied des GATT. Polen nahm 1954 Kontakt mit dem GATT auf und trat ihm 1967 bei. Beide profitierten daher von den Zollsenkungen der Kennedy-Runde (*Analytical Report on the State of Intra-European Trade*, New York 1970, Supplement, Kap. III).

Jugoslawien

Zwar gelang es dem jugoslawischen System während der Periode von 1957 bis 1965 nicht, den Status einer Alternative für die Volksdemokratien zu erringen, es zog aber weiterhin das Interesse auf sich und beeinflußte ohne Zweifel die intellektuelle und politische Suche nach einer Reform in diesen Ländern. Auch wenn sie auf internationaler Ebene keine Nachahmer fand, blieb die jugoslawische Partei dem eingeschlagenen Kurs treu: Die Veränderungen des Wirtschaftssystems wurden nicht nur als Lösung aktueller Probleme angesehen, sondern auch oder vielleicht hauptsächlich als Grundlage für die Verwirklichung eines sich vom sowjetischen Typ deutlich abhebenden »Selbstverwaltungssozialismus«. Aus diesem Blickwinkel wurde die betrachtete Periode von einigen bedeutenden Dokumenten gekennzeichnet:

– dem Programm des Bundes der Kommunisten von 1958 (dem Ljubljana-Programm, das zum Ziel verletzender Angriffe aus der UdSSR und anderen osteuropäischen Staaten wurde);

– der Verfassung von 1963;

– dem Programm des Bundes der Kommunisten von 1964.

Die beiden letzten Dokumente deuteten schon die neue Entwicklungsphase an, in die das jugoslawische System nach der Wirtschaftsreform von 1965 eintreten würde.

Der Eckstein der institutionellen Veränderungen zwischen 1957 und 1965 ist die Ersetzung des Gewinnbeteiligungssystems der Verteilung durch das System der Einkommensbeteiligung 1958.[60] Die grundlegende Idee des neuen Systems war, in Übereinstimmung mit den Prinzipien der Selbstverwaltung, in der die Arbeiter die direkte Kontrolle über die im Gemeineigentum stehenden Produktionsmittel ausüben

---

60 Die folgende Darstellung stützt sich hauptsächlich auf *Rudolf Bicanics, Economic Policy in Socialist Yugoslavia*, Cambridge 1973; *Branco Horvat, Yugoslav Economic Policy in the Post-War Period*, in: American Economic Review, Band 61, Nr. 3, Teil 2 Ergänzungsband Juni 1971. Außerdem auf zwei UN-Berichte: *Economic Planning in Europe* (part 2 of the *Economic Survey of Europe in 1962*, Genf 1965), Kap. VII; *Incomes in Post-War Europe. A Study of Politics, Growth and Distribution* (a.a.O., Kap. 12. Siehe auch *Deborah Milenkovic, Plan and Market in Yugoslav Economic Thought*, New Haven [Conn.] 1971).

und nicht ihre Arbeitskraft gegen Lohn verkaufen, den Begriff des Lohns abzuschaffen. Die Abschaffung der Löhne als Kostenelement mußte die Abschaffung der Gewinne nach sich ziehen. Die Bruttoeinnahmen des Unternehmens abzüglich der Zahlungen für Vorleistungen von außen (hauptsächlich Material), der Abschreibungen, einer Kapitalabgabe an den Staat in Höhe von 6% und gewisser Steuern (Umsatzsteuer, wo sie erhoben wurde, und in einigen Fällen Grundstückspacht) bildeten das Einkommen der Unternehmung. Die Differenz zwischen diesem Einkommen und der »rechnerischen Lohnsumme«, definiert als Summe der garantierten »persönlichen Einkommen« (ein Begriff, der den Eindruck verwischen sollte, die Löhne seien durch die Hintertür wiedereingeführt worden), wurde besteuert. Zuerst war diese Steuer progressiv und kletterte bis auf 80%, aber seit 1961 wurde sie in eine lineare 15%ige Steuer zuzüglich eines 25%igen Steuerzuschlags in besonderen Fällen verwandelt; die Einnahmen flossen in die kommunalen Haushalte. Außerdem mußten die Unternehmen eine Sozialversicherungsprämie zahlen. Der nach Abzug dieser Steuern verbleibende Betrag (man kann ihn als Nettoeinkommen bezeichnen) wurde etwa im Verhältnis 1,6:1 für die Vergütung der Belegschaft verwendet und für Investitionen und sozialen Konsum vom Unternehmen einbehalten.[61] Die individuelle Aufteilung des persönlichen Einkommensfonds fand auf der Basis eines Punktsystems statt, das sich im Ergebnis wenig von einer Lohntabelle unterschied. Der endgültige Wert eines Punktes konnte zwar erst nach dem Ende des Geschäftsjahres bestimmt werden (in Übereinstimmung mit dem grundlegenden Konzept des Systems), aber das von Branche zu Branche unterschiedliche »garantierte Einkommensniveau« wurde durch einen kommunalen Reservefonds garantiert, wenn das Unternehmen diese Verpflichtung nicht erfüllen konnte. Jede Anleihe aus dem Fonds, der durch Beiträge der Unternehmen gespeist wurde, mußte bei Strafe der Aufhebung der Arbeiterselbstverwaltung durch die Kommune und eventuell sogar der Auflösung des Unternehmens zurückerstattet werden. Das »persönliche Mindesteinkommen« wurde durch Gesetz für

---

61 *Bicanic*, a.a.O.

die gesamte Wirtschaft in gleicher Höhe festgelegt und von der Kommune als letzte Sicherung des Lebensunterhalts der Arbeiter ausgezahlt.

Die gesamtwirtschaftliche Verteilung der Unternehmensausgaben veränderte sich durch die Einführung dieses Einkommensbeteiligungssystems nicht. Das Verhältnis der »gesellschaftlichen Investitionsfonds« der Regierung, deren wichtigster der vom Bund verwaltete Generalinvestitionsplan war, und der Fonds der »arbeitenden Organisationen« (Unternehmen und Institutionen mit eigenen Einnahmen) bei der Finanzierung der Anlageinvestitionen blieb bis 1964 mehr oder weniger gleich. Von größerer Bedeutung war die Steigerung des Anteils der Kommunen auf Kosten des Bundes, während der Anteil der Republiken ziemlich stabil blieb.[62] In Verbindung mit anderen Maßnahmen bedeutete das Einkommensverteilungssystem jedoch einen Schritt hin zu mehr autonomen Wahlmöglichkeiten der Unternehmen, nachdem sie ihre äußeren Verpflichtungen erfüllt hatten. Unmittelbar begleitet wurde es von der Zusicherung der Gleichstellung für die Vertreter der Arbeiterräte bei der Wahl des Direktors (die andere Hälfte der Stimmen entfiel auf die Gemeinde); vom Recht, innerhalb des Unternehmens selbständige wirtschaftliche Einheiten *(ekonomske jedinice)* zu errichten, mit dem Ziel, die Arbeitskräfte in diesen Einheiten enger an die Selbstverwaltung zu binden; vom Recht, sich mit anderen Unternehmen in unterschiedlichen Formen zusammenzuschließen (zusätzlich zur pflichtgemäßen Mitgliedschaft in den Wirtschaftskammern); von einer flexibleren Preiskontrolle, nach der die zuständigen Stellen (die ein Vetorecht hatten) über jede Preiserhöhung im voraus informiert werden mußten und nach der direktive Preisobergrenzen auf eine kleine Anzahl von Schlüsselprodukten beschränkt wurden. Eine wichtige Änderung trat 1961 ein, als die Gewerkschaften und Gemeinden das Recht verloren, die Verteilung des Nettoeinkommens auf persönliche Einkommen und einbehaltene Fonds und die Grundsätze der Verteilung unter den Beschäftigten (also das, was anderswo als Lohntabellen bezeichnet würde) zu kontrollieren (und

---

62 *B. Horvat*, a.a.O., S. 140.

damit praktisch zu bestimmen). Dies fiel mit einer Überprüfung der Unternehmensbesteuerung und anderen Maßnahmen zusammen, von denen einige als Vorläufer der Reform von 1965 angesehen werden können. Aus der Sicht der Unternehmen waren drei von ihnen von Bedeutung:

1. Anlage- und Umlaufvermögen wurden in einem einheitlichen »Betriebsfonds« zusammengefaßt, so daß die administrativen Beschränkungen des Wechsels vom einen zum anderen bei der Finanzierung beseitigt wurden.

2. Die kommunalen Banken, deren Vorstand zu zwei Dritteln von den Arbeiterräten der örtlichen Unternehmen bestimmt wurde, wurden zu den wichtigsten Kreditinstitutionen. Die Bankreform von 1961 wertete auch die Stellung der Republiken in finanziellen Fragen auf, indem sie Investitionsbanken in den Republiken und autonomen Gebieten schuf, die als Mittler zwischen den zentralen Banken (die Nationalbank und drei spezialisierte Banken des Bundes, die Investitionsbank, die Außenhandelsbank und die Landwirtschaftsbank) und den kommunalen Banken dienten.

3. Schließlich fand ein entscheidender Übergang von einem streng kontrollierten zu einem liberalisierten Außenhandelssystem statt. 1961 wurden, nachdem der Dinar erneut abgewertet worden war, um einen realistischen Wechselkurs zu erhalten, die multiplen Wechselkurse (»differenzierte Koeffizienten«) abgeschafft und Zölle eingeführt, um auf lange Sicht die Anforderungen des GATT, dessen assoziiertes Mitglied Jugoslawien 1959 geworden war, zu erfüllen. Die Unternehmen konnten sich frei auf die Exportmärkte begeben und wurden durch Steuernachlässe und die Möglichkeit, einen Teil ihrer Deviseneinnahmen zu behalten, dazu ermutigt. Für 20% der Importe wurde die Bewirtschaftung gelockert (mit der Zusage, den Anteil zu erhöhen), der Rest blieb unter mengenmäßiger Kontrolle.

Zu Beginn der sechziger Jahre erlitt die jugoslawische Wirtschaft, merkwürdigerweise gleichzeitig mit einigen anderen osteuropäischen Staaten, Rückschläge im Wachstumsprozeß: Während dreier aufeinanderfolgender Jahre blieb die Wachstumsrate des Bruttosozialprodukts niedriger, als auf der Grundlage früherer Erfolge erwartet worden war (etwa 4–5% pro Jahr) und weit unter den optimistischen Voraussagen des dritten Fünfjahrplans (1961–65). Sowohl der inflationäre Druck als auch die Arbeitslosigkeit wuchsen rasch.[63] Die Importe stiegen wesentlich schneller als die Exporte, und die Verschlechterung der Lage nährte eine heftige Diskussion, ob und in welchem Ausmaß die Reform für die Entwicklung verantwortlich zu machen sei. Auch die Befürworter des Marktsozialismus stritten einen negativen Einfluß der neuen Regelungen und insbesondere der Freigabe des »persönlichen Einkommens« nicht ab; sie betonten jedoch, daß die »Reformen von 1961 schlecht vorbereitet, teilweise widersinnig und schlecht durchgeführt worden seien«, während »konservative Politiker und Ökonomen eifrig das Versagen des Marktsystems erklärten und die Wiedereinführung der zentralen Planung verlangten«.[64] In der Praxis mußten viele der weitreichenden Maßnahmen, die auf eine stärkere Marktorientierung der Wirtschaft und auf eine Ausweitung der Autonomie der Unternehmen als Grundlage für die Förderung der Selbstverwaltung zielten, zurückgenommen werden, vor allem die ehrgeizigen Versuche, den Außenhandel zu liberalisieren. Die freigegebene interne Verteilung wurde durch formlose Maßnahmen kontrolliert, so z. B. durch eine »Zwangsanleihe«, die 1963 die Hälfte der Unternehmensfonds in den zentralen Haushalt überführte. Die Steigerung des Lohnniveaus und die Entstehung übermäßiger Lohndifferenzen wurden durch eine progressive Besteuerung der persönlichen Einkommen (die die progressive Besteuerung der Lohnsumme ersetzte) ge-

---

63 Der Index der Lebenshaltungskosten, der in den vorangegangenen Jahren um 3% bis 4% gestiegen war, sprang um 10% im Jahre 1960 und um 8%, 10%, 6% und 12% in den darauffolgenden Jahren und betrug 1965 35%. Die Zahl der Arbeitssuchenden am Ende des Jahres stieg 1960 um 13%, 1961 um 26% und 1962 erneut um 17% (*Statistički Godišnak 1972*, S. 99 und 272).
64 *Horvat*, a.a.O., S. 83. Interessanterweise ist festzustellen, daß nichtinstitutionellen Faktoren erheblich weniger Aufmerksamkeit geschenkt wurde als den starken Schwankungen der landwirtschaftlichen Produktion und vor allem der Rückkehr zu überoptimistischen Investitionsplänen nach der Unterbrechung von 1954/55. Zusammen mit diesen Faktoren könnte der Verlust institutioneller Kontrollen tatsächlich die von *Horvat* und anderen beschriebenen Auswirkungen gehabt haben.

bremst. Im außenwirtschaftlichen Bereich führten wachsende Zahlungsbilanzprobleme (ein Überschuß im Handel mit den RGW-Mitgliedern konnte nicht gegen das wachsende Defizit gegenüber dem Westen verrechnet werden) zu Schutzmaßnahmen und alsbald – zwar nicht formal, aber de facto – durch vielfältige Ausnahmen und Differenzierungen zur Wiedereinführung der multiplen Wechselkurse. Es wäre wiederum falsch anzunehmen, daß das Funktionssystem der Wirtschaft während der Zeit von 1957 bis 1965 unverändert blieb (wie die für die multinationale Struktur der jugoslawischen Politik so wichtige Gebietsstruktur), aber insgesamt bestanden die grundlegenden institutionellen Regelungen, die nach dem Wendepunkt von 1950 eingeführt worden waren, fort. *Bicanic* scheint recht zu haben, wenn er die gesamte Periode von 1952 bis 1964 als ein »Modell der dezentralen Planung« bezeichnet, das sich sowohl vom zentralisierten als auch vom polyzentrischen Modell der Jahre nach 1965 unterscheidet.[65]

Das wichtigste mengenmäßige Merkmal für die Unterscheidung der jugoslawischen Systeme vor und nach 1965 ist der Anteil der politischen Körperschaften (Bund und Teilrepubliken) und der Unternehmen an den Investitionsentscheidungen: Es gibt viele verschiedene Berechnungen dieser Anteile, aber es kann angenommen werden, daß gegen Ende des behandelten Zeitraums die politischen Körperschaften noch immer über mindestens zwei Drittel der gesamten Kapitalbildung durch zentrale Zuteilung entschieden.

Die politische Führung Jugoslawiens entschied sich (wie später herauskam, nicht ohne interne Auseinandersetzungen) dafür, die Wurzeln der Schwierigkeiten nicht bei der dezentralisierten, selbstverwalteten und zur Welt geöffneten Marktwirtschaft, sondern bei der mangelnden Beständigkeit, Radikalität und Vorbereitung der Reform zu suchen.

---

65 *Bicanic*, a.a.O., Kap. 3. Der Autor dieses Werkes stimmt *Bicanics* chronologischer Einteilung zu, benutzt aber eine andere Terminologie und, was wichtiger ist, unterscheidet sich in der Bewertung der betreffenden Modelle. (*Socialist Ownership and Political Systems*, a.a.O., Kap. 2, Abs. 3.)

Seit der Verabschiedung der neuen Verfassung 1963 und während des Jahres 1964 (VIII. Parteitag der jugoslawischen Kommunisten) wurde eine Anzahl von Gesetzen intensiv vorbereitet, die nach ihrer Verabschiedung durch die Bundesversammlung im Juli 1965 eine neue Entwicklungsphase des jugoslawischen Wirtschaftssystems einleiteten.

Einkommen – Konsum – Wohlstand

Eine Reihe von Fragen, die in engem Zusammenhang mit der Situation der Haushalte stehen, wurde schon angesprochen, aber es sind die institutionellen Änderungen, auf die sich die Aufmerksamkeit richten muß. Auf Gebieten wie den Beschäftigungsverhältnissen wurden die Institutionen gefestigt, und die Haushalte wurden hauptsächlich von Schwankungen der Wirtschaftspolitik berührt. Auf anderen Gebieten wie dem des Wohnungsbeschaffungssystems wurden die Institutionen umgeformt.

Während des behandelten Zeitraums gab es wenige Beispiele für die Mobilisierung von Arbeitskräften in großem Umfang als Methode der Zuweisung von Arbeitskräften. Am auffälligsten waren die Versuche in Bulgarien während des mißlungenen »Großen Sprungs nach vorn« (1959) und unter ähnlichen Bedingungen in Albanien. In allen anderen osteuropäischen Staaten verließ man sich strikt auf den Arbeitsmarkt, der allerdings durch die beherrschende Stellung des Staates als Arbeitgeber und Zuteiler der anderen Dinge, die die Arbeitsplatzwahl beeinflussen (in erster Linie Wohnungen), stark beeinflußt wurde. Über das Ausmaß der Sträflingsarbeit sind keine Informationen verfügbar, sie wurde jedoch besonders in den Ländern, in denen die Rehabilitierung und Befreiung der Opfer des Stalinismus verzögert wurde, angewendet. Direkte Arbeitszuweisungen bestanden weiterhin für die meisten Schulabgänger höherer Schulen und weiterführender Berufsschulen, aber auch hier wurde das Element des Zwangs gemildert, und die Verpflichtung bekam einen Beigeschmack von Gegenseitigkeit: für den Absolventen, die Arbeit anzunehmen, und für den Staat, sie zur Verfügung zu stellen (eine Aufgabe, die sich in einigen Staaten bei bestimmten Gruppen von Absolventen als schwierig erwies). Jugoslawien verließ sich natürlich auf den Markt, die Rahmenbedingungen unterschieden sich aber wegen der hohen Arbeitslosigkeit.

Das System der Entlohnung

Einige spürbare Veränderungen der Lohnzahlungen werden noch behandelt, aber eine unmerkliche, wenngleich wichtige Verbesserung betraf die allgemeine Umgebung. Eines der Ergebnisse der politischen Unruhen von 1956 in Osteuropa war – in den direkt betroffenen Staaten Ungarn und Polen vielleicht spürbarer, aber auch in anderen Ländern – eine zeitweise Stärkung der Stellung und Verhandlungsmacht jener Organisationen, die die Interessen der Arbeiter vertreten sollten, namentlich der Gewerkschaften und – wo immer sie bestanden – der Mitbestimmungsorgane. Gemessen an den offiziellen Erklärungen und Parteibeschlüssen war der Unterschied nicht so groß. Selbst auf dem Höhepunkt des Stalinismus wurde von Zeit zu Zeit rituelle Kritik an der Unfähigkeit der Gewerkschaften geübt, die Arbeiterinteressen zu verteidigen, sowie an dem fehlenden Informationsfluß von der Basis zur Führung. Aber in der täglichen Praxis im Betrieb und wahrscheinlich bis hinein in die geschlossenen Etagen der obersten Parteispitze war der Unterschied spürbar. Die aktivere Betätigung auf Betriebsebene entstammte dem Wunsch der Gewerkschaftsfunktionäre, die in Ungarn und Polen zum großen Teil neu im Amt waren, ihre Existenzberechtigung nach den verheerenden Schlägen während der Aufstände zu beweisen, sowie während der ersten zwei Jahre einem gewissen Wettbewerb durch die Arbeiterräte. Auch die Parteiführung war geneigt, einen »militanteren« Standpunkt der Gewerkschaften zu unterstützen, weil sie unter den neuen Umständen sonst auch als »Transmissionsriemen der Partei« unbrauchbar geworden wären. Dies war einer der Gründe, warum in allen Staaten, in denen es nicht zu offenen Herausforderungen kam, sich eine versöhnliche Haltung verbreitete und warum die Herausforderung des Systems im Laufe der Zeit nachließ und der Druck von unten als nicht mehr so gefährlich angesehen wurde.

Dies hatte etliche praktische Konsequenzen für alle Aspekte der Arbeitsbeziehungen, am bedeutendsten aber war die striktere Beachtung gesetzlicher Regeln und Vorschriften. Damit soll nicht gesagt werden, daß Willkür und Verletzungen der in den Arbeitsgesetzen und kollektiven Vereinbarrungen festgelegten Arbeiterrechte nicht länger vorkamen, aber es gibt keinerlei Anhaltspunkte für eine derart massive Verletzung der Regeln, wie sie während der Beschwerdewelle in Polen 1956 aufgedeckt worden war.

Wie schon gesagt, wäre es irreführend, einzelne Maßnahmen der Regierung direkt auf den begrenzten und schwankenden originär gewerkschaftlichen Standpunkt der osteuropäischen Gewerkschaften und Mitbestimmungsorgane zurückzuführen, aber es muß anerkannt werden, daß in den Jahren 1956/57 die gesetzliche Arbeitswoche in einigen Staaten – selbst in der Tschechoslowakei und der DDR, wo großer Arbeitskräftemangel herrschte – verkürzt wurde.[66] Es ist auch ziemlich einleuchtend anzunehmen, daß bei den Lohnreformen, die die meisten der Volksdemokratien in den späten fünfziger Jahren durchführten, den unmittelbaren Interessen der Arbeiter ein größeres Gewicht beigemessen und eine größere Beachtung zuteil wurde als vorher.

Das Lohnsystem wurde in allen osteuropäischen Staaten verändert: in Ungarn und Rumänien seit 1957, in der Tschechoslowakei und der DDR 1958 (im ersteren Fall im Zusammenhang mit dem Versuch einer Wirtschaftsreform, im letzteren parallel zur Abschaffung der Rationierung). In Jugoslawien ergab sich der Wandel aus der Einführung des Einkommensbeteiligungssystems und der dadurch erforderlichen Abschaffung einer Kontrolle über die Lohnskalen. In Polen und Bulgarien begann eine allgemeine Überprüfung des Lohnsystems erst 1960, aber kleinere Anpassungen wurden bereits früher durchgeführt. Abgesehen von Jugoslawien wiesen all diese Reformen gemeinsame Elemente auf. Das erste war die Einführung oder Erhöhung des gesetzlichen Mindestlohns (dies galt in der Form des »Mindestein-

---

66 *H. Muszalski, Skracanie czasu pracy*, Warschau 1973, Kap. 7 und 8.

kommens« auch für Jugoslawien). Das zweite war fast überall eine Nivellierung der Lohnunterschiede, eine Entwicklung, die jedoch später (z. B. in Ungarn 1962) korrigiert und besonders im Verhältnis zwischen Facharbeitern und Vorarbeitern umgekehrt wurde; diese Korrektur mag auch die Tendenz der polnischen Lohnreform von 1960 erklären, die die Differenz der Grundlöhne tatsächlich vergrößerte.[67] Ein drittes Charakteristikum war die Anhebung der niedrigsten Löhne, um Arbeitskräfte für derartige Arbeiten zu halten. Viertens erhöhte sich der Anteil der Grundlöhne am Gesamteinkommen, und die Bevorzugung des Stücklohnsystems wurde zugunsten der Zeitlöhne etwas zurückgenommen (dies gilt insbesondere für den gestiegenen Akkord). Dies war nicht nur ein Ergebnis des technischen Fortschritts, sondern auch eine Folge der Erkenntnis, daß der jedes Maß überschreitende Gebrauch von Akkordlöhnen die Arbeitsbeziehungen gefährdet.[68] In den meisten Ländern umfaßte das Lohnsystem auch Prämien und Zahlungen aus einer Art Unternehmensfonds, der an den Erfolg des Unternehmens gekoppelt war.

Die vielfältigen Unterschiede zwischen den Ländern können hier nicht behandelt werden, aber ein einzigartiges Merkmal der ungarischen Lohnreform muß dennoch genannt werden: Die zentrale Festlegung der Lohnskalen und Arbeitsplatzbeschreibungen sowie die Bestimmung der Lohnform (Zeit- oder Stücklöhne) wurden abgeschafft. All dies wurde ins Ermessen der Unternehmen gestellt, und die zentrale Leitung beschränkte sich darauf, die Einhaltung eines strikt vorgegebenen maximalen Durchschnittslohns zu kontrollieren.

In der Praxis wurde die Umsetzung der Lohnsysteme in allen osteuropäischen Ländern von 1957 bis 1965 durch das Bemühen der Regierung überlagert, eine Lohndrift zu verhindern, die die geplanten und für die Verwirklichung eines

---

67 *Incomes in Postwar Europe,* a.a.O., Kap. 8, S. 25.
68 Der Anteil der Akkordarbeiter an der Gesamtzahl der Industriearbeiter sank in Bulgarien von 80,4 % (1960) auf 71,2 % (1962), in der Tschechoslowakei von 59,0 % (1957) auf 46,0 % (1960), in Polen von 55 % (1959) auf 49 % (1961), in Rumänien von 74,8 % (1957) auf 48,9 % (1960) (a.a.O., Kap. 8, S. 16). Nach derselben Quelle veränderte sich dieser Anteil in Ungarn von 1959 bis 1964 kaum.

Marktgleichgewichts erforderlichen Relationen von Lohn und Produktivität hätte gefährden können. Widerstreitende Interessen sorgten dafür, daß einige negative Erscheinungen, die man durch die Lohnreform beseitigt zu haben glaubte, wieder auftraten: der Anteil des sogenannten »variablen« Teils des Lohns (also Prämien und Zusatzleistungen) stieg wiederum auf Kosten des Tariflohns, und in einigen Ländern kam es erneut zu untragbaren intersektoralen Ungleichgewichten. Die Frage der Normen und ihrer Beziehung zu den sich verändernden technischen Bedingungen blieb nach wie vor eines der wichtigsten Hindernisse auf dem Weg zu einer Rationalisierung des Entlohnungssystems.

In Jugoslawien hatte die erweiterte Autonomie der selbstverwalteten Unternehmen bei der Festsetzung ihrer internen Vergütungsskalen eine vermehrte Anwendung von Stücklöhnen zur Folge. Dies war offensichtlich auf die neuen »Spielregeln« zurückzuführen, die die als persönliches Einkommen zu verteilenden Fonds enger mit dem Unternehmenserfolg und damit der Arbeitsproduktivität verknüpfte. Dies hatte unter anderem einen Anstieg der Lohndifferenzen zur Folge, die 1963 und 1964 aus sozialen Gründen durch eine Erhöhung des garantierten Mindesteinkommens etwas gemildert wurden.[69] Die Differenzen von Löhnen und persönlichen Einkommen scheinen sich in Jugoslawien auch in anderer Beziehung vergrößert zu haben. Ein Facharbeiter verdiente 1957 49 % mehr als ein ungelernter Arbeiter, 1961 waren es 60 %; der Unterschied zwischen Arbeitern und Angestellten (vor allem mit höherer Bildung) wuchs noch schneller zugunsten der letzteren. Was die regionalen Unterschiede angeht, ging die Entwicklung zwischen 1956 und 1964, wie *Tabelle III.11* zeigt, nicht in eine einheitliche Richtung. Die Standardabweichung fiel von 10 Prozentpunkten im Jahre 1954 auf 8 Prozentpunkte 1958, stieg 1962 auf 15 und nahm seitdem wieder leicht ab. Die relative Situation der einzelnen Republiken änderte sich in vier Fällen – darunter in Kroatien – kaum, verbesserte sich unverkennbar im Falle Sloweniens und verschlechterte sich

---

69 A.a.O., Kap. 12, S. 16–17.

deutlich in Serbien. Dies könnte zur Erklärung der zunehmenden nationalen Spannungen beitragen, deren Gründe aber sicherlich wesentlich komplizierter waren.

Tabelle III.11
Regionale Unterschiede der Industriearbeiterlöhne in Jugoslawien
Nationaler Durchschnitt = 100

	1956	1962	1964
Bosnien und Herzegowina	95	97	99
Kroatien	104	103	102
Montenegro	95	91	90
Makedonien	85	80	85
Serbien	96	89	91
Slowenien	110	128	127

Quelle: Incomes in Postwar Europe, Kap. 12, S. 15, Tab. 12.9

Als einziges sank in Jugoslawien wahrscheinlich die Differenz zwischen landwirtschaftlichen und nichtlandwirtschaftlichen Einkommen. Der Index (1952 = 100) des Realeinkommens pro Landwirt stieg 1960 auf 237 und 1963 auf 340, während der Index des realen verfügbaren Einkommens pro Kopf der Bevölkerung in den entsprechenden Jahren 193 bzw. 241 betrug. Dennoch blieb der absolute Unterschied sehr groß: 105 000 Dinar pro Verbraucher in einem landwirtschaftlichen Haushalt gegenüber 246 000 Dinar in einem Arbeiter- und Angestelltenhaushalt 1963. Mehr als die Hälfte des landwirtschaftlichen Einkommens bestand aus Naturalien, was ein deutlicher Hinweis auf das Ausmaß von Marktbeziehungen in Jugoslawien ist, dessen Bevölkerung damals noch zu 50 % in der Landwirtschaft tätig war.

Wie die *Tabellen III.12, III.13* und *III.14* zeigen, tendierten die beschriebenen Veränderungen des Lohnsystems insgesamt zu einer Verringerung der Einkommensunterschiede. Zwar folgt die Entwicklung nicht in jedem Detail einem gemeinsamen Muster, aber im großen und ganzen bestätigen die drei Tabellen eine Verkleinerung der Einkommensunterschiede zwischen Wirtschaftssektoren, Industriezweigen und den wichtigsten industriellen Berufsgruppen. In allen Fällen war der Vorsprung der Industrie gegenüber dem nationalen Durchschnitt 1964 weniger ausgeprägt als 1955 und 1960, und die Lage der Landwirtschaft hatte sich ver-

Tabelle III.12
Monatlicher Durchschnittsverdienst nach Wirtschaftszweigen
Nationaler Durchschnitt = 100

	1955	1960	1964
Bulgarien			
Industrie	105,6	102,4	102,4
Bauwesen	125,5	122,9	121,8
Landwirtschaft (staatl.)	82,6	95,1	87,3
Handel	88,1	85,3	88,1
andere (Materialprod.)	110,7	108,6	102,4
Transportwesen	110,7	114,4	111,5
Verwaltung	94,6	101,2	107,7
Tschechoslowakei			
Industrie	107,8	105,9	105,9
Bauwesen	113,8	112,5	113,6
Landwirtschaft (staatl.)	75,7	82,0	86,4
Handel	83,1	80,7	83,1
nichtproduktive Sektoren	93,3	92,1	91,6
DDR			
Industrie	106,3	103,6	103,4
Bauwesen	103,2	108,6	107,2
Landwirtschaft (staatl.)	82,6	91,7	90,5
Transportwesen	100,2	104,5	106,7
Handel	84,5	86,5	84,4
Ungarn			
Industrie	106,6	102,7	100,5
Bauwesen	104,8	104,1	103,8
Landwirtschaft (staatl.)	80,9	86,2	85,7
Transportwesen	97,5	95,4	99,3
Handel	87,7	90,0	88,2
Verwaltung und nichtproduktive Sektoren	96,8	97,8	96,2
Polen			
Industrie	109,2	109,5	107,8
Bauwesen	122,0	115,7	116,3
Landwirtschaft (staatl.)	76,7	79,6	81,4
Transportwesen	100,2	96,8	101,5
Handel	83,7	82,7	81,4
Verwaltung	94,7	101,5	110,8
Bildung	90,1	89,8	91,8

Quelle: Wie Tabelle III.11

bessert (verglichen mit 1960 allerdings nicht überall). Innerhalb der Industrie wurde der Graben zwischen Produktions- und Konsumgüterindustrie schmaler, obwohl es in der Diskussion über die unvollständige Durchführung der Lohnreform Anzeichen für eine Zurückdrängung der letzte-

Tabelle III.13
Monatsverdienste nach Industriezweigen
Durchschnitt der Industrie = 100

	Eisen-hütten-wesen	Nicht-eisen-hütten-wesen	Bau-material	Textilien	Leder-waren, Fußbe-kleidung	Lebens-mittel-herstel-lung
Bulgarien						
1955	128,4	135,0	105,8	83,7	94,5	86,5
1960	114,9	131,8	106,9	84,9	96,7	87,9
1964	119,1	129,9	105,1	85,3	94,3	89,9
Tschechoslowakei						
1955	125,7	118,0	105,8	74,8	88,6	90,4
1960	122,6	112,5	107,9	74,7	85,2	90,6
1964	—	—	—	—	—	—
DDR						
1955	124,4a)	—	95,0	75,8	82,4	86,1
1960	117,6a)	—	101,6	81,2	87,5	89,7
1964	117,6a)	—	99,5	80,5	84,3	88,4
Ungarn						
1955	112,7a)	—	92,9	80,2	95,1	81,7
1960	105,8a)	—	94,5	81,5	97,4	86,4
1964	105,8a)	—	96,4	82,3	86,8	87,3
Polen						
1955	126,2	129,8	95,6	76,3	83,5	84,5
1960	123,8	127,1	91,7	83,8	79,6	83,3
1964	125,1	123,7	95,6	82,8	81,2	84,8

a) einschließlich Nichteisenmetallurgie
Quelle: Wie für Tabelle III.11

ren gab. Bei der Differenzierung nach Berufen zeigen sich in zwei von vier Fällen deutlich kleinere Unterschiede zwischen Handarbeitern und technischem Personal, in einem Fall (Tschechoslowakei) erweist sich ein sehr geringer Anstieg, allerdings auf einem Niveau, das wesentlich niedriger als anderswo lag, und in einem Fall (Polen) ein deutlicher Anstieg. Polen war auch das einzige Land, wo die Bezüge des Verwaltungs- und Büropersonals in der Industrie 1964 über denen der Arbeiter lagen; auch in Bulgarien wuchsen sie schneller. *Tabelle III.12* zeigt, daß in diesen beiden Ländern die Einkommen im Verwaltungssektor außerhalb der Industrie 1964 über den nationalen Durchschnitt stiegen.

Tabelle III.14
Monatsverdienste in der Industrie nach Berufen
Handarbeiterverdienst = 100

	1955	1960	1964
Bulgarien (sozialisierte Industrie)			
graduierte Ingenieure und Techniker	153,2	142,1	142,8
Verwaltungs- und Büropersonal	95,2	93,8	98,5
Tschechoslowakei (gesamte Industrie)			
graduierte Ingenieure und Techniker	126,2	132,7	130,3
Verwaltungs- und Büropersonal	85,1	87,2	84,3
Ungarn (staatliche Industrie)			
graduierte Ingenieure und Techniker	172,2	156,2	153,3
Verwaltungs- und Büropersonal	103,7	94,5	94,6
Polen (sozialisierte Industrie)			
graduierte Ingenieure und Techniker	156,4	159,3	164,9
Verwaltungs- und Büropersonal	98,5	103,3	105,4

Quelle: Wie für Tabelle III.11

Der Lebensstandard

Die *Tabelle III.9* zeigt den grundlegenden Unterschied zwischen dem ersten Teil der Periode (bis 1960), als die Reallöhne schnell wuchsen, und dem zweiten Teil, als das Wachstum statistisch gesehen unbeachtlich und in der Praxis verschwindend gering war. Nur Rumänien und Jugoslawien verzeichneten ansehnliche jährliche Zuwächse von im Durchschnitt 4,1 % bzw. 5,4 %, aber auch dort war das Wachstum niedriger als in den fünfziger Jahren. Dies deutet darauf hin, daß der höhere Partizipationsgrad 1961-65 mehr zur Erhöhung der Haushaltseinkommen beigetragen hat als die Steigerung der Reallöhne, obwohl in den meisten Ländern (Bulgarien, Tschechoslowakei, DDR, Ungarn) der Zuwachs der Beschäftigung deutlich geringer ausfiel. Da die Beschäftigung in der DDR kaum stieg, waren das Wachstum des Realeinkommens pro Beschäftigten und des Realeinkommens pro Kopf der Bevölkerung nahezu gleich (2,5 % gegenüber 2,6 %). In der Tschechoslowakei und in Ungarn wurden sichtbare Anstrengungen unternommen, die noch vorhandenen Arbeitskräftereserven zu nutzen, unter anderem durch ein schnelleres Wachstum der Frauenarbeit außerhalb der Landwirtschaft als in den anderen Ländern. Das Ergebnis war, daß der Einkommenszuwachs pro Kopf denjenigen pro Lohnempfänger deutlich übertraf. In Polen und Rumänien (und wahrscheinlich auch in Jugoslawien) war die Differenz dieser beiden Zuwachsraten zwischen 1961 und 1965 dagegen beträchtlich (in Polen 1,4% bzw. 3,4%, in Rumänien 4,1% bzw. 8,6%).[70] Der Ausgleich stagnierender Reallöhne durch eine Zunahme der Beschäftigung war jedoch sehr ungleich verteilt: Weniger Haushalte als in den fünfziger Jahren gewannen einen zusätzlichen Verdiener, und die öffentliche Meinung empfand das Ergebnis als unbefriedigend, was den Reformdruck verstärkte.

Ob es ein Gefühl für die Notwendigkeit eines Ausgleichs des sozial ungleich verteilten Pro-Kopf-Einkommenszuwachses war, ist schwer zu sagen; jedenfalls stieg (im Gegensatz zum weitverbreiteten Bild vom stalinistischen Kollektivismus) zwischen 1960 und 1965 der kollektive Konsum in allen osteuropäischen Ländern, für die Daten vorliegen, schneller als der individuelle.[71]

Aus wirtschaftlicher wie aus sozialer Sicht ist es keineswegs gleichgültig, ob sich Real- und Nominaleinkommen mehr oder weniger parallel entwickeln oder ob sie wegen der Inflation auseinanderlaufen. Nach den offiziellen Statistiken gab es in den Ländern Osteuropas mit Ausnahme von Polen und Jugoslawien überhaupt keine Inflation. Im Gegenteil: In Bulgarien, der Tschechoslowakei, der DDR (und wahrscheinlich in Albanien) stand der Preisindex (1955 = 100) 1965 unter 100, in Rumänien bei 102,1 und in Ungarn bei 103,8 (101 für 1960 = 100). Für Polen lag der Wert etwas über 117 (106 auf der Basis von 1960), was auf etwa 3% pro Jahr hinauslief, und obwohl der jugoslawische Wert bei alarmierenden 243 lag, schrumpfte er, wenn man das katastrophale Jahr 1965 außer acht läßt, für 1964 auf etwa 180 (6% pro Jahr, davon in der ersten Hälfte der Periode etwa

---

70 A.a.O., Kap. 7, S. 45.
71 A.a.O., Kap. 7, S. 66. Siehe auch *M. Nieduszynski, Analiza nutludówna ustay socjalne w krajach RWPG*, Warschau 1973, Kap. V.

3 % und in der zweiten Hälfte mehr als 7 %).[72] Sieht man jedoch hinter die Statistik, so findet man eine Fülle von Anhaltspunkten für inflationäre Erscheinungen; nicht im jugoslawischen Ausmaß, aber nicht ganz unähnlich den polnischen traten sie auch in den Ländern auf, die stolz auf ihre stabilen Preise waren. Das Marktgleichgewicht war besonders in den frühen sechziger Jahren äußerst angespannt, und anstelle der offenen Inflation gab es eine zurückgestaute Inflation unbekannten Ausmaßes. So mußte die DDR, die die Nachkriegsrationierung erst 1958 abgeschafft hatte, sie für lebenswichtige Güter in einer anderen Form 1961/62 wiedereinführen. Etwa zur selben Zeit machten sich in der Tschechoslowakei und Bulgarien Knappheiten bei einigen Lebensmitteln bemerkbar.

Die Gründe für den inflationären Druck lagen nicht bei den ziemlich zaghaften Änderungen des Funktionssystems (Jugoslawien ist in dieser Hinsicht ein Sonderfall), sondern hauptsächlich in der Wiederbelebung der Investitionskampagne durch die Planer, die damit auf die wachsende Schwierigkeit reagierten, einen Rückgang der Wachstumsrate aufzuhalten. Gegen Ende der Periode überstieg der Anteil der Akkumulation am Nationaleinkommen in den meisten Ländern den von 1950, teilweise um den Anstieg der marginalen Kapitalintensität auszugleichen.[73] Expansionsprogramme, die sowohl in bezug auf die Kosten als auch bezüglich der Reifezeit überoptimistisch waren, beanspruchten einen größeren Teil der Material- und Arbeitsreserven als geplant und verhinderten so die Erfüllung der laufenden Produktionspläne für Konsumgüter sowie die Kapazitätsausweitung in der Konsumgüterindustrie und im Dienstleistungssektor. Der Steigerung der Nominallöhne, die teilweise durch die Arbeitskräfteknappheit und die dadurch verursachte »Beugung« der Vorschriften beschleunigt wurde, mußte durch Preissteigerungen oder Zwangs-

---

72 *Incomes in Postwar Europe*, a.a.O., Kap. 7, S. 40; *RWPG*, a.a.O., S. 83; *Statistički godišnjak 1972*, S. 276; *Rocznik Statystyczny 1975*, S. 624.
73 Die Akkumulationsrate war 1965 in Ungarn etwas niedriger als 1950 und in der Tschechoslowakei deutlich niedriger. Das letztere widerlegt jedoch nicht die Aussage über die Quellen des inflationären Drucks, weil die Tschechoslowakei die Investitionsausgaben infolge der Krise in den frühen sechziger Jahren drastisch einschränken mußte.

sparen begegnet werden, beides Folge eines zu den offiziellen Preisen unzureichenden Güterangebots. Versuche, die Steigerung der Nominallöhne im Rahmen des Produktivitätsanstiegs zu halten, schlugen insgesamt fehl, sowohl weil es angesichts des überhöhten Ausstoßes von Produktions- und Rüstungsgütern schwerfiel, die Löhne in der Produktionssphäre insgesamt im Zaum zu halten, als auch, weil es nicht gelang, die Struktur des Angebots derjenigen der Nachfrage anzupassen. Die Bedeutung dieses Problems wuchs, weil die Verbraucher nicht länger bereit waren, alles Verfügbare zu kaufen, und zog Versuche nach sich, die Produzenten nachfragebewußter zu machen und den Warenumlauf etwas flexibler zu gestalten. Zu dieser Zeit unternahm man die ersten Versuche mit Sonderangeboten, Schlußverkäufen und Werbung und versuchte, durch inländische Großhandelsmessen Produzenten und Handel zusammenzubringen. Im Zusammenhang mit der Lücke zwischen der verbesserten Versorgung mit einigen Konsumgütern und begrenzten Barmitteln wurde eine bedeutende ideologische und psychologische Barriere durchbrochen: Ratenkäufe wurden möglich, obwohl man sie früher als unpassend für ein sozialistisches Land ansah. Nachdem Polen sie als erste der Volksdemokratien 1959 eingeführt hatte, breiteten sie sich mit Ausnahme Bulgariens und Albaniens schnell über die anderen Länder aus. So wurden 1960 in Ungarn 70% der Motorräder, 50% der Waschmaschinen, Fernsehgeräte und Nähmaschinen und 45% der Radiogeräte auf Raten gekauft. Andererseits mußten einige Güter, vor allem Wohnungen und Autos, lange vor Erhalt bezahlt werden.

Das meiste, was oben angeführt wurde, bezieht sich auf nichtlandwirtschaftliche Haushalte. Eine Schwierigkeit in bezug auf die landwirtschaftlichen Haushalte wurde bereits angesprochen, nämlich die Trennung des Konsum- von dem Produktionsbereich. Schneller als die landwirtschaftsfremden wuchsen die landwirtschaftlichen Einkommen außer in Jugoslawien (wie bereits erwähnt) besonders in Bulgarien (54% und 42% Steigerung der landwirtschaftlichen Einkommen in der Zeit von 1957 bis 1960 und von 1961 bis 1965, verglichen mit 39% und 12% bei den Lohnempfängern). In der Tschechoslowakei stiegen die Realeinkommen der Bauern etwas schneller als die der Lohnempfänger, in Polen nahmen sie gleichschnell zu, und in Ungarn wuchsen sie ohne Zweifel langsamer, erreichten aber in absoluten Zahlen über die gesamte Periode den polnischen Zuwachs.[74] Die Aussagekraft dieser Daten ist schwer zu bestimmen, wenn man die sich verändernde Struktur der Landbevölkerung (Abwanderung in die Städte, gemischte Berufe, das Verhältnis von Kollektiveinkommen und Einkommen aus dem privaten Hofland in Bulgarien, der Tschechoslowakei und Ungarn) und den trotz der wachsenden Bedeutung von Geld und Märkten immer noch hohen Anteil der Einkommen in Naturalien in Betracht zieht.[75] Nicht weniger schwierig ist es, die absolute Einkommenshöhe nichtlandwirtschaftlicher und landwirtschaftlicher Haushalte zueinander in Beziehung zu setzen. Nach polnischen Studien über Familienbudgets lag der Durchschnittsverbrauch pro Kopf in einem landwirtschaftlichen Haushalt im Jahre 1964 bei 8367 Zloty, für Familien außerhalb der Landwirtschaft dagegen bei 13 453 Zloty und für Arbeiterfamilien bei 12 232 Zloty. Obwohl die Stichproben nicht voll vergleichbar sein mögen, ist das Verhältnis von 68% bzw. 62% bemerkenswert. Dabei war die Größe des Bauernhofes nicht der Haupteinflußfaktor des Konsumniveaus: Auf Höfen mit 15 ha und mehr lag der Pro-Kopf-Verbrauch kaum 40% höher als auf Höfen unter 3 ha.[76]

Insgesamt führten die Entwicklungen in der behandelten Periode unzweifelhaft zu einer bedeutenden Erhöhung des Pro-Kopf-Verbrauchs, wie auch aus *Tabelle III.15* hervorgeht. Sie zeigt klar, daß der Zuwachs des Konsums in der Zeit von 1950 bis 1965 von einer Verbesserung der Ernährung begleitet wurde, die sich in einem absoluten (oder zumindest relativen) Rückgang der Bedeutung von Getreide und Kartoffeln und einem schnellen Wachstum des Fleisch- und Zuckerverbrauchs ausdrückte. Während die Daten aufgrund unterschiedlicher Abgrenzungen wahrscheinlich für

---

74 *Incomes in Postwar Europe*, a.a.O., S. 28.
75 In Polen wurde 1965 der Verbrauch von Naturalien durch die Bauernhaushalte auf über 46% ihres landwirtschaftlichen Einkommens geschätzt.
76 *Rocznik Statystyczny 1965*, S. 250 und 484–486.

Vergleiche zwischen verschiedenen Ländern weniger geeignet sind, zeigen sie doch ein grobes Bild der Verhältnisse. Fortschritte können auch in bezug auf Fertigwarenverkäufe und den Bestand an langfristigen Konsumgütern gezeigt werden, wobei sich eine andere Rangfolge der Staaten ergeben könnte: Zum Beispiel gab es in Jugoslawien 1965 mehr Motorräder pro Kopf als in einigen Volksdemokratien mit wesentlich höherem Pro-Kopf-Verbrauch und Pro-Kopf-Nationaleinkommen. Trotz dieser Fortschritte blieb der Anteil der Lebensmittel am Einzelhandelsumsatz hoch (in den Volksdemokratien etwa 50%); er war darüber hinaus in den am höchsten entwickelten Ländern höher und wuchs weiterhin: So machten Lebensmittel in der Tschechoslowakei 1950 48,2% des Einzelhandelsumsatzes aus, 1960 55,1% und 1965 56,7%; die entsprechenden Werte für die DDR lauten 49%, 50,3% und 51,6%. Sicherlich spielten dabei einige besondere Faktoren mit (wie der höhere Grad der Monetarisierung des Lebensmittelkonsums in den höherentwickelten Ländern). Die Daten können aber auch auf eine gewisse Rückständigkeit der Verbrauchsstruktur in Osteuropa hindeuten, die durch mangelnde Produktion (und Importe) von industriellen Konsumgütern und die relativ niedrigen Lebensmittelpreise hervorgerufen wurde und zusammen mit dem allgemeinen Einkommensniveau die Einkommenselastizität der Nachfrage nach Lebensmitteln hochgehalten haben können. Bis zu einem gewissen Punkt könnte die Politik, die dieser Entwicklung des Verbrauchs zugrunde lag, eine soziale Berechtigung gehabt haben: Man wollte die Grundbedürfnisse vorrangig befriedigen und die Einkommensunterschiede durch hohe Umsatzsteuern auf industrielle Verbrauchsgüter und niedrige oder sogar negative auf Lebensmittel reduzieren. In einer späteren Phase jedoch, die in den meisten Staaten Osteuropas mit Sicherheit in den sechziger Jahren erreicht wurde, verlor eine solche Politik ihren Sinn, verursache immer höhere volkswirtschaftliche Kosten pro Einheit absorbierter Nachfrage und wurde so zu einem zusätzlichen Hindernis für das Bemühen, gleichzeitig eine hohe Wachstumsrate und einen steigenden Lebensstandard zu erreichen. Darüber hinaus gewöhnte sich die breite Masse der Bevölkerung an relativ niedrige Lebensmittelpreise; ihr Mißtrauen gegenüber der Absicht der Regierung, Veränderungen der relativen Preise auszugleichen, machte das Problem politisch äußerst heikel.

Tabelle III.15
Pro-Kopf-Verbrauch von Nahrungsmitteln
(in kg)

	1950	1960	1965
Bulgarien			
Getreide	—	190	193
Fleisch	—	33	43
Milch	—	126	137
Zucker	—	18	22
Tschechoslowakei			
Getreide	124a)	126	130
Fleisch	33a)	57	62
Milch	146a)	173	180
Zucker	26a)	36	38
DDR			
Getreide	—	102	100
Fleisch	22	55	59
Milch	—	—	105
Zucker	20	29	30
Ungarn			
Getreide	142	133	136
Fleisch	34	88	52
Milch	112	114	97
Zucker	16	27	30
Polen			
Getreide	166	147	143
Fleisch	37	50	56
Milch	212	363	367
Zucker	21	28	33
Jugoslawien			
Getreide	191b)	186	194
Fleisch	20b)	37	46
Milch	101b)	80	77
Zucker	8	15	24

a) 1949 b) 1952/53
Quellen: für 1950 Rocznik Statystyczny 1970, S. 654; für die anderen Jahre RWPG, a.a.O., S. 88 und 129.

Ein wichtiger Gesichtspunkt des Lebensstandards ist die Bereitstellung von Wohnraum. Sie unterlag von 1957 bis 1965 gewissen institutionellen Veränderungen in einigen der Länder. Der Zuwachs an Wohnraum war dem zunehmenden Druck der Verstädterung und Industrialisierung früher nicht gerecht geworden. Trotzdem erreichte die städtische Wohnungsnot, dank einer besseren Ausgangslage und einer weniger dramatischen Landflucht nie das katastrophale sowjetische Ausmaß, war jedoch ernst genug, um ein bedeutendes soziales Problem zu werden. Durchschnittlich lebten in einem Wohnraum (ohne Küche) in Bulgarien (1956) 1,8 Personen, in der Tschechoslowakei (1961) 2,0, in der DDR (1961) 0,9, in Ungarn (1963) 1,3, in Polen (1960) 1,5, in Rumänien (1966) 1,4 und in Jugoslawien (1961) 2,4 Personen.[77] Diese Zahlen geben nur ein ungefähres Bild und sind wegen der unterschiedlichen Klassifizierung und weil die Abweichungen des Wohnungsbestandes vom Durchschnitt in den hauptsächlich städtisch geprägten Staaten kleiner waren als in den vorwiegend ländlichen, schlecht vergleichbar. Dennoch war die Überfüllung allgegenwärtig, außer in der DDR, wo die Wohnungssituation von Anfang an viel besser war und sich aufgrund des Bevölkerungsrückgangs ständig verbesserte. Die Zahl der Neubauten pro 1000 Einwohner hatte 1960 in allen Staaten gegenüber der Vorperiode zugenommen (siehe *Tabelle II.13*). Die Zahlen für 1965 zeigen allerdings ein weniger eindeutiges Bild: Vier von sieben Staaten verzeichneten einen Rückgang, in anderen war der Fortschritt kleiner als erwartet, und der Index lag weit unter dem in Westeuropa. Nirgendwo erreichte die Zahl der neu gebauten Wohnungen die Zahl der Eheschließungen (wie aus *Tabelle III.16* hervorgeht), was bedeutete, daß die Zahl der Familien ohne eigene Wohnung nicht ab-, sondern zunahm.

Wie bereits in Teil II erwähnt, lebte als eines der Elemente des »Neuen Kurses« der private Wohnungsbau in einigen Ländern wieder auf. Angesichts seiner Bedeutung auf dem Lande spiegelte dies das wieder größere Vertrauen der Bauern und die größere Verfügbarkeit von Kapital und Baumaterial wider. Dieser Trend setzte sich offensichtlich während der zweiten Hälfte der fünfziger Jahre fort. In Polen stieg die Anzahl der privat gebauten Wohnungen auf 59 100 (gegenüber 35 000 im Jahre 1956), davon befanden sich 42 000

---

77 Angaben aus *Rocznik Statystyczny 1965*, S. 623; *1970*, S. 663, und *RWPG*, a.a.O., S. 88.

Tabelle III.16
Zur Verfügung gestellte Wohnungen

	pro 1000 Einwohner		pro 1000 Ehen	
	1960	1965	1960	1965
Albanien	6,4	4,4	—	—
Bulgarien	6,3	5,5	722	686
Tschechoslowakei	5,4	5,5	694	693
DDR	4,7	4,0	480	529
Ungarn	5,8	5,4	656	609
Polen	4,8	5,4	582	853
Rumänien	7,3	6,4	677	737
Jugoslawien	4,1	6,3	—	700a)

a) ungefähr
Quellen: RWPG, a.a.O., S. 89 und 131; für Albanien aus Anuarul statistic al RPR 1967, S. 639.
Anmerkung: Die Zahlen umfassen nicht nur Neubauten, sondern auch instandgesetzte Wohnungen; durch natürlichen Verschleiß verlorengegangene Wohnungen sind nicht abgezogen.

in ländlichen Gebieten (verglichen mit 27 000 im Jahre 1956); dies entsprach etwa 42% des gesamten Wohnungsbaus. In Ungarn lag die Anzahl der privat gebauten Wohnungen 1960 bei 40 000 (davon 31 000 in ländlichen Gebieten) gegenüber 18 400, die vom staatlichen und Genossenschaftssektor gebaut wurden. In der Tschechoslowakei erreichte die Zahl der privaten Neubauwohnungen 1957 mit 31 000 ihren Höhepunkt, das war über die Hälfte aller Wohnungen, fiel dann deutlich zurück, erholte sich 1961 wieder auf 30 900 und fiel seitdem langsam, aber sicher bis 1965 auf 19 200 bzw. unter ein Viertel. Ein Rückgang des privaten Wohnungsbaus machte sich in den frühen sechziger Jahren auch in Ungarn und Polen bemerkbar: Er fiel 1965 auf 44 000 Wohnungen in Polen (31 000 in ländlichen Gebieten) und auf 32 200 in Ungarn (24 500 in ländlichen Gebieten). Noch deutlicher war dieser Umschwung in relativen Zahlen, weil der staatliche und genossenschaftliche Wohnungsbau gleichzeitig wuchs. In Jugoslawien stieg der private Wohnungsbau in den frühen sechziger Jahren sowohl in absoluten Zahlen (60 900 im Jahr 1962, 77 400 im Jahr 1965) als auch im Verhältnis zu der nahezu unveränderten Zahl (43 600 im Jahr 1962, 44 600 im Jahr 1965) von Neubauwohnungen im gesellschaftlichen Eigentum *(drust-*

vena svojina). [78] Interessant ist, daß in Ungarn die Zahl der mit Hilfe von Krediten der Regierung gebauten privaten Wohnungen zwischen 1960 und 1965 uneingeschränkt anstieg.

Zwischen 1956 und 1965 fand auch das bis dahin einheitliche System der Finanzierung des Wohnungsbaus ein Ende. Das traditionelle System sowjetischen Typs beruhte auf einem staatlichen Monopol für Wohnungsbau und -zuteilung, das durch nichtrückzahlbare Haushaltsmittel finanziert wurde (von unterschiedlichen Aktivitäten der zentralen und lokalen Behörden sei abgesehen). Nicht nur die gesamten Kapitalkosten und die »unsichtbare« Landrente, sondern auch die meisten der laufenden Instandhaltungskosten wurden vom Staat getragen. In dieser Lage mußte die Zuteilung von Wohnraum zur Regel werden. Die sozialen Folgen waren keineswegs eindeutig: Einerseits war die Verteilung neuer Wohnungen nicht länger eine Funktion der Kaufkraft der Familie und konnte sozialen und wirtschaftlichen Bedürfnissen untergeordnet werden; andererseits war die Auslegung und Erfüllung der Kriterien für »wirkliche« Bedürfnisse sowie ihre Rangfolge unter jeweils besonderen Umständen und beim vorhandenen Ausmaß des Mangels eine Angelegenheit politisch nicht kontrollierter Staatsbeamter (vor 1956 meist auf zentraler Ebene). Während der *Stalin*-Ära waren in den Volksdemokratien zwei Hauptgruppen von Zielen der Wohnungspolitik erkennbar: politische Sicherheit und beschleunigte Industrialisierung. Das bedeutete, daß der zur Verfügung stehende Wohnraum in erster Linie an politische und behördliche Amtsträger vergeben wurde (wobei diejenigen in hohen Regierungs-, Partei-, Sicherheitspolizei- und Armeefunktionen ganz oben auf der Liste standen) und in zweiter Linie an Leute, die als unentbehrlich für die Planerfüllung und die Verwirklichung

---

78 Zahlen aus *Rocznik Statystyczny 1970*, S. 383–384; *Hungarian Statistical Yearbook 1968* (englische Ausgabe 1970), S. 354; *Statisticská Rocenka 1965*, S. 164; *Statistički godišnjak SFRJ 1972*, S. 187; D. V. Donnison, *The Government of Housing*, Harmondsworth 1967, schreibt, daß 1964 der Anteil des selbstgenutzten Wohnungsbaus in Jugoslawien 58%, in Rumänien 60% und in Bulgarien 77% ausmachte (S. 118/119). Quellen für die extrem hohen Zahlen bei den letzten beiden Staaten werden nicht genannt, und es besteht die Möglichkeit einer Verwechslung von »privat gebauten« und für »Eigennutzung« gebauten Wohnungen, besonders bezüglich des genossenschaftlichen Wohnungsbaus.

großer prestigeträchtiger Investitionsprojekte angesehen wurden. Zur zweiten Gruppe gehörte auch eine Anzahl von Arbeitern, hauptsächlich anerkannte *Stachanowiten*, vorwiegend aber Führungskräfte und Techniker. Unter anderem führte dies zur Gewährung bedeutender wirtschaftlicher Vorrechte an diejenigen mit dem höchsten Einkommen und daher zur Umwandlung eines wichtigen Teils des »gesellschaftlichen Verbrauchsfonds« in ein Instrument zur Ausweitung der realen Einkommensunterschiede. Der alte Wohnungsbestand in den Städten und industriellen Entwicklungsgebieten wurde ebenfalls streng kontrolliert; er war entweder verstaatlicht oder formal privat, jedoch durch ein System der »öffentlichen Wohnungsverwaltung« abgedeckt, was die behördliche Zuteilung von Wohnraum und die Einfrierung der Mieten auf einer (abgesehen von der DDR) bloß symbolischen Höhe einschloß.

Das jugoslawische Wohnungssystem wurde bald den allgemeinen Grundsätzen der Wirtschaftsführung angepaßt. Die Mieten näherten sich langsam einer wirtschaftlich vertretbaren Höhe, deckten also zumindest die Instandhaltungskosten und die Abschreibung ab, und der Trend ging in Richtung Eigenheim. Der Eigenbau von Häusern und der private Erwerb von öffentlich gebauten Wohnungen verbreitete sich durch billige Bankkredite und persönliche Anleihen, die zum Teil aus besonderen Fonds der Unternehmen und Gemeindebehörden gewährt wurden. Zinsen und Kreditvergabe gewannen als Mittel zur Anregung des Wohnungsbaus stetig an Bedeutung.

Obwohl keine der Volksdemokratien in der Nutzung des Marktmechanismus für den Wohnungsbau so weit ging wie Jugoslawien, waren auch deren Systeme nicht länger einheitlich. In einigen Länder veränderte sich das Verhältnis von öffentlicher und privater Finanzierung grundlegend und vergrößerte so den Spielraum für die Entfaltung der Marktkräfte, obwohl gesagt werden muß, daß – entgegen manch oberflächlicher Ansicht – beides nicht notwendig zusammengehört. Das alte System hielt sich am längsten in Bulgarien. Rumänien fing mit Reformen entlang einer Linie an, die später auch von anderen Ländern übernommen wurde. Die DDR begann in einer bestimmten Phase damit, den Anteil des genossenschaftlichen Wohnungsbaus zu Lasten des staatlichen zu vergrößern, ging aber bald wieder davon ab, und der staatliche Wohnungsbau behielt seine beherrschende Stellung. Es muß jedoch daran erinnert werden, daß die Lage der DDR ziemlich einmalig war, sowohl wegen der besseren Wohnverhältnisse, als auch wegen der höheren Kostenbeteiligung der Mieter im staatlichen Wohnungsbau.

Die Tschechoslowakei, Ungarn und Polen waren Vorkämpfer für ein von einigen osteuropäischen Wohnungsbauexperten so genanntes »Akkumulationsmodell«, das an die Stelle des »Subventionsmodell« treten sollte. [79] In allen drei Ländern wurde diese deutliche Abkehr von der sowjetischen Praxis der direkten Zuteilung des Wohnraums als freies Gut, die bis dahin als Verkörperung sozialistischer Wohnungsbaugrundsätze gegolten hatte, in sozialer und wirtschaftlicher Hinsicht gerechtfertigt. In sozialer Hinsicht wurde von ihr erwartet, daß sie die diskriminierende Wirkung der freien Wohnungszuteilung aufhebe oder zumindest vermindere. Wirtschaftlich erwartete man von dem Modell die Schaffung günstiger Bedingungen für die Ausweitung des Wohnungsbaus, weil es die effektive Nachfrage absorbierte, anstatt die Haushaltszuschüsse hochzutreiben, eine wirtschaftlichere Nutzung des Wohnungsbestandes anregte und den Haushalten größere Wahlmöglichkeiten gab. Einige Elemente waren allen Reformen gemein: Alle unterschieden zwischen denen, die aus sozialen Gründen einen Anspruch auf staatliche Wohnung hatten (üblicherweise, weil das Pro-Kopf-Einkommen der Familie unter einer bestimmten Höhe lag), und denen, die im neuen System an den Kapitalkosten beteiligt wurden. Für die zweite Gruppe stellten die Banken und Unternehmensfonds besondere Kreditlinien zur Verfügung. Neben diesen Gemeinsamkeiten gab es aber auch Unterschiede. In Ungarn wurden private Gelder für den zentralgeplanten Wohnungsbau vor allem durch den Verkauf von Neubauwohnungen (meist in mehrstöckigen Häusern) an einzelne oder Mietergenossenschaften mobilisiert. Die Mieten von Altbauwohnungen

---

79 *W. Nieciunski, Systemy socjalistyczeny gospodarki mieszkaniowej*, Warschau 1974, Kap. 3, Abs. 1.

blieben nahezu unverändert. In der Tschechoslowakei wurden 1964 alle Mieten so weit erhöht, daß sie die Instandhaltungskosten deckten. Der Wohnungsbau wurde auf den staatlichen Sektor (vor allem für Bezieher niedriger Einkommen und natürlich für besonders Bevorrechtigte) und den genossenschaftlichen Bereich aufgeteilt, dessen Anteil schnell wuchs: Im Jahre 1959 brachte er es nur auf 3% der staatlichen Neubauwohnungen, 1964 dagegen auf etwa den gleichen Anteil. Es wurden zwei Hauptgruppen von Genossenschaften gebildet, die sogenannte Mietergenossenschaft ohne Eigentumsrechte an der Wohnung, und die Eigentümergenossenschaft; der ersteren standen Teilzuschüsse der Kapitalkosten, langfristige Kredite und andere Vergünstigungen zur Verfügung. In Polen entwickelte sich das Wohnungsbausystem ähnlich wie in der Tschechoslowakei mit einer Mieterhöhung für den staatlichen Hausbesitz Ende 1965. Ein besonderes Merkmal des polnischen Systems war die Einführung einer pauschalen Zahlung für neu zugewiesene staatliche Wohnungen 1960 in Form einer Kaution, die theoretisch beim Auszug zurückerstattet wurde, und einer Zahlung für standardgemäß eingerichtete Badegelegenheiten. Diese Summe wurde durch das Monatseinkommen begrenzt, und Bedürftigen wurden Kredite zur Verfügung gestellt. Der Anteil des genossenschaftlichen Wohnungsbaus wuchs schnell von weniger als 2% der vom Staat gebauten Wohnungen 1956 auf mehr als ein Drittel im Jahr 1965. In der Folge nahm die Beteiligung der Haushalte an den Wohnungskosten im sozialistischen Sektor deutlich zu, blieb aber auch 1965 noch ziemlich niedrig.[80] Der durchschnittliche Anteil der Wohnkosten am Familienbudget blieb auch in diesen drei Staaten (wie in den anderen Volksdemokratien) gemessen an westlichen Verhältnissen ungewöhnlich

---

80 Wegen vieler komplizierter Eigenarten des Systems ist es nicht leicht, die tatsächlichen Anteile des Staates und der privaten Haushalte an den Wohnkosten zu bestimmen. Der Autor (*Brus,* a.a.O.) schätzt den Anteil privater Fonds am sozialistischen Wohnungsbau außerhalb ländlicher Gebiete (Staat und Genossenschaften) so ein: 1956 6% (16% der Unterhalts- und weniger als 2% der Kapitalkosten), 1960 23% (22% der Unterhalts-, 23% der Kapitalkosten), 1965 27% (24% bzw. 29%), 1967 42% (53% bzw. 36%).

niedrig[81], aber es entstand ein deutlicher Unterschied zwischen denen, die das Glück hatten, vom staatlichen Wohnungsbau zu profitieren, und denen, die die Kosten des genossenschaftlichen Wohnungsbaus tragen mußten.

Die Wirkung dieser Veränderungen auf das Wohnungsangebot blieb während der Periode hinter überoptimistischen Erwartungen zurück, die den grundsätzlichen Unterschied zwischen einer nachfrage- und einer angebotsbestimmten (zentralgeplanten) Wirtschaft nicht angemessen berücksichtigten. Die sozialen Konsequenzen dieses, man könnte sagen, diskriminierenden Preises (in bezug auf das Einkommen) waren eher egalitär, aber das Erbe der Vergangenheit, zahlreiche Ausnahmen und die grobe Form der Einkommensbeschränkungen wirkten in die entgegengesetzte Richtung. Die bedeutendste wirtschaftliche Folge war die Übertragung der Wohnkosten vom Staat auf die privaten Haushalte, was das Marktgleichgewicht insgesamt erheblich beeinflußte, insbesondere nachdem das System durch ausgetüftelte Ansparmodelle ergänzt wurde. Symptomatisch war die Entwicklung der Wohnungsbaugenossenschaften: Waren sie zu Anfang freiwillige Vereinigungen, so wurden sie mit dem Anwachsen ihrer Aktivitäten immer bürokratischer, und dies um so mehr, als für Personen oberhalb einer bestimmten Einkommensgrenze nur der »genossenschaftliche Weg zu einer Wohnung« offenstand. Wegen des zu geringen Wohnungsbestandes kam die direkte Wohnungszuteilung durch lokale und zentrale Staatsbehörden innerhalb des genossenschaftlichen Systems wieder auf.

Auf dem Gebiet der sozialen Sicherheit festigte sich der unter dem »Neuen Kurs« begonnene Trend: Die Leistungen stiegen, wenn auch von einem sehr niedrigen Niveau. Dies wurde bei den Renten am deutlichsten, besonders bei denen, die vor 1945 erworben wurden. Die Diskriminierung »alter« Rentner endete in Polen 1958 und in Ungarn im Januar 1959 (was die Rentenausgaben insgesamt um 30% erhöhte). In Bulgarien wurde 1957 das landwirtschaftliche Rentensystem etwas ausgebaut.

---

81 Vgl. Tabelle 7 in: *Donnison, The Government of Housing*, a.a.O., S. 122, abgedruckt in: *United Nations, Major Long Term Problems of Government Housing and Related Policies*, New York 1966.

Ein allgemeines Sozialversicherungsgesetz wurde 1958 in Albanien verabschiedet, das Renten, Behinderten- und Schwangerschaftsbeihilfen regelte. In der Tschechoslowakei wurden die Zuwendungen für das dritte und jedes weitere Kind erhöht. In der DDR traten allgemeine Familienzuwendungen an die Stelle der abgeschafften billigen Kinderrationen. Aber die Ausdehnung der Sozialleistungen auf die Landbevölkerung war wohl die wichtigste, wenn auch schrittweise Entwicklung während jener Periode. Im Jahre 1961 erhielten in Ungarn 240 000 Genossenschaftsbauern eine Pensionsberechtigung, während in Bulgarien und der Tschechoslowakei die Heilfürsorge auf die Bauern ausgedehnt wurde. Zwischen 1963 und 1964 wurden in der Tschechoslowakei die Altersrenten (und später auch die Familienbeihilfen und das Mutterschaftsgeld) auf die Genossenschaftsbauern ausgedehnt und mußten aus den eigenen Mitteln der Genossenschaft bezahlt werden. Mitglieder »fortgeschrittener« Kollektive erhielten jedoch eine bevorzugte Behandlung und Sondertarife.

Ein gewisser Rückschritt zeichnete sich in der Tschechoslowakei 1963 ab. Für medizinische Verschreibungen wurde eine kleine Gebühr eingeführt, wie sie in Polen schon seit Ende 1952 erhoben wurde, die freie Verteilung gewisser Schulmaterialien wurde abgeschafft, und die für Kindergärten, Krabbelstuben usw. zu zahlenden Gebühren wurden nach dem Einkommen gestaffelt; 1964 wurden die Subventionen für das Kantinenessen abgeschafft. Im Gegensatz dazu wurden in der DDR 1964 die Renten um 7% bis 8% erhöht und der Mutterschaftsurlaub verlängert. Die Überalterung der Bevölkerung dieses Landes steigerte offensichtlich die Aufmerksamkeit, die man der Altersversorgung und der Erhöhung der Geburtenrate schenkte.

Die Periode endete 1964/65 mit einer leichten Verbesserung des privaten Verbrauchs, verglichen mit der Stockung von 1961 bis 1963. Insgesamt kam es trotz der Knappheiten und der Untererfüllung wichtiger Pläne zu einer Verbesserung der Lage der Haushalte. Sowohl dieser Fortschritt als auch seine Widersprüche spiegeln sich im schnellen Wachstum der Spurguthaben wider. Sie stiegen von 1955 bis 1965 in Ungarn etwa auf das Fünfundzwanzigfache und in Polen,

Jugoslawien und Bulgarien auf das Achtfache. Das wirkliche Bild wird deutlicher im Verhältnis zum Einzelhandelsumsatz (siehe *Tabelle III.17*).

Tabelle III.17
Verhältnis von Sparguthaben und Einzelhandelsumsatz
in Prozent

	1957	1965
Bulgarien	20,4	41,6
Tschechoslowakei	13,8	32,2
DDR	25,7	59,3
Ungarn	2,5	22,9
Polen	3,9	17,7

Quelle: Incomes in Post-war Europe, a.a.O., Kap. 10, S. 20.

Das Wachstum der persönlichen Spareinlagen in den späten fünfziger und frühen sechziger Jahren drückt nicht nur das in diesem Kapitel behandelte Ungleichgewicht aus, sondern auch eine neu entstehende Sparfähigkeit, eine zunehmende Konsumentendiskriminierung und gewachsenes Vertrauen. Durch Einlagen dieser Art blieb die Nachfrage nach begehrten Gütern auf einem höheren Niveau als vorher und wurde weniger abhängig vom laufenden Einkommen. Neben den Preisen wurde der Druck nach besserer Qualität und größerer Vielfalt zu einem Faktor bei der Markträumung. Der Besitz dauerhafter Verbrauchsgüter trug darüber hinaus 1965 zu einem erheblich größeren Teil zum persönlichen Wohlstand bei als jemals zuvor seit dem Zweiten Weltkrieg.

Teil IV
1966–1975
Normalisierung und Konflikte

Sehr allgemein können die politischen Rahmenbedingungen für institutionelle Veränderungen in Osteuropa als Fortsetzung des Bestehenden charakterisiert werden; weil die politischen Strukturen und internationalen Beziehungen im großen und ganzen die gleichen blieben, arbeitete die Wirtschaft nicht nur in den sowjetisch beherrschten Volksdemokratien, sondern auch in Jugoslawien und Albanien unter ähnlichen politischen Bedingungen und Beschränkungen. Wie sich zeigte, häuften sich die Spannungen und wuchsen sich zu einem dramatischen Veränderungspotential aus, das – vor allem im Fall der sowjetischen Intervention in der Tschechoslowakei – nur durch große Anstrengungen eingedämmt werden konnte.

»Revisionistische« Fehlschläge und Unruhe in der Arbeiterklasse

Die Einstellung der Sowjetunion gegenüber Reformen blieb für die sechs Volksdemokratien Bulgarien, die Tschechoslowakei, die DDR, Ungarn, Polen und Rumänien entscheidend, aber in zweien von ihnen gab es mächtige Abspaltungstendenzen. Das Schicksal des großen tschechoslowakischen Versuchs einer politischen und wirtschaftlichen Reform, der erst durch die Invasion zerschlagen und dann durch die »Normalisierung« erstickt wurde, zeigte eindeutig, welche Autorität hinter der Absteckung von Grenzen für interne Entwicklungen stand. Anders als in Ungarn 1956 gefährdete der innenpolitische Druck weder die tschechoslowakische Mitgliedschaft im Warschauer Pakt noch die führende Rolle der Kommunistischen Partei (die im echten, politischen Sinne vielleicht stärker entwickelt war als je zuvor). Die Niederschlagung des Prager Frühlings von 1968 zielte einzig und allein darauf ab, solche internen Entwicklungen zu verhindern, die die sowjetische Führung als Verstoß gegen ihr Modell des Sozialismus betrachtete. In Rumänien war es gerade umgekehrt: Die Beziehungen zur UdSSR und zum RGW verschlechterten sich, aber interne politische Änderungen standen nicht auf der Tagesordnung.

Eine derart allgemeine Charakterisierung schließt keine generelle Feindschaft der Sowjetunion gegenüber jeder institutionellen Änderungen ein, soweit es um Veränderungen des Wirtschaftssystems ging. Das Jahr 1965 war in dieser Hinsicht ein Wendepunkt. Die Stabilität des Systems schien zugunsten einer Reform des Wirtschaftsmechanismus aufgegeben worden zu sein. Dies förderte sicherlich die Wirtschaftsreformen in anderen Staaten, zu Anfang in der

Tschechoslowakei und in Ungarn. Die sowjetische Reform war weder radikal, noch wurde sie energisch vorangetrieben. Sie wurde aber nie formal beendet (und 1973 sogar wiederbelebt, als Industrie- und Produktionsvereinigungen mehr noch als die Unternehmen von der Abtretung von Befugnissen profitierten) und umgab die Reformen des sowjetischen Systems in anderen Ländern mit einem Mantel der Legitimation. Die Notwendigkeit des Wandels zur Steigerung der wirtschaftlichen Leistungsfähigkeit ergab sich, wie in *Teil III* beschrieben, aus dem wachsenden Druck nach einem besseren Lebensstandard, der dem Willen der Regierungen entgegenstand, die Militärausgaben auf dem erreichten Stand zu halten. Nach dem polnischen Arbeiteraufstand im Dezember 1970 wurde die Suche nach einer effizienteren institutionellen Lösung des Allokationsproblems verstärkt. Nichtsdestoweniger versuchten die Parteiführer, jede Lockerung ihres totalitären Zugriffs auf die politische Struktur zu verhindern. *Breschnew* beendete *Chruschtschows* Entstalinisierung, die – wie begrenzt, undeutlich und widersprüchlich sie auch war – im politischen Leben in- und außerhalb der Sowjetunion doch einiges in Bewegung gebracht hatte. Der *Sinyavsky-Daniel*-Prozeß (1966) und die Straffung der Zügel auf kulturellem Gebiet gehörten zu den Signalen, die von zumindest drei anderen Führern bereitwillig beachtet wurden, nämlich von *Gomulka, Ulbricht* und *Schiwkow,* die 1968 die sowjetische Invasion der Tschechoslowakei treu unterstützten. *Kádár* nahm einen offensichtlich weniger entgegenkommenden Standpunkt ein. Die Sowjetunion bediente sich weiterhin des Warschauer Paktes und des RGW, um die Volksdemokratien auf ihre Linie zu bringen. Sogar Rumänien trat schließlich trotz seines öffentlich hochgespielten Unwillens allen RGW-Institutionen bei, einschließlich 1971 der Internationalen Investitionsbank und dem Komitee für Plankoordination. Neue formelle Regelungen wurden getroffen, wie die stärkere Betonung der besonderen Stellung der Sowjetunion in den gegenseitigen Freundschaftsverträgen und den nationalen Verfassungen. Gleichzeitig wurden in den späten sechziger und den siebziger Jahren Erinnerungen wach an die stalinistischen Methoden direkter sowjetischer Einmischung in das tägliche politische (und »ideologische«) Leben der Volksdemokratien durch regelmäßige Treffen der für ideologische Fragen zuständigen Parteisekretäre sowie die zunehmende Bedeutung der sowjetischen Botschaften und der ihnen ergebenen örtlichen Aktivisten. Indem sie eine unterwürfige Haltung gegenüber der UdSSR und *Breschnew* persönlich förderte, verringerte diese Entwicklung die Unterschiede der offiziellen und journalistischen Sprache in den einzelnen Ländern.

Die Ost-West-Entspannung, die ihren Höhepunkt 1975 mit der Schlußakte von Helsinki erreichte, setzte sich mit erstaunlichem Tempo fort, insbesondere wenn man die erste Reaktion des Westens auf die Invasion der Tschechoslowakei und andere Spannungen weltweit in Betracht zieht. Anders als in der Vergangenheit wurden eigenständige osteuropäische Aktivitäten auf diesem Gebiet von Moskau nicht abgelehnt, sondern im Gegenteil ermutigt, vorausgesetzt, daß sie gewisse Grenzen nicht überschritten und genau abgestimmt waren.[1] Die praktischen Vorteile durch Handel, Kredite und den Zugang zu Technologie waren offensichtlich, und der politische Preis war bis zum Ende des behandelten Zeitraums ziemlich niedrig, da der Westen den Status quo in Osteuropa nicht in Frage stellte und ihn in gewisser Weise noch verstärkte. Erst nach 1975 wurden politische Entwicklungen in einzelnen osteuropäischen Ländern vom »Korb drei« der Schlußakte von Helsinki beeinflußt. Der Einfluß der chinesisch-sowjetischen Spaltung auf die osteuropäische Szene schien im Laufe des Jahrzehnts von 1966 bis 1975 deutlich abzunehmen. Der offene Bruch hinderte China daran, die Entwicklung innerhalb des osteuropäischen »sozialistischen Lagers« zu beeinflussen. Im Gegensatz zu dem mäßigenden Einfluß, den China angeblich während der Polenkrise 1956 ausgeübt hatte, konnte, abgesehen von einer verbalen Verurteilung der sowjetischen Aktion, im Falle der Tschechoslowakei nichts Derartiges ausgemacht werden, und das trotz des »revisionistischen« Cha-

---

1 Die rumänische Entscheidung zur Aufnahme voller diplomatischer Beziehungen mit der Bundesrepublik Deutschland wurde 1967 mit kaum verhüllter Kritik aufgenommen, weil sie als abweichlerisch angesehen wurde. Grundsätzlich jedoch wurde die Herstellung normaler Beziehungen mit der Bundesrepublik unzweifelhaft für äußerst wünschenswert gehalten und nach ihrem Moskauer Vertrag mit der UdSSR 1970 auch schnell erreicht.

rakters der angestrebten tschechoslowakischen Reformen. Es ist möglich, daß der chinesische Standpunkt die sowjetische Politik gegenüber Jugoslawien beeinflußt hat, das sich nach der sowjetischen Invasion von 1968 bedroht zeigte. Rumänien manövrierte weiterhin zwischen den beiden Giganten, was ihm jedoch außenpolitisch weniger einbrachte und für die interne Entwicklung ohne Bedeutung war. Einen bedeutsamen Einfluß hatte China lediglich auf Albanien, bis sich eine gewisse Zwietracht abzeichnete und die äußeren Rahmenbedingungen seiner inneren Entwicklung veränderte. Albanien ergriff eine der beiden Möglichkeiten zur Beendigung aller offiziellen Beziehungen mit Moskau: Es trat formal 1968 aus dem Warschauer Pakt aus, wobei ihm die Invasion des Pakts in der Tschechoslowakei als Vorwand diente, blieb jedoch im RGW. Gleichzeitig stellte es seine Beziehungen zu Jugoslawien teilweise wieder her.

Die wachsende Unabhängigkeit einer größeren Zahl westeuropäischer (und der japanischen) kommunistischen Parteien hatte spürbare Auswirkungen, die allerdings bei weitem nicht so stark waren wie ursprünglich erwartet. Einerseits hatte es einen gewissen Einfluß, daß die »Eurokommunisten« bestimmte Handlungen der osteuropäischen und des sowjetischen Regimes verurteilten (den Einmarsch in die Tschechoslowakei, einige Dissidentenfälle, die Verfolgung nationaler Minderheiten und vor allem die grausame Unterdrückung von Arbeiterprotesten), und mag zu einer gewissen Mäßigung der Innenpolitik beigetragen haben, andererseits bewirkten ihre Proteste keine wesentliche Änderung der heimischen Praktiken, und paradoxerweise schien sich der Einfluß offener Kritik der westeuropäischen Kommunisten im Laufe der Zeit zu verringern, da sich die osteuropäischen Führungen an Kritik aus den kommunistischen Reihen gewöhnten; soweit sie im Rahmen der Formel von den »verschiedenen Wegen zum Sozialismus« vorgebracht wurde, konnte sie als Idee westlicher Kommunisten interpretiert werden, die unter osteuropäischen Bedingungen nicht durchführbar ist.

Die auswärtigen Bedingungen für Jugoslawien änderten sich kaum. Es gab Schwankungen in den Beziehungen mit der Sowjetunion und dem Rest Osteuropas (die jugoslawisch-rumänischen Beziehungen unterlagen dem nicht und blieben insgesamt gesehen sehr eng) und gute Gründe, die jugoslawische Behauptung über eine sowjetische Beteiligung an der Aktivierung von Anti-Tito-Gruppen innerhalb des Landes ernst zu nehmen – nicht nur »Kominformisten« der alten Schule, sondern auch die verdeckte Unterstützung für *Rankovic,* der 1966 in Ungnade fiel, und angeblich sogar einige rechtsgerichtete Separatistengruppen. Dies alles beeinträchtigte die Fähigkeit der jugoslawischen Führung nicht, ihre eigene Linie der inneren Entwicklung fortzuführen.

Bis gegen Ende der Periode, als Turbulenzen im Welthandel zunächst bei Energie und Rohstoffen sich unzweifelhaft zugunsten der sowjetischen Position gegenüber dem restlichen Osteuropa auswirkten, übten rein wirtschaftliche Faktoren keinen großen Einfluß aus. Mit der einzigen Ausnahme Polens – einem großen Exporteur von Kohle, Schwefel und in zunehmendem Maße Kupfer – erlebten die Volksdemokratien 1975 eine Verschlechterung ihrer Terms of Trade (»Austauschrelationen«) mit der Sowjetunion. Der auf sie ausgeübte Druck, sich an bestimmten sowjetischen Investitionsprojekten im Öl- und Rohstoffbereich zu beteiligen (die Orenburg-Pipeline galt als Musterbeispiel), zeigte größere Wirkung als vorher und addierte sich zu dem Druck nach einer langfristigen Koordination der wichtigsten Unternehmungen im Bereich der Grundstoffproduktion und -verteilung (wie das vereinheitlichte Elektrizitätsnetz). In dieser Beziehung zeigte sich der wachsende sowjetische Druck z. B. in der polnischen Zustimmung zum Bau einer Breitspureisenbahnlinie, die die UdSSR mit Schlesien verbindet.[2] Im Fünfjahrplan 1971–75 und vor allem in dessen letzter Phase nahmen alle Länder beträchtliche Defizite im Westhandel in Kauf, um technologisch überlegene Investitionsgüter zu erwerben (Rumänien begann schon früher mit einer ähnlichen Politik), obwohl der Anteil des gegenseitigen Handels der sechs Länder zurückging (im rumänischen Fall von 60,7 % des Außenhandelsumsatzes 1965 auf

---

2 Von Rumänien wird gesagt, daß es einen ähnlichen sowjetischen Vorstoß in der ersten Hälfte 1976 zurückgewiesen habe.

34,7 % 1974, im polnischen Fall von 60,5 % auf 47,0 %)[3], konnte dies jedoch kaum als Zeichen für einen Bruch der RGW-Disziplin interpretiert werden.

Allgemein lief die Entwicklung in den Volksdemokratien auf eine Verfestigung des politischen Systems hinaus, das sich nach *Stalins* Tod und nach den turbulenten Ereignissen von 1956 entwickelt hatte (siehe *Teil III*). Aus der Sicht der sich durchsetzenden konservativen Kräfte war der Wechsel im Kreml von 1964 ingesamt vorteilhaft. Das *Breschnew*-Regime erwies sich als berechenbarer und gab den Führungen der Volksdemokratien das Gefühl größerer Stabilität von dieser Seite. Andererseits »ermutigten« die Abnahme der Schwankungen und der größere interne Zusammenhalt der sowjetischen Führung, speziell nach der sowjetischen Invasion der Tschechoslowakei, die Führer der Volksdemokratien weniger zu eigenen Manövern und engten daher ihren Spielraum ein.

Zum Ende des Zeitraums kam die innenpolitische Situation in allen Volksdemokratien dem Ziel einer konservativen Festigung im großen und ganzen näher als zu Beginn des Zeitabschnitts. Dies wurde jedoch um einen hohen politischen Preis und eher durch die Unterdrückung als durch die Lösung gewichtiger Konflikte erreicht. Natürlich muß bei einer Beurteilung der Gesamtsituation eine Vielfalt besonderer Entwicklungen in einzelnen Ländern und speziellen Zeiträumen in Betracht gezogen werden.

Das Land, das am wenigsten durch politische Veränderungen »gestört« wurde, war Bulgarien, wo – abgesehen von einer kleinen personellen Umbesetzung der Parteispitze 1974 – die Stabilität nie berührt zu sein schien. Bulgarien folgte bei seiner inneren Entwicklung treu der sowjetischen Linie, insbesondere bei der Wirtschaftsreform und der Kulturpolitik.

Soweit es um innenpolitische Fragen ging, war die Deutsche Demokratische Republik diesem Fall am nächsten. Die strenge politische Orthodoxie behielt die Kontrolle, und alle

---

[3] *Kraje RWPG 1960–75*, Warschau 1976, S. 23. Der Vergleich wird durch die größere Stabilität der Preise zwischen den RGW-Ländern beeinflußt. Insbesondere nach 1974 beschleunigte sich in den nichtsozialistischen Ländern die Inflation.

Hoffnungen, die zu einem früheren Zeitpunkt in das »Neue ökonomische System« gesetzt worden waren, schwanden mit seiner Umbenennung in »ökonomisches System des Sozialismus« im April 1968 dahin.[4] Auch der Wechsel in der Parteiführung von *Ulbricht* zu *Honecker* hatte keinen Einfluß auf die institutionellen Entwicklungen in der Wirtschaft. Von größerer interner Bedeutung war die Absage an die Idee einer deutschen Wiedervereinigung und die Proklamation einer eigenen Staatsbürgerschaft der DDR, deren einzige Gemeinsamkeit mit der Bundesrepublik die Sprache sei (wie mit der deutschsprachigen Schweiz und mit Österreich). Die wechselseitigen Beziehungen sind allerdings dennoch etwas kompliziert und keineswegs direkt. Es scheint, daß die Abgrenzung die Angst, im innerdeutschen Wettbewerb durch Westdeutschland übertroffen zu werden, etwas gemildert hat und in den frühen siebziger Jahren zu einer gewissen Entspannung der Kulturpolitik führte. Die schnelle Ausweitung außenpolitischer Beziehungen auf allen Gebieten nach der internationalen Anerkennung aufgrund des innerdeutschen und des Viermächteabkommens wirkte wahrscheinlich in dieselbe Richtung.

Die relativ unabhängige Stellung Rumäniens gegenüber der Sowjetunion spiegelte sich nicht in der Innenpolitik wider. Obwohl dieses Motiv eine gewisse Rolle gespielt haben könnte, scheint es falsch, die Gründe für dieses Phänomen auf den Wunsch zu reduzieren, keinen Vorwand für zusätzlichen Druck zu liefern. In gewissem Sinne könnte auch das Gegenteil zutreffen: Die stark nationalistische Haltung (nicht nur gegenüber der UdSSR, sondern auch gegenüber Ungarn) diente dazu, den totalitären Zugriff auf die Bevölkerung, die weiter unter wirtschaftlicher Not litt, erträglicher zu machen. Maßnahmen, die anderswo zu einer gewissen politischen Entspannung führten, hatten in Rumänien keine derartige Wirkung. Ein solcher Fall war die Rehabilitierung jener Führer der Rumänischen Kommunistischen Partei, die vor dem Krieg von der sowjetischen Regierung

---

4 In Zusammenhang mit den tschechoslowakischen Ereignissen kam es 1968 zu einigen Vorfällen offenen Widerspruchs, vor allem unter der Jugend. Abgesehen davon blieb während der ganzen Zeit Professor *Robert Havemann* der einzige Vertreter des ostdeutschen Antitotalitarismus.

oder nach dem Krieg von der rumänischen hingerichtet worden waren, unmittelbar nach *Ceausescus* Amtsantritt 1965. Während des gesamten Zeitraums blühten harte Formen der zentralen Kontrolle und zunehmende Elemente des Personenkults. Eine Wirtschaftsreform, wenn dieser Ausdruck überhaupt angebracht ist, beschränkte sich auf organisatorische Aspekte, und seit 1975 wurden selbst Detailfragen zur Entscheidung an die höchste Ebene überwiesen.[5] Auf der Habenseite muß verbucht werden, daß die führende Elite Rumäniens Dinge offenlegte, die in den meisten anderen Staaten vertuscht wurden. Im Jahre 1967 wurde der lokale Parteiapparat mit den kommunalen Behörden verschmolzen. Ein ziemlich einzigartiges Merkmal Rumäniens (zumindest unter den sozialistischen Staaten Europas – in Nordkorea kam es ebenfalls vor) war die politische Beförderung von Mitgliedern der eigenen Familie *Ceausescus:* Seine Frau Elena wurde Mitglied des Exekutivkomitees des Zentralkomitees der Partei, sein Sohn Nicu Führer der kommunistischen Jugendorganisation, und eine Schar anderer Verwandter erreichte hohe Positionen. Angesichts dieses Hintergrundes sollte Maßnahmen wie der Einführung einer teilweisen Rotation führender politischer Funktionäre oder der nach dem Wahlgesetz von 1975 geschaffenen Möglichkeit, mehr als einen Kandidaten pro Wahlkreis aufzustellen, keine allzu große Bedeutung beigemessen werden.

Bis Ende 1970 schien sich die politische Situation in Polen weiter langsam in Richtung einer Verhärtung der politischen Orthodoxie, verbunden mit einem Balanceakt zwischen nationalistischen Reizen und Treuebekundungen gegenüber der UdSSR zu bewegen. Nach 1965 verstärkte die Administration die Angriffe auf die Überbleibsel des polnischen Oktober, was im März 1968 in der Unterdrückung andersdenkender Studenten und Intellektueller gipfelte. Dazu entschlossen, ähnliche Entwicklungen wie in der Tschechoslowakei zu verhindern, setzten die polnischen Be-

---

5 Nach Angaben der polnischen Wochenzeitung *Polityka,* Nr. 24, 1975, mußte selbst eine Verordnung über das Führen von Gaststätten, die die Öffnungszeiten von Nachtklubs (bis 1 Uhr morgens), die Grundsätze der Überwachung von Kabaretts und ähnliches regelte, von *Ceaucescu* selbst unterschrieben werden.

hörden nicht nur starke Polizeikräfte ein, sondern konzentrierten auch die stark antisemitisch und antiintellektuell gefärbte Lügenpropaganda. Es gelang ihnen unter anderem, einen Keil zwischen Arbeiter und Intellektuelle zu treiben. In den folgenden Monaten wurde Polen zu einem der aktivsten Mitorganisatoren des Einmarschs in die Tschechoslowakei. Das Gefühl der absoluten Freiheit für selbstherrliche Aktionen wurde in den zwei Jahren vor 1970 so stark, daß *Gomulka* und seine Verbündeten jeden Sinn für das Machbare verloren und durch die Ankündigung eines scharfen Anstiegs der Verbrauchsgüterpreise bei einer gleichzeitigen strikten Lohnbeschränkung, die den Lebensstandard in der Vergangenheit niedriggehalten hatte und für die nächste Fünfjahrplanperiode fortgesetzt werden sollte, eine Explosion herbeiführten. Wie stark mutwillige Provokationen rivalisierender Fraktionen innerhalb der Parteiführung die wirtschaftlichen Entscheidungen kurz vor Weihnachten 1970 und den blutigen Verlauf der Ereignisse beeinflußt haben, läßt sich nicht mit Sicherheit sagen. Von überragender politischer Bedeutung war allerdings, daß erstmals eine echte massenhafte Revolte der Arbeiterklasse in den großen Industriezentren eine kommunistische Regierung überwand und *Gomulka* und seine engsten Verbündeten von der politischen Bühne vertrieb. Mehr noch, die neue Regierung unter *Gierek* konnte dem unnachgiebigen Druck der Arbeiter nicht standhalten und mußte die beabsichtigte Preiserhöhung zurücknehmen. Seitdem war der offene oder latente Druck der Arbeiter ein herausragender Faktor des politischen Lebens in Polen, und alle Versuche, ihn zu brechen, schlugen fehl.

Es versteht sich von selbst, daß der Dezember 1970 und die darauffolgenden Ereignisse Erschütterungen in ganz Osteuropa auslösten und stärker als zuvor die Gefahr unterstrichen, die von einer Mißachtung der Verbraucherbedürfnisse, aus welchen Gründen auch immer, ausging. Die Aufgabe war, die Produktionskapazität zu erhöhen, um die wachsenden Konsumentenbedürfnisse zu befriedigen und die Ökonomie auf dem Wachstumspfad zu halten. Dies mußte eine große Zahl von Konflikten heraufbeschwören, vor allem, weil die Lösungen innerhalb der Grenzen des bestehenden politischen Systems gesucht werden mußten. In Polen hatte das einen neuen Versuch zu einer Wirtschaftsreform zur Folge, eine Anzahl administrativer Veränderungen[6], und einen Plan, der ehrgeizige Investitionen zur Modernisierung der Wirtschaft mit ziemlich großen Steigerungen der Löhne und Sozialleistungen verband. Wiederum ähnlich wie in Rumänien ließ man sich auf eine Politik der massiven Auslandsverschuldung ein. Anfänglich schien dieser Plan aufzugehen und die erwarteten Erfolge zu bringen, aber gegen Ende der Periode wies er deutliche Risse auf, die zu einer ernst zu nehmenden Krise sowohl in der Wirtschaft als auch im politischen Leben des Landes führten.

Die politische Szene in Ungarn war relativ ruhig, aber keineswegs unbeweglich. Ermutigt durch frühere Erfolge und durch den Gewinn einer gewissen Legitimität trieb die *Kádár*-Regierung die Wirtschaftsreform und eine vorsichtige Entspannung des politischen Lebens voran. Die späten sechziger Jahre waren gekennzeichnet durch bescheidene und sorgfältig vorbereitete Schritte in der Kulturpolitik, den auswärtigen Beziehungen und der Art der Ausübung der politischen Gewalt. Ängstlich darauf bedacht, die politisch sensible Frage der Arbeiterräte nicht erneut aufkommen zu lassen, versuchte die Parteiführung, auf dem Gebiet der industriellen Demokratie voranzukommen, indem sie 1966 die Rechte der Gewerkschaften erweiterte und ihnen ein Vetorecht gegenüber Entscheidungen des Managements gab.

Am 1. Januar 1968 begann mit einer umfassenden Wirtschaftsreform die Ära des »Neuen ökonomischen Mechanismus«. Indem er die politischen Aspekte dieser Reform herunterspielte, gelang es *Kádár*, Angriffe von außen sogar

---

6 Einige dieser Änderungen gingen auf das leninistische Prinzip der Einheit von ausführender und gesetzgebender Gewalt (»Alle Macht den Sowjets«) zurück, weil ein Verwaltungsapparat geschaffen wurde, der vertikal der Regierung unterstellt war und nicht von den örtlichen Räten abhing, die praktisch nur eine Aufsichtsfunktion und das Recht zu allgemeinen Untersuchungen behielten. Um ihren Status zu erhöhen, wurde der örtliche Erste Parteisekretär fast von Amts wegen als Vorsitzender des Rates »empfohlen« (ähnlich wie im rumänischen System). Eine andere wichtige Änderung war die Aufteilung des Landes in 49 statt früher 17 Bezirke *(wojewodztwa)* und die Abschaffung der mittleren Verwaltungsebene *(powiat)*. Diese wahrscheinlich verdienstvolle Veränderung wurde politisch häufig als Versuch interpretiert, die Ersten Sekretäre in den Bezirken gegenüber der zentralen Parteiführung zu schwächen.

auf dem Höhepunkt der tschechoslowakischen Krise zu vermeiden. Dennoch wurde sie zu einem politischen Thema, teilweise, weil technokratische Irrtümer wie die starken Unterschiede der Gewinnprämien von Managern und Arbeitern im Jahre 1969 schnell beseitigt werden mußten, weil wahrscheinlich die Ergebnisse weniger spektakulär waren als erwartet, und wegen einer andauernden Opposition gegen die »Kommerzialisierung« der ungarischen Lebensweise. Diese Opposition beschränkte sich nicht auf Dogmatiker alten Typs, sondern schloß auch Gruppen der »Neuen Linken« ein, die dem politischen System als solchem äußerst kritisch gegenüberstanden. Die Parteiführung machte sowohl gegen die Kritiker vom linken Flügel als auch gegen die »Liberalen« Front, und im März 1974 verlor *Rezsö Nyers,* der »Vater der Wirtschaftsreform«, seine Stellung in den führenden Parteiorganen. Auch der Wirtschaftsreform wurden die Flügel etwas beschnitten, ihre Grundlagen blieben jedoch auch angesichts ernsthafter wirtschaftlicher Schwierigkeiten nach der Energie- und Rohstoffkrise 1973 in Kraft. Die Einstellung der UdSSR und der anderen Volksdemokratien könnte eine Rolle gespielt, aber kaum entscheidend zu einem Zurückstecken beigetragen haben, weil ein weitverbreitetes Interesse am Ausgang des ungarischen Experiments bestand, das kein übermäßiges politisches Risiko zu enthalten schien. Im ganzen stand Ungarn politisch, abgesehen von einigen Rückschlägen und einem Maß an politischer Schwäche, das allen gemein war, Mitte der siebziger Jahre wahrscheinlich besser da als irgendeine andere der Volksdemokratien: Die Loyalität gegenüber der Sowjetunion wurde nicht in Frage gestellt, die führende Rolle der Partei nicht bezweifelt, und der Grad der Liberalisierung und inneren Entspannung war erheblich höher als anderswo. Ungarn war der erste sozialistische Staat, der Steigerungen der Lebenshaltungskosten in seinem Plan formal vorwegnahm und sowohl den Einzel- wie den Großhandelspreisen eine (manchmal beträchtliche) Flexibilität nach oben zugestand. Dieser Praxis konnten andere Staaten ohne ernsthafte politische Auswirkungen unmöglich folgen.

Die politische Geschichte der Tschechoslowakei während des Jahrzehnts zwischen 1966 und 1975 ist zu bekannt, als daß auch nur eine Zusammenfassung erforderlich wäre.[7] Der Ausgangspunkt der Reformbewegung in der zweiten Hälfte der sechziger Jahre war wirtschaftlicher Natur[8], aber sehr bald wurden sich die Reformer der Zusammenhänge zwischen wirtschaftlichen und politischen Veränderungen voll bewußt. Eines der deutlichsten Merkmale der Entwicklungen in der Tschechoslowakei war der Sieg des Demokratisierungsprogramms innerhalb der Partei, die dadurch ihre Fähigkeit unter Beweis stellte, sich an die Spitze der Bewegung zu stellen. Von dieser Warte aus gesehen, zeigte das Jahr 1968 einige Ähnlichkeiten mit dem polnischen Oktober von 1956, man ging aber – teilweise aufgrund der mittlerweile gewonnenen Erfahrungen – viel konsequenter und auf breiterer Front vor. Ein anderes äußerst bedeutendes Merkmal des »Prager Frühlings« war, daß zum Schluß auch die Arbeiterklasse für die Reform gewonnen werden konnte. Während des Frühlings und Sommers 1968 wuchs die Unterstützung der Arbeiter erkennbar, besonders nach der Invasion im August. Schließlich hat es den Anschein, daß die Reformbewegung trotz lange bestehender Mißstände und vieler zu hastig ausgeführter Schritte Erfolge bei der Verbesserung der Beziehungen zwischen Tschechen und Slowaken sowie zwischen diesen und anderen nationalen Minderheiten vorweisen konnte.

Offensichtlich ist es nicht möglich zu sagen, was aus diesem Versuch einer Umgestaltung des osteuropäischen Sozialismus entlang demokratischer Richtlinien geworden wäre, wenn ihn die sowjetische Invasion und die nachfolgende »Normalisierung« nicht vereitelt hätten. Mit Sicherheit sah sich die Reformbewegung starken Widerständen der bedrohten Mitglieder des Apparats gegenüber und wäre zahlreichen Schwierigkeiten auf wirtschaftlichem, sozialem und politischem Gebiet begegnet. Dennoch, wenn man die poli-

---

7 Zahlreiche Bücher und wissenschaftliche Artikel sind zu diesem Thema im Westen erschienen, die in der fundamentalen Monographie von *H. Gordon Skilling, Czechoslovakia – the Interrupted Revolution*, Princeton (N.J.) 1976, gipfelten.

8 Wie *François Fejtö, A History of the People's Democracies. Eastern Europe since Stalin,* englische Ausgabe Harmondsworth (Middx.) 1974, S. 170, betont, führte, im Gegensatz zu den Ereignissen in Ungarn 1956, in der Tschechoslowakei die Verschlechterung der wirtschaftlichen Situation zwischen 1961 und 1963 zur lange überfälligen Entspannung.

tischen Traditionen und den wirtschaftlichen Entwicklungsstand der Tschechoslowakei in Betracht zieht, hatte der Wandel größeren Erfolg als anderswo und machte die Invasion aus der Sicht der Sowjetunion und ihrer zuverlässigeren Verbündeten erst recht unvermeidbar. Die seit dem Übergang der Parteiführung von *Dubček* auf *Husák* im April 1969 verfolgte Normalisierungsstrategie schien zunächst das *Kádár*-Modell nachzuahmen, in dem Sinne, daß das politische System zwar grundsätzlich unverändert blieb, aber keineswegs vollständig zu früheren Formen zurückkehren mußte. Wie in Ungarn 1956 wurden auch in der Tschechoslowakei zum Teil mit ausländischer Hilfe große Anstrengungen unternommen, um die Lebensbedingungen der Bevölkerung zu verbessern. Anders als in Ungarn sah sich die politische »Normalisierung« in der Tschechoslowakei dem Problem eines massenhaften Widerstandes innerhalb der bestehenden Institutionen, zuerst und vor allem innerhalb der Partei gegenüber. Die Frage, warum die »Kádárisierung« nicht gelang und einem politisch unterdrükkenden und wirtschaftlich starren Regime weichen mußte, sprengt den Rahmen dieses Werkes. Es scheint aber einleuchtend, wenn auch widersinnig, daß die Vermeidung blutiger Unterdrückung die tschechoslowakischen »Normalisierer« bezüglich einer »*Kádár*-Lösung« in eine politisch schwächere Position versetzte als in Ungarn Mitte der sechziger Jahre.[9]

Über die innenpolitischen Umstände in Albanien, dem abgeschlossensten der osteuropäischen sozialistischen Staaten, kann nicht viel gesagt werden. Nach dem De-facto-Bruch mit dem Warschauer Pakt und mit dem RGW im Jahre 1961 verlegte sich Albanien auf eine Politik der ultralinken Orthodoxie, von der man annahm, daß sie der chinesischen Linie folgte, und wurde – in der Praxis äußerst plump – zum Propagandazentrum in einem »Heiligen Krieg« gegen die »Revisionisten« sowjetischen Typs. Wie

---

9 Ein herausragendes Bild der Einstellung der tschechoslowakischen Bevölkerung und der langfristigen demoralisierenden Folgen des Husák-Regimes zeichnet *Vaclav Havels Letter to Dr. Gustav Husák, General Secretary of the Czechoslovak Communist Party*, englische Übersetzung in *Survey*, Band 21, Nr. 3, Sommer 1975.

bereits erwähnt, war die Nachahmung Chinas ab einem gewissen Punkt nach der Kulturrevolution nicht mehr so absolut, und die wirtschaftlichen Beziehungen mit einigen der Volksdemokratien wurden wiederhergestellt. Ob und in welchem Ausmaß dies Einfluß auf die innenpolitische Szene hatte, ist schwer zu sagen. Neben den Berichten über andauernde Fraktionskämpfe gab es Anzeichen für administrative Änderungen im Leitungssystem (1966/67).

Das politische System Jugoslawiens entwickelte sich weiter entlang einer Linie, die sich in vielerlei Beziehung von den anderen osteuropäischen Staaten unterschied. Aus wirtschaftlicher Sicht war wohl am wichtigsten, daß die politischen Veränderungen während der Periode von 1966 bis 1975 mit einer Stärkung der Marktbeziehungen und – zumindest institutionell gesehen – mit dem allgemeinen Konzept des Selbstverwaltungssozialismus übereinstimmten. Der Beginn der Periode wurde durch die Niederschlagung der konservativen Gruppe um *Ranković* gekennzeichnet. Dies räumte politische Widerstände gegen die Einführung der Wirtschaftsreform von 1965 aus dem Weg, von der man – abgesehen von ihrer fundamentalen Bedeutung für das jugoslawische Modell des Sozialismus – auch die Lösung der früheren wirtschaftlichen Schwierigkeiten erwartete. Die Wirtschaftsreform ging einher mit wachsenden Wünschen der nationalen Republiken und Regionen im jugoslawischen Bund. Zentrifugale Tendenzen, zum Teil vom Ausland gefördert, wurden zu einem der dringendsten Probleme Jugoslawiens. In erster Linie in Kroatien, wo von den Säuberungen im Jahre 1970 selbst höchste Würdenträger betroffen waren, aber auch in anderen Republiken und Regionen, so in Serbien, wo 1973/74 Säuberungen stattfanden, wurde auch die Parteiorganisation hineingezogen. Die Antwort der Führung um *Tito* war nicht nur negativ: Ergänzungen der Verfassung von 1971 und eine neue Verfassung 1974 stärkten die wirtschaftliche und politische Stellung der Teilrepubliken und Regionen auf Kosten der zentralen Bundesorgane. Die Verfassung von 1974 brachte auch wichtige Neuerungen in der gesamten Struktur der politischen Institutionen. Das größte Gewicht bei der Wahl der gesetzgebenden Körperschaften wurde auf »Delegationen«

gelegt, die direkt von den »Grundorganisationen der sozialistischen Arbeit« (in den Unternehmen, Dienstleistungseinrichtungen, genossenschaftlichen Organisationen und Gebietskörperschaften) gewählt werden; die Delegationen wählen örtliche Räte, die wiederum »Delegationen« zu höheren Ebenen bis hin zur Bundesversammlung wählen.[10] Das Machtverhältnis zwischen Ratsversammlungen, Versammlungen der Republiken und der Bundesversammlung auf der einen Seite und den ihnen zugeordneten ausführenden Organen (einschließlich der Bundesregierung) auf der anderen Seite, sollte sich zugunsten der Legislative verändern. Abgesehen von besonderen jugoslawischen Erwägungen, wie der multinationalen Struktur, wurden die neuen Institutionen als wichtiger Schritt zur Demokratisierung begrüßt, die in einzigartiger Weise eine Beteiligung der Basis am politischen Entscheidungsprozeß umfaßte und die höheren Organe einer ständigen Kontrolle von unten unterwarf.

In welchem Maß dies wirklich der Fall war, hing von der Bandbreite der politischen, industriellen und intellektuellen Aktivität ab, die nicht durch von der Elite der Einheitspartei gezogene Grenzen beschränkt wurde. In dieser Beziehung änderte sich in Jugoslawien während der Periode 1966-75 trotz der relativen Freiheit im Vergleich mit dem Rest Osteuropas kaum etwas, und einige Ereignisse, wie die Entlassung andersdenkender Universitätsprofessoren, die Schließung der Zeitschrift *Praxis* und eine Anzahl politischer Prozesse, deuteten eher in die entgegengesetzte Richtung. Bei einer Beurteilung der wirklichen Bedeutung dieser Änderungen für das politische Leben Jugoslawiens muß man jedoch den enormen Druck von außen in Betracht ziehen, den sowohl rechtsgerichtete Kräfte aus dem Ausland als auch von der Sowjetunion unterstützte interne »Kominformisten« ausübten, vor allem im Zusammenhang mit der Nachfolge *Titos,* die lange vor seinem Tod 1980 akut wurde.

---

10 Verfassung der Sozialistischen Bundesrepublik Jugoslawien von 1974, Teil II, Kap. 8, Art. 132-153.

Wachstum: Innere und äußere Faktoren und Hindernisse

Wie schon im entsprechenden Abschnitt des *Teils III* angedeutet wurde, brachte die Periode 1957–65 nicht die erwartete gleichgewichtige Entwicklung unter der bedingten Stabilität eines mittelfristigen (Fünfjahr-)Plans, die sowohl für eine weiterhin beständige Innenpolitik als auch für die Abstimmung der Pläne im RGW von Bedeutung gewesen wäre. Auch die angestrebte Kombination hoher Wachstumsraten mit einer Steigerung des Lebensstandards wurde nicht erreicht, schon gar nicht in der zweiten Hälfte der Periode, als das Wachstum sich in den am weitesten fortgeschrittenen Volksdemokratien verlangsamte und die Realeinkommen in den meisten Ländern stagnierten. Es überrascht daher nicht, daß sich die Regierungen im Jahrfünft von 1966 bis 1970 eifriger denn je um die Verwirklichung des schwer erreichbaren Ziels eines Wachstums mit Konsum bemühten und dazu auch neue Institutionen nutzten – die »Zweite Welle« der Reformen. In den Fünfjahrplänen 1966–70 für Albanien, Bulgarien, die Tschechoslowakei und die DDR wurden die Wachstumsziele gegenüber dem früher Erreichten deutlich erhöht. Auch Jugoslawien faßte eine höhere Wachstumsrate ins Auge, als jemals zuvor erreicht worden war[11], während sich die ungarische und die polnische Wachstumsrate auf gleichem Niveau bewegten und die rumänische Rate sogar niedriger war als die allerdings wesentlich besseren früheren Erfolge. Bezüglich der Reallöhne wurden in den meisten Staaten deutliche Steigerungen eingeplant, außer in Polen und Ungarn, was um so befremdlicher war, als beide in dieser Beziehung während

---

11 Siehe B. *Horvat, Yugoslav Economic Policy,* The American Economic Review Band 61, Nr. 3, Ergänzungsband, Juni 1971, S. 90.

der vergangenen fünf Jahre keine Fortschritte gemacht hatten.

Insgesamt waren die Resultate diesmal, trotz der Unruhen 1968/69, selbst in der Tschechoslowakei erheblich besser. Darüber hinaus war das Ausmaß der Stabilität und damit die Wirksamkeit der Fünfjahrpläne überall außer in Polen größer. Natürlich stellt sich immer die Frage nach der Verläßlichkeit der offiziellen Daten, auf denen die quantitative Analyse beruht, aber es muß daran erinnert werden, daß es hier weniger um absolute Zahlen als um einen relativen Vergleich über einen bestimmten Zeitraum geht, und es erscheint gerechtfertigt anzunehmen, daß sich die Qualität der Daten in dem behandelten Zeitabschnitt nicht verschlechterte.

Tabelle IV.1
Wachstum des Nationaleinkommens und der Reallöhne in Osteuropa 1966–1970
(kumulierte jährliche Wachstumsraten in Prozent)

	Nationaleinkommen		Durchschnittl. Reallohn	
	Plan	Ist	Plan	Ist
Albanien	8,0	9,2	3,0	3,2[a]
Bulgarien	8,5	8,7	3,2	5,4
Tschechoslowakei	4,1–4,4	6,9	3,4–3,5	3,5
DDR	5,1–5,7	5,2	—	3,7
Polen	6,0	6,0	1,9	1,9
Rumänien	7,0	7,6	4,5	3,5
Jugoslawien	7,5–8,5	6,3	—	7,4

a) Realeinkommen pro Kopf
Quellen: Economic Survey of Europe in 1970, Teil II: The European Economy in 1970, New York 1971, S. 65; Statistički godišnjak SFRJ 1972, S. 103 und 276; B. Horvat, Yugoslav Economic Policy, a.a.O., S. 90; Kraje RWPG 1960–75 (statistische Veröffentlichung des Polnischen Statistischen Amtes, Warschau 1976, S. 160); B. Askansas/H. Askansas/F. Levcik, Development and Level of Wages in CMEA Countries, Monatsberichte des österreichischen Instituts für Wirtschaftsforschung, Nr. 1, 1976; M. Kaser und A. Schnytzer, The Albanian Economy from 1945 to the 1980 Plan; Joint Economic Committee of the US Congress, East European Economies Post-Helsinki, Washington D. C. 1977.

Die gesamte Wachstumsrate des produzierten Nationaleinkommens betrug in der Gruppe (ohne Albanien) 6,5 % gegenüber geplanten 5,7 % und 4,9 % in den fünf Jahren von 1961 bis 1965. Die Wachstumsrate der Reallöhne war überall höher als in der Zeit von 1961 bis 1965, außer in Rumänien, wo das Wachstum auf relativ hohem Niveau stagnierte. In Polen war jedoch das Wachstum wiederum nicht erwähnenswert und nur wenig höher als vorher (1,9 % gegenüber 1,5 %). Der offizielle Index der polnischen Reallöhne stand 1970 kaum 20 % höher als 1960 und deutlich niedriger als der aller anderen osteuropäischen Länder.[12] Es bedarf nicht der Erwähnung, daß dieses »Jahrzehnt der wirtschaftlichen Einschränkung« einer der Hauptgründe für die Explosion vom Dezember 1970 war, die durch massive Steigerungen der Lebensmittelpreise ausgelöst wurde.

Eine vollständige Bestimmung aller Faktoren, die zu den insgesamt besseren wirtschaftlichen Erfolgen beigetragen haben, würde eine erheblich eingehendere Analyse erfordern, als hier zu leisten ist. Oberflächlich gesehen waren die überall besseren Ergebnisse der Landwirtschaft der einzige gemeinsame Faktor trotz der Tatsache, daß die Pläne nur in Albanien, der Tschechoslowakei und Ungarn erfüllt worden waren (Polen, Rumänien und Jugoslawien verzeichneten tatsächlich geringere Steigerungen der landwirtschaftlichen Gesamtproduktion als zwischen 1961 und 1965). Damit zusammenhängen könnte der strukturelle Wandel der Industrieproduktion zugunsten der sogenannten Abteilung II (in etwa: Konsumgüterindustrie), der sich in fünf der sechs Länder (außer in der DDR) abzeichnete. In Ungarn war die Wachstumsrate der Abteilung II zum zweiten Mal höher als die der Abteilung I, was unter anderem auf eine größere Bedeutung des Außenhandels hindeutet. Das gilt auch für Bulgarien, wo das Wachstum der Abteilung II von 1966 bis 1970 fast das der Abteilung I erreichte. Diese strukturelle Veränderung mag dazu beigetragen haben, den Rückgang des Verhältnisses von Nationaleinkommen und Investitionen niedriger ausfallen zu lassen, als er sonst gewesen wäre.[13] Zusammen mit den deutlich größeren Investitionsanstrengungen als in der Vorperiode hatte dies positive Auswirkungen auf das Wachstum.[14] Bezüglich der soge-

---

[12] Der Vergleich beschränkt sich auf die 15 europäischen Länder, die in *Rocznik Statystyczny 1975*, Tab. 26, S. 568, aufgeführt sind.

[13] Für dieses Verhältnis in den sechs Volksdemokratien vgl. *Kraje RWPG 1960–75*, a.a.O., S. 41.

[14] Der Anteil des Zuwachses am Nationaleinkommen stieg von 27,5 % 1965 auf 29,2 % 1970 in Bulgarien, von 25 % auf 27 % in der Tschechoslowakei, von 19,9 % auf 24 % in der DDR, von 20,2 % auf 24,4 % in Ungarn und von 27,1 %

nannten intensiven Faktoren, ausgedrückt in der Steigerung der industriellen Produktivität, zeigt sich ein ziemlich gemischtes Bild: Verbesserungen in der Tschechoslowakei und Rumänien stehen Verschlechterungen in der DDR und Ungarn gegenüber, wenn man den Anteil der Produktivitätssteigerung am Wachstum der Bruttoproduktion betrachtet.

Bei der Beurteilung der Erfolge dieser Periode muß die ziemlich heikle Marktlage in Betracht gezogen werden. In Jugoslawien erreichte die jährliche Inflationsrate 10 %, und auch in den meisten anderen Staaten zeigten sich Zeichen offenen oder zurückgestauten inflationären Drucks. Wichtig ist ebenfalls, daß nicht nur Jugoslawien, sondern auch die Tschechoslowakei, die DDR und Ungarn zumindest von einem kleinen Zustrom ausländischer Quellen profitiert haben müssen, was sich in der höheren Wachstumsrate des verwendeten Nationaleinkommens gegenüber dem produzierten Nationaleinkommen ausdrückt. All dies weist darauf hin, daß die Zukunft trotz der Verbesserung gegenüber 1961–65 nicht als gesichert angesehen werden konnte; dies galt besonders nach der bedeutsamen Warnung, die von den polnischen Arbeitern Ende der siebziger Jahre gegeben wurde.

Gemessen an den Wachstumsraten waren die Ergebnisse für die Zeit von 1966 bis 1970 noch besser als in der Vorperiode. Die durchschnittliche jährliche Steigerung des produzierten Nationaleinkommens in den sechs Volksdemokratien betrug 7,8 % gegenüber 6,5 % in der Zeit von 1966 bis 1970 bei geplanten 6,8 %. Rumänien und Polen registrierten ein sowohl im Vergleich zum Plan als auch gegenüber früher wesentlich höheres Wachstum. Das Wachstum der DDR beschleunigte sich kaum, und drei andere Länder wuchsen mit einer etwas geringeren Rate als vorher (der Rückgang war in der Tschechoslowakei am größten), erreichten oder übertrafen aber alle ihre jeweiligen Planziele. Das jugoslawische Wachstum war etwas niedriger als in der Zeit von 1966 bis 1970, und das albanische lag beträchtlich darunter. Gemessen an den Reallöhnen setzte sich in den

---

auf 27,9 % in Polen (*RWPG 1960–75*, a.a.O., S. 30 der Ausgabe von 1972 und S. 40 der Ausgabe von 1976). In Rumänien stieg die Quote von 25,8 % auf 30,5 % (*Economic Survey of Europe in 1971*, S. 110).

drei am höchsten entwickelten Staaten (die DDR, die Tschechoslowakei und Ungarn) sowie in Rumänien der Trend im großen und ganzen fort, während sie in Bulgarien und besonders jäh in Albanien fielen und in Polen auf 7,8 % jahresdurchschnittliches Wachstum emporschnellten.

Tabelle IV.2
Wachstum des Nationaleinkommens und der Reallöhne in Osteuropa 1971–1975
(jährliche Wachstumsraten in Prozent)

	Nationaleinkommen		Durchschnittl. Reallohn	
	Plan	Ist	Plan	Ist
Albanien	9,2–9,9	6,6	2,8	2,1–2,7a)
Bulgarien	7,7–8,5	7,8	—	3,0
Tschechoslowakei	5,1	5,5	2,5–3,0	3,4
DDR	4,9	5,4	4,3	3,8
Ungarn	5,5–6,0	6,2	3,0–3,4	7,3
Polen	6,6–6,8	9,8	3,2–3,4	7,3
Rumänien	11,0–12,0	11,3	3,7	3,7
Jugoslawien	7,5	5,7	—	1,0

a) Realeinkommen pro Kopf
Quellen: Statistichesky ezhegodnik stran-chlenov SEV 1978, S. 27–35; Statistički godišnjak SFRJ 1977, S. 136–137; Rocznik Statystyczny 1979, S. 490; Economic Survey of Europe in 1971, a.a.O., S. 107 und 135; H. Askanas/F. Levcik, a.a.O., Tab. 1 (für die Reallöhne in der DDR); M. Kaser, Eastern European Economies in 1971–80, The World Today, Vol. 32, Nr. 9; Kaser/Schnytzer, a.a.O.

Der Zuwachs des Realeinkommens pro Kopf der Bevölkerung wurde bedeutend höher angegeben als der Zuwachs der Reallöhne, was nicht nur die Ausweitung der nichtlandwirtschaftlichen Beschäftigung, die in allen Volksdemokratien mit Ausnahme Ungarns trotz wachsender Schwierigkeiten bei der Arbeitskräftemobilisierung höher war als geplant, sondern auch das relativ schnellere Wachstum der Sozialleistungen und in einigen Ländern der bäuerlichen Einkommen widerspiegelt. Jugoslawien stand dazu in einem auffallenden Gegensatz, besonders 1973, als der offizielle Index der Reallöhne gegenüber dem Vorjahr um vier Prozentpunkte zurückfiel. Die jugoslawische Inflationsrate war mit 20 % zu dieser Zeit bei weitem die höchste in Europa, und die Arbeitslosenquote war auch ohne die im Ausland Beschäftigten eine der höchsten. Es sollte vielleicht noch einmal betont werden, daß die landwirtschaftliche Produktion in der gesamten Region während der ersten Hälfte der siebziger Jahre stetig wuchs und deshalb weder in Jugoslawien noch anderswo für die ungünstige Entwicklung der gesamtwirtschaftlichen Größen verantwortlich gemacht werden kann.

Die Steigerung der Investitionen setzte sich insgesamt fort, und die Akkumulationsrate erreichte in Polen bei einer jährlichen Steigerung der Investitionsausgaben um 18% (verglichen mit 8% im vorhergehenden Planjahrfünft) einen Rekordanteil von 38% (1974) bzw. 35% (1975) des verwendeten Nettomaterialprodukts. In anderen Staaten stieg die Akkumulationsrate ebenfalls, jedoch nicht so drastisch; in der DDR ging sie sogar von 24,5% (1970) auf 22,3% (1975) zurück.[15] Es muß auch erwähnt werden, daß die Energiekrise von 1973 und der folgende Sprung der Rohstoffpreise sich 1975 in den internen RGW-Preisen widerzuspiegeln begannen und einen ungünstigen Einfluß auf die Terms of Trade der meisten osteuropäischen Staaten mit Ausnahme Polens und vielleicht Rumäniens ausübten.

Der während des Jahrzehnts 1966 bis 1975 gegenüber den frühen sechziger Jahren erreichte Fortschritt wurde von einer Anzahl von Problemen begleitet. Erstens hinkte der Zuwachs der Reallöhne zumindest bis 1973 hinter dem in Westeuropa hinterher, wodurch sich der Graben vertiefte und weitere Hoffnungen enttäuscht wurden.[16] Zweitens machten sich in den Jahren 1974 und 1975 Anzeichen wachsender Schwierigkeiten bemerkbar, besonders als sich 1975 die immer noch große Anfälligkeit gegenüber ungünstigeren Bedingungen in der Landwirtschaft zeigte. Dies drückte sich entweder im beschleunigten Anstieg des offiziellen Preisindex aus, wie in Ungarn (die ähnliche Erfahrung Jugoslawiens wurde bereits erwähnt), oder, wenn die Einzel-

---

15 *Statisticheskij ezhegodnik stran-chlenov SEV 1979*, Tab. 18, S. 42.
16 Siehe den Vergleich der Realeinkommen in den osteuropäischen Ländern und in Österreich 1960–73 in *B. Askansas/H. Askansas/F. Levcik*, a.a.O. Die meisten anderen westeuropäischen Länder verzeichneten für 1975 gegenüber 1960 Indexstände in einer ähnlichen Größenordnung wie in Österreich. Von den acht westeuropäischen Ländern, die *Rocznik Statystyczny 1979*, S. 490, in der Tabelle der Realeinkommen aufführt, zeigten sieben ein schnelleres Wachstum als irgendeines der sozialistischen Länder. Nur das Vereinigte Königreich blieb mit einem Index von 165 (1975 gegenüber 1960) hinter Jugoslawien, Rumänien, Polen und Bulgarien zurück, rangierte aber vor der UdSSR, Ungarn und der Tschechoslowakei und vor der DDR, die in der Tabelle nicht erwähnt wird.

handelspreise nicht auf Gleichgewichtsniveau festgesetzt waren, in einer wachsenden Ungleichheit von Angebot und Nachfrage, wie in Bulgarien, Rumänien, Polen und in gewissem Maß auch in der DDR. Drittens wurde die Ausbreitung bei gleichzeitiger Steigerung der Einkommen zumindest in einigen osteuropäischen Ländern durch beträchtliche Ressourcenzuflüsse von außen ermöglicht und führte zu einem ernst zu nehmenden Anstieg der Auslandsverschuldung. 1970 gab es (wie auch 1965) außer in Jugoslawien keine oder nur unerhebliche Defizite in der Handelsbilanz der osteuropäischen Staaten. Die Zahlungsbilanz einiger Länder wurde durch Transfers aus dem Ausland (vor allem von Ausgebürgerten, die Geld an Verwandte in der DDR, Ungarn und Polen schickten) und durch den Transithandel günstig beeinflußt (Ost-West-Handel durch eben diese Länder und die Tschechoslowakei sowie der Handel zwischen Europa und dem Mittleren Osten, der Bulgarien durchquerte). Gegen Ende des Jahrfünfts von 1971 bis 1975 ergab sich in allen Staaten mit Ausnahme Rumäniens ein beträchtliches Defizit. Im Falle der DDR, Ungarns und besonders Polens spielten die gestiegenen Defizite eine beträchtliche Rolle bei der laufenden Bilanz der verfügbaren Personen.[17] Die indirekten Auswirkungen der Defizite waren viel wichtiger, weil sie sich ausschließlich im Handel mit dem Westen konzentrierten[18], der Zugang zu technologisch weiterentwickelten Investitionsgütern und dem dazugehörenden Know-how bot. Die durchgreifende Modernisierung einiger Industriezweige war eines der Hauptelemente der Strategie

---

17 Von den vier Volksdemokratien, deren Daten im *Economic Survey of Europe in 1971*, a.a.O., zusammengestellt sind, plante nur Polen ein etwas überhöhtes Verhältnis von verwendetem und produziertem Nationaleinkommen (1,04). In der Praxis lag dieses Verhältnis in allen Ländern über dem geplanten Niveau und überschritt im polnischen Fall 1,20. Nach offiziellen Angaben (*Rocznik Statystyczny 1976*, S. 70 und 75) überstieg das verwendete Nationaleinkommen das produzierte 1973 um 50 Mrd. Zloty (zu laufenden Preisen), was etwa dem Nettozufluß von außen entspricht, trug also zu 65 % zur Steigerung des Konsums (aus dem Nationaleinkommen nach osteuropäischer Definition) gegenüber dem Vorjahr bei; 1974 betrug der Unterschied 90 Mrd. Zloty (entspricht 85 % dieser Steigerung), 1975 102 Mrd. Zloty oder 90 % der Steigerung des privaten und kollektiven Konsums aus dem Nationaleinkommen von 1975 gegenüber 1974.
18 Oder nur beim Handel in konvertierbarer Währung, wie in Rumänien, das zwischen 1971 und 1975 im Handel mit sozialistischen und Entwicklungsländern zusammengenommen üblicherweise einen Überschuß erzielte.

von 1971 bis 1975. Trotz der öffentlich immer wieder hervorgehobenen und mit dem »Komplexprogramm« von 1971 so betonten Bemühungen, die RGW-Integration voranzutreiben, sank der prozentuale Anteil dieses Handels am Außenhandelsumsatz zu laufenden Preisen zwischen 1965 und 1974 für jedes der europäischen Mitgliedsländer: in Bulgarien von 73 auf 70 %, in der Tschechoslowakei von 68,1 auf 61,0 %, in der DDR von 69,4 auf 61,0 %, in Ungarn von 65,4 auf 59,0 %, in Polen von 60,5 auf 47,0 % und in Rumänien von 60,7 auf 34,7 %, wobei der Importanteil steiler fiel als der Exportanteil.[19] Im Jahre 1975 kam dieser Rückgang teilweise zum Stehen. Das Ausmaß dieser Entwicklung kann nicht abschließend bestimmt werden, weil diese Umsätze zu anderen als den bei Geschäften mit anderen Partnern geltenden Weltmarktpreisen ermittelt wurden. Während des ersten Teils der Dekade fielen sie im Verhältnis zu den Weltmarktpreisen, während des zweiten Teils stiegen sie, konnten aber die Entwicklung der Weltmarktpreise seit 1965 nicht aufholen; 1975 wurden sie auf ein Niveau angehoben, das mit einer Verzögerung (drei Jahre für vor 1975 abgeschlossene Geschäfte, fünf Jahre für den dann folgenden Handel) der Bewegung der Weltmarktpreise folgte.[20]

Es wird manchmal argumentiert, daß die Ergänzung einheimischer Ressourcen durch auswärtige in einem entscheidenden Stadium des Entwicklungsprozesses institutionelle Veränderungen zur Steigerung der Leistungsfähigkeit ersetzen könne (importgestütztes Wachstum). An diesen Argumenten könnte etwas Wahres sein, soweit es um kurzfristige Krisen geht, was in gewissem Umfang in Polen nach 1956 der Fall war. Die grundlegende langfristige Beziehung scheint jedoch umgekehrt zu sein: Erstens hängt die wirksame Aufnahme weitgehend von einer geeigneten wirtschaftlichen Organisation ab. Zweitens müssen, wenn die Kredite – wie es in Osteuropa bisher der Fall war – wirklich zurückge-

---

19 *Kraje RWPG 1960–75*, a.a.O., S. 23.
20 Das Problem der Bewertung realer Entwicklungen im RGW-internen Handel gegenüber dem Handel mit und zwischen anderen Partnern wurde zuerst von *M. Kaser, Comecon, Integration Problems of the Planned Economies*, London 1965, S. 114, erkannt und ausführlich von *E. A. Hewett, Foreign Trade Prices in the Council for Mutual Economic Assistance*, Cambridge 1974, untersucht.

zahlt werden müssen[21], die Investitionen einen Ressourcenfluß erzeugen (oder einen Abfluß vermeiden), der den Schuldendienst abdeckt; dies hängt von der Fähigkeit der gesamten Volkswirtschaft ab, effizient zu arbeiten und Exporte hervorzubringen, die im internationalen Wettbewerb bestehen. Es scheint daher, daß der in seinem Ausmaß ziemlich beispiellose Rückgriff aller osteuropäischen Länder mit Ausnahme Albaniens auf ausländische Ressourcen zur Finanzierung des Wachstums in den siebziger Jahren institutionelle Änderungen nicht auf den zweiten Platz verweisen konnte. Eine andere Frage ist, wie dies von den herrschenden Führungsschichten aufgefaßt wurde; es ist recht einleuchtend, daß die Möglichkeit, auswärtige Hilfsmittel heranzuziehen, als Mittel zur Vermeidung notwendiger institutioneller Reformen verstanden wurde.

---

21 Im Gegensatz zur Umwandlung von Krediten in Beihilfen, in deren Genuß Entwicklungsländer mitunter kommen.

Sozialistische und private Wirtschaft

Wie bereits in *Teil III* ausgeführt wurde, dominierte zu Beginn der sechziger Jahre in allen Bereichen der Wirtschaft mit Ausnahme der polnischen und jugoslawischen Landwirtschaft das sozialistische (staatliche und genossenschaftliche) Eigentum an Produktionsmitteln. Um 1965 waren allein in der DDR außerhalb der Landwirtschaft knapp 90 % der arbeitenden Bevölkerung in sozialistischen Unternehmen und Institutionen tätig. Die Statistiken für das folgende Jahrzehnt zeigen besonders in der DDR, wo in den Jahren 1972/73 die meisten privaten und gemeinsam von Privatleuten und dem Staat betriebenen Industrie- und Handelsbetriebe überraschend verstaatlicht wurden, eine weitere Ausweitung der sozialistischen Wirtschaft. Der Anteil des Privatsektors (einschließlich dem mit staatlicher Beteiligung) fiel sowohl an der Beschäftigung als auch am Nationaleinkommen von 15 % im Jahre 1965 auf etwa 4 % im Jahre 1975.[22]

In Albanien machte die Verstaatlichung 1969 einen Sprung, als die Handwerksgenossenschaften vom Staat übernommen wurden. In Polen stieg der Anteil der staatlichen Landwirtschaft langsam, aber systematisch und erreichte 1975 fast 20 % der gesamten landwirtschaftlichen Nutzfläche, verglichen mit knapp über 12 % im Jahre 1965. Die wichtigste Quelle dieses Wachstums war die Landübergabe älterer Bauern an den Staat, meist im Tausch gegen eine Rente; erst nach 1975 wurde die Möglichkeit geschaffen, zu anderen Bedingungen eine Rente zu erhalten. In Jugoslawien gab es bezüglich des Landes nur minimale Veränderungen der Ei-

---

22 *Statistisches Jahrbuch der DDR 1976*, S. 35; *Statistichesky ezhegodnik stran-chlenov SEV 1978*, S. 397.

gentumsstruktur zugunsten des sozialistischen Sektors; bezüglich landwirtschaftlicher Maschinen (zuerst und vor allem Traktoren) ging die Entwicklung eher in die entgegengesetzte Richtung.

Im Ergebnis stieg der Anteil des sozialistischen Sektors am Nationaleinkommen in allen Ländern weiter an und erreichte nach offiziellen Zahlen in einigen Fällen die Grenze von 100 % (siehe *Tabelle IV.3*).

Tabelle IV.3
Anteil des sozialistischen Sektors
(in Prozent des Nettomaterialprodukts)

	1965	1975
Bulgarien	99,7	99,9
Tschechoslowakei	99,99	100
DDR	86,0	95,8
Ungarn	97,0	98,4
Polen	68,5	82,6
Rumänien	96,3	96,4
Jugoslawien	80,7	83,7

Quellen: Statistichesky ezhegodnik stran-chlenov SEV 1978, S. 36; Statistički godišnjak SFRJ 1976, S. 81 (errechnet aus den absoluten Zahlen zu Preisen von 1972).
Anmerkung: In einigen Fällen weichen die Daten für 1965 von denen der Tabelle III.3 ab, ohne daß die Gründe dafür in den betreffenden Quellen genannt werden.

Einige Tendenzen, die schon gegen Ende des Zeitabschnitts von 1957 bis 1965 zu beobachten waren und in der folgenden Zeit deutlicher hervortraten, bedürfen einer näheren Betrachtung.

Das erste Problem betrifft die Deutung der Anteile von staatlicher und privater Erzeugung in der Landwirtschaft. In Übereinstimmung mit der sowjetischen Praxis sehen alle RGW-Länder das private Hofland der Mitglieder genossenschaftlicher Höfe und der Arbeiter staatlicher Unternehmen und Institutionen als Teil des sozialistischen Sektors an. Die offizielle Statistik bestimmter osteuropäischer Länder führt beides ausdrücklich auf (vor allem Ungarn als »andere« innerhalb des sozialistischen Sektors), während für andere Länder indirekte Informationen zur Verfügung stehen. Der Anteil dieser Privatländereien am produzierten Nationaleinkommen betrug in Ungarn 1975 4 % und sogar

7 % in Bulgarien.²³ Die tschechoslowakische Statistik weist den Anteil privater Erzeuger am Nettomaterialprodukt im Jahr 1975 mit 2,9 % und den »anderer« mit 0,5 % aus, Zahlen, die mit den stolzen 100 % des RGW-Handbuchs ziemlich unvereinbar sind. Die Unstimmigkeit ist auch hier hauptsächlich der Landwirtschaft geschuldet, wo im Jahr 1975 über 12 % der landwirtschaftlichen Bruttoproduktion aus anderen als staatlichen und genossenschaftlichen Betrieben kam, also aus Privatländereien der Genossenschaftsbauern, kleinen Pachtgrundstücken und normaler privater Erzeugung.²⁴ In Rumänien stieg der Anteil des privaten Hoflands der Genossenschaftsbauern sowie der privaten Bauern am gesamten bebaubaren Land zwischen 1965 und 1975 leicht von 15,1 auf 15,9 %.²⁵

Wirtschaftlich war die Bedeutung der privaten landwirtschaftlichen Erzeugung (darunter verstehen wir sowohl die privaten Bauern als auch die Privatländereien und -verpachtungen) 1975 in der DDR gering und relativ klein in der Tschechoslowakei, aber ziemlich groß in Bulgarien, Ungarn und Rumänien. Polen und Jugoslawien mit ihrer überwiegend privaten Landwirtschaft gehören in eine andere Kategorie.²⁶ Abgesehen davon, daß sie ein lebenswichtiger

---

23 *Bulgarian Statistical Yearbook 1974*, S. 107. Die Kategorie wird aufgeführt als »Ergänzungsparzellen von Arbeitern, Angestellten und Genossenschaftsbauern«.
24 *Statistická Rocenka 1976*, S. 157 und 304.
25 *Anuarul Statistic 1976*, S. 150.
26 In diesem Zusammenhang zeigen Bulgarien, Ungarn und Rumänien die interessantesten Beispiele für private wirtschaftliche Aktivitäten innerhalb der kollektiven Schale. Trotz einer etwas schnelleren Entwicklung der sozialistischen Landwirtschaft lag der Anteil der privaten Produktion an der gesamten landwirtschaftlichen Bruttoproduktion in Bulgarien und Ungarn immer noch in der Größenordnung von 35 bis 40 %. 33 % der bulgarischen Kühe und 30 % der Schweine gehörten Privaten, die entsprechenden Zahlen lauten für Ungarn 36 % und 51 %, für Rumänien 50 % und 27 %. Die privaten Produzenten von Fleisch hielten in Bulgarien einen Anteil von 40 %, 50 % in Ungarn, 44 % in Rumänien. Die Anteile bei der Gemüse- und Obstproduktion bewegten sich in einer ähnlichen Größenordnung (diese Angaben stützen sich auf das *Statistische Jahrbuch des RGW 1978*, Russische Ausgabe, S. 205–210, sowie auf einen Artikel in der sowjetischen Zeitschrift *Voprosy Ekonomiki*, Nr. 7 [1978]).
Der Vergleich der Anteile bei der Produktion mit dem (viel kleineren) Anteil an der Nutzfläche führt zur Frage nach der relativen Leistungsfähigkeit der beiden Sektoren. Das Problem liegt jenseits des Bereichs unserer Studie, aber um vorschnelle Schlüsse zu vermeiden, sollte erwähnt werden, daß Vergleiche dieser Art nicht alleine auf die direkte Produktivität beschränkt werden sollten (die im pri-

Faktor bei der Nahrungsmittelversorgung war, übte die private Landwirtschaft einen ziemlichen Einfluß auf die Einkommensstruktur aus. Offiziell wird das Einkommen aus privaten Ländereien für 1975 auf 28 % des gesamten Einkommens der Genossenschaftsbauern in Bulgarien und auf über 40 % in Ungarn geschätzt. Zieht man Einkommensströme von außen in Betracht, die im Falle Ungarns nach einigen Schätzungen ein Drittel des Gesamteinkommens ausmachten, dann war der Anteil des privaten Einkommens am gesamten landwirtschaftlichen Einkommen bedeutend höher. Beziehet man auch das Pachtland der auf dem Staatssektor Beschäftigten ein, so war auf diese oder jene Weise ein großer Teil der Bevölkerung betroffen. Schätzungen für Ungarn, wo es Mitte der siebziger Jahre 1,8 Millionen private landwirtschaftliche Einheiten gab, kommen zu dem Ergebnis, daß etwa sechs bis sieben der insgesamt zehn Millionen Einwohner in irgendeiner Form davon profitierten. Natürlich war dies nicht nur ein wirtschaftlicher, sondern auch ein wichtiger sozialer Tatbestand.

Vor dem Hintergrund dieser Tatsachen muß die Politik der Regierungen gegenüber der privaten Landwirtschaft gesehen werden. Insgesamt setzte sich – abgesehen von einigen Schwankungen, die 1974/75 selbst Ungarn für kurze Zeit erfaßten – der allgemeine Trend einer günstigeren Politik gegenüber privaten Ländereien während des Jahrzehnts von 1966 bis 1975 fort. Ideologische Vorbehalte verringerten sich sowohl in der UdSSR nach *Chruschtschows* Sturz als auch überall in Osteuropa, obwohl es falsch wäre zu behaupten, daß sie völlig verschwunden wären (die bedeutende Verringerung der privaten Landwirtschaft zwischen 1965 und 1975 im tschechoslowakischen und ostdeutschen Fall könnte teilweise von ideologischen Überlegungen verursacht gewesen sein), und eine sachbezogene Einstellung setzte sich durch. In Ungarn, Bulgarien und Rumänien wurden nicht nur die üblichen Beschränkungen gegenüber privaten Ländereien (vor allem im Hinblick auf den Viehbestand) gemildert, sondern es wurde ein deutlicher Vorstoß

---

vaten Sektor ohne Zweifel wesentlich höher ist), sondern auch das Ausmaß der Kooperation zwischen privaten Produzenten und genossenschaftlichen (oder staatlichen) Betrieben in Betracht ziehen sollten.

unternommen, das Wachstum der Viehproduktion durch eine Anzahl von Maßnahmen auf dem Gebiet der Preis-, Steuer-, Beschaffungs- und Versorgungspolitik zu beschleunigen. Verglichen mit ihrer Einstellung gegenüber privatem Landbesitz innerhalb genossenschaftlicher Betriebe (und gegenüber dem Pachtland) war die Politik, wie der polnische Fall zeigt, gegenüber der voll entfalteten privaten Landwirtschaft ideologisch am stärksten voreingenommen. In den fünf Jahren von 1966 bis 1970 wuchs der versteckte Druck auf »sozialistische Rekonstruktion« und beeinträchtigte die Produktionsbedingungen der privaten Bauernhöfe, insbesondere die »Terms of Trade« zwischen den Bauern und dem Staat und die Versorgung mit Vorleistungen aus der Industrie. Nach der Arbeiterrevolte von 1970 hielt es die Führung unter *Gierek* für erforderlich, ihre Politik zu ändern, und schaffte unter anderem vom 1. Januar 1972 an die Zwangsablieferungen wichtiger landwirtschaftlicher Erzeugnisse ab. Das – die letzte derartige Maßnahme in Osteuropa – hatte eine symbolische Bedeutung, ähnlich wie die Ausdehnung des sozialen Sicherheits- und Gesundheitssystems auf private Bauern ein Jahr danach. 1974/75 jedoch machte sich als Mittel der sozialistischen Rekonstruktion erneut eine Diskriminierung der privaten Landwirtschaft zugunsten der Staatsgüter bemerkbar und vervielfachte die Probleme der polnischen Landwirtschaft.

Auf anderen Gebieten war der private Sektor von wesentlich geringerer Bedeutung als in der Landwirtschaft, dennoch konnten im Laufe des Zeitabschnitts gewisse Verbesserungen, wenn nicht in relativen, so doch zumindest in absoluten Größen, festgestellt werden. Das Wohnungswesen gehörte mit Sicherheit zu dieser Kategorie, sowohl als Ausdruck des gestiegenen Interesses am Wohnungsbau auf dem Land, wo privates Hauseigentum vorherrschte, als auch wegen der Tendenz einiger osteuropäischer Regierungen, die Last der Wohnungsfinanzierung in den Städten behutsam auf die Bevölkerung abzuwälzen. Es wäre nicht gerechtfertigt, die zunehmende Beteiligung der Bevölkerung an der Finanzierung als gleichbedeutend mit einem Anstieg privaten Hauseigentums anzusehen (»Eigentümer-Bewohner«); die institutionellen Regelungen unterschieden sich in den betreffenden Ländern, und es entstand eine äußerst weite Skala von Eigentumsrechten, vom fast ausschließlich formalen (wie im Fall der polnischen Mietergenossenschaften) bis zum voll entfalteten Eigentum, wie bei privaten Einfamilienhäusern und einigen Typen von Wohnungsbaugenossenschaften. In Ungarn nahm der Bau von Wohnungen durch private Kapitalanleger (aber meist mit Hilfe staatlicher Kredite) auch relativ zu, von durchschnittlich 63 % zwischen 1961 und 1965 auf 66 % zwischen 1971 und 1975. In Polen wurden auf dem Land und in den Städten 1975 fast doppelt so viele Wohnungen in ausschließlich privaten Häusern fertiggestellt wie 1965, aber der relative Anteil fiel leicht von 42 auf 41 %. Der Wohnungsbau für die nichtlandwirtschaftliche Bevölkerung wurde zwischen 1961 und 1965 zu 55 % von der Bevölkerung finanziert gegenüber 46 % von 1961 bis 1965. In Bulgarien wurden 19 % der Neubauwohnungen in den Städten aus privaten Mitteln finanziert. In der DDR waren 1975 12 % der neu erbauten Wohnungen privat.[27] In einigen osteuropäischen Ländern entwickelte sich in den siebziger Jahren der Drang nach Zweit-(Ferien-)häusern als soziales Erscheinungsbild einer bevorrechtigten Schicht, machte sich insgesamt wirtschaftlich jedoch nicht bemerkbar. Von großer ökonomischer Bedeutung war die Entwicklung des Wohnungsmarktes in Verbindung mit dem Ansteigen des Tourismus, vor allem in Bulgarien, Rumänien, Ungarn und natürlich in Jugoslawien.

Die Veränderungen auf dem Gebiet des Wohnungsbaus spiegelten sich kaum in der Dynamik der offiziell registrierten privaten Bauindustrie wider; nur in Polen konnte diese relative Gewinne verbuchen, die Beschäftigung verdoppelte sich zwischen 1965 und 1975, aber auch dann machte die private Beschäftigung nur 6 % der Gesamtbeschäftigung im Bauwesen aus. Ungarische Statistiken weisen einen Anstieg der Zahl der privaten Bauhandwerker aus, und die ostdeut-

---

27 Die Daten stammen aus den Statistischen Jahrbüchern Ungarns (1976, S. 373), Polens (1976, S. 211), der DDR (1976, S. 157) und Bulgariens (1974, S. 203), die Beteiligung der Bevölkerung an den Baukosten in Polen aus einer detaillierten Studie von *H. Dominiak, Economic and Social Problems of Financing Housing,* Warschau 1973, S. 81 (in polnischer Sprache).

schen Daten zeigen für die gleiche Zeit einen scharfen Rückgang. Dieses Mal kann man die geringe Glaubwürdigkeit der offiziellen Zahlen verzeihen: Die Schwarzarbeit im Bauwesen muß dramatisch zugenommen haben und wurde als Do-it-yourself-Methode in hohem Maße begünstigt. Eine einzigartige Entwicklung war in Ungarn zu verzeichnen: die Bauaktivitäten landwirtschaftlicher Genossenschaften, die nach Grundsätzen arbeiteten, die sich nicht sehr von denen auf privaten Märkten unterschieden.

Auf anderen Gebieten, wie der Industrie, dem Handel und den handwerklichen Dienstleistungen, war der tatsächliche Umfang des privaten Sektors noch schwieriger zu bestimmen. »Inoffizielle« Aktivitäten sind in den normalen Statistiken aus naheliegenden Gründen nicht enthalten, und bezüglich der legalen und institutionalisierten wurde jede Anstrengung unternommen, sie als Teil des sozialistischen Sektors erscheinen zu lassen, wie im Falle des Lizenzsystems im polnischen Einzelhandel und im Gastgewerbe. Ergebnisse unabhängiger Untersuchungen zu diesem Thema liegen für die Zeit von 1966 bis 1975 nicht vor, und es bleibt nur die vermutete, aber weithin vertretene Ansicht zu vermerken, daß sich etwa seit 1975 in Osteuropa »Privatinitiative« in mannigfaltigen Formen entwickelte und begann, spürbaren Einfluß auf den Markt, die Arbeitsbeziehungen und die Einkommensverteilung auszuüben. In diesem Zusammenhang sollte man auch auf die gestiegene Bedeutung westlicher Währungen bei privaten Geschäften eingehen: Die polnische Zahl eines zwischen 1965 und 1975[28] um das 15fache gestiegenen Umsatzes in Devisengeschäften mag kein genauer Maßstab für Osteuropa als Ganzes sein und auch nur eine Seite der Sache beleuchten, kann aber als vorläufiger Indikator dienen. Bezeichnend waren auch die ersten Versuche, die Tür für eine westliche Kapitalbeteiligung in Unternehmen, die innerhalb der heimischen Volkswirtschaft arbeiteten, zu öffnen; gesetzliche Grundlagen dafür wurden 1970 in Ungarn und 1972 in Rumänien geschaffen.

Vielfältige, zum Teil für einzelne Staaten kennzeichnende Faktoren beeinflußten Ausmaß und Form privater wirt-

---

28 *Rocznik Statystyczny 1970*, S. 321; *Rocznik Statystyczny 1976*, S. 361.

schaftlicher Aktivitäten zwischen 1966 und 1975. Das größere Maß an politischer und wirtschaftlicher Freiheit schuf in dieser Hinsicht in Jugoslawien, Ungarn und Polen günstigere Bedingungen als in Rumänien, der Tschechoslowakei und der DDR. Andererseits wurde Rumänien durch seinen außenpolitischen Standpunkt und die DDR durch ihre Beziehungen zu Westdeutschland beeinflußt. Die sich zum Ende des Zeitabschnitts vertiefenden Ungleichgewichte der polnischen Wirtschaft förderten nicht nur den Schwarzmarkt, sondern erforderten auch die Nutzung aller verfügbaren Versorgungsquellen für Güter und Dienstleistungen, besonders da sich die Möglichkeiten für erfolgreiche politische Aktionen als sehr begrenzt erwiesen.

Zwei eher allgemeine Gründe sollen angedeutet werden:

1. die bedeutende Zunahme wirtschaftlicher Beziehungen außerhalb des RGW, vor allem mit westlichen Industrieländern von 1970 bis 1975, und

2. die zunehmende wirtschaftliche Komplexität, die Druck auf einen gewissen Wechsel der Verantwortlichkeit weg von der Regierung und eine größere Beweglichkeit bei der Erzeugung und Verteilung von Gütern und Dienstleistungen ausübte.

Der zweite Punkt stellt das Bindeglied zwischen dem Problem privatwirtschaftlicher Aktivitäten und institutionellen Änderungen innerhalb des sozialistischen Sektors dar.

Die »zweite Welle«
der Wirtschaftsreformen

Was wirtschaftliche Reformversuche angeht, war das Jahrzehnt zwischen 1966 und 1975 das gegenüber der Vergangenheit ereignisreichste. Bei unserer Erörterung der »zweiten Welle« der Wirtschaftsreformen in *Teil III* zeigten wir die wichtigsten Gründe für die Reaktivierung der Wirtschaftsreformen Mitte der sechziger Jahre auf. Einige dieser Gründe waren allgemeingültig, einige galten nur für die besondere Lage einzelner Staaten, und beide beeinflußten die tatsächliche Entwicklung. Zu Beginn betrachten wir die gemeinsamen Merkmale, die besonders für die Abgrenzung dieses Jahrzehnts vom vorhergehenden wichtig sind.

Gemeinsame Merkmale

Die Punkte, die nachstehend kurz behandelt werden, treffen entweder auf alle osteuropäischen Staaten oder zumindest auf einige von ihnen zu.

1. Insgesamt gesehen wurden Änderungen des Funktionssystems der Wirtschaft während der Zeit von 1966 bis 1975 in einem bedeutend höheren Maße praktisch durchgesetzt, als dies in der Vergangenheit der Fall war. Für Länder wie Bulgarien, Rumänien und Albanien ist diese Aussage recht unbedeutend, weil sie nur dieses Mal wirklich versuchten, das im Grunde genommen intakte zentralistische Funktionssystem zu verändern. Für andere, die DDR, Ungarn, und die Tschechoslowakei, waren die Reformen nach 1965 tiefergehend als die in der Vergangenheit, obwohl sich Ausmaß und bleibende praktische Folge von Land zu Land unterschieden. Die jugo-

slawische Reform von 1965 eröffnete eine neue Phase der Entwicklung des Selbstverwaltungssozialismus dieses Landes. Aus dieser Sicht ist Polen am schwersten einzuordnen. Der Vorreiter von 1956 konnte später nie aufholen; im Gegensatz zur Situation der frühen sechziger Jahre gingen die Reformversuche Anfang der siebziger Jahre für kurze Zeit weiter.

In allen Volksdemokratien, außer in der Tschechoslowakei 1968, faßten die Parteiführungen die Reformen als rein wirtschaftlich auf. Einen Einfluß auf weitere Bereiche, zuerst und vor allem auf das politische System, galt es zu verhindern. Dies galt natürlich nicht für Jugoslawien, wo die Wirtschaftsreform auf breiter gesellschaftspolitischer Front vorgeführt und betrieben wurde, dies war jedoch eine Bewegung von oben, die Durchsetzung einer offiziellen Ideologie. Daher hatte nur die tschechoslowakische Reform für kurze Zeit die Bedeutung eines Faktors, der die politische Ordnung verändern könnte. Gewisse Zusammenhänge bestanden auch zwischen dem Neuen Wirtschaftlichen Mechanismus und einer politischen Liberalisierung in Ungarn, schwächten sich aber mit der Zeit ab. In anderen Staaten, so scheint es, traten derartige Wechselwirkungen nie auf.

2. Wie vorherzusehen war, gingen die Wirtschaftsreformen in Richtung einer Verteilung der Entscheidungsbefugnisse und einer gesteigerten Rolle des Marktes im weitesten Sinne. Eines ihrer herausragenden Merkmale war im Jahrzehnt von 1966 bis 1975 die engere Koppelung binnen- und außenwirtschaftlicher Aktivitäten durch eine in vielen Fällen grundlegende Reorganisation des Außenhandelssektors. Jedoch unterschieden sich die Schritte, die in den einzelnen Ländern in dieser Richtung unternommen wurden – soweit es das Ausmaß der Veränderungen angeht –, sehr. Selbst wenn man Jugoslawien außer acht läßt, wo ein entscheidender Versuch zur Vermarktung des Systems eingeleitet wurde, war die Kluft zwischen Ungarn auf der einen und Rumänien auf der anderen Seite in dieser Beziehung so groß (besonders in der Anfangsphase der ungarischen Reform), daß der Hinweis auf eine allgemeine Richtung nur begrenzten

Wert hat. In allen Volksdemokratien lag dem Wandel des Funktionssystems der Wirtschaft die Absicht zugrunde, das Prinzip einer wirksamen zentralen Planung beizubehalten: Das unterschiedliche Ausmaß der Verteilung wirtschaftlicher Macht und das unterschiedliche Verhältnis direkter und indirekter (parametrischer) Steuerung der wirtschaftlichen Aktivitäten reflektierten unterschiedliche Ansichten über die Anwendbarkeit des einen oder anderen Satzes von Instrumenten im Rahmen der zentralen Planung.

3. Eines der Instrumente, durch die die für nötig gehaltene Kontrolle unter den Bedingungen einer kleineren oder größeren Verteilung wirtschaftlicher Macht erhalten werden sollte, war der höhere organisatorische Konzentrationsgrad. Wenn wir die schematische Organisation der Industrie in drei Ebenen betrachten (Ministerium, Zwischen-[meist Branchen-]organisation, Unternehmen), war es die Stellung der Zwischenorganisationen, die früher oder später in allen Volksdemokratien gestärkt wurde. Im Laufe dieser Entwicklung wurden die zwischengeschalteten Organisationen in einigen Fällen wesentlich verändert. In Ungarn, wo die Verschmelzung bestehender Unternehmen der Reform voranging, übernahmen die verschmolzenen Einheiten den Namen der Unternehmen, was die Tatsache hervorhob, daß die Unternehmensfunktion mit all ihrer vergrößerten Autonomie diesen Einheiten zugute kam. In der DDR entstand neben den VVB (Vereinigungen Volkseigener Betriebe), in denen die Funktionen einer Aufsichtsbehörde in einigen Fällen mit denen eines Unternehmens vermengt waren, eine andere Konzentrationsform, deren Status näher an dem des Unternehmens lag, das Kombinat (einige Kombinate wurden VVB unterstellt, andere direkt dem Ministerium). In Bulgarien und der Tschechoslowakei wurde die Verteilung wirtschaftlicher Macht von einer bedeutenden Verringerung der Anzahl mittlerer Einheiten, also einer weiteren Konzentration begleitet. Ein ähnlicher Prozeß fand in Rumänien statt, wo die Anzahl industrieller Gesellschaften *(centrale),* die im Gegensatz zu den früheren ministeriellen Direktoraten einige Ele-

mente der Budgetsouveränität besaßen, von 197 zum Zeitpunkt ihrer endgültigen Gründung, 1969, auf 102 1974 reduziert wurden. In Polen basierte die ganze Idee einer größeren Selbständigkeit der Industrie auf Unternehmensvereinigungen, die 1971 derart reorganisiert wurden, daß nicht nur eine horizontale (Branchen), sondern auch eine vertikale Integration (WOG – *Wielka Organizacja Gospodarcza,* »große Wirtschaftsorganisationen«) ermöglicht wurde. Die Beziehungen zwischen diesen Wirtschaftsvereinigungen und den sie konstituierenden Unternehmen variierten sowohl zwischen den einzelnen Ländern als auch zwischen Branchen innerhalb ein und desselben Landes, aber man kann mit Sicherheit sagen, daß in allen Fällen einer wirklichen Erweiterung der Selbständigkeit der Industrie gegenüber dem wirtschaftlichen Apparat der Regierung die Vereinigung und nicht das Einzelunternehmen klassischen Typs der Hauptnutznießer war.

Auch in Jugoslawien schritt der Konzentrationsprozeß fort, jedoch aus anderen Gründen (Stärkung der Wettbewerbsposition) und auf andere Weise (Zusammenschlüsse). In einer Beziehung waren die Folgen ähnlich: Es bestand eine größere Gefahr monopolistischer und oligopolistischer Verhaltensweisen.

4. Die Wirtschaftsreformen schlossen seit Mitte der sechziger Jahre stärker als vorher die sozialisierte Landwirtschaft ein.[29] Obwohl schon vorher wichtige Veränderungen der Landwirtschaftspolitik und -organisation begannen (und »oben« gewissenhaft vermerkt wurden), schienen die Entwicklungen in der Zeit nach 1965 enger mit dem allgemeinen Muster von Wirtschaftsreformen verbunden zu sein.

Die Reform der Landwirtschaft in Osteuropa läßt sich unter drei Schlagworten fassen:

---

29 Zur Analyse landwirtschaftlicher Reformen vgl.: *Jerzy F. Karcz, Agricultural reforms in Eastern Europe* (in: *M. Bornstein* [Hg.], *Plan and Market Economic Reform in Eastern Europe,* New Haven/London 1973); *Ivan Loncarevic/Eberhard Schinke/Milos Geza Zilahi-Szabo, Farming* (in: *Höhmann/Kaser/Thalheim* [Hg.], *The New Economic System of Eastern Europe,* a.a.O., dort auch die Abschnitte über die der Landwirtschaft in den einzelnen Ländern gewidmeten Kapitel); *J. Marczewski, Crisis in Socialist Planning,* a.a.O., Kap. 1: *Agriculture.*

- Reform der Planung und Verwaltung,
- Ersatz von kommandomäßigen durch marktmäßige Instrumente der Kontrolle und Koordination und
- die relative Verbesserung der landwirtschaftlichen Einkommen.[30]

Für den staatlichen Teil der Landwirtschaft bedeutete das eine beachtliche Vergrößerung der Selbständigkeit der Staatsgüter, die mit dem System der zentralen Planung mit seiner Vielfalt von direktiven Planzielen und Input-Vorgaben, die von oben ohne jede Möglichkeit, die örtlichen Verhältnisse zu berücksichtigen, festgelegt wurden, besonders schlecht fuhren. In diesem Zusammenhang ist es interessant anzumerken, daß in den sechziger Jahren selbst in Polen, wo unter *Gomulka* praktisch kein Fortschritt bei der Reform der Industrie erzielt wurde, den Staatsgütern *(PGR)* größere Freiheiten bei der Planung, Haushaltsführung, den mit dem finanziellen Ergebnis verbundenen Anreizen usw. gegeben wurden. Im genossenschaftlichen Sektor half größere wirtschaftliche Selbständigkeit trotz des allgemeinen Trends zu höheren Formen der Kollektivierung, zumindest einige Elemente echten genossenschaftlichen Geistes wiederzugewinnen, soweit die interne Organisation betroffen war. Es gab auch äußerst interessante, über die sowjetische Erfahrung hinausgehende Versuche, regionale und nationale Vereinigungen Landwirtschaftlicher Produktionsgenossenschaften als eine Art ausgleichender Macht gegenüber den staatlichen Landwirtschaftsbehörden zu organisieren (in Rumänien zuerst 1962, aber in größerem Maße 1966; in Bulgarien, Ungarn und der Tschechoslowakei im Jahre 1967). Unglücklicherweise gerieten diese Vereinigungen etwa um 1970 ins Abseits, und der Schwerpunkt wurde auf die Einbeziehung Landwirtschaftlicher Produktionsgenossenschaften in vertikale agro-industrielle Komplexe gelegt (vor allem in Bulgarien und der DDR), wobei sowohl Genossenschaften als auch Staatsgüter verschmolzen wurden.[31] Was Jugosla-

---
30 *Karcz*, a.a.O., S. 221.
31 Die Tendenz zur vertikalen Integration von Landwirtschaft und verarbeitender

wien betrifft, so wirkten sich die Grundlinien der Reform von 1965 unmittelbar auf die Landwirtschaft aus, indem sie den freien Markt gegenüber den staatsinterventionistischen Elementen mit der Absicht stärkten (freie Preisbildung für die meisten landwirtschaftlichen Erzeugnisse und Produktionsmittel, die Abschaffung von Subventionen und Zollschranken usw.), die Entwicklung der Landwirtschaft voranzutreiben. Im Ergebnis stellte sich so ziemlich das Gegenteil heraus, vor allem, weil die Preise für landwirtschaftliche Produktionsmittel schneller stiegen als die Preise der Erzeugnisse. Das angestrebte größere Maß an Zusammenarbeit zwischen dem sozialistischen und dem Privatsektor war ebenfalls nicht zu verwirklichen, und der Anteil der oberen Schicht privaten Landbesitzes (mehr als acht bis maximal zehn Hektar) nahm nach Berichten aus den späten sechziger Jahren ab.[32]

5. Das letzte gemeinsame Merkmal, das in verschiedenen Staaten auftrat, ist, daß gegen Ende dieses Zeitabschnitts die Wirtschaftsreformen an Schwung verloren und sich klare Anzeichen eines Rückschritts zeigten.

In der DDR, wo das Neue ökonomische System 1963 proklamiert wurde und viele Maßnahmen folgten, brachte schon das Jahr 1967 erste Veränderungen der Einstellung: Die Umbenennung in »ökonomisches System des Sozialismus« beabsichtigte nicht so sehr die Beendigung der Reform als die Durchsetzung weniger radikaler Ziele. Die Einführung der sogenannten strukturellen Planung (Konzentration auf ausgewählte Branchen und Produkte) im Jahre 1968 verstärkte die direkten zentralen Kontrollen, die Ende 1970 durch die »Resolution

---

Industrie (manchmal unter Einschluß der Lieferanten landwirtschaftlicher Vorleistungen) fand ihren Ausdruck in der Reorganisation der entsprechenden Staatsorgane (Ministerien, Komitees oder Räte der Landwirtschaft und Nahrungsmittelindustrie). Dementsprechend wurden auch die Banken reorganisiert (sogar in Polen, wo keine Reorganisation auf Ministeriumsebene stattfand, wurde 1975 die Bank für Nahrungsmittelwirtschaft gegründet).

32 *Ivan Loncarevic/Eberhard Schinke/Milos Geza Zilahi-Szabo, Farming,* a.a.O., S. 433.

zur Einführung des ökonomischen Systems des Sozialismus« auf breiter Front wiedereingeführt wurden. [33]

Die Tschechoslowakei scheint mit den unvermeidbaren Rezentralisierungsmaßnahmen infolge der neuen politischen Situation ein ziemlich klarer Fall zu sein, obwohl diese nicht sofort nach *Dubčeks* Absetzung im April 1969 anfingen. Die bulgarische Reform begann 1965 und zeigte während der nächsten zwei Jahre einen steigenden Radikalismus der Pläne, wurde 1968 von den höchsten politischen Kreisen kritisiert und in Richtung auf die Anwendung präziserer Methoden in den zentralen Planungsorganen, einen höheren Grad organisatorischer Konzentration usw. umdirigiert. Der polnische Fall lag komplizierter, weil die in den späten sechziger Jahren begonnene Änderung der Planungsmethoden und des Anreizsystems in Verbindung mit einer streng deflationären Politik durch die Arbeiterrevolte von 1970 und *Gomulkas* Sturz durchkreuzt wurden. Neue Ansätze einer graduellen Reform begannen 1972/73, aber 1975 wurden – wahrscheinlich unter dem Einfluß der sich rapide verschlechternden makroökonomischen Situation – einige wichtige Elemente der den WOG zugestandenen Autonomie auf dem Gebiet der Beschäftigung und der Löhne auf informelle Weise zurückgezogen.

In Ungarn zeigte sich der Verlust an Reformtriebkraft anfangs vor allem in der Beibehaltung von Kontrollen, die nur vorübergehend gelten sollten. Dann kam es zu einigen Maßnahmen (besondere Überwachung der fünfzig größten Unternehmen, genauere Kontrollen der Einkommen, Preise und Außenhandelsaktivitäten), die in Verbindung mit politischen Umbildungen (besonders der Entlassung des »Vaters der Reformen«, *Rezso Nyers,* im März 1974) als der Beginn einer Umkehr in der Ent-

---

33 Gesetzblatt der DDR, Teil II, Nr. 100/1970, S. 731–746. *Michael Keren, The New Economic System in the GDR: An Obituary,* Soviet Studies, Bd. 24, Nr. 3, April 1973, sieht darin das Ende des Neuen ökonomischen Systems, eine Ansicht, die von vielen DDR-Beobachtern geteilt wird (siehe *Gert Leptin/Manfred Melzer, Economic Reforms in East German Industry,* Oxford 1978), nicht aber von *David Granick, Enterprise Guidance in Eastern Europe. A Comparison of Four Socialist Economies,* Princeton 1975.

wicklung des Funktionssystems der Wirtschaft interpretiert wurden.

In Rumänien und Albanien waren keine Anzeichen einer derartigen Entwicklung wahrnehmbar, höchstwahrscheinlich weil die dort stattfindenden Veränderungen zumindest im Spannungsfeld »Zentralisierung gegen Dezentralisierung« und »Plan gegen Markt« ohnehin unbedeutend waren. Aus entgegengesetzten Gründen hielt Jugoslawien an seinem Kurs fest – es legte sich politisch und ideologisch stark auf die durch die Reform von 1965 angedeutete Richtung der Veränderungen fest. Die Verfassung von 1974 kann als deutlicher Beweis für diese Schlußfolgerung ausgelegt werden, das erneute Interesse am System der Planung durch Vereinbarungen der verschiedenen wirtschaftlichen Handlungsträger kann jedoch auch als Tendenz zur Korrektur eines völlig einseitigen Vertrauens in den Marktmechanismus interpretiert werden.

Die Beobachtung, daß die Wirtschaftsreform um 1975 in den Volksdemokratien in einem gewissen Rückgang begriffen war, kann nicht als Beweis für einen Rückschritt zum alten System verstanden werden. In vielerlei Hinsicht hatte das veränderte Verhältnis von administrativen und kommerziellen Elementen des Planungs- und Leitungssystems Bestand. Ungarn behielt die grundlegenden Merkmale des Neuen ökonomischen Mechanismus auch noch 1975 bei.

Dennoch verlangt eine neue Runde des Reformzyklus (oder Halbzyklus) auf jeden Fall nach einer Erklärung ihrer Ursachen und Folgen. Wir werden auf diese Frage nach einem Überblick über die Veränderungen im Funktionssystem der Wirtschaft einzelner Staaten zurückkommen.

Der Sinn dieses Vorgehens ist, die spezifischen Entwicklungen einzelner Länder zu erkennen, dies jedoch in einer Weise, die Vergleiche zwischen ihnen ermöglicht. Dies bedeutet, daß wir uns, wo immer das möglich ist, auf unterschiedliche Lösungen ähnlicher Probleme konzentrieren werden, ohne die Absicht, so etwas wie eine Reihe kleiner Einzeldarstellungen zu schreiben.

Wir beginnen diesen Rückblick mit Jugoslawien, dem Staat, der auf dem Weg der wirtschaftlichen Neuordnung am weitesten ging und eine Stufe erreichte, die man als »Marktsozialismus« bezeichnen könnte. Als nächstes kommt der ungarische »Neue Wirtschaftsmechanismus«, eine Kombination von zentraler Planung und reguliertem Markt. Schließlich werden die DDR, Polen, die Tschechoslowakei, Bulgarien, Rumänien und Albanien als Beispiele ein Zentralismus behandelt, der die »zweite Welle« der Wirtschaftsreformen überlebte.

Der jugoslawische Selbstverwaltungssozialismus

Im vorhergehenden Teil sahen wir, daß das jugoslawische Wirtschaftssystem – von bedeutenden Dezentralisierungsbestrebungen abgesehen – bis zum Jahre 1965 die Grundeigenschaften des Modells beibehielt, das man in den frühen fünfziger Jahren einzuführen begann. Der Hauptunterschied zwischen dem System vor und dem nach 1965 liegt in der Rolle im Investitionsprozeß, die einerseits die »Wirtschaft« (Unternehmen, Banken) und auf der anderen Seite die Politik (in erster Linie die Regierung des Bundesstaates) spielten. Beginnen wir daher mit den Veränderungen auf diesem Gebiet.

Die Reform von 1965 erhöhte den Anteil der Wertschöpfung, über den die Unternehmen (bzw. die »Grundorganisationen der sozialistischen Arbeit«, um den offiziellen Begriff zu benutzen, der auch nichtkommerzielle Institutionen mit eigenen Einnahmen einschließt) verfügen können. Dies erreichte man durch die Kürzung und schließlich durch die Abschaffung aller Beiträge aus den Unternehmenseinkommen in die staatlichen Investitionsfonds. Als erstes verschwand im Verlauf der Reform von 1965 die 15%ige Steuer auf das Bruttoeinkommen; danach wurde die Umsatzsteuer abgeschafft und durch eine Verkaufssteuer, die beim Einzelhandel auf Konsumgüterverkäufe erhoben wurde, ersetzt[34]; und schließlich wurden die Unternehmen davon be-

---

34 *Horvat*, a.a.O., S. 149.

freit, für Kapitalgüter, die ihnen vom Staat übertragen wurden, Zinsen zu zahlen. Übrig blieb in erster Linie die Lohnsteuer (18 % zuzüglich Sozialversicherungsbeiträge) und zweitens eine Steuer auf den vom Unternehmen aus einbehaltenem Einkommen gespeisten Betriebsfonds. Beide Steuern dienten nicht als Quelle diskretionärer staatlicher Investitionen, sondern flossen auf besondere Konten außerhalb der Haushalte der örtlichen, der Landes- und der Bundesebene und waren zweckgebunden. Im Ergebnis stieg der Anteil der Unternehmen an der Verteilung der Bruttowertschöpfung von durchschnittlich 47 % (1960–63) auf durchschnittlich 58 % (1967–71).[35] Gleichzeitig (oder sogar im Vorgriff auf die Reform des Steuersystems) wurden die staatlichen Investitionsfonds, das Hauptinstrument der staatlichen Aktivierung und Verteilung von Investitionsquellen mit Ausnahme des Fonds für die beschleunigte Entwicklung unterentwickelter Regionen *(FAD)*, die zur Hauptinvestitionsaufgabe des Bundes wurde, abgeschafft. Die Mittel der staatlichen Investitionsfonds wurden auf die Banken übertragen, die offensichtlich auch auf der Grundlage von Einlagen Investitionskredite vergeben konnten. Was die Reform von 1965 anfangs kennzeichnete, war der dramatische Anstieg des Anteils der Banken an der Finanzierung von Anlageinvestitionen. In den Jahren 1960–63 betrug der Anteil der Banken ohne die privaten Investitionen kaum 3 %, während der Anteil der staatlichen Fonds und Haushalte (also der Bundes-, Landes- und örtlichen Regierung) 60 % betrug; 1968 sprang der Anteil der Banken auf 36 % und 1972 auf 42 %, der Anteil des Staates auf allen Ebenen fiel auf 27 % bzw. 20 %.

Überraschenderweise änderte sich der Anteil der eigenen Fonds der »Grundorganisationen« kaum (37 % 1960/63, 37 % 1965 und 38 % 1975), was zu einem gewissen Grade mit dem Phänomen der verringerten Investitionsneigung von Arbeiterkollektiven zu tun hat, die ihre Freiheit zur Verteilung des Unternehmenseinkommens zunächst zu einer raschen Steigerung der persönlichen Einkommen nutz-

---

35 *Yugoslavia: Development with Decentralization. Report of a mission sent to Yugoslavia by the World Bank*, Baltimore/London 1975, S. 219.

ten.[36] Es muß betont werden, daß im Unterschied zu anderen osteuropäischen Staaten, wo eine Veränderung der Quellen von Investitionsmitteln vom Haushalt zu Bankkrediten nur rein technisch war und keine Veränderung der Kontrolle zur Folge hatte, die jugoslawische Reform wegen des neuen Status der Banken reale Bedeutung hatte.

Der Kern der Neuorganisation des Bankensystems im Lauf der Reform von 1965 war die Umwandlung der Banken in wirtschaftlich handelnde Institutionen, die sowohl laufende Kredite als auch Investitionskredite vergeben durften und in ihren Aktionen nicht territorial begrenzt waren. Der letzte Punkt sollte die Banken von politischem Druck auf der Ebene der Republiken und Kommunen befreien und den Wettbewerb fördern, zwei Ziele, die unter dem alten System kommunaler Banken kaum hätten erreicht werden können. Das Bank- und Kreditgesetz von 1965 veränderte auch die Möglichkeiten zur Errichtung und zum Betrieb von Geschäftsbanken grundlegend: Sie mußten von Unternehmen (»Grundorganisationen«) und anderen Institutionen durch Beiträge zum Eigenkapital der Bank (Kreditfonds) gegründet werden. Das Bankmanagement sollte von den Gründungsmitgliedern gemäß ihrem jeweiligen Kapitalanteil kontrolliert werden; der Stimmanteil durfte nicht über 10 % hinausgehen, um eine Monopolisierung zu verhindern. Daß Gründung und Betrieb der Geschäftsbanken nach rein betriebswirtschaftlichen Kriterien erfolgten, drückt sich in einem schnellen Konzentrationsprozeß aus (ihre Zahl fiel von 111 1966 auf 64 1970). Einige der Banken verwandelten sich dadurch in machtvolle Institutionen im nationalen Maßstab und lösten Befürchtungen aus, daß die vom Druck der politischen Körperschaften befreiten Unternehmen sich unter der Vorherrschaft der Banken wiederfinden könnten. Das Bankgesetz von 1971 versuchte, eine derartige Situation zu verhindern, indem es die Rechte der Gründungsmitglieder erweiterte. Die Reform von 1965 bedeutete in der Konsequenz, daß die Jugoslawische Nationalbank endlich

---

36 Die Zahlen stammen aus dem Bericht der Weltbank über Jugoslawien, a.a.O., Tab. 9.11, S. 221. Der Rückgang der Unternehmenssparquote in Verbindung mit dem Anstieg des persönlichen Einkommens wird in diesem Bericht auf Seite 219 erwähnt.

alle Merkmale einer Mono-Bank sowjetischen Typs verlor und im Prinzip die Funktionen einer Zentralbank in einer Marktwirtschaft übernahm. Bis 1971 wurde diese Funktion von einer einzigen (föderalen) Jugoslawischen Nationalbank wahrgenommen; dann wurden – im Geiste der Verfassungsänderungen zum Ausgleich der Interessen des Bundes und der nationalen Gebiete – acht Nationalbanken für die sechs Republiken und zwei autonomen Gebiete unter der Aufsicht der Bundesnationalbank, die natürlich für die gesamte Geldpolitik verantwortlich blieb, gegründet.

Das reformierte Banksystem sollte unter anderem den notwendigen Grad von Kapitalmobilität zwischen Unternehmen, Branchen und Regionen sicherstellen, indem es Geldmittel an einem Platz mobilisierte und an einem anderen auslieh. Um dieser Funktion gerecht zu werden, mußten die Banken zu einer beweglichen Zinspolitik fähig sein, und in der Tat wurden 1971 die verbindlichen Zinsobergrenzen abgeschafft. Die gleichzeitige Stärkung des Einflusses der Gründungsmitglieder auf die Geschäftsführung der Bank wirkte einer Steigerung der Kapitalmobilität jedoch entgegen, weil die Gründungsmitglieder daran interessiert waren, die Kreditkosten niedrig zu halten, (was zu niedrigen Habenzinsen führte) und praktisch einen vorrangigen Zugang zu Krediten genossen (in einer inflationären Situation waren diese Effekte besonders ausgeprägt). Das zweite Element der Kapitalmobilität sollte durch das verfassungsmäßige Recht der Unternehmen, in anderen Unternehmen zu einer vereinbarten Verzinsung, einschließlich eines Anteils am Gewinn (»erzieltes Einkommen«) zu investieren, geschaffen werden.[37] Es wurde jedoch nicht hinreichend deutlich, in welchem Maße diese aus der Sicht der sozialistischen Prinzipien äußerst strittige Maßnahme (Einkommen aus verliehenem Kapital, nicht aus eigener Arbeit) zu den erwarteten Ergebnissen führte. Schließlich wurden Joint Ventures mit ausländischen Investoren eingeführt (1967), deren Prinzipien, jugoslawische Mehrheitsbeteiligung und Vertragssicherheit, Art. 27 der Verfassung von 1974 deutlich bestätigte. Der Beitrag der Joint Ventures zur gesamten Ka-

---

[37] Verfassung der Sozialistischen Föderativen Republik Jugoslawien von 1974, Art. 26.

pitalaufbringung war zwischen 1966 und 1975 bescheiden, zeigte aber einen aufwärtsgerichteten Trend.

Auf diese Weise stärkte die 1965 begonnene und während des gesamten Jahrzehnts fortgeführte Reform den unabhängigen Status eines jugoslawischen selbstverwalteten Unternehmens beträchtlich; nicht nur Entscheidungen über die laufende Produktion und die interne Einkommensverteilung, sondern auch ein großer Teil der Entscheidungen über die Zukunft wurden in seine Hände gelegt. In einer Situation, in der die Einkommen der Mitglieder der »Grundorganisationen« zu einem beträchtlichen Teil von den erzielten Ergebnissen abhingen, mußte diese Erweiterung des Entscheidungsbereichs sowohl die Voraussetzungen als auch das Bedürfnis für eine Veränderung der Institutionen der Arbeiterselbstverwaltung schaffen. Deren wichtigste betraf wiederum die Ernennung des Direktors (Generalmanager): Dieses Recht wurde endgültig den Arbeiterräten selbst übertragen, die sich jedoch an die vom Auswahlkomitee vorgeschlagene Liste halten mußten, in dem die örtlichen Behörden und der Arbeiterrat paritätisch vertreten waren; über Entlassungen entschied der Arbeiterrat allein. Die Amtszeit des Direktors betrug vier Jahre, nach denen er sich der Wiederwahl stellen mußte. Wieder wurde bezüglich aller anderen Institutionen des Systems der Arbeiterselbstverwaltung einschließlich der Parteiorganisation das Rotationsprinzip hervorgehoben. Zu einem interessanten Konflikt kam es im Laufe der erneuten Stärkung der Selbstverwaltung: Wenn das Prinzip der Kontrolle von unten durchgängig angewandt werden sollte, mußten die Beschäftigten frei über die Zusammensetzung der Selbstverwaltungsorgane – einschließlich das Verhältnis von Handarbeitern und Führungskräften – entscheiden können. Andererseits konnte dies, insbesondere wenn reine Wirtschaftlichkeitskriterien angewendet würden, zur Vorherrschaft des Führungspersonals führen. Dieser Konflikt drückte sich in Veränderungen der Richtlinien aus: Bis 1968 mußte sich der Aufsichtsrat des Unternehmens (das ausführende Organ des Arbeiterrats) zu 3/4 aus Arbeitern zusammensetzen. Die Verfassungsänderung von 1971 hob diese Begrenzung auf. Ende 1973 wurde sie wiedereingeführt und sah jetzt eine Mehrheit der Arbeiter im Aufsichtsrat vor.[38]

Die bedeutende Erweiterung der wirtschaftlichen Entscheidungsfreiheit der Unternehmen mußte im Verlauf der Reform von 1965 von der Herstellung echter Wettbewerbsbedingungen begleitet werden. Diese Idee lag in der Tat der Reform zugrunde: Die Entpolitisierung wirtschaftlicher Entscheidungen sollte nicht zu unlauteren Geschäftsabschlüssen und zur Ausübung von Monopolmacht führen, was in einem kleinen Land mit starken Tendenzen zur Konzentration durch Unternehmenszusammenschlüsse besonders gefährlich ist, sondern durch die Überprüfung der Unternehmensziele am Markt zu einem wirklich wirtschaftlichen Verhalten. Um dieses Ziel zu erreichen, wurden drei Bündel von Maßnahmen ins Auge gefaßt, die alle darauf abzielten, bürokratische Diskriminierungen zu beseitigen und für alle am Wirtschaftsprozeß Beteiligten gleiche Bedingungen zu schaffen:

1. Der Übergang von auf verschiedenen Stufen erhobenen und gestaffelten diskriminierenden Steuersätzen (besonders ausgeprägt in der alten Umsatzsteuer) zu der auf einer einzigen Stufe erhobenen, so wenig wie möglich differenzierten Verkaufssteuer. »Eine Einzelhandelsumsatzsteuer kann nicht oft verändert werden und nicht für viele Produkte unterschiedlich hoch sein; ihr Nutzen als Instrument zur Preisfestsetzung ist daher begrenzt.«[39]

2. Freie Preisbildung – eine wiederholt angegangene Maßnahme – wurde als Eckpfeiler eines Marktmechanismus innerhalb des Selbstverwaltungssystems angesehen. Auch dieses Mal mußte die Aufhebung der Preiskontrollen der grundlegenden Änderung des Preisgefüges durch die Abschaffung der meisten Subventionen und die Reform des Außenhandelssystems, die auf eine Angleichung der Binnen- an die Weltmarktpreise abzielte, folgen. Obwohl die Preisfreigabe nach 1965 wahrscheinlich weiter ging als zuvor (nach Angaben der Weltbank reduzierte sich der Anteil der kontrollierten Industriepreise

---

38 *D. Granick*, Enterprise Guidance in Eastern Europe, a.a.O., S. 338.
39 *B. Horvat*, Yugoslav Economic Policy, a.a.O., S. 149.

von 80% 1965 auf 43% 1970), wurde das erstrebte Ziel offensichtlich nicht erreicht, und Zeitabschnitte der Freiheit wechselten ab mit Zeiten strengerer Kontrollen bis hin zu totalen Preisstopps. Im einzelnen können viele Erklärungen für dieses Phänomen gegeben werden, die sich auf die Quellen des inflationären Drucks beziehen, aber es sollte erwähnt werden, daß einige Wirtschaften das fortgesetzte Fehlschlagen aller Versuche, die Preise wirklich zu liberalisieren, als Reflex jenes Grundmerkmals des jugoslawischen Wirtschaftssystems ansehen, daß die Preise die Einkommen außergewöhnlich stark beeinflussen.[40]

3. Die Liberalisierung des Außenhandels und des Währungssystems – auch das eine Maßnahme, die bereits früher versucht, aber von 1961 bis 1964 weitgehend zurückgenommen wurde. Dieses Mal wurde die Reform des Systems der außenwirtschaftlichen Beziehungen besser vorbereitet (unter anderem durch die Neufestsetzung der Binnenmarktpreise und durch die vorsichtige Festsetzung des Dinarkurses auf 12,5 Neue Dinar pro US-Dollar nach einer Abwertung) und zielte auf eine umfassendere Eingliederung der jugoslawischen Wirtschaft in den Weltmarkt und auf die freie Konvertierbarkeit der Währung ab. Die wichtigsten Schritte waren die Abschaffung der Exportprämien und Steuersubventionen, die Liberalisierung der Importe (entweder direkt, durch die Aufhebung aller Beschränkungen für einige Kategorien von Gütern, oder indirekt, durch die Einbehaltungsquoten für Devisenerlöse[41]) und die Herabsetzung der durchschnittlichen Zollprotektion von mehr als 23% auf

---

40 *Deborah Milenkovitch* sieht es zum Beispiel so: »In einer normalen Wettbewerbswirtschaft sind die Preise (...) Signale für die Allokation von Ressourcen. Gleichzeitig passen sich die Faktoreinkommen durch den Wettbewerb an, und Investitionen werden in den Gebieten getätigt, in denen die höchsten Profite erwartet werden, und nicht notwendigerweise dort, wo früher Gewinne erwirtschaftet wurden (...). (In der jugoslawischen Wirtschaft) beeinflussen die Preise nicht nur die Menge der produzierten Güter, sondern auch die persönlichen Einkommen und die Höhe der Investitionen in jeder Branche. Im Falle einer extrem niedrigen Elastizität des Angebots, ohne wirksamen Marktzugang und ohne Mobilität, beeinflussen die Preise in erster Linie das Einkommensniveau der Arbeiter (...). Unter diesen Umständen kommt es zur Suche nach normativen Grundsätzen der Preisbildung.« (Eigene Übersetzung aus a.a.O., S. 229–230.)
41 Die Einbehaltungsquoten dienten als Exportanreiz, weil sie mit dem Anteil des

12% (nach einigen Quellen sogar 10,5%) des Wertes. Das neue System begann im Januar 1967 zu arbeiten.

Von Anfang an stieß die Idee einer Liberalisierung des Außenhandels auf Hindernisse. Einige resultierten aus den von außen bestimmten institutionellen Bedingungen, so z. B. die besonderen Probleme im Handel mit dem RGW, Clearing-Abkommen (Abrechnungsverfahren) mit vielen Ländern der Dritten Welt und entgegen den Vereinbarungen fortbestehende Beschränkungen im Handel mit der EG. Die meisten erwuchsen jedoch aus den Zahlungsbilanzproblemen einer sich entwickelnden Wirtschaft mit einer hohen Importelastizität des Wachstums und einer Inflationsrate, die höher als irgendwo sonst in Europa war. Daher kam die jugoslawische Wirtschaftspolitik während des gesamten Jahrzehnts von 1965 bis 1975 nicht ohne Eingriffe zur Exportförderung und Importdrosselung aus. In einigen Fällen bedeutete das den Rückgriff auf die alten Methoden direkter Importbeschränkungen, auf größere Differenzierung der Zölle und Steuern und die Bindung der Devisenzuweisungen für Importeure an den Betrag der Einkäufe im Clearing-Verkehr. Aber anders als vor 1965 wurden auch marktkonforme Mittel eingesetzt: die dreimalige Abwertung und schließlich 1973 das Floating des Dinar, Zwangseinlagen für Importeure (bis zu 50% 1970), die Anhebung der Einbehaltungsquoten (1972 wurde die Grundquote für die meisten Güter von 7% auf 20% erhöht) bis hin zur Einführung eines – wenn auch sehr begrenzten – Devisenmarktes 1973. Obwohl die außenwirtschaftlichen Beziehungen 1975 nicht dem zu Beginn der Reform angestrebten Bild entsprachen und der Wechsel zwischen mehr oder weniger ausgeprägten staatlichen Einflußnahmen recht ausgeprägt war, entwickelte sich das System daher in Richtung auf eine Liberalisierung.

Auch wenn man die unvermeidbaren Abweichungen vom ursprünglichen Reformkonzept berücksichtigt, muß das jugoslawische System nach 1965 großen Einfluß auf die Rolle und letztendliche Bedeutung der makroökonomischen Pla-

---

Exports an der Gesamtproduktion zunahmen. Nach dem Weltbankbericht waren die Grundtarife nach Branchen gestaffelt (von 7 bis 20%), aber *Horvat* betont zu Recht, daß in den meisten Fällen die niedrigere Rate angewandt wurde.

nung gehabt haben. Alle Autoren stimmen darin überein, daß die jugoslawische Wirtschaft nach 1965 nicht länger als durch indirekte (wirtschaftliche) Mittel zentral geplante Wirtschaft beschrieben werden kann, in der die Unternehmen und Gebietskörperschaften durch die Zuteilung von zentral gesammelten Investitionsmitteln, von oben bestimmte Verteilungsschlüssel, diskriminierende Preisfestsetzungen usw. zur Erreichung vorgegebener Ziele veranlaßt werden.

In einigen Darstellungen der jugoslawischen Wirtschaft nach der Reform wird diese Sachlage einfach als endgültige Abschaffung der zentralen Planung anerkannt. *Granick* zitiert den jugoslawischen Wirtschaftswissenschaftler *Bajt*, daß die zentrale Planung jeden früheren Einfluß verloren habe, und schließt, daß »die jugoslawische Wirtschaft in einem für ganz Europa ungewöhnlichen Maße nach den Prinzipien von *Adam Smith* geführt wird (...) das System scheint dem einer ursprünglichen Marktwirtschaft des 19. Jahrhunderts am nächsten zu kommen«. [42] *Marczewski* denkt, daß das »Feld des Marktes [in Jugoslawien] sich etwa von demjenigen in Frankreich nur in zwei Punkten grundsätzlich unterscheidet: in den gesetzlichen Beschränkungen für private Unternehmen und in dem Fehlen eines Aktienmarktes«. [43] Nach *Milenkovič* war die Abschaffung der Investitionsplanung eine Art letzter Akt der Abschaffung des zentralen Planungsapparates. [44] Und im Weltbankbericht über Jugoslawien kommt das Wort Planung überhaupt nicht vor. Als Begründung dafür betonen die meisten Autoren sowohl den Einfluß der Selbstverwaltungsidee mit ihrer starken antietatistischen Nebenbedeutung und vor allem die multinationale Struktur Jugoslawiens, die den Marktmechanismus als politisch leichter zu akzeptierendes Mittel zur Lösung von Allokationskonflikten erscheinen läßt als direkte Entscheidungen durch Staatsorgane.

Auf der anderen Seite gibt es eine riesige Menge jugoslawischer Literatur, die keine Abschaffung der Planwirtschaft,

---

42 *D. Granick*, a.a.O., S. 342 und 468 (eigene Übersetzung).
43 *J. Marczewski, Crisis in Socialist Planning. Eastern Europe and the USSR*, New York/Washington/London 1974, S. 108.
44 A.a.O., S. 177.

sondern nur eine Änderung ihrer Form sieht.[45] Das Grundprinzip in einer selbstverwalteten Gesellschaft sollte die auf verschiedenen Ebenen und nicht in einer einheitlichen hierarchischen Struktur erfolgende Kooperation von Plänen unabhängiger Akteure zu einem großen Ganzen sein. Die Verfassung von 1974 (Teil 2, Kapitel 1, Abschnitt 7 – Gesellschaftliche Planung, Artikel 69–74) beginnt mit dem Recht einer jeden Arbeitsorganisation, sowohl ihre laufenden als auch ihre Entwicklungspläne unabhängig zu bestimmen, und beschreibt dann die Grundsätze der Koordination im Planungsprozeß auf breiterer Ebene; zugrunde liegt die Idee von der Unmöglichkeit, einen sozioökonomischen Plan allein von oben oder allein von unten zu bestimmen. In der Praxis haben die Jugoslawen seit der Reform von 1965 die jährlichen Pläne ganz abgeschafft (sogar als Prognosen auf Bundesebene) und stellen lediglich fünfjährige Gesellschaftliche Entwicklungspläne auf. Diese Pläne stützten sich auf die eigenen Analysen des Planamtes über Trends der Vergangenheit, zukünftige Bedürfnisse und Hilfsquellen wie auf die Auswirkungen unabhängiger Entscheidungen der selbstverwalteten Einheiten und – was besonders wichtig wurde nach der Verfassungsänderung von 1971 und der

---

45 Unter den Exponenten dieses Ansatzes sind der verstorbene *Rudolf Bicanic* (in: *Economic Policy in Socialist Yugoslavia*, a.a.O., unterscheidet er zwischen zentraler, dezentraler und polyzentrischer Planung, die letztere im Zusammenhang mit dem Zustand nach 1965) und *Radmila Stojanovic* in einer Monographie über das Problem der Planung in einer selbstverwalteten Gesellschaft (*Planiranje u samoupravnom drustvu*, in serbo-kroatischer Sprache, Belgrad 1976), der das Konzept eines »integrativen und wandelbaren Planungssystems« entwickelt. Es ist interessant festzustellen, daß die Position der beiden bezüglich der jugoslawischen Planung ziemlich ähnlich ist, obwohl innerhalb des Spektrums ökonomischer Meinungen in Jugoslawien *Bicanic* als Liberaler und *Stojanovic* als Zentralist angesehen werden.
Hier stellt sich ein terminologisches Problem: Die Verteidiger der Planung im jugoslawischen Wirtschaftssystem benutzen den Begriff »zentrale Planung« ziemlich widerwillig oder überhaupt nicht, wahrscheinlich, um eine Verwechslung mit der Planung sowjetischen Typs auszuschließen. Dennoch geht es um die gesamtwirtschaftliche Planung und nicht um die Planung innerhalb einer Firma, eines Sektors oder eines Gebiets. *Bicanic* sagt ausdrücklich: »Es wäre falsch anzunehmen, daß es innerhalb des Systems der polyzentrischen Planung überhaupt keinen zentralen Plan gäbe. Tatsächlich gibt es mehrere zentrale Pläne, die sich in bezug auf die Betroffenen, deren Ziele, deren Größe und die politischen Instrumente in verschiedenen Bereichen unterscheiden. Der entscheidende Punkt ist, daß keiner dieser zentralen Pläne die Macht hat, die anderen außer Kraft zu setzen, oder irgendeinen auf der Basis einer rationalen Auswahl bestimmten Zielvorrang.« (Eigene Übersetzung, a.a.O., S. 46.)

Verfassung von 1974 – auf die Ergebnisse des ausgedehnten Systems von Vereinbarungen auf allen Ebenen.[46] Das Sichverlassen auf die unabhängigen Entscheidungen der Unternehmen spiegelt ein sehr hohes Maß an Vertrauen in die sozialen Vorteile wider, die durch die Verfolgung des Eigeninteresses im Rahmen des Marktes erreicht und von der Wirtschaftspolitik der Regierung nur sehr allgemein beeinflußt werden. Die zwischen den Unternehmen innerhalb von »Interessengemeinschaften« geschlossenen Vereinbarungen – also vielfältigen freiwilligen Gesellschaften, Zusammenschlüssen usw. – und zwischen diesen »Interessengemeinschaften« untereinander enthalten bereits – zumindest was den Informationsfluß betrifft, aber auch bezüglich der gegenseitigen rechtlichen und wirtschaftlichen Verpflichtungen – ein zusätzliches Element. Vereinbarungen über die Pläne »gesellschaftspolitischer Gemeinschaften« (Kommunen, Republiken und autonome Gebiete, Bund) haben vermutlich mehr marktfremde Elemente, weil »gesellschaftliche Pläne der gesellschaftspolitischen Gemeinschaften die gemeinsame Entwicklungspolitik sowie die Richtlinien und Rahmenbedingungen für die Anwendung wirtschaftspolitischer Instrumente als auch administrativer und organisatorischer Maßnahmen festlegen sollen, die die Voraussetzungen zur Erfüllung dieser Pläne schaffen sollen« (Art. 71 der Verfassung); es dürfen in besonderen Fällen auch obligatorische Ziele vorgegeben werden, grundsätzlich im Einvernehmen mit der betroffenen Einheit, aber mit der ultimativen Möglichkeit einer Durchsetzung von oben (Art. 72). Obwohl die Verfassung die Wirtschaftskammern (bzw. Handelskammern, *»privredne komore«*) auf Landes- und Bundesebene nicht besonders erwähnt, sollen diese Institutionen (die Mitgliedschaft ist obligatorisch) eine wichtige Rolle in diesem auf Vereinbarungen basierenden System spielen. Zu ihren Funktionen gehören auch Emp-

---

46 »Gesellschaftliche Pläne Jugoslawiens sollen auf Verträgen basieren, die durch die arbeitende Bevölkerung, die Organisationen der gesellschaftlichen Arbeit, selbstverwaltete Interessengemeinschaften und andere selbstverwaltete Organisationen und Gemeinschaften geschlossen werden, sowie auf Vereinbarungen zwischen den Republiken und Autonomen Gebieten über gemeinsam interessierende Fragen der Wirtschaftspolitik.« (Eigene Übersertzung, Art. 209 der Verfassung.)

fehlungen für die Bewilligung von Devisenquoten an Branchen und Unternehmen. Man könnte meinen, daß die Rolle der »gesellschaftspolitischen Gemeinschaften« den Prinzipien der Selbstverwaltung nicht widerspricht, da sich ihre Organe (Versammlungen und Exekutive) selbst aus den »Organisationen der vereinigten Arbeit« zusammensetzen und von diesen kontrolliert werden; dies würde jedoch eine unrealistische Einschätzung des politischen Systems nach seinem oberflächlichen Eindruck einschließen. Die außerordentliche Vorsicht, mit der die Verfassung den Einigungsprozeß zwischen dem Bund auf der einen und den Republiken und autonomen Gebieten auf der anderen Seite behandelt, ist an sich ein interessanter Beweis für die Abneigung, auf die Zusammensetzung der höheren Organe nur dann zu vertrauen, wenn lebenswichtige Interessen auf dem Spiel stehen.

Die generelle Idee einer selbstverwalteten Planung wurde nicht in eine umfassende und funktionsfähige Form gebracht, und noch 1975 wurden viele grundlegende Probleme rege diskutiert.[47] Es ist daher kaum möglich, den theoretischen Gehalt und praktischen Wert des Konzepts abzuschätzen. Eine Tendenz scheint seit der Verfassungsänderung von 1971 und noch stärker seit der Verfassung von 1974 in Erscheinung zu treten: Nicht mehr das fast ausschließliche Vertrauen in den Markt, sondern das System der Vereinbarungen zwischen wichtigen wirtschaftlichen Handlungsträgern (oder wie *Kardelj* sie nennt, den *»primary principals of planning«*) sollte die Wirtschaft harmonisieren; dazu gehören nach *Kardelj* die Organisationen der gesellschaftlichen Arbeit in der materiellen Produktion, im sozialen und öffentlichen Dienst, Nachbarschaftsgemeinschaften, Kommunen, Provinzen, Republiken und der Bund als »selbstverwaltete Gemeinschaften oder Träger von politischer und staatlicher Gewalt«. Wenn dies so ist, und wenn diese Wende sich in der Praxis durchsetzte und diese bestimmte, könnte sie die von den Verfechtern des Plans eingenommene Haltung rechtfertigen und darauf hindeuten, daß gegen Ende des Zeitraums von 1966 bis 1975 an eine

---

47 Siehe *Edward Kardelj, The System of Planning in a Society of Self-Management. Brioni Discussions*, Socialist Thought and Practice, Vol. XVI, Nr. 11/1976.

andere Art, einen abgestimmten Plan zu erreichen, gedacht wurde – durch komplexe Verhandlungen zwischen verschiedenen Interessen, einschließlich derer von marktorientierten Unternehmen.

Mit einem bestenfalls bruchstückhaft vorhandenen Planungskonzept und der weitestmöglichen Verwirklichung des Selbstverwaltungsgrundsatzes im bestehenden Wirtschaftssystem waren Umfang und Wirkung staatlicher Kontrollen über die Wirtschaft während dieses Jahrzehnts ernsthaft beschränkt (soweit es den normalen wirtschaftlichen Mechanismus betraf, also abgesehen von besonderen Notmaßnahmen). Bezüglich mikroökonomischer Kontrollen scheint es, daß die wirksamsten trotz aller oben beschriebenen Liberalisierungen mit dem Bereich des Außenhandels zusammenhingen. Angesichts der hohen Importneigung wurde der verbliebene Spielraum bei der Verteilung von Devisen und der Vergabe von Importlizenzen wichtig. Weniger wichtig waren die Preiskontrollen, nicht nur wegen des steigenden Anteils unkontrollierter Preise, sondern auch wegen der innerhalb der gegebenen Rahmenbedingungen recht geringen Wirkung von Kontrollen. Im günstigsten Fall verzögerten die Kontrollen Preissteigerungen ein wenig, und die Regierung mußte von Zeit zu Zeit Preisstopps verhängen. Die äußerst geringen Möglichkeiten direkten Einflusses auf die Investitionen wurden bereits ausführlich behandelt.

Die Schwäche mikroökonomischer Kontrollen kann keine Überraschung gewesen sein, da sie sich letzten Endes aus der Grundidee der Reform ergab. Weniger erwartet wurde vielleicht die Schwäche makroökonomischer Kontrollen, besonders der Geldpolitik. Nach dem Bericht der Weltbank[48] beschränkte sich die Währungspolitik hauptsächlich auf die Kontrolle der Kreditversorgung (eine nachfrageverringernde Politik durch höhere Zinssätze stieß aus den früher erwähnten Gründen an Grenzen), und selbst dort war sie weit davon entfernt, wirkungsvoll zu sein, weil mangelnde Liquidität ein weitverbreitetes Phänomen war, erfolglose Unternehmen also ihre Schulden nicht zurückzahlten, was

---

48 Siehe Kap. 11, a.a.O.

auf unfreiwillige Kredite hinauslief. 1972 wurde ein Bündel von Maßnahmen zur Bekämpfung von Zahlungsunfähigkeit eingeführt, das nicht nur die Inflation schürte, sondern auch das ganze Konzept beeinträchtigte, die Unternehmen einem Markttest auszusetzen und die Einkommen von den Ergebnissen abhängig zu machen. Die Steuerpolitik konnte zur Schließung dieser Lücken kaum in Anspruch genommen werden. Die Möglichkeiten diskretionärer Einflußnahmen auf den persönlichen Verbrauch mit Hilfe der Besteuerung wurden durch die Reform von 1965 praktisch beseitigt, und die Abtrennung einer Anzahl von Ausgabeposten mit gebundenen Einnahmen vom Budget (z. B. im Sozialwesen) erschwerte eine Einschränkung auf diesem Gebiet außerordentlich. Es widersprach sicherlich dem ursprünglichen Geist der Reform, daß die Regierung wegen der Unzulänglichkeiten der Geld- und Fiskalpolitik schließlich (1972) eine Art Einkommenspolitik einführen mußte, bei der die Verteilung des Einkommens auf Konsum und Ersparnis zwischen den Regierungen der Republiken, den Gewerkschaften und den Handelskammern vertraglich vereinbart wurde; Rahmenabkommen auf Republikebene wurden durch Unterabkommen für bestimmte Sektoren ergänzt. In welchem Maße dies als bleibendes Element des Systems eingeführt wurde, ist schwer zu sagen, aber im Hinblick auf die Betonung der Selbstverwaltungsabkommen gegen Ende dieser Periode und den wenig erfolgreichen Einsatz anderer Mittel gegen den inflationären Druck erschien eine dauerhafte Einkommenspolitik ziemlich wahrscheinlich.

Bei der Betrachtung des Ausmaßes staatlicher Kontrollen darf man den Übergang tatsächlicher Kontrollgewalt vom Bund auf die Republiken (und Gemeinden) im Rahmen der allgemeinen Dezentralisierungspolitik nicht vergessen. Dieser Wandel war nicht nur bei den formalen Veränderungen des Wirtschaftsmechanismus zu spüren, sondern – in gewisser Weise hauptsächlich – bei den informellen Wegen, einschließlich des Einsatzes politischer Institutionen, in erster Linie der Partei (Bund der Kommunisten Jugoslawiens).

Unser Rückblick auf die Grundlinien der Veränderungen des jugoslawischen Wirtschaftssystems in den Jahren von 1966 bis 1975 richtete sich fast ausschließlich auf institutionelle Entwicklungen. Wir sollten uns jedoch daran erinnern, daß der Einführung der Reform von 1965 ein Meinungsstreit über den Einfluß institutioneller Veränderungen auf die Fähigkeit, ernste wirtschaftliche Ungleichgewichte zu beseitigen und auf einen harmonischen Wachstumspfad zu gelangen, vorausging und diese begleitete. Die siegreichen Verfechter der Reform erwarteten von ihrer Einführung nicht nur die Schaffung von günstigen Umständen für das System des selbstverwalteten Sozialismus, sondern auch einen wirksamen Beitrag zum Erfolg der Stabilisierungspolitik. Der letztere Effekt trat jedoch nicht ein. Wie bereits erwähnt, wuchs das jugoslawische Nationaleinkommen weiterhin mit einer relativ hohen Rate, allerdings weniger schnell als im vorangegangenen Jahrzehnt. Die Ausweitung der Produktion insgesamt hinderte jedoch weder die Arbeitslosigkeit noch die Preise daran, stark anzusteigen [49], und wurde in der Zeit von 1971 bis 1975 von praktisch stagnierenden Realeinkommen (realen persönlichen Einkommen im jugoslawischen Sprachgebrauch) begleitet. Ein Versuch, die dafür verantwortlichen Faktoren ausfindig zu machen, würde über den Umfang und die Ziele dieser Studie hinausgehen. Es war uns insbesondere nicht möglich, die relative Bedeutung auswärtiger und institutioneller Faktoren zu bestimmen. Bedeutsam scheint aber zu sein, daß, sobald sich die Lage bezüglich der Inflation und Zahlungsbilanz zuspitzte, die ergriffenen Maßnahmen mit den Lehrsätzen des Systems in Widerspruch gerieten. Die Umwandlung der jugoslawischen Wirtschaft in eine nachfragebestimmte mit schwachen zentralen Kontrollen erwies sich in der Periode bis 1975 als untauglich, die Übel der Arbeitslosigkeit, der Inflation und der Ungleichgewichte zu bekämpfen.

---

[49] Die Zahl der Arbeitslosen erreichte im Jahre 1975 540 000, was mehr als 10 % der Arbeitskräfte entsprach (ohne Berücksichtigung jugoslawischer Arbeiter im Ausland, deren Anzahl etwa doppelt so hoch war). Die jährliche Steigerung der Einzelhandelspreise betrug während des ganzen Jahrzehnts etwa 15 %, ca. 10 % während der ersten und 20 % während der letzten fünf Jahre (1975 alleine 26 %). Angaben aus dem Polnischen Statistischen Jahrbuch 1976, S. 556 und 614, auf der Grundlage offizieller jugoslawischer Statistiken.

Der »Neue ökonomische Mechanismus« in Ungarn

Obwohl schon vor 1965 einige institutionelle Veränderungen begründet als Vorbereitung der Wirtschaftsreform angesehen werden konnten (siehe *Teil III*), begann die eigentliche Vorbereitung im November 1965 aufgrund eines formellen Beschlusses der Vollversammlung des Zentralkomitees der Ungarischen Sozialistischen Arbeiterpartei. Eines der wichtigen Elemente dieser Entscheidung war die Vorstellung der Grundprinzipien des Neuen ökonomischen Mechanismus (NöM) in einem Paket, ein deutlicher Versuch, die schlechten Erfahrungen mit Teilreformen in einigen anderen Ländern nicht zu wiederholen.

Anders als in Jugoslawien wurde der ungarische Neue ökonomische Mechanismus nicht als »Großer Wurf« eines neuen Konzepts der sozialistischen Gesellschaft verstanden, sondern als Mittel zur Erhöhung der wirtschaftlichen Leistungsfähigkeit. Besonders stark wurde dies von den ungarischen Reformern betont, als im Jahre 1968 der Prager Frühling des Revisionismus und der Konterrevolution beschuldigt wurde. Der Wunsch, ähnliche Anschuldigungen zu vermeiden, war wohl einer der Faktoren, der eine Verkettung der Wirtschaftsreform mit einer Bewegung für institutionalisierte Selbstverwaltung der Arbeiter verhinderte; aber auch andere Überlegungen, wie z. B. die Erinnerung an den politischen Standort der Arbeiterräte während der Ereignisse von 1956, mögen hier eine Rolle gespielt haben.[50]
Die generelle Idee der Wirtschaftsreform war nicht die Aufgabe der zentralen Planung, sondern im Gegenteil ihre Verbesserung: Durch die Befreiung der Zentralorgane von ihrer Verstrickung in unnötige Details und durch die Verknüpfung nationaler und örtlicher Interessen durch wirtschaftliche, im Gegensatz zu administrativen Instrumenten sollte die zentrale Planung wirksamer werden. Die Idee der »parametrischen Planung«, die Planziele durch regulierte Markt-

---

50 Einige Autoren nehmen an, daß – abgesehen von politischen Erwägungen – mögliche negative wirtschaftliche Konsequenzen der Selbstverwaltung in Betracht gezogen wurden (vgl. *D. Granick, Enterprise Guidance in Eastern Europe*, a.a.O., S. 252). Man muß aber auch die verbesserte Position der Gewerkschaften berücksichtigen, die in einigen Fällen ein Vetorecht gegen Managemententscheidungen erhielten.

mechanismen erreichen will und manchmal sogar erreicht, geistert besonders in der Anfangsphase durch alle ungarischen Schriften über den Neuen ökonomischen Mechanismus.[51] Unter Bezugnahme auf die oben erörterte jugoslawische Position könnte man den NöM in der Terminologie *Bicanics* als ein Konzept der »dezentralen Planung« bezeichnen, das jedoch nicht als vorübergehende Maßnahme, sondern als legitimes Funktionsmuster einer sozialistischen Wirtschaft angesehen wurde.

Verglichen mit den früheren polnischen, tschechoslowakischen und ostdeutschen Ansätzen zeigte der NöM nicht nur bezüglich der tatsächlichen Praxis, sondern auch bezüglich der theoretischen Entwürfe eine bemerkenswerte Konsistenz: Am 1. Januar 1968 hörte das System der verbindlichen Zielplanung auf zu bestehen. Jährliche Pläne wurden auf allen Ebenen der Wirtschaftsorganisation (Zentrales Planungsamt, Ministerien, Unternehmen) aufgestellt, waren jedoch nicht mehr verbindlich und hierarchisch einander untergeordnet. Mittelfristige Pläne (fünf Jahre) wurden als rechtlich verbindlich für die zentralen Planungsbehörden angesehen, aber den unteren Ebenen nicht aufgedrückt. Die Unternehmen waren zuvor verpflichtet, einen Fünfjahrplan auszuarbeiten und ihn zwecks Information und Koordination beim Ministerium einzureichen, mußten sich den Empfehlungen des Ministeriums jedoch nicht beugen.[52] Langfristige Pläne (15 Jahre) hatten wie auch anderswo offensichtlich keine praktische Bedeutung. Einige Elemente der Bestimmung von Planzielen müssen zwar erhalten geblieben sein, waren aber sicherlich eine Ausnahme und beschränkten sich hauptsächlich auf die festgelegten Lieferverpflichtungen im Rahmen der RGW-Vereinbarungen. Das Gegenstück zur Abschaffung der Produktionsziele in physischen Größen bildete die Abschaffung der materiellen Zuteilung von Produktionsgütern; ab 1970 mußten die Un-

---

51 Vgl. *István Friss* (Hg.), *Reform of Economic Mechanism in Hungary*, Budapest 1969, sowie *O. Gádo* (Hg.), *Reform of the Economic Mechanism in Hungary: Development 1968–71*, Budapest 1972.
52 *Gábór Revesz, Hungary*, in: *Höhmann/Kaser/Thalheim* (Hg.), *The New Economic Systems in Eastern Europe*, a.a.O., S. 157.

ternehmen mit ihren Lieferanten und Abnehmern in freie vertragliche Beziehungen eintreten.

Während er die Unternehmen bezüglich ihrer sogenannten Standardentscheidungen[53] verselbständigte, gab der NöM den zentralen Wirtschaftsbehörden weitreichende Befugnisse, die Wirtschaft zu steuern, insbesondere soweit es die Wachstumsrate und die allgemeine Entwicklungsrichtung betrifft. Das bedeutete aber nicht, daß sich die Position der Unternehmen bezüglich der Investitionen gegenüber der Zeit vor der Reform nicht veränderte. Der Spielraum für selbständige Investitionsentscheidungen wurde beträchtlich erweitert

1. durch die Bestimmung, daß im allgemeinen 60 % der Abschreibungsbeträge vom Unternehmen einbehalten werden durften;

2. durch die Schaffung eines Entwicklungsfonds (aus einem Teil der Gewinne);

3. durch die Erweiterung der Kreditmöglichkeiten für Investitionszwecke.

Im Gegensatz zum jugoslawischen Konzept, nach dem direkte staatliche Investitionstätigkeit eine Ausnahme bleiben sollte, wies der NöM dem Staat ausdrücklich die Hauptverantwortung für die »erweiterte Reproduktion« zu; er sollte

1. die Aufteilung des Nationaleinkommens auf Konsum- und Investitionsfonds regulieren;

2. den größeren Teil des Investitionskapitals im Staatshaushalt ansammeln und dieses Kapital nach Maßgabe volkswirtschaftlicher Pläne (in erster Linie Fünfjahrpläne) zum Teil für spezifizierte Großprojekte, zum Teil pauschal für die gesamten Investitionsziele verteilen;

---

53 Der Ausdruck ist *Janos Kornai* zuzuschreiben (vgl. sein *Anti-Equilibrium. On Economic Systems Theory and the Tasks of Research*, Amsterdam–London 1971, S. 96) und bezieht sich praktisch auf die Entscheidung laufender Fragen im Gegensatz zu Entscheidungen, die größere und längerfristige Investitionen berühren. Der Verfasser dieses Buches pflegte eine ähnliche (wenn auch vielleicht nicht so genaue) Unterscheidung zwischen laufenden (sektoralen) und bedeutenden makroökonomischen Entscheidungen zu treffen (vgl. *W. Brus, Allgemeine Funktionsprobleme der sozialistischen Wirtschaft*, in polnischer Sprache, Warschau 1961 – Englisch unter dem Titel *The Market in a Socialist Economy*, London 1972).

3. die Investitionstätigkeit der Unternehmen indirekt kontrollieren, wenn eine finanzielle Beteiligung des Staates vorliegt.

Der letzte Punkt beeinträchtigte von Anfang an die Bedeutung des traditionellen Maßstabs der relativen Anteile des Staates und der Unternehmen an der Investitionstätigkeit. Im Jahre 1968 sollten 40 % der Investitionen aus Unternehmensfonds finanziert werden, gegenüber 60 % aus staatlichen Fonds. Für 1970 wurde ein Anstieg des Unternehmensanteils auf 50 % erwartet. Die tatsächlichen Verhältnisse kamen diesen Zahlen wohl nahe, aber es wurde allgemein anerkannt, »daß tatsächlich der Bereich der vom Unternehmen entschiedenen Investitionen wesentlich enger war, als es auf den ersten Blick schien, und 1973 nur etwa 20 % aller Investitionen in der Industrie ausmachte«. [54] Dies ist natürlich umstritten, aber nach Ansicht des Autors scheint es berechtigt und mit der allgemeinen Idee der ungarischen Reform vereinbar zu sein, daß die Ausweitung der Investitionsaktivitäten der Unternehmen kleiner war als ursprünglich beabsichtigt, vorausgesetzt, daß die indirekte Staatskontrolle sich weiterhin anstelle von Anweisungen der flexibleren Form der Verhandlungen bediente und nicht zu einer Abtrennung der Investitionen von den wirtschaftlichen Aktivitäten der Unternehmen insgesamt und von ihrer Gewinn- und Verlustrechnung führte. Dies schien dadurch anerkannt zu werden, daß staatliche Investitionsfinanzierungen tendenziell eher als rückzahlbare und verzinsliche Anleihen denn als einfache Subventionen arrangiert wurden.

Einer der wichtigen Aspekte der beherrschenden Rolle des Zentrums bei der Bestimmung der allgemeinen Entwicklungsstrategie und der Schaffung neuer Produktionskapazitäten war, daß sich der Staat das Recht zur Gründung und Auflösung von Unternehmen ebenso vorbehielt, wie zu Zusammenschlüssen und Aufteilungen (aber nicht zur Bildung von Zusammenschlüssen mit besonderen Aufgaben).

Als zweites Element einer wirksamen zentralen Führung im NöM (neben den Investitionen) sollte das Anreizsystem die

---

54 *Revesz* in: *Höhmann/Kaser/Thalheim*, a.a.O., S. 160 (eigene Übersetzung).

»Zielfunktion« der Unternehmen und ihr Verhalten bestimmen. Anders als in Jugoslawien, wo sich die zu maximierende Größe natürlicherweise aus dem Grundsatz der Arbeiterselbstverwaltung ergab (Maximierung des Nettoeinkommens pro Beschäftigtem), bestimmte die Zentrale die Ziele der ungarischen Unternehmen mit der Absicht, eine geeignete Verbindung von mikro- und makroökonomischen Interessen herzustellen. Zu Beginn der Reform war der Gewinn der wichtigste Erfolgsindikator, er bildete die Grundlage für persönliche Anreize und für die Wachstumsmöglichkeit des Unternehmens. Errechnet wurde er als Differenz von Bruttoeinnahmen und Kosten einschließlich zweier Steuerarten, die unter dem neuen System in die Preise eingingen: 5% auf den Kapitalstock (Anlage- und Umlaufvermögen), 25% Abgaben auf die Lohnsumme (17% für die Sozialversicherung, 8% als Lohnsteuer). Lohntarife, grundsätzlich Ober- und Untergrenzen für die Bezahlung breiter Gruppen von Beschäftigten, wurden mit der Maßgabe zentral festgelegt, daß die tatsächlichen Lohnsätze in jedem Unternehmen innerhalb dieses Rahmens zwischen den Gewerkschaften und dem Management ausgehandelt werden sollten. Der so bestimmte Anstieg des Durchschnittslohns wurde von den erzielten Gewinnen abhängig gemacht, die ausreichen sollten, um den Lohnanstieg aus jenem Teil des Nettogewinns[55] zu bezahlen, der im Unterschied zum Fonds für Erweiterungsvorhaben (Entwicklungsfonds) »Beteiligungsfonds« genannt wurde. Die Verteilung der Nettogewinne zwischen Beteiligungs- und Entwicklungsfonds machte man vom Verhältnis von Lohnzahlungen und Kapitalstock abhängig:

$S_f/P = a W/(a W + K)$,

wobei S_f der Beteiligungsfonds, P der Gewinn, W die Lohnsumme, K der Kapitalstock und a ein Koeffizient ist, der sich nach Wirtschaftszweigen unterscheidet, um zu große Schwankungen des Beteiligungsfonds pro Beschäftigten zu vermeiden. Der Entwicklungsfonds ergab sich aus dem Gewinn abzüglich des Beteiligungsfonds. Beide Fonds wa-

---

[55] Der Nettogewinn ergab sich aus dem oben definierten Bruttogewinn durch Abzug einer 6%igen Steuer an die örtlichen Behörden sowie einiger anderer Zahlungen in bestimmten Branchen.

ren jedoch als Bruttowerte zu versteuern, der Entwicklungsfonds mit einem starren Satz von 60% und der Beteiligungsfonds mit einem vom Verhältnis zwischen Anteilsfonds und Lohnkosten abhängigen progressiven Satz. Außerdem mußten aus ihnen Rücklagen (Reservefonds) bis zu einer vorgeschriebenen Höhe gebildet werden. Der Nettobeteiligungsfonds mußte die finanzielle Basis für Lohnerhöhungen und/oder für die Jahresendprämien schaffen. Demzufolge bildete der Entwicklungsfonds die Basis für die Investitionsaktivitäten des Unternehmens. Der Grund für dieses komplizierte System lag offensichtlich in der Befürchtung, daß ein enormes Ansteigen der Fonds zur freien Verfügung der Unternehmen sowohl das Marktgleichgewicht als auch die Gewinndifferenzen durcheinanderbrächte, besonders da man sich bei der Verhinderung oligopolistischer Gewinne weder auf das Preissystem noch auf die Struktur der Industrie verlassen konnte. Auch so wurden die Sicherungen als unzulänglich angesehen, und der Anstieg der Durchschnittseinkommen wurde auf 4% pro Jahr begrenzt, wobei der Rest des Beteiligungsfonds für die Jahresendprämien bestimmt wurde.[56] Die letzteren konnten nach dem ursprünglichen Konzept von 1968 bis zu 80% der Grundeinkommen bei Topmanagern, 50% beim mittleren Management und 15% bei einfachen Angestellten und Arbeitern betragen. Andererseits waren auch die Risiken im Falle einer schlechten Unternehmensleistung ungleich verteilt: 75% des Grundgehalts wurden der ersten Gruppe garantiert, 80% der zweiten und 100% der dritten.[57]

Das dritte Grundelement der zentralen Führung der Unternehmen in Übereinstimmung mit dem Plan sollte in einer wirksamen Kontrolle der wirtschaftlichen Parameter bestehen, die die finanziellen Ergebnisse und damit die Vorteile aus dem Anreizsystem beeinflußten. Im Neuen ökonomi-

---

[56] Der Unterschied zwischen Steigerungen der Durchschnittslöhne und Prämien war, daß die ersteren weniger flexibel waren (eingebettet in die Zahlungsstruktur) und daher in dem folgenden Zeitraum als vollendete Tatsachen angesehen wurden.

[57] Dieses Schema stieß, obwohl es sich nur auf die Prämien und nicht auf die Grundlöhne und -gehälter bezog, auf weitverbreitete Ablehnung und wurde bald durch eine Regel ersetzt, die zu den Grundlöhnen und -gehältern proportionale Prämien vorsah.

schen Mechanismus, in dem die Unternehmensentscheidungen auf der Basis von Kalkulationen in monetären Größen getroffen werden sollten (das Geld also eine aktive Rolle und nicht nur eine der Zuteilung in materiellen Größen untergeordnete spielen sollte), wuchs die Bedeutung von Preisen, Steuern, Kreditrichtlinien und Zinssätzen, der Zölle, des Wechselkurses usw. enorm. Das Grundproblem, dem sich die zentrale Wirtschaftsbehörde (»der zentrale Planer«) jetzt gegenübersah, war, einen angemessenen Mittelweg zwischen Kontrolle und Flexibilität sowie zwischen einer generellen Anwendung der Regeln und besonderen Ausnahmen aufgrund sozialer Vorrechte zu finden. Dieses schwierige Problem zeigte sich besonders deutlich bei der Preisbildung. Das alte Preisschema von vor 1968 war zwar während des vorhergehenden Jahrzehnts etwas verbessert worden, wurde aber dennoch als untauglich für die neuen Aufgaben angesehen. Daher wurde gleichzeitig mit der Einführung des neuen Wirtschaftsmechanismus eine Preisreform durchgeführt, die die stärksten Verzerrungen beseitigen sollte.[58]

Die Preisreform verfolgte drei Hauptabsichten, die zwar zusammenhingen, aber auch widersprüchlich waren:

1. Die Preisrelationen sollten die gesellschaftlichen Kosten genauer widerspiegeln und dadurch zu verläßlichen Entscheidungskriterien werden.

2. Die Preise für Produktionsgüter sollten denen für Konsumgüter angenähert und damit – so weit wie möglich – die langjährige Praxis eines zweigleisigen Preissystems beendet werden.

3. Die Preise sollten flexibler und von Angebot und Nachfrage beeinflußt werden, indem die direkte Festsetzung aller Preise beseitigt und einigen Preisen erlaubt wurde, ihr Niveau durch einen mehr oder weniger beschränkten Marktprozeß zu finden.

Am Anfang der Anwendung der ersten beiden Prinzipien stand das Modell eines »Idealpreises«, der auf den Produktionskosten plus den normalen Kapitalkosten und Löhnen

---

[58] Vgl. *Béla Cskikós-Nagy*, The New Hungarian Price System, in: *I. Friss* (Hg.), Reform of Economic Mechanism in Hungary, a.a.O., S. 133–162.

(nach dem oben erörterten Anreizschema) zuzüglich einer normalen Profitrate auf den Kapitalstock basierte. Aber schon in dieser Phase wurde die Regel nicht streng eingehalten (und konnte es auch nicht), und in einigen Fällen wurde auf Abgaben auf das Vermögen und/oder die Löhne verzichtet, um extrem hohe Preise zu vermeiden. Die tatsächlich in den verschiedenen Branchen zugrunde gelegte Profitrate unterschied sich deutlich von der Standard-(Durchschnitts-)rate, weil man von den Profiten im voraus Abzüge für Fonds zur Finanzierung vorhersehbarer Investitionen machte (z. B. betrug die Rate im Bergbau 1,6 % und in der chemischen und Leichtindustrie über 9 %). Ein noch ernsteres Problem entstand im Zusammenhang mit dem Versuch, bei der Bildung interner Preise die Preisverhältnisse auf dem Weltmarkt oder – um es genauer zu sagen – bei auswärtigen Transaktionen zu berücksichtigen. Für ein Land, das so stark vom Außenhandel abhängt wie Ungarn, können Opportunitätskosten sich nicht allein auf die interne Kostenstruktur stützen. Grundsätzlich hätten die Preise importierter Güter unter den Bedingungen der Reform durch den Preis in ausländischer Währung multipliziert mit einem Wechselkurs (Koeffizienten), der nur nach Dollar- und Rubelraum differenziert war (60 und 40 Forint pro Einheit bis zum Ende des behandelten Zeitraums), gebildet werden müssen. In der Praxis konnte der einheitliche Wechselkurs aus einer Reihe von Gründen nicht eingehalten werden, deren wichtigster das Mißverhältnis zwischen inländischen Kosten und den von außen vorgegebenen Preisen war, und die tatsächlichen Preise stellten einen Kompromiß zwischen widerstreitenden Überlegungen dar. Die Abweichungen von den generellen Regeln waren größer in bezug auf die Konsumgüterpreise, die aus Gründen der politischen Sensibilität langsameren und weniger radikalen Korrekturen unterworfen wurden, sowohl was das Niveau, als auch was die wichtigsten Preisrelationen anging. Zusammen mit dem Anstieg der Produktionsgüterpreise erforderte dies ein ausgearbeitetes System von Subventionen in der Konsumgütersphäre. Nichtsdestoweniger wurde die Reform von 1968 als Schritt auf die Abschaffung des zweigleisigen Preissystems gesehen. Unter anderem spiegelte sich dies in der verringerten Bedeutung der Umsatzsteuer als preisbildendes

Element und als Mittel zur Isolierung der den Produzenten von den Verbrauchern gezahlten Preise wider. Der Anteil der Umsatzsteuer an den Haushaltseinnahmen fiel auf 7% (53% 1956) und die Zahl der unterschiedlichen Steuersätze auf 1000 (gegenüber 2500 zu Beginn der Reform). Wo die Umsatzsteuer fortbestand, wurde verstärkt ein einheitlicher Satz erhoben, unter anderem weil dies als günstiger für Innovationen angesehen wurde, da es den Produzenten neuer Güter größere Sicherheit über ihre Nettoeinnahmen gab.[59]

Dem dritten Grundelement der Preisreform, der Befreiung einiger Preise von behördlicher Kontrolle, wurde wohl mit dem größten Interesse begegnet. Offiziell wurden die Preise in vier Kategorien aufgeteilt: feste Preise, Höchstpreise, Preise, die zwischen einer Ober- und einer Untergrenze schwanken durften, und freie Preise. Die meisten Beobachter faßten jedoch die Höchstpreise und die begrenzten Preise und einige sogar alle drei ersten Kategorien zusammen, weil eine Tendenz bestand, die Preise bis zur Höchstgrenze anzuheben. Freie Preise galten ursprünglich für 25% des Einzelhandelsumsatzes von Konsumgütern, den mehr oder weniger gleichen Anteil bei Rohmaterialien und Halbfertigprodukten und etwa 3/4 der Fertigproduktpreise. Trotz berechtigter Zweifel über das Ausmaß der Preisfreigabe[60] wurden ohne Frage gewisse Elemente von Flexibilität eingeführt und die Preiskontrollämter von der kaum lösbaren Aufgabe entbunden, die Preise von Hunderttausenden kleiner Güter festzulegen. Im Falle der weiterverarbeitenden Industrie muß der hohe Anteil freier Preise dazu beigetragen haben, die Preisverhältnisse anzupassen und so die Widersprüche der ursprünglichen »errechneten« Preisstruktur zumindest teilweise zu überwinden. Auf der anderen Seite half das verbleibende Maß an Kontrolle, die Ängste vor einer Preis- und Einkommensexplosion zu zerstreuen: Obwohl die Reformer offen mit der fragwürdigen Idee absoluter Preisstabilität brachen und einen Index der Preissteige-

---

59 Es ist interessant festzustellen, daß – wie in Jugoslawien – die verringerte Differenzierung der Umsatzsteuer von einer Verlagerung der Steuerlast von der Produktion auf den Handel begleitet wurde. Für den vorsichtigeren ungarischen Ansatz ist es charakteristisch, daß diese Überwälzung beim Großhandel stehenblieb.
60 Vgl. etwa *Granick*, a.a.O., S. 261.

rung in den Plan aufnahmen, stiegen die Konsumgüterpreise während der ersten drei Jahre nach der Reform nur um 2 % jährlich.

Die Nutzung eines gelenkten Marktmechanismus als Instrument der zentralen Planung und der Wirtschaftsführung erhielt eine größere Bedeutung des Wettbewerbs zwischen den autonomen Unternehmen, wobei es sich bis zu einem begrenzten Grade sogar um Preiswettbewerb, aber vor allem Qualitätswettbewerb durch die schnellere Anpassung an Nachfrageveränderungen, die Mode usw. handelte. Die Erwartung eines wachsenden Wettbewerbsgeistes stützte sich auf die generellen Merkmale des reformierten Systems, auf die Freiheit der wirtschaftlichen Betätigung von den Fesseln verbindlicher Ziele und physischer Zuteilungsquoten, auf die Anreize zur Erweiterung profitabler Märkte, auf die verbesserten Bedingungen für Verfahrens- und Produktinnovationen usw. Ein besonderer Faktor zur Steigerung der Wettbewerbsfähigkeit war das Recht kooperativer Unternehmen (einschließlich landwirtschaftlicher Produktionsgenossenschaften), sich außerhalb ihres angestammten (und vorher vorgeschriebenen) Bereichs zu betätigen.

Die Reform zielte auch durch Veränderungen des Systems der außenwirtschaftlichen Beziehungen auf eine Verschärfung des Wettbewerbs. Offensichtlich ging die Bedeutung dieser Änderungen weit über die Förderung des Wettbewerbs hinaus, dieser Aspekt sollte aber auch nicht übersehen werden. Die allgemeine Tendenz der Reform war es, die trennende Wand zwischen inländischen und ausländischen Aktivitäten abzubauen, die das institutionelle Gegenstück der Behandlung von Auslandsgeschäften als Lückenbüßer in der Vergangenheit mit ihrer grundsätzlich autarkistischen Einstellung, vor allem gegenüber der kapitalistischen Welt war. Die Maßnahmen umfaßten

1. die Ablösung physischer Ziele in der Außenhandelsplanung durch globale Richtlinien und Quoten (aus dieser Sicht machte der RGW-interne Handel gewaltige Probleme);
2. die grundlegende Ausweitung der Zahl der Einheiten, die sich am Außenhandel beteiligen durften (nicht nur spe-

zialisierte Außenhandelsunternehmen, die bisher alleine dieses Recht hatten, sondern auch Industrie und Binnenhandelsunternehmen, sofern sie eine entsprechende Lizenz bekamen);

3. die Schaffung eines Bindeglieds zwischen Außenhandels- (Import- und Export-)preisen und Binnenmarktpreisen durch Wechselkurskoeffizienten (innerhalb der oben erörterten Grenzen);

4. den weiteren Einsatz von Zöllen zur Regulierung der Importneigung in den verschiedenen Branchen und Gebieten;

5. eine Ausweitung verschiedener Formen der industriellen Kooperation mit westlichen Firmen.

Diese Maßnahmen konnten kaum als Abschaffung des »Staatlichen Außenhandelsmonopols« (verstanden als Vorrecht zu wirksamen Kontrollen) aufgefaßt werden, aber liefen sicherlich auf einen ernst zu nehmenden Wandel der Methoden und ihrer Anwendung hinaus. Aus der Sicht des Binnenmarktes eröffnete dies neue und wertvolle Informationswege wie auch bestimmte Wahlmöglichkeiten des Käufers zwischen ausländischen und heimischen Lieferanten.

Jedoch schufen sowohl das Grundprinzip einer Kombination von Marktinstrumenten mit zentraler Kontrolle als auch einige praktische Überlegungen Hindernisse für die Förderung des Wettbewerbs. Auf der Seite des Binnenmarktes war der hohe Konzentrationsgrad der ungarischen Industrie eines der wichtigsten Hindernisse, der sicherlich eine kontrollierte Übertragung wirtschaftlicher Gewalt, aber kaum die Entwicklung wettbewerblichen Verhaltens erleichterte. Im Laufe der Reform von 1968 wurde die organisatorische Struktur nur wenig verändert: Die meisten Zwischenglieder (Konzerne) wurden aufgelöst, was zur Vorherrschaft einer zweigliedrigen Struktur (Ministerium – Unternehmen) führte. Das Recht sogenannter Schlüsselunternehmen in der Industrie, die Aktivitäten der gesamten Branche einschließlich der örtlichen und genossenschaftlichen Industrie zu koordinieren, wurde abgeschafft, wobei in einigen Fällen Unternehmen mit mehreren Betriebsstätten, vor allem in der Leicht- und Lebensmittelindustrie, aufgespalten wurden.[61] Auf der Seite der außenwirtschaftlichen Beziehungen führten Zahlungsbilanzerwägungen dazu, daß der Spielraum für die Behandlung heimischer und ausländischer Transaktionen als echte Alternativen kleiner als erwartet und die Notwendigkeit individueller Differenzierungen von Kosten und Nutzen im Außenhandel nach Produkten und Partnern größer war als erwartet. All dies lief der Idee einer Steigerung des Wettbewerbsdrucks der heimischen Produzenten und Verteiler zuwider. Eine im Jahre 1969 durchgeführte Meinungsumfrage ergab, daß 38 % der antwortenden Unternehmen keinen, 48 % wenig und 12 % starke Auswirkungen des Wettbewerbs auf dem Binnenmarkt spürten; bezüglich des Außenhandels merkten 46 % überhaupt keinen, 37 % einigen und 17 % starken Wettbewerb.[62] Die Angaben sind ohne vergleichbare Daten für andere Länder und Zeitabschnitte schwer zu deuten, zeigen aber, daß trotz gewisser Fortschritte das Ausmaß des Wettbewerbsdrucks noch ziemlich gering war.

Die Frage des Wettbewerbs hängt mit dem weiterreichenden Problem zusammen, verschiedene Unternehmen einem Satz einheitlicher wirtschaftlicher Bedingungen zu unterwerfen, was eine Grundvoraussetzung der parametrischen Planung ist. Zahlreiche Ausnahmen von den normalen Steuersätzen, individuelle Unterschiede bei den Währungskoeffizienten (die sich zu etwas Ähnlichem wie dem alten »Preisausgleich« anhäuften), Subventionen usw. lassen den Analytiker schließen, daß die ungarische Reform von 1968 am besten als Wandel der zentralen Kontrolle über die Unternehmen auf der Basis individualisierter materieller Planung zu einer individualisierten finanziellen Planung einge-

---

61 Eine Studie des ungarischen Wirtschaftsforschungsinstitutes über große Industrieunternehmen zeigt, daß zwischen 1968 und 1972 der relative Anteil der Großunternehmen (über 2000 Beschäftigte) an der Bruttoproduktion, am Kapital und an der Beschäftigung zurückging, soweit es die Leichtindustrie und die Nahrungsmittelverarbeitung anging (*Acta Oeconomica*, Budapest, Vol. 12, Nr. 1, 1974).

62 Die Umfrage wurde vom Forschungsinstitut für Industrieökonomik der Ungarischen Akademie der Wissenschaften durchgeführt und von *Béla Balassa, The Firm in the New Economic Mechanism in Hungary,* in: *M. Bornstein* (Hg.), *Plan and Market*, a.a.O., S. 357, zitiert.

stuft werden kann[63] mit allen daraus folgenden Konsequenzen: der Verwicklung der zentralen Planer in betriebswirtschaftliche Fragen, dem Fehlen eines langfristig stabilen Umfelds für die Unternehmen, der Tatsache, daß Verhandlungen mit den höheren Stellen (jetzt über finanzielle Kennziffern statt wie früher über materielle Planziele) mehr Vorteile versprechen als Produktionsanstrengungen usw. Nach *Granick* war der Hauptgrund hierfür der alles überspielende politische Zwang zur Vollbeschäftigung nicht nur auf nationaler Ebene, sondern auch im Sinne der Arbeitsplatzsicherung (niemand kann unter normalen Umständen zum Wechsel der Beschäftigung gezwungen werden). Zusammen mit dem Zwang zur Preisstabilität mußte diese Politik unvermeidbar zum Schutz schwacher und zur Dämpfung der Expansions- und Lohnchancen in den erfolgreichen Unternehmen führen – unter Beibehaltung der Bedingungen eines Verkäufermarktes. Mit anderen Worten, es wurde alles getan, was einer erweiterten Nutzung des Marktmechanismus zuwiderlief und nach detaillierten individualisierten Kontrollen und Umverteilungen von Ressourcen rief. Selbst wenn wir mit dieser Beurteilung nicht völlig übereinstimmen (die meisten anderen zitierten Autoren sehen den ungarischen Versuch, einen regulierten Marktmechanismus in das System der zentralen Planung einzubauen, weniger kritisch), weist sie doch auf ein brennendes Problem des neuen Wirtschaftsmechanismus und seiner Entwicklung während des Zeitraums von 1968 bis 1975 hin.

Die Veränderungen des NöM begannen unweigerlich bald nach seiner Einführung im Jahre 1968. Während der ersten Jahre, etwa bis 1971/72, bestanden sie hauptsächlich in der Aufhebung einiger als vorübergehend betrachteten Beschränkungen und erweiterten den Spielraum des regulierten Marktmechanismus. Diese Veränderungen waren bereits im ursprünglichen Konzept der Reform vorgesehen, erwiesen sich aber bezeichnenderweise als wesentlich weniger umfassend und weitreichend als erwartet.[64] Das System

---

63 Vgl. *D. Granick*, a.a.O., S. 309.
64 Dies ist der Tenor der meisten Informationen und Gesamteinschätzungen in: *O. Gado* (Hg.), *Reform of the Economic Mechanism in Hungary. Development 1968–71*, a.a.O.

der Preisfestsetzung entfernte sich nur wenig von der zentralen Kontrolle: Der Anteil der Festpreise bei Produktionsgütern verringerte sich von 10% auf 5% (Treibstoffpreise waren nicht mehr fest, sondern bekamen eine Obergrenze), und die Obergrenze für Preise der Bauindustrie wurde gestrichen, wenn die Arbeiten aus dem Entwicklungsfonds eines Unternehmens finanziert wurden. Im Konsumgüterbereich war die Ausweitung freier Preise noch weniger ausgeprägt und wurde durch erweiterte Verpflichtungen zur vorherigen Bekanntgabe von Preissteigerungen bei Inputs der Konsumgüterproduktion durchkreuzt. Wie bereits erwähnt, wurden die Materialzuweisungen in physischen Größen wie geplant abgeschafft. Einige Schritte wurden auch unternommen, um die »Individualisierung« der Bedingungen im Außenhandel zu begrenzen: Die Subventionen (»staatliche Erstattungen«) für fast 3/4 der am Außenhandel beteiligten Unternehmen wurden von der Lage der Teilbranche statt von der des einzelnen Unternehmens abhängig gemacht. In der Importsphäre wurde das Quotensystem gelockert, und die Forderung nach finanziellen Garantien wurde weniger streng gehandhabt (Abschaffung oder Herabsetzung der Zwangseinlagen in ungarischer Währung beim Import von Investitionsgütern).

Eine andere Kategorie von Veränderungen bezog sich auf Variationen der quantitativen Verhältnisse verschiedener ökonomischer Parameter, um ein bestimmtes Verhalten zu fördern (oder zu verhindern): Wie bereits erwähnt, wurden die Prämienbegrenzungen für verschiedene Gruppen von Arbeitern modifiziert; der Wert des Lohnkoeffizienten in der Formel zur Bestimmung des Beteiligungsfonds wurde in den meisten Fällen von zwei auf drei erhöht, um einen größeren Spielraum für Lohnsteigerungen in Abhängigkeit vom Gewinn zu schaffen; gleichzeitig wurde eine zusätzliche Besteuerung der Lohnkostensteigerungen eingeführt, die sich aus einer Zunahme der Beschäftigung gegenüber dem Vorjahr ergaben[65]; die Verschärfung der Kreditkonditionen half, den sich entwickelnden »Investitionsboom«, der durch das in diesem Ausmaß nicht vorhergesehene Wachstum der

---

65 Das Wachstum der Beschäftigung war schneller als erwartet und wurde eine der Hauptsorgen der Zeit nach 1968. Die Beschränkung der Kontrolle auf die Höhe

unternehmenseigenen Fonds ausgelöst wurde und das Marktgleichgewicht gefährdete, einzudämmen. All diese und ähnliche Anpassungen stimmten mit den Grundprinzipien des NöM überein, sie berücksichtigten erste Erfahrungen und nahmen neue Ziele und Umstände des Fünfjahrplans 1971–75 vorweg.

Bald jedoch kam es zu weitergehenden Veränderungen. Die erste wichtige Änderung dieser Art war wohl 1971 die Einführung einer Leistungskennziffer (Wertschöpfung pro Beschäftigten) als Maßstab für Lohnsteigerungen: In der Regel berechtigte ein 1%iger Anstieg dieses Indikators gegenüber dem Vorjahr das Unternehmen, den Durchschnittslohn um 0,3 % zu erhöhen. Durch Steuern auf Lohnsteigerungen, die aus dem Beteiligungsfonds zu zahlen waren, wurde ein Zusammenhang mit der Rentabilität aufrechterhalten, aber dennoch wurde ein gänzlich neues Element in das früher einheitliche Regulierungsschema eingefügt. Das Ziel war, wie aus der Erörterung des jugoslawischen Systems klar sein müßte, die Unternehmen zur Einsparung von Arbeitskräften anzuspornen, eine Aufgabe, die sich um so dringlicher stellte, je enttäuschender die ersten Ergebnisse des NöM aus dieser Sicht waren. Die Verfolgung dieses Ziels und die Beschneidung der Überschußnachfrage der Bevölkerung über das Angebot verkäuflicher Güter und Dienstleistungen beeinflußten sicherlich die weiteren Verschärfungen der Kontrollen. Nach der Plenarsitzung des Zentralkomitees der Partei im November 1972 (einer der Wendepunkte in der Geschichte des NöM) wurde in einigen Branchen die Lohnsumme (und nicht der Durchschnittslohn) an die Wertschöpfung gekoppelt. 1973 wurde die Koppelung von Gewinnen und Löhnen in der Ölindustrie und der Energiewirtschaft praktisch aufgehoben, und Ende 1975 wurden die Unternehmen bezüglich des Lohnregulierungssystems in vier Gruppen geteilt; es wurde entweder der Durchschnittslohn auf der Grundlage des Unternehmensergebnisses oder der Durchschnittslohn zentral oder die Lohnsumme auf der Basis der Unternehmensergebnisse

---

des Durchschnittslohns ließ die Unternehmen eine übergroße Zahl wenig qualifizierter und schlecht bezahlter Arbeiter einstellen, um die Löhne einiger anderer Gruppen stärker steigern zu können.

oder die Lohnsumme zentral kontrolliert.[66] Die Veränderung der Regeln und die Wiedereinführung einiger direkter Kontrollen wurden – abgesehen von den schon genannten Gründen – auch wegen Verteilungsspannungen für notwendig gehalten, die den Unmut der Arbeiter in einigen staatlichen Schlüsselindustrien sowie eine Art ultralinker Kritik hervorriefen. Um den Einkommensunterschieden zwischen der staatlichen Industrie auf der einen und dem genossenschaftlichen und privaten Sektor auf der anderen Seite sowie denen, die durch übermäßige Rentabilitätsunterschiede entstanden, entgegenzuwirken, glaubte die Regierung auf direkte Maßnahmen zurückgreifen zu müssen: 1973 erhielten die Arbeiter in der staatlichen Industrie eine große vorrangige Lohnerhöhung, indem die obere Grenze für Steigerungen des Durchschnittslohns angehoben, der größte Teil der Lohnsteigerungen von Steuern befreit und ein Mindestanstieg für einige Gruppen von Arbeitern festgelegt wurde. Darüber hinaus brachte das Jahr 1973 eine Beschränkung der landwirtschaftsfremden Betätigung von Landwirtschaftlichen Produktionsgenossenschaften und eine totale Kontrolle der Baupreise, Vorschriften gegen »ungerechtfertigte Gewinne«, die nicht aus Produktivitätssteigerungen, sondern aus reinen Marktgeschäften stammten, sowie eine weitgehende Kontrolle der Preise mit abschreckenden Strafen für Unternehmen, die die Regeln verletzten.

Die Preiskontrolle wurde besonders in den Jahren 1974 und 1975 als Antwort auf die schwierige Situation verschärft, der sich Ungarn durch die Energiekrise, die Umwälzung der Weltmarktpreise und die daraus folgenden Veränderungen des RGW-internen Preissystems ausgesetzt sah (Ungarn war wahrscheinlich der Staat in Osteuropa, der wegen seiner schwachen Rohstoffbasis am härtesten getroffen wurde). Die Verschärfung der Kontrollen wurde von direkten Preisvorschriften der Regierung (Anhebung der Produzentenpreise und der Preise für einige Grundkonsumgüter) und einer weiteren Ausdehnung des Subventionsumfangs begleitet, weil die Kostensteigerung durch die Anhebung der Produzentenpreise nur zum Teil auf die Konsumgüterpreise

---

66 *Paul Hare, The Economic Reform in Hungary – Problems and Prospects,* in: *Cambridge Journal of Economics,* 1977, Nr. 1.

überwälzt wurde. Was die Gewinnfonds betrifft, fiel der Anteil der einbehaltenen Gewinne, aber die Flexibilität bei der Aufteilung zwischen Beteiligungs- und Entwicklungsfonds nahm etwas zu. Es fanden keine formalen institutionellen Veränderungen des Systems der Investitionskontrollen statt, aber die bestehenden Möglichkeiten wurden gegen Ende des Zeitabschnitts in einer Art und Weise genutzt, die die zentrale Kontrolle wirksam stärkte.

Der Grad der informellen Unterordnung der Unternehmen unter verschiedene staatliche Behörden ist nur schwer abzuschätzen. Während der ersten Phase des NöM wurde die Überwachungsfunktion der Branchenministerien sicherlich abgebaut, aber diejenige der funktionellen Ministerien (Finanzen, Preise, Außenhandel usw.) wurde gestärkt. Mit der Zeit haben die Branchenministerien ihre Stellung wahrscheinlich wieder ausbauen können. Über wirkliche Veränderungen der Rolle der Parteiorganisation und des Parteiapparats auf den verschiedenen Ebenen gibt es äußerst wenig zu sagen. Aus unabhängigen Analysen der Arbeitsweise des ungarischen Systems erhält man den Eindruck, daß sich diesbezüglich gegenüber der Situation vor der Reform nichts Wesentliches verändert hat. Wenn wir Schlüsse aus allgemeinen politischen Entwicklungen (wie der Entfernung *Rezso Nyers* aus seinen führenden Parteiämtern 1974 oder der Tonart der Beschlüsse des XI. Parteitags 1975) ziehen sollen, dann scheint sich eine wachsende Rolle der Parteikontrolle und -verantwortung abzuzeichnen.

Daher unterschied sich das Funktionssystem der ungarischen Wirtschaft 1975 von dem, das 1968 eingeführt wurde, und noch mehr von dem, was radikale Befürworter des NöM im Sinn hatten: Die Spannbreite zentraler Kontrolle war größer und die des gelenkten Marktmechanismus kleiner. Von besonderer Bedeutung war, daß es nicht im erwarteten Umfang gelang, die Unternehmen allgemeinen Regeln und ihren Konsequenzen für Einkommen, Vergütungen der Führungskräfte und Aussichten für autonome Erweiterungen zu unterwerfen. Vergegenwärtigt man sich, daß die Wirtschaftsreform im ungarischen Fall die Rückendeckung der Parteiführung hatte (was nicht bedeutet, daß es keine Opposition gab), kann man den Grund für die Rückschläge nicht auf politischen Unwillen beschränken, obwohl politische Hindernisse in einem weiteren und mitunter indirekten Sinne auch nicht übersehen werden sollten (wir kommen auf diese Frage nach der Darstellung der Entwicklungen in allen Ländern zurück). Die ungarischen Erfahrungen zwischen 1968 und 1975 deuten daher auf echte Schwierigkeiten hin, ein System zu konstruieren, das in der Lage ist, die zentrale Planung mit dem Marktmechanismus, mikroökonomische mit makroökonomischer Wirksamkeit und streng ökonomische mit sozialen Kriterien zu vereinbaren.

Dabei war die ungarische Reform alles andere als ein Mißerfolg. Grundmerkmale des NöM – die Eigenständigkeit von Plänen auf verschiedenen Ebenen, ein größeres Maß an Entscheidungsfreiheit für die Unternehmen, die Orientierung an wirtschaftlichen Erfolgskriterien usw. – hatten Bestand und brachten trotz der besonders widrigen Umstände insgesamt befriedigende Ergebnisse. Es ist vielleicht nicht zu empfehlen, unwägbare und impressionistische Elemente in die Analyse einzuführen, aber für viele Menschen in ganz Osteuropa verkörperte Ungarn zwischen 1968 und 1975 die Geschichte eines Erfolgs bei Lebensstandard, Marktgleichgewicht und der Einstellung der Bevölkerung gegenüber unpopulären Entscheidungen wie offenen Preissteigerungen. Aus diesem Grund schien zu Beginn der zweiten Hälfte der siebziger Jahre eine Rückkehr Ungarns zu dem vor 1968 bestehenden System kaum vorstellbar.

Der überlebende Zentralismus

Deutsche Demokratische Republik

Die allgemeine Ausrichtung der ostdeutschen Reform wurde bereits in *Teil III*, in Zusammenhang mit der kurz nach dem VI. Parteitag der SED 1963 herausgegebenen »Richtlinie über das Neue ökonomische System der Planung und Leitung der Volkswirtschaft« erörtert.[67] Auch die wichtigsten Veränderungen der Wirtschaftsverwaltung wurden kurz beschrieben. Das NöSPL (Neues ökonomisches System der Planung und Leitung der Volkswirtschaft) sollte sich vom zentralistischen System des alten sowjetischen Typs in Richtung auf eine organische Kombination einer wissenschaftlich begründeten Planung und Leitung der Gesamtwirtschaft durch den Staat mit einer weitgehenden Anwendung materieller Anreize in Form eines umfassenden und geschlossenen Systems wirtschaftlicher Hebel (Richtlinie) bewegen. Diese ziemlich ungelenke Formulierung zielte auf die Idee ab, wirtschaftliche Entscheidungsbefugnisse zu verteilen und einer Art Marktmechanismus einen größeren Wirkungsbereich zu überlassen, ohne das ideologisch bedenkliche Wort »Markt« zu benutzen (höchstens der Ausdruck »Ware-Geld-Beziehungen« wurde manchmal benutzt). Auf seine Weise stellte das NöSPL – wie ursprünglich beabsichtigt – eine andere umfassende Variante eines reformierten Funktionssystems der Wirtschaft dar, das sich offensichtlich sowohl vom jugoslawischen wie vom ungarischen unterschied. Der wichtigste Unterschied zwischen dem ungarischen NöM und dem ostdeutschen NöSPL bestand darin, daß beim letzteren – trotz einer erheblichen Verminderung gegenüber dem Zustand vor der Reform –

---

67 »Richtlinie für das neue ökonomische System der Planung und Leitung der Volkswirtschaft«, Berlin 1963.

wichtige Elemente zentraler Zielplanung und Hilfsmittelzuteilung beibehalten wurden.

Nach *Keren*[68] ging mit der Einführung des NöSPL die Zahl der verbindlichen Planziele, und zwar besonders derjenigen, die sich auf die Bruttoproduktion bezogen, drastisch zurück. 1966 bedienten sich nur noch die Zwischenglieder der wirtschaftlichen Hierarchie (VVB oder Kombinate) der Bruttoproduktion als sekundären Indikators, während der Staatsplan nur Daten über die abgesetzte Produktion auswies. Was das Sortiment angeht, sank die Anzahl der vom Staatsplan abgedeckten Artikel von 800 1963/64 auf etwa 160 1967. Der Abbau der Produktionsziele fand sein Gegenstück in der Lockerung behördlicher Formen der Ressourcenzuteilung: Die zentrale Verteilung wichtiger Produktionsgüter in physischen Größen hielt sich 1967 nur noch für etwa 90 Artikel (gegenüber ca. 400 vor dem NöSPL). Die Aufstellung der Materialbilanzen als Element des Planungssystems wurde zu einem beträchtlichen Teil von den zentralen Organen auf die VVB und sogar auf solche Unternehmen, die als Produzenten oder Abnehmer den größten Teil der Produktion eines Gutes kontrollierten, übertragen (VVB und Unternehmen waren 1967 zusammen für etwa 90% der Bilanzen verantwortlich). Gleichzeitig zielte ein neues Vertragsgesetz auf die Stärkung der Lieferungs- und Zahlungsdisziplin in den zwischenbetrieblichen Beziehungen.

Die Minderung der Bedeutung von Produktionskennziffern wurde von einer beträchtlichen Aufwertung der finanziellen Indikatoren, in erster Linie des Gewinns, begleitet. Die »Richtlinie« bezeichnet den Gewinn als zentrales Element des Systems wirtschaftlicher Hebel und wichtigstes Mittel zum Erfolg: Der erreichte Stand der Produktivkräfte und das neue System der Planung und Leitung der Volkswirtschaft erfordern, daß der Gewinn zum voll wirksamen Maßstab zur Bewertung des wirtschaftlichen Erfolgs in den

---

68 *Michael Keren, Concentration amid Devolution in East Germany's Reforms*, in: M. Bornstein (Hg.), *Plan and Market: Economic Reforms in Eastern Europe*, a.a.O.; ders., *The New Economic System in the GDR: An Obituary*, in: *Soviet Studies*, Vol. 24, Nr. 4, April 1973.

Vereinigungen und Unternehmen wird.[69] In Übereinstimmung mit dem allgemeinen Geist des NöSPL sollten die Nettogewinne geplant und sowohl die Bewertung des Erfolgs als auch die gewinnorientierten Anreize von einem »Soll-Ist-Vergleich« abhängig gemacht werden. Um jedoch dem tendenziellen Druck auf niedrigere Planziele sowie der Verheimlichung von Kapazitäten entgegenzuwirken, sollte der an den Gewinn gebundene Prämienfonds bei gegebenem Gewinn und Grad der Planübererfüllung stärker steigen, wenn die Leistungssteigerung schon vorher im Unternehmensplan zum Ausdruck kam. Anders als in Ungarn beabsichtigte das NöSPL nie eine Verbindung der Löhne mit den Gewinnen, etwa indem es die Entwicklung des Lohnfonds an die Veränderung der Rentabilität knüpfte. Der Lohnfonds (und die Zahl der Beschäftigten und daher auch der Durchschnittslohn) wurde durch den Plan bestimmt, eine Steigerung über den geplanten Lohn konnte nur durch eine überplanmäßige Steigerung der Arbeitsproduktivität begründet werden, und auch dann mußte der Lohnanstieg unter dem Produktivitätsfortschritt bleiben. Was die Verbindung von Gewinnen und Investitionen des Unternehmens in festes und zirkulierendes Kapital angeht, ging das NöSPL in eine ähnliche Richtung wie der ungarische NöM, wenn auch in einer weniger komplizierten Weise (wegen der fehlenden Beziehung zu den Löhnen) und der wichtigen Modifikation einer größeren Rolle des Staatshaushalts. Die Einkünfte eines Industrieunternehmens wurden schematisch etwa so verteilt: Von den Gesamteinnahmen gelangt man durch Abzug der Produktionskosten einschließlich der Abschreibungen (die mit der Einführung des NöSPL durch die Aufwertung des Kapitalstocks beträchtlich erhöht wurden), der Zinsen und Rückzahlungen von Bankkrediten zum Bruttogewinn; zieht man hiervon die Abgabe auf das Produktivvermögen (seit 1966 üblicherweise 6 %, in einigen Branchen niedriger) ab, kommt man zum Nettogewinn. Ein Großteil des Nettogewinns wurde zu einem zwischen den Branchen (VVB), Kombinaten und Unternehmen höchst unterschiedlichen Prozentsatz normalerweise über die VVB

---

69 Richtlinie, a.a.O., S. 53–54.

an den Staatshaushalt abgeführt.[70] Der verbliebene Nettogewinn wurde zu festgelegten Quoten dem Prämienfonds, dem Anlagekapitalfonds, dem Umlaufkapitalfonds und dem Risikofonds zugeführt.

Die Bedeutung des Gewinns als Erfolgsindikator und Quelle der Fonds sollte durch die Zusammenlegung der Ergebnisse von Binnenmarkt- und Außenhandelsaktivitäten gesteigert werden. Eine gewisse Dezentralisierung der Außenhandelsaktivitäten (vor allem beim Export) war – wie auch anderswo in Osteuropa – ein wesentlicher Teil der Wirtschaftsreform: Exportierende VVB, Kombinate und sogar einzelne Unternehmen konnten mit der Einführung des NöSPL das Recht erlangen, Exportgeschäfte direkt abzuschließen, eigene Exportfirmen zu gründen oder sich auf Kommissionsbasis spezialisierter Außenhandelsunternehmen zu bedienen. Grundsätzlich sollten die Exporteinnahmen mit Hilfe der Wechselkurskoeffizienten in Mark der DDR umgerechnet und differenziert nach Gebiets- und Produktvorrangigkeiten in das finanzielle Gesamtergebnis (das »Einheitliche Betriebsergebnis«) des Unternehmens eingehen. In der Praxis wurden, wieder in differenzierender Weise, negative oder positive Korrekturen angebracht: Sondersteuern, wenn das Exportergebnis wesentlich besser als das Inlandsergebnis war, oder Exportsubventionen.

Die Umorientierung der Industrie auf finanzielle Kennziffern konnte nicht ohne Einfluß auf die Organisation und die Aufgaben des Bankensystems bleiben. Schon die NöSPL-Richtlinie beinhaltete den ersten Schritt zur Gründung einer Art von Geschäftsbanken in der Form von industriellen Abteilungen der staatlichen Zentralbank (damals die »Deutsche Notenbank«), die für einen bestimmten Sektor der Industrie (Gruppe von VVB) zuständig waren. Später, im Jahre 1967, wurden eigenständige Geschäftsbanken gegründet, deren wichtigste die staatliche Bank für Industrie und Handel war. Die Geschäftsbanken standen unter der Kontrolle der Zentralbank – die u. a. für den volkswirtschaftlichen Kreditplan verantwortlich war –, wurden so-

---

70 *Granick, Enterprise Guidance*, a.a.O., S. 151, behauptet, daß 1970 zwischen 40 und 70% des Nettogewinns in den Staatshaushalt flossen.

wohl an ihrem eigenen finanziellen Erfolg als auch an dem der Industrie interessiert und bekamen einige Spielräume in Fragen ihrer Kredit- und Zinspolitik gegenüber den Unternehmen. Besondere Bedeutung erlangten die Banken im Investitionsprozeß, indem sie die Wirtschaftlichkeit der Projekte prüften und den jeweiligen Anteil eigener Fonds der VVB (einbehaltene Gewinne und ein Teil der Abschreibungen) und der Staatskredite an den Ausgaben bestimmten.

Von Anfang an wurde erkannt, daß die Reform eine Rationalisierung der Preisstruktur erfordert. 1964 begann eine graduelle Preisreform mit dem Ziel, die Endpreise an den Kosten von 1967 zu orientieren. Obwohl es in dieser Phase bei den althergebrachten Prinzipien der Preiskalkulation blieb (mark-up-Preise auf der Grundlage der durchschnittlichen Produktionskosten), erwiesen sich die Veränderungen der Preisstruktur als beträchtlich [71] und zeigten einmal mehr, daß die Preise im System sowjetischen Typs nicht nur (und vielleicht nicht einmal in erster Linie) an falschen Kalkulationsprinzipien leiden, sondern auch an der fehlenden Anpassung an sich verändernde Bedingungen, wodurch sie nach gewisser Zeit den Bezug zu jeglichen Grundsätzen verlieren. Auch die neuen Preise waren praktisch festgeschrieben (zumindest bis zur Einführung der sogenannten »Dynamischen Preise« im Jahre 1968), spiegelten die Erfordernisse des Marktgleichgewichts aber wahrscheinlich besser wider als vorher, was durch die kleinere Zahl in physischen Größen zugeteilter Güter belegt wird.

Wie zu erwarten war, enthielten die Grundsätze des NöSPL keinerlei Aspekte von weiterreichender gesellschaftspolitischer Bedeutung, wie etwa eine Verbindung von größerer Unternehmensautonomie und institutionellen Formen betrieblicher Demokratie (Arbeiterräte). In der DDR wurde die Trennung der Wirtschaftsreform – als einem rein pragmatischen Mittel zur Steigerung der Effizienz – von jeder

---

[71] Die Preise für Grund- und Rohstoffe stiegen um 70% an, diejenigen für Halbfabrikate um 40% und die für Endprodukte um 4%. Der Subventionsbedarf einerseits und die Notwendigkeit hoher Umsatzsteuersätze andererseits wurden dadurch beträchtlich vermindert. Siehe *Hannelore Hamel, Sozialistische Marktwirtschaft in der DDR?* in: *H. Leipold* (Hg.), *Sozialistische Marktwirtschaften*, München 1975, S. 76.

Art politischer Liberalisierung besonders deutlich hervorgehoben.

Auf rein wirtschaftlichem Gebiet sahen sich die Verfechter des NöSPL dem Problem gegenüber, die nötige Koordination zwischen volkswirtschaftlichen Prioritäten und mikroökonomischem Verhalten sicherzustellen. Sie stellten die gewagte Behauptung auf (vgl. die »Richtlinie«), das System wirtschaftlicher Hebel verwirkliche in der Praxis das Prinzip, daß das, was der Gesellschaft dient, auch jedem sozialistischem Unternehmen und seiner Belegschaft dienen müsse, trauten diesem Grundsatz aber im Gegensatz zu den Ungarn nicht ganz und ließen die gewinnorientierten Anreize von Anfang an nur innerhalb der Schranken der zentralen Planung wirken. Neben allen anderen Faktoren, die einen Einfluß auf die Lohnsumme hatten, war die Erfüllung des staatlichen Produktionsplans offensichtlich die wichtigste Einschränkung jedes »prämienmaximierenden« Verhaltens. Außerdem erhielt jedes Unternehmen von seinem unmittelbaren Kontrollorgan (VVB oder Kombinat) zwei obligatorische Bedingungen, die erfüllt werden mußten, um die volle Höhe des Prämienfonds nach dem finanziellen Ergebnis ausschöpfen zu dürfen (eine Untererfüllung zog eine Strafe bis zu 40 % nach sich).

Die Bedeutung der zentralen Planung im NöSPL ging aber noch über diese Beschränkungen hinaus. Man wollte ein ähnliches Problem lösen wie das, mit dem der ungarische NöM kämpfte, nämlich die Anwendung von Vorschriften mit einem gewissen Grad an Allgemeingültigkeit auf wirtschaftliche Einheiten (Unternehmen) mit unterschiedlichen objektiven Bedingungen. Die Ungarn versuchten dies zu erreichen, indem sie die Unternehmen einem Bündel von Marktparametern aussetzten, die grundsätzlich die objektiven Faktoren berücksichtigten (Differentialrente auf den Boden, Kapitalabgaben, die sich nach dem Nettowert des Vermögens richteten, also das Veralten einbezogen usw.). Tatsächlich erwiesen sich die Umstände in vielen Fällen als zu komplex, und die Normen mußten individualisiert werden, um ungerechtfertigte und unbeabsichtigte Einkommensunterschiede aufgrund des Unternehmenserfolgs zu verhindern. Im ostdeutschen NöSPL sollte der Plan die

Norm festlegen, nach der verschiedene Einheiten den gleichen Bedingungen unterworfen werden konnten. Die Planerfüllung der Produktionsziele Nettogewinn, Lohnsumme im Verhältnis zur Produktivität usw. berechtigte die Unternehmen zu proportionalen Vergünstigungen, und Unterschiede richteten sich nach dem Grad der Über- oder Untererfüllung. Diese Idee bezog sich nicht nur auf die laufenden Anreizschemen, sondern mehr noch auf die Möglichkeiten zur Expansion. An erster Stelle stand der Investitionsplan (meistens in der Form eines vorgegebenen Projekts, manchmal durch lockerer umrissene Erweiterungsvorhaben), dann wurde auf der Grundlage des geplanten Gewinns, der Abschreibungen usw. die Finanzierungsstruktur (eigene Mittel, Bankkredite) bestimmt; einbehaltene Gewinne standen daher nur in sehr begrenztem Maße zur freien Verfügung der wirtschaftlichen Einheit.

Unnötig zu sagen, daß eine derartige Bedeutung von Direktiven und Normen des Plans die Gefahr in sich birgt, alle Nachteile des alten zentralistischen Systems wiederherzustellen. Drei Punkte des Planungskonzepts unter dem NöSPL schienen ein derartiges Wiederaufkommen verhindern zu sollen:

1. die Beschränkung der obersten Ebene auf die volkswirtschaftliche Gesamtplanung und die Planung einer wesentlich kleineren Zahl einzelner Artikel über einen längeren Zeitraum;

2. die Umwandlung der mittleren Ebene der Wirtschaftsorganisation (VVB und Kombinate, die letzteren vor allem, wenn sie einem Ministerium direkt unterstellt waren) in eine Art Mittelding zwischen Überwachungsorgan und vielfach untergliedertem Konzern; ihr sollte auf diese Weise die Festsetzung detaillierter Ziele und Normen übertragen werden;

3. neue Planungsverfahren mit mehr Rückkoppelungsphasen und dem Versuch, die Unternehmen selbst am Planungsprozeß zu beteiligen (dazu gehört auch der bereits erwähnte Anreiz zur »Gegenplanung«).

Für einige Analysen ist der letzte Punkt ein besonders wichtiges Merkmal des Funktionssystems, das es von anderen

Ländern unterscheidet.[72] Dies war sicherlich von den Verfechtern der Reform so beabsichtigt, als sie das neue Verfahren mit großer Sorgfalt vorbereiteten. Im Ergebnis sollte jedoch nach 1967 ein enorm kompliziertes System eingeführt werden, das sowohl für den Fünfjahrplan (in der DDR damals Perspektivplan genannt) wie für den Jahresplan aus zwei Stufen mit zusammen acht Schritten bestand:

Phase I: Vorläufiger Planentwurf von oben, Planvorschläge von unten, die den Planentwurf und örtliche Erwägungen berücksichtigten, »Planverteidigung« der örtlichen Vorschläge in Verhandlungen mit der übergeordneten Ebene;

Phase II: Aufgaben von oben, Plandiskussionen auf allen Ebenen, umfassende Planentwürfe, Koordination und Genehmigung der Entwürfe, verbindliche Planziele.[73]

Der Erfolg des obigen Konzepts kann nicht genau beurteilt werden, aber die Tatsache, daß das NöSPL sich, gemessen an den ursprünglichen Erwartungen seiner Begründer, kaum entfaltete und gegen Anfang der siebziger Jahre klare Anzeichen von Rückschritten zeigte, kann als Hinweis auf einen wenn nicht totalen, so doch erheblichen Mißerfolg interpretiert werden.

Schon die Beschlüsse des VII. Parteitags der SED wurden von einigen als gewisse Entmutigung für die Veränderung des Wirtschaftssystems betrachtet. Der Begriff NöSPL wurde durch das »Ökonomische System des Sozialismus« (ÖSS) ersetzt, als eines konstitutiven Merkmals des »Ausbaus einer entwickelten sozialistischen Gesellschaft«. Der Autor teilt jedoch die Meinung jener, die den terminologischen Wechsel von NöSPL auf ÖSS als eher verbal und stark ideologisch motiviert, denn als Anzeichen für eine Bereitschaft zur Rücknahme der Reform bereits in dieser Phase auffassen. Sogar in grundlegenden politischen Dokumenten von (definitionsgemäß) dauerhafter Natur wurden die Grundsätze des Wirtschaftssystems in Übereinstimmung mit dem Wesen des NöSPL beschrieben, so z. B. in der Verfassung der DDR von 1968: »Das Ökonomische System des

---

72 Vgl. *Granick*, a.a.O., S. 176.
73 *A. Beyer, Die Reformpolitik der DDR in den Parteibeschlüssen*, in: *Bress/Hensel* (Hg.), *Plan oder Markt? – Wirtschaftssysteme des Sozialismus im Experiment*, Frankfurt 1972.

Sozialismus verbindet die zentrale staatliche Planung und Leitung der Grundfragen der gesellschaftlichen Entwicklung mit der Eigenverantwortung der sozialistischen Warenproduzenten und der örtlichen Staatsorgane.«[74]

Ein genauerer Blick auf die um 1967/68 ergriffenen Maßnahmen zeigt in der Tat klar (obwohl nicht ausnahmslos), daß die Ideen des NöSPL weiterverfolgt wurden. Mit am bedeutsamsten war, daß nicht mehr wie im Vorjahr der formal geplante Nettogewinn, sondern die Steigerung des Nettogewinns gegenüber dem Vorjahr zur Grundlage des Prämienfonds wurde. Offensichtlich gab es eine indirekte Kontrolle – durch die Bewertung der Zuwachsmöglichkeiten und der Vorrangstufe der Industrie mit ihrem Einfluß auf die differenzierten Normen, die Obergrenze für Prämienzahlungen pro Beschäftigten (700 Mark 1969, 800 Mark 1970) usw. –, dennoch war es ein kühner Versuch, von dem einige annahmen, daß er die ursprünglichen Grenzen des NöSPL überschritt, besonders als die Normen, die den Gewinnzuwachs mit dem Prämienfonds in Beziehung setzten, für längere Frist festgelegt wurden (zuerst 1969/70 auf zwei Jahre, dann 1971–75 auf fünf Jahre). Eine gewisse Lockerung wurde auch bezüglich der Erweiterungsfonds geschaffen, die nach Erfüllung der Verpflichtungen gegenüber dem Staatshaushalt in größerem Umfang gebildet werden konnten und den Unternehmen daher eine gewisse dauerhafte Bewegungsfreiheit brachten. Neben anderen wurden 1969/70 folgende staatliche Kennziffern abgeschafft: die Zahl der Arbeiter (und daher auch der Durchschnittslohn, nur die Lohnsumme verblieb), Arbeitsproduktivität, Kostensenkung. Damit korrespondierend wurden weitere Schritte zum Ausbau der indirekten Steuerungsinstrumente ins Auge gefaßt:

– auf dem Gebiet der Preise der sogenannte »fondsbezogene Industriepreis« mit einer vom Kapital abhängigen Gewinnspanne und die Einführung eines Elements von

---

[74] Verfassung der DDR von 1968, Art. 9. Die Begriffe »Eigenverantwortung« und »Eigenwirtschaftung« wurden zur Beschreibung der NöSPL-Prinzipien eingeführt, nach denen die wirtschaftlichen Einheiten für ihre Ausgaben und Erweiterungen ausschließlich auf selbsterzeugte Mittel zurückgreifen sollten. Die Begriffe selbst blieben auch nach der Aufhebung der meisten Reformen im NöSPL in Gebrauch.

Flexibilität (»dynamische Preisbildung«) durch die Anweisung an die VVB, die Preise automatisch anzupassen, wenn die Gewinne gewisse Grenzen über- oder unterschreiten (mit einer dementsprechenden Anpassung der Besteuerung);
- auf dem Gebiet der Investitionen eine stärkere Betonung der eigenen Mittel des Unternehmens (1967 wurde eine besondere Entscheidung zur Einführung des »Eigenwirtschaftungsprinzips« in die »erweiterte Reproduktion« getroffen);
- auf dem Gebiet des Kreditwesens größere Spielräume für die Kreditpolitik der Banken unter Hervorhebung einfacher wirtschaftlicher Kriterien (Verzinsung).

In der Praxis sah das Planungssystem vielleicht mehrdeutiger aus, vor allem nach Einführung der »zentralen Planung nach strukturbestimmenden Aufgaben« 1968, die eine strenge Konzentration auf eine begrenzte Zahl vorrangiger Aufgaben, denen alles andere untergeordnet wurde, mit sich brachte. Zunächst schien die »strukturelle Planung« die Grundsätze des NöSPL/ÖSS nicht zu untergraben. Die Aufgaben umfaßten hauptsächlich Produkte und Verfahren, die man als entscheidend für den wissenschaftlichen und technischen Fortschritt ansah, und wurden langfristig formuliert (nicht notwendigerweise im formalen Rahmen der Planperioden), was die Möglichkeit einer autonomen Detailplanung auf niedrigeren Ebenen offenhielt, den Abschluß langfristiger Verträge und sogar die eigenständige Veränderung organisatorischer Beziehungen der in die »strukturelle Planung« einbezogenen Unternehmen erlaubte. Zur gleichen Zeit erfreute sich der Teil der Volkswirtschaft, der nicht von der »strukturellen Planung« betroffen war (oder von dem man glaubte, daß er nicht betroffen sei), einer größeren Selbständigkeit. Die Beziehungen zwischen den höheren und niedrigeren Rängen schienen sich nicht auf ein »Befehls-Berichts«-Schema reduzieren zu lassen, sondern ein großes Maß an Informationsaustausch zu umfassen. Es wurde eine Kampagne gestartet, um die Qualität sowie die schnelle und wirkungsvolle Verarbeitung von Informationen auf allen Ebenen der wirtschaftlichen Hierarchie zu verbessern.

Es ist jedoch offensichtlich, daß schon die bloße Idee einer »strukturellen Planung« das wirtschaftliche System der DDR einem harten Test unterzogen hat. Das Gegenstück zur Betonung einer Sache und besonders ihrer zu erwartenden Überbetonung ist die Vernachlässigung einer anderen. Unter den normalen Bedingungen einer vielschichtig entwickelten Wirtschaft muß das bald zu Ungleichgewichten führen, die die Erfüllung der vorrangigen Aufgaben in Frage stellen. Ende 1969 führten die Schwierigkeiten, Ergebnisse mit den Mitteln der »strukturellen Planung« zu erzielen, zur Einführung (seit 1970) einer als »Zielplanung« bezeichneten Maßnahme mit wesentlich stärkeren Elementen zur Durchsetzung. Das bedeutet nicht, daß man die »strukturelle Planung« als einzige Ursache für den 1970/71 beginnenden Rückschritt betrachten kann, aber es bestanden sicherlich einige Zusammenhänge. *Keren,* der den Einfluß der »strukturellen Planung« sah, hebt besonders die größere Straffheit der Pläne von 1969 und besonders 1970 als wichtigste (oder zumindest gleich wichtige) Ursache der Spannungen hervor: Nicht alle Mängel der letzten zwei Jahre des NöSPL (1969/70 in *Kerens* Sicht) können unmittelbar der Planungsmethode angelastet werden. Es gab auch eine Veränderung der Planungsstrategie, eine Wende von lockeren zu straffen Plänen.[75]

Aus welchen Gründen auch immer, die ostdeutsche Führung reagierte durch die Beseitigung der eingeführten Neuerungen, da sie nicht wie erwartet einen Zusammenhang zwischen nationalen Prioritäten und dem Verhalten der Unternehmen herstellten. Das Tempo der Ereignisse war beeindruckend: Im April und sogar noch im Mai 1970 beschloß die DDR-Führung Richtlinien für die Jahre 1971–75, die den früheren Trend weiterzuentwickeln schienen, im Juni zeigten sich auf der Plenarsitzung des ZK erste Anzeichen für eine gegenteilige Entwicklung, und im September traf das Politbüro die Entscheidungen, die nachher in der Regierungsvorschrift über die »Verwirklichung des Ökonomischen Systems des Sozialismus« (Dezember 1970) ihren Ausdruck fanden und die Wende markierten. Legt man das

---

75 *M. Keren, The New Economic System in the GDR: an Obituary,* a.a.O., S. 576.

Tempo zugrunde, so muß man sagen, daß Alternativen zur Rezentralisierung nicht ernsthaft (wenn überhaupt) untersucht wurden, was zu dem Schluß führen muß, daß die politische Bindung an das NöSPL schwach war und bei den ersten Schwierigkeiten zerbrechen mußte. Vor diesem Hintergrund muß auch der mögliche Einfluß auswärtiger politischer Faktoren (Tschechoslowakei und der polnische Aufstand im Dezember 1970) gesehen werden.

Nach dem Beschluß vom Dezember 1970 war die »planmäßig proportionale Entwicklung der Volkswirtschaft« abhängig vom Ausbau der Rolle der »staatlichen Planung und Bilanzierung«. Demgemäß brachte das Jahr 1971 eine entscheidende Steigerung der Anzahl verbindlicher Kennziffern im Staatsplan (22 Kennziffern in absoluten Größen, 10 verbindliche Normen und 15 kalkulatorische Koeffizienten), was nicht nur solche Zahlen wie die Zahl der Arbeiter, die Produktivität usw. einschloß, sondern auch Grundpfeiler der Zielplanung in materiellen Größen wie die »Produktion wichtiger Waren«, die Verringerung ausgewählter Grundstoffe und den Bestand ausgewählter Erzeugnisse. Pläne aller Art und auf allen Ebenen mußten dem gleichen Zeitschema folgen (wobei die VVB und Unternehmen ihre Pläne in einigen Fällen in monatliche Abschnitte unterteilen mußten), und die Pläne auf niedrigeren Ebenen wurden wieder zu reinen Aufgliederungen der in der wirtschaftlichen Hierarchie übergeordneten Pläne. Die Übertragung der Bilanzierung wurde nicht gänzlich widerrufen (die Anzahl der durch die zentrale Plankommission erstellten Bilanzen wuchs auf 300, der durch andere zentrale Organe aufgestellten auf 500, was immer noch erheblich weniger war als 1963), aber die Bedeutung der »Bilanzpyramide« hatte sich verändert: Wie *Keren*[76] zu Recht bemerkt, bedeutete unter dem NöSPL die Übertragung von Bilanzierungsaufgaben an die VVB und Unternehmen auch eine Übertragung von Verantwortung, während nach 1971 die Verantwortung nach oben verlagert wurde, indem man die Bilanzen der unteren Ebenen von der Bestätigung von oben abhängig machte. Das Vertragsgesetz wurde dementsprechend geän-

---

76 A.a.O., S. 583.

dert (oder eher neu interpretiert) und beschrieb Verträge wieder als bloße Hilfsmittel zur Erfüllung der im voraus durch den Plan festgelegten Aufgaben. Was die Preise betrifft, wurde der Unzufriedenheit mit dem Preissystem durch die Beseitigung des bereits erwähnten geringen Grades an Flexibilität begegnet: Das Recht der VVB zur Senkung oder Erhöhung der Preise innerhalb gewisser Regeln wurde abgeschafft, und Veränderungen waren nur noch durch den Plan und mit Zustimmung der staatlichen Behörden möglich.[77]

Was die Anreize betraf, wurde der Nettogewinn des Unternehmens wieder in absoluten Zahlen geplant und die Bildung von Prämienfonds aus dem Gewinn von der Erfüllung der staatlichen Planauflagen und der Einhaltung der vorgeschriebenen Lohnsumme abhängig gemacht. Seit 1971 wurde die Zahlung von Prämien verstärkt an die Erfüllung besonderer Aufgaben gebunden und ersetzte die auf dem Gesamtergebnis beruhende Jahresendzahlung.[78] 1972 wurde ein neuer »Leistungsfonds« eingeführt: Die Unternehmen wurden ermächtigt, diesen »Leistungsfonds« aus dem Nettogewinn zu bilden, und zwar bis zur Höhe von 0,8 % des geplanten Lohnfonds pro Beschäftigten in der Produktion für jedes Prozent Übererfüllung des Produktivitätsplans (bzw. 1,2 % wenn die Übererfüllung im Gegenplan vorgesehen war) und für die Erfüllung besonderer Aufgaben bei der sparsamen Verwendung von Grundstoffen, der Verbesserung der Qualität usw. Der Leistungsfonds durfte für kollektive Bedürfnisse der Belegschaft wie auch für die Finanzierung gewisser Rationalisierungsvorhaben verwendet werden. Einführung und Ausgestaltung dieses Fonds spiegelten unzweifelhaft die Stärkung des Planerfüllungsgrundsatzes gegenüber der Gewinnorientierung wider.

---

77 1971 gab die ostdeutsche Regierung ein formelles Versprechen ab, die Konsumgüterpreise während des gesamten Zeitraums bis 1975 nicht zu erhöhen. Es kann durchaus sein, daß dieser Preisstopp – offensichtlich nicht ohne Beziehung zu den Ereignissen in Polen – als unvereinbar mit einer flexiblen Preisbildung angesehen wurde.

78 *M. Keren*, a.a.O., S. 585. *Keren* weist auch auf die Vorschrift hin, bei der Berechnung des Prämiensfonds alle Gewinne auszuschließen, die durch die Nichtbefolgung staatlicher Planauflagen und die Verletzung gesetzlicher Vorschriften zustande gekommen sind.

Die Rezentralisierungsmaßnahmen zu Beginn der siebziger Jahre brachten unter westlichen Experten eine lebhafte Diskussion über die weitere Entwicklung des ostdeutschen Wirtschaftssystems in Gang: War die Rücknahme des NöSPL ein taktischer Rückzug unter dem Einfluß zeitlich begrenzter materieller Engpässe – mit der Aussicht auf eine Umkehr – oder erkannte man damit die Unmöglichkeit an, direkte mit indirekten Kontrollen im Rahmen des NöSPL zu verbinden, was unter den bestehenden politischen Zwängen zur Rezentralisierung als einem eher dauerhaften Versuch zur Überwindung der Widersprüche des Wirtschaftssystems führen mußte?[79] Die Entwicklung bis zum Ende des Jahres 1975 stützt eher die zweite Ansicht. Obwohl es nicht zu bemerkenswerten Ungleichgewichten kam, wurde die sich 1970/71 abzeichnende Richtung beibehalten. Im wirtschaftlichen Mechanismus kam es nicht zu bedeutenden Veränderungen, abgesehen von denen im privaten und halbprivaten Sektor 1972/73 (wie in der Einführung zu diesem Kapitel erwähnt), deren Folge nur eine weitere Beschränkung von Marktelementen sein konnte.

Gegen Ende des behandelten Zeitraums war das Wirtschaftssystem der DDR sicherlich weniger starr als vor der Einführung des NöSPL. Die Grundmerkmale unterschieden sich jedoch kaum. In diesem Zusammenhang ist es interessant festzustellen, daß die grundlegenden Parteidokumente, die sich mit den Jahren nach 1975 befassen, auf keinerlei bedeutende Veränderungen auf diesem Gebiet hinweisen und die Kontinuität betonen. Weder das NöSPL noch das ÖSS werden im Grundsatzdokument des IX. Parteitags der SED vom Mai 1976 auch nur erwähnt.[80]

---

79 Vgl. insbesondere die *Keren-Noar-Granick*-Diskussion in: *Soviet Studies*, Vol. 25, 1973, Nr. 1 und 2, sowie *Enterprise Guidance in Eastern Europe*, a.a.O., S. 220–226, wie auch die Beiträge von *K. P. Hensel, A. Beyer* und *H. Hamel* in: *Bress/Hensel* (Hg.), *Economic Systems of Socialism in an Experiment*, a.a.O.; *G. Leptin* in: *Höhmann/Kaser/Thalheim, The New Economic Systems in Eastern Europe*, a.a.O.; *P. Mitscherling* u.a., in: *System und Entwicklung der DDR-Wirtschaft*, Deutsches Institut für Wirtschaftsforschung 1974.
80 Vgl. z. B. das Programm der SED und den Bericht des Zentralkomitees von *Erich Honecker*.

Polen

Ein Rückblick auf die Geschichte des Funktionssystems der Wirtschaft in Polen während des Jahrzehnts von 1966 bis 1975 führt zu dem Schluß, daß die dortigen wirtschaftlichen Reformen weder im Konzept noch in der Durchführung einem eigenständigen Muster folgten, das ihre Einordnung in eine eigene Kategorie rechtfertigte.

Im großen und ganzen glichen die polnischen Reformen denen in der DDR, vor allem weil auch sie einen Versuch darstellten, direkte Zielplanung und direkte Zuteilung von Hilfsmitteln mit einer größeren Autonomie der wirtschaftlichen Einheiten und einem etwas größeren Vertrauen in einen regulierten Marktmechanismus (parametrische Instrumente) im Rahmen der zentralen Planung zu verbinden. Daher unterschied sich die polnische Variante prinzipiell von der ungarischen. Mehr noch als in der DDR ging man stufenweise an die Durchführung der Reform heran (ein umfassender Begriff für ein »Neues System« wurde nie geprägt), wie es in den frühen siebziger Jahren als allgemeine Regel verkündet wurde.

Das bedeutet nicht, daß es den polnischen Reformen an jeglicher Originalität mangelte (besonders bezüglich des Anreizschemas wurden interessante Teillösungen entwickelt), aber der frühere Pioniergeist war ziemlich verschwunden. Das grundlegende Merkmal Polens während des Jahrzehnts von 1966 bis 1975 war, daß Wirtschaftsreformen diskutiert und häufiger ausprobiert als verworfen wurden, und dies in einer Atmosphäre politischer Spannungen und Instabilität, die vielleicht stärker als in jedem anderen Land außer der Tschechoslowakei um 1968 die tiefgreifenden Konflikte innerhalb des osteuropäischen sozialistischen Systems widerspiegelte.

Die »zweite Welle« der Wirtschaftsreformen kann in Polen anhand der Resolutionen des IV. Parteitags (1964) und der IV. Vollversammlung des Zentralkomitees im Juli 1965 verfolgt werden. Zu ersten praktischen Ergebnissen dieser politischen Richtlinien kam es im Jahr 1966, als die Idee wiederbelebt wurde, die 1958 gebildeten industriellen Vereinigungen in Einheiten mit stärker wirtschaftlichem Charakter umzuwandeln.[81] Nach den neuen Richtlinien sollten die Industrievereinigungen durch weniger direkte Befehle (verbindliche Ziele und Auflagen) und einen weiteren Einsatz wirtschaftlicher Instrumente an den zentralen Plan gebunden werden. Die Gesellschaften ihrerseits sollten ähnliche Veränderungen bei ihren Beziehungen mit den unterstellten Unternehmen einführen. Auch die Zahl der Vereinigungen wurde verringert (von 163 auf 121) mit einer ähnlichen Tendenz in bezug auf die Anzahl der Unternehmen. Diese Konzentrationsentwicklung wurde nicht nur wegen der Vorteile der Massenproduktion und der Steigerung der Forschungs- und Entwicklungskapazitäten für wesentlich gehalten, sondern auch, um die zentrale Kontrolle unter der Bedingung eines größeren Zutrauens in die indirekten Methoden zu erleichtern. In diesem Sinne erschien wie in den meisten anderen osteuropäischen Ländern die organisatorische Konzentration als Gegenstück zu einer gewissen Übertragung wirtschaftlicher Entscheidungen.

Der zweite Bereich, in dem die Dinge in Bewegung gerieten, war der Außenhandel. Die allgemeine Tendenz war, die industriellen Produzenten von Exportgütern und die monopolistischen Außenhandelsgesellschaften, die von der Industrie organisatorisch wie wirtschaftlich getrennt waren (durch den »Preisausgleich«, der die internen Preise so korrigierte, daß die produzierenden Unternehmen gegenüber Schwankungen der auswärtigen Preise unempfindlich wurden), einander näherzubringen. Der erste zaghafte Schritt, um die Industrieunternehmen für die tatsächlichen Ergebnisse des Verkaufs ihrer Waren im Ausland zu interessieren, war 1966 die Einführung eines Anreizes für »Exportaktivität« aufgrund einer gesonderten Buchführung. Abgesehen von allgemeinen Veränderungen der Organisationsprinzipien der industriellen Vereinigungen und im Außenhandel wurden besondere, weiterreichende Lösungen in vier Wirtschaftssektoren erprobt (»wirtschaftliche Experimente«).

In einer Phase schien es so, daß diese ziemlich unauffällige Entwicklung zum Stillstand gebracht würde. Einer der ideologischen Knüppel, der gegen die Protestbewegung der Stu-

---

81 Unveröffentlichter Beschluß des Ministerrats Nr. 383 vom 7. Dezember 1966.

denten und Intellektuellen im März 1968 eingesetzt wurde, war nämlich der Vorwurf einer »Marktabweichung«, begleitet von pseudopopulistischen Angriffen gegen eine Ausweitung der Einkommensdifferenzen, die gegen die »Märktler« gerichtet waren. Trotzdem setzte die Parteiführung, nachdem sie die unmittelbaren politischen Ziele dieser Hexenverfolgungskampagne erreicht hatte, die Reformen fort und intensivierte sie sogar ein wenig; scheinbar erkannte sie ihre Unerläßlichkeit aus rein pragmatischen Gründen an. Der V. Parteitag der Polnischen Vereinigten Arbeiterpartei (PVAP) im Februar 1969 verkündete die Losung vom »Übergang zur Phase der selektiven und intensiven Entwicklung der Volkswirtschaft«, der einen Wandel des wirtschaftlichen Systems erfordere. Gleichzeitig mit der Umsetzung des Fünfjahrplans 1971-75, dessen Entwurf die Modernisierung eines großen Teils der Industrie und die Mobilisierung der sogenannten intensiven Wachstumsfaktoren (Arbeitsproduktivität, Steigerung der Kapitalrendite, bessere Nutzung der Hilfsmittel) ins Auge faßte, sollte eine Anzahl neuer Elemente des Wirtschaftssystems in Kraft treten. Die wichtigsten Maßnahmen, die zu Anfang des Jahres 1971 eingeführt werden sollten, betrafen Preise und Anreize (sowie Veränderungen des Außenhandelssystems, die noch behandelt werden).

Was die Preise betrifft, sollte zum 1. Januar eine Reform der Produktionsgüterpreise in Kraft gesetzt werden. Dies umfaßte sowohl veränderte Relationen der aktuellen Preise – sie wurden nach einer neuen Formel neuberechnet, die einen Teil des Zuschlags mit dem Kapitalstock verband – und neue Regeln der Preissetzung mit einer stärkeren Betonung der Flexibilität (in einigen Fällen Höchstpreise, Vertragspreise bei einigen Kategorien industrieller Anlagen, häufigere Anpassungen der Preise usw.) sowie einer kontrollierten Verbindung von Binnen- und Weltmarktpreisen. Eine drastische Veränderung der Preisrelationen zwischen Nahrungsmitteln und industriellen Verbrauchsgütern sollte beim Einzelhandelsumsatz die ersehnte Wende des Verbrauchsmusters bringen; diese Veränderung blieb – wie üblich – bis zum letzten Moment geheim und wurde zum unmittelbaren Auslöser des Aufstandes vom Dezember 1970.

Von der Veränderung der Anreize, die ebenfalls von Januar 1971 an in Kraft treten sollte, erwartete man, daß sie zum Rückgrat der ganzen Reform würden.[82] Das Modell zielte darauf ab, den Lohnfonds des Unternehmens (und der industriellen Vereinigung) an die Verbesserung seiner Arbeitsergebnisse gegenüber dem Vorjahr zu koppeln. Für die Gehaltsempfänger (Angestellte) sollte diese Verbindung direkt, für die Lohnempfänger (Arbeiter) sollte sie indirekt sein, also proportional zur Steigerung bei der ersten Gruppe. Die Erfolgsindikatoren sollten zum Zweck der Gehaltsfondsberechnung in zwei Gruppen geteilt werden:

a) synthetische Kennziffern – einer der Indikatoren (Verringerung der durchschnittlichen Produktionskosten, Gesamtkosten, totale Profitrate, Gewinn) wurde individuell – für jede Vereinigung und ihre Unternehmen extra – ausgewählt;

b) spezifische Kennziffern – aus den folgenden Kennziffern wurden bis zu vier für jedes Unternehmen ausgewählt: Steigerung der Produktivität des Anlagevermögens, wirtschaftlich berechtigter technischer Fortschritt, Steigerung von Volumen und Verfügbarkeit von Exporten, Qualitätsverbesserung, Wachstum der Arbeitsproduktivität, Einsparungen von Produktionsgütern, Erfüllung von Kooperationszielen, Verringerung des Ausschusses.

Um die Indikatoren gleichnamig zu machen, wurden sie gewichtet – die synthetische Kennziffer mit 25%, alle anderen zusammen mit 75%. Aus dieser gewichteten Bewertung ergab sich der Anspruch der Angestellten auf eine Steigerung ihres Prämienfonds, aus dem die über das Grundgehalt hinausgehenden Jahresendprämien gezahlt werden konnten. Was die Lohnempfänger betraf, so sollte ihr Lohnfonds unter Berücksichtigung geplanter Änderungen der Beschäftigung und besonderer Ziele, die auf eine Beseitigung des Arbeitskräfteüberhangs zielten, mit derselben Rate wie der Prämienfonds ansteigen. Die erzielte Steigerung des Lohnfonds sollte am Jahresende zusätzlich zu den

---

82 Vgl. den gemeinsamen Beschluß des Ministerrats und des Zentralrates der Gewerkschaften vom 1. Juli 1970 (*Nowy system bodzcow materialnego zainteresowania. Zbior podstawowych dokumentow* [Das neue System materieller Anreize. Grundlegende Dokumente], Warschau 1970).

nach den hergebrachten Lohnsätzen festgelegten Grundlöhnen ausgezahlt werden. Das System wurde hier nur sehr oberflächlich beschrieben; wegen des Problems der Vergleichbarkeit von Kennziffern mit den vorhergehenden Perioden (ganz besonders mit 1970, das als Basisjahr dienen sollte) und wegen der Notwendigkeit, vielfältige Sondervorschriften bezüglich der Löhne, Gehälter und Prämien verschiedener Gruppen von Beschäftigten und Kategorien von Unternehmen aufzunehmen, war es äußerst kompliziert. Die zweite und wichtigste Ursache für die Unbeliebtheit des Anreizschemas war die Einführung allgemeiner Höchstgrenzen: Der Anstieg durfte theoretisch etwa 16% über die gesamte Fünfjahrplanperiode betragen, wobei der Fonds für das Basisjahr 1970 fast eingeforen war und die Steigerungen aus 1971 erst nach Ermittlung des Jahresabschlusses im ersten Quartal 1972 ausgezahlt wurden. Durch diese wirklich nicht besonders cleveren Maßnahmen beabsichtigte die Parteiführung das Modernisierungsprogramm voranzutreiben, ohne inflationäre Kräfte freizusetzen. Als zu alledem (und nach einem Jahrzehnt praktisch stagnierender Durchschnittslöhne) die Erhöhung der Nahrungsmittelpreise kam, die unmittelbar vor dem Höhepunkt der Weihnachtseinkäufe angekündigt und eingeführt wurde, war die explosive Mischung für den gewaltsamen Ausbruch der Unzufriedenheit der Arbeiterklasse mehr als ausreichend.[83]

Eine der ersten Entscheidungen nach dem Sturz der *Gomulka*-Führung war die Rücknahme des Anreizsystems von 1970 und die – zumindest zeitweise – Rückkehr zu den geringfügig korrigierten alten Regeln.[84] Es wurde jedoch be-

---

[83] Wie in ähnlichen Fällen wurde die Preisverordnung vom 13. Dezember 1970 als »neutral« bezüglich der Einkommensverteilung zwischen Bevölkerung und Staatshaushalt dargestellt (die Preissteigerungen für Nahrungsmittel wurden angeblich durch Preissenkungen bei Industriegütern, eine Erhöhung des Kindergeldes usw. kompensiert); trotz weitverbreiteter, natürlich nachträglicher Kritik der abgesetzten *Gomulka*-Führung wurde die vollständige finanzielle Bilanz der unseligen Operation nie offiziell aufgedeckt. Unter dem Druck fortwährender Streiks mußte die *Gierek*-Führung im Februar 1971 die Erhöhung der Nahrungsmittelpreise zurücknehmen, ohne die Preissenkungen für Industriegüter rückgängig zu machen.

[84] Beschluß des Ministerrats vom 9. Februar 1971 (*Monitor Polski*, polnisches Amtsblatt), Nr. 10, 1971, Punkt 65; zur Einschätzung des Konzepts und der praktischen Folgen der Reform vor 1970 vgl. u. a. *Janusz G. Zielinski, Economic Reforms in Polish Industry*, London 1973, Kap. 1 und 9.

tont, daß die *Gierek*-Führung die Reform nicht stoppen, sondern mit ihr fortfahren wolle, indem sie ihren Bereich erweiterte und sie schlüssiger machte. In diesem Zusammenhang kam es zu einigen bemerkenswerten Enthüllungen über den wirklichen Stand der Dinge im Funktionssystem, wie z. B. die Tatsache, daß 1970 die Zahl der von den Unternehmen tatsächlich zu beachtenden Kennziffern in einigen Fällen 100 erreichte, obwohl deren Zahl formell auf 6 begrenzt worden war.[85]

Im Gegensatz zum Anreizmodell (und natürlich zu den Änderungen bei den Einzelhandelspreisen) wurden etliche andere der unter *Gomulka* für die Einführung zu Beginn des Jahres 1971 vorbereiteten Maßnahmen von der neuen Führung beibehalten. Dies galt für die Änderung der Produktionsgüterpreise und die teilweise Reorganisation des Außenhandelssystems, durch die zwei wichtige Veränderungen erreicht werden sollten:

Erstens sollte die monopolistische Stellung der dem Ministerium für Außenhandel unterstellten spezialisierten Außenhandelsunternehmen *(centrale handlu zagranicznego)* gebrochen werden. Industrieunternehmen und -vereinigungen konnten nun die Erlaubnis bekommen, eigene Außenhandelsunternehmen zu gründen oder ihr Exportgeschäft durch eine spezialisierte Außenhandelsgesellschaft auf Kommissionsbasis abzuwickeln. Dies führte zu einem bedeutenden Anstieg der direkten Beteiligung der Industrie am Außenhandel, besonders soweit es die Ausfuhr der verarbeitenden Industrie angeht.

Zweitens sollte, ähnlich wie in Ungarn und in der DDR, das System des »Preisausgleichs« ersetzt werden, indem man die Ein- und Ausfuhren mit dem sogenannten Transaktionspreis verrechnete, also dem mittels eines Koeffizienten für das betreffende Währungsgebiet in Zloty umgerechneten Preis in ausländischer Währung (grundsätzlich gab es drei Koeffizienten: für konvertierbare westliche Währungen, für den Clearing-Bereich [vor allem mit Entwicklungsländern] und für den Rubel-Bereich). Die tatsächliche Pra-

---

85 L. Zabkowicz, *O metadach zarządzania polskim przemysłem* (Über die Managementmethoden in der polnischen Industrie), Warschau 1974, S. 25.

xis stimmte nie mit dieser einfachen Regel überein, aber trotzdem beeinflußte die Veränderung das finanzielle Interesse der Industrieunternehmen und daher ihr Verhalten gegenüber dem Außenhandel.

Durch die Rücknahme des Anreizschemas blieben die schon genannten Änderungen wie auch die generelle Absicht, das System weniger starr zu machen, die Bedeutung der lang- und mittelfristigen Pläne zu steigern usw. in der Schwebe. Um sie in ein Gesamtkonzept einzufügen, wurde bereits im Februar 1971 eine hochrangige Sonderkommission gebildet: die Partei-Regierungs-Kommission für die Modernisierung des Funktionssystems der Wirtschaft und des Staates.[86] Es kostete die Kommission mehr als ein Jahr (April 1972, d. h. eine gute Weile nach dem VI. Parteitag im Dezember 1971), um einen allgemeinen Entwurf der Wirtschaftsreform oder eher des »Prozesses der Verbesserung des Systems der Planung und Leitung«, wie es in offiziell verwässerter Form hieß, zu erstellen. Die Idee einer umfassenden, in allen grundlegenden Elementen gleichzeitig verwirklichten Reform wurde zugunsten einer Strategie der schrittweisen Einführung durch ausgewählte (und willige) »Große Wirtschaftsorganisationen« (WOG), genannt »Piloteinheiten« *(jednostki inisjujace)* verworfen. Das stufenweise Vorgehen sollte eine vorsichtige Vorbereitung auf die Veränderungen erlauben, und einige allgemeine Regeln mit individuellen Lösungen für die Bedingungen in besonderen Sektoren der wirtschaftlichen Aktivitäten kombinieren. Seit 1973 arbeiteten 27 »Große Wirtschaftsorganisationen« (WOG) als »Piloteinheiten«, und ihre Zahl wuchs bis Ende 1974 auf 62 (mit einem Anteil von 44,7 % aller verkauften Industrieprodukte und -dienstleistungen sowie 38,5 % der

---

86 Sie stand unter der Leitung von *Jan Szydlak* (daher der Spitzname »*Szydlak*-Kommission«), zu diesem Zeitpunkt Mitglied des Politbüros und Sekretär des Zentralkomitees, der in der politischen Hierarchie unmittelbar nach Gierek einzuordnen war. Der sehr breite Untersuchungsbereich der Kommission (Modernisierung des wirtschaftlichen und staatlichen Systems) lag auf einer Linie mit der damals vorherrschenden Absicht, der Bevölkerung nach dem schmachvollen Zusammenbruch des *Gomulka*-Regimes den Eindruck vom Beginn einer neuen Ära zu geben (auch politisch). Wie oben erwähnt, gab es unter *Gierek* außer einer Verwaltungsreform weder bedeutende Veränderungen im politischen System, noch wurden solche vorgeschlagen, wobei die Verwaltungsreform ohne Zutun der *Szydlak*-Kommission vonstatten ging.

gesamten Beschäftigung) und 1975 auf 110 (67,7 % der Verkäufe, 61 % der Beschäftigung).[87]

Die Hervorhebung der WOG spiegelt die Fortsetzung der Idee einer organisatorischen Konzentration wider, auf die schon früher eingegangen wurde. Drei Grundtypen von WOG können unterschieden werden:

1. Industrievereinigungen, eine stark zentralisierte Organisation, deren konstituierende Teile (Unternehmen), obwohl sie rechtlich und als Rechnungseinheiten selbständig blieben, wenig wirtschaftliche Autonomie besaßen; das Hauptquartier der Vereinigung hatte beträchtliche Macht, besonders über die Umverteilung von Hilfsmitteln innerhalb der Vereinigung und gegenüber dem Staat (d. h. finanzielle Transaktionen vom und in den Staatshaushalt sollten zentral für die gesamte Vereinigung durchgeführt werden).

2. Vereinigungen von Industrieunternehmen, in denen das Unternehmen die wichtigste organisatorische Einheit war, also direkt mit dem Budget verbunden war und direkte Investitionskredite von den Banken aufnehmen konnte usw., und die zentrale Umverteilung beschränkt war. Die Typen 1 und 2 waren horizontal organisiert, d. h. sie waren Gruppen von Unternehmen derselben Branche (bezüglich des Endprodukts).

3. Kombinate, sowohl horizontale wie vertikale (Zusammenfassung aufeinanderfolgender Produktionsstufen, von Halbfabrikaten oder sogar Grundstoffen bis hin zum Endprodukt), in denen nur die Vereinigung eine gesetzliche und rechnungführende Einheit war und die konstituierenden Unternehmen den Status von Firmen hatten *(zakłady)*.

---

[87] *Polish Statistical Yearbook 1976*, a.a.O., Tab. 39 (242). Die folgende Zusammenfassung der neuen Handlungsvorschriften stützt sich auf offizielle Dokumente und Kommentare in: *J. Sliwa* (Hg.), *Nowy system ekonomczny-finansowy w organizacjach przemyslowych* (Neues Wirtschafts- und Finanzsystem in Industrieorganisationen), Warschau 1974; *B. Glinski* (Hg.), *Zarys systemu funkcjonowania przemyslowych jednostek inicjujacych* (Ein Umriß des Funktionssystems der Piloteinheiten), Warschau 1975; *T. Kierczyński/A. Topinski, Zmiany w systemie zarladeania przemysłem* (Veränderungen im System des Industriemanagements), Warschau 1975.

Trotz des unterschiedlichen Integrationsgrades waren die staatlichen Organe der Wirtschaftsverwaltung gehalten, hauptsächlich durch die WOG zu handeln, und ihnen die internen Probleme und Führungsmethoden selbst zu überlassen. Dasselbe sollte auch für den Planungsprozeß gelten, der den WOG-Plänen einen größeren Raum geben und wesentlich mehr auf wirtschaftliche Instrumente zurückgreifen sollte, um diese mit den nationalen Plänen in Übereinstimmung zu bringen. Zu diesem Zweck mußten sowohl die Vergütung der Beschäftigten als auch die Ansprüche an Entwicklungsfonds mit dem Fortschritt der wirtschaftlichen Leistung, gemessen in »synthetischen Kennziffern«, verknüpft werden. Die Überlagerung durch direktive Ziele, Auflagen und Maßnahmen zur materiellen Zuteilung sollte auf ein Minimum reduziert werden. Der letzte Punkt wurde jedoch wie in der DDR und anderen RGW-Ländern mit der üblichen Unbestimmtheit definiert und überließ viel den Auslegungen und der praktischen Anwendbarkeit. Nach der allgemeinen Regel waren die Piloteinheiten verpflichtet, folgende Ziele und Auflagen zu beachten, die ihnen von oben auferlegt werden konnten:

- Lieferung »einiger« (bestimmter) Produkte auf den heimischen und den Auslandsmarkt;
- Mindestexportquoten, getrennt nach sozialistischen und kapitalistischen Ländern;
- Währungsquoten für Importe aus kapitalistischen Ländern;
- Quoten der zentral zugeteilten Produktionsmittel (Angaben über deren Zahl waren nicht auffindbar, aber sie ging kaum zurück, soweit es die wichtigsten Grundstoffe und Halbfabrikate betrifft);
- Investitionen von »grundlegender Bedeutung für die nationale Wirtschaft«;
- Forschungsprojekte in Zusammenhang mit den »Schlüsselproblemen« des nationalen Forschungsplans.

Es war nicht möglich sicher herauszufinden, wie diese Ziele und Auflagen insgesamt angewendet wurden, weil die Praxis in verschiedenen Sektoren und sogar in einzelnen Piloteinheiten unterschiedlich war. Es besteht jedoch kein Zweifel, daß die zentralen Organe diese gegen Ende des Zeitraums von 1971 bis 1975 verstärkt nutzten. Interessant ist, daß direktive Ziele und Auflagen vom Anreizschema getrennt werden sollten, wie es scheint, um die alte Krankheit des Verheimlichens der wahren Kapazitäten zu vermeiden. Nur in einigen der Piloteinheiten konnte die Prämie des Topmanagements von der Erfüllung von höchstens zwei Direktiven abhängen.

Es sollte jedoch angemerkt werden, daß die bereits genannte Liste die Beschäftigung und den Lohnfonds nicht einschließt, und zwar weder für die verschiedenen Kategorien von Beschäftigten noch in zusammengefaßter Form. Dies sollte in der Tat die wichtigste Neuerung der polnischen Reform sein: Die Dynamik (und Struktur) der Beschäftigung und des Lohnfonds wurde den Piloteinheiten und den konstituierenden Unternehmen selbst überlassen und von der Entwicklung zweier Indikatoren abhängig gemacht, der Nettoproduktion und des Gewinns.

Die Nettoproduktion wurde als das Wichtigere von beiden angesehen (Hauptzielfunktion), weil der gesamte Entlohnungsfonds (bis auf die Prämien für das Management und einige strikt festgelegte Positionen) von ihr abhängig gemacht wurde. Hinter der Wahl der Nettoproduktion anstelle des Gewinns (wie in Ungarn in der Ursprungsfassung der Reform und anders als in der DDR, wo der gesamte Entlohnungsfonds vom Plan bestimmt wurde) stand eine Theorie mit drei Hauptargumenten:

1. Die Nettoproduktion als wertschöpfungsorientierte Kennziffer spiegelt den Beitrag der in einer bestimmten Einheit beschäftigten Arbeiter zum Nationaleinkommen besser wider.

2. Die Nettoproduktion ist Schwankungen durch Veränderungen der äußeren Bedingungen weniger ausgesetzt als der Gewinn.

3. Sie verspricht, das extrem komplexe und sozial empfindliche Problem einer richtigen Gewichtung der gegenwärtigen und künftigen Interessen der Belegschaft bei der Verteilung des Gewinns zu vermeiden, das auftritt, wenn der Gewinn als Quelle sowohl der zusätzlichen Löhne als

auch des Entwicklungsfonds genutzt wird, und das besonders schwierig dort zu lösen ist, wo kein ausreichender Wettbewerbsdruck erzeugt werden kann.

Die Nettoproduktion wurde grundsätzlich als Differenz zwischen dem Wert der Verkäufe und dem Wert der materiellen Vorleistungen definiert (einschließlich der Vorleistungen zur Erhöhung des Lagerbestandes); damit es den schon erwähnten Beitrag leisten konnte, mußten an dem einfachen Wertschöpfungskonzept jedoch einige Anpassungen vorgenommen werden:

– die Ausschaltung von Verzerrungen durch besondere Umverteilungselemente in den Preisen (durch den Abzug von Umsatzsteuer, die Berücksichtigung von Subventionen usw.);

– die Berücksichtigung der Bilanz aus bezahlten und erhaltenen Vertragsstrafen;

– und – was das Wichtigste war – der Abzug der Rückzahlungen von Investitionskrediten (einschließlich der Zinsen). Dieses Element sollte den Einfluß einer höheren Kapitalintensität auf die Produktivität ausgleichen, die durch den Zustrom auswärtiger Mittel verursacht und daher kein Verdienst der fraglichen Einheit war.

Der Lohnfonds (LF) wurde durch eine dieser beiden Formeln an die Nettoproduktion (NP) gebunden:

$$LF = LF_o \times (1 + R \frac{NP - NP_o}{NP_o})$$

$$LF = NP \frac{LF_o}{NP_o} U$$

NP steht für die Nettoproduktion und LF für den Lohnfonds des laufenden Jahres, während LF_o und NP_o die entsprechenden Vorjahresgrößen sind. R und U sind Koeffizienten, die den Piloteinheiten und Unternehmen durch die jeweils höhere Ebene der wirtschaftlichen Hierarchie vorgegeben werden.

Wir werden nicht bei den Folgen einer Anwendung der einen oder der anderen der beiden Formeln verweilen. Die erste war wesentlich weiterverbreitet und wurde daher als grundlegend angesehen; sie verband die Erhöhung des

Lohnfonds mit der Veränderung der Nettoproduktion. Die zweite arbeitete auf der Grundlage von Veränderungen des Anteils des Lohnfonds am Nettogewinn. Besonders wichtig war die Abtrennung des Lohnfonds von den jährlichen Planzielen; durch die Koeffizienten, die auf drei Jahre festgelegt sein sollten (R zwischen 0,5 und 0,9, der häufigste Wert war 0,6; U zwischen 0,95 und 0,99, der häufigste Wert war 0,97), gelangte man durch Formel 1 oder 2 zum sogenannten verfügbaren Lohnfonds, der die Obergrenze der Zahlungen darstellte. Wenn die tatsächlichen Zahlungen über das Jahr geringer ausfielen als dieser Lohnfonds, sollte ein Teil des Überschusses als Reserve einbehalten (und zwischen Piloteinheiten und Unternehmen geteilt) und ein Teil auf unterschiedliche Weise verteilt werden; wenn das Gegenteil passierte, sollte das Defizit aus der Reserve oder (wenn weder die Piloteinheit noch das Unternehmen hinreichende Reserven hatten) durch einen besonderen Bankkredit zu einem Strafzins abgedeckt werden. Falls mindestens während zweier aufeinanderfolgender Jahre Extrazahlungen geleistet wurden (was auch hinreichende Reserven bedeutete), wurde der Zuschlag als dauerhaft angesehen und für Veränderungen der Lohnrate genutzt.

Die genaue Definition des Gewinns konnte wegen einiger früher mißachteter Kostenelemente nicht so einfach aus der obigen Definition der Nettoproduktion abgeleitet werden. Vereinfacht können wir jedoch sagen, daß der Bruttogewinn der Nettoproduktion abzüglich des verfügbaren Lohnfonds und einer 20%igen Steuer auf ausbezahlte Löhne entsprach. Der Nettogewinn ist gleich dem Bruttogewinn abzüglich der Zuwendungen zum Forschungsfonds und einiger zusätzlicher Kreditrückzahlungen. Ein Teil des Nettogewinns, der durch den von den höheren Ebenen wieder in der Regel auf drei Jahre festgelegten Koeffizienten N bestimmt wurde, sollte den Prämienfonds für das Personal in Führungspositionen bestimmen, das von der Steigerung des Lohnfonds in Abhängigkeit von der Nettoproduktion ausgeschlossen war. Bis zu 10% des Prämienfonds konnten in eine Reserve eingestellt werden, der Rest sollte zur Bezahlung von Prämien dienen und mußte mit einem steigenden Steuersatz in Abhängigkeit vom prozentualen Wachstum gegenüber dem Vorjahr versteuert werden. Dadurch sollte die Arbeiterschaft unmittelbar am Wachstum der Nettoproduktion interessiert werden, während sich das Eigeninteresse des Managements auf die Rentabilität beziehen sollte, die als zu hoch gestecktes Ziel für das Fußvolk angesehen wurde.

Offensichtlich konnte das Management der Nettoproduktion gegenüber nicht indifferent bleiben, und sei es nur, um Lohnzuwächse zu sichern, ganz abgesehen von Direktiven, durch die die Prämien von Bedingungen abhängig gemacht werden konnten. Das allgemeine Interesse an der Rentabilität sollte mit Hilfe des Entwicklungsfonds aufrechterhalten werden, der mit dem nach Abzug des Prämienfonds verbleibenden Teil des Nettogewinns dotiert wurde (wenn dieser Rest einen bestimmten Betrag überschritt, wurde er Gegenstand von Zwangseinlagen und Besteuerung). Die Aufteilung des Entwicklungsfonds auf die jeweilige Piloteinheit und die sie bildenden Unternehmen wurde durch komplizierte Bestimmungen geregelt (unterschiedliche Regelungen galten für unterschiedliche Typen von WOG), aber die allgemeine Idee war, einen größeren Spielraum für seine Nutzung zu eröffnen (besonders für autonome Investitionen) und die Lohn- wie die Gewinnaspekte des Anreizschemas stärker an die Selbstfinanzierung zu koppeln: Sowohl die Nettoproduktion als auch der Gewinn stiegen wegen des dann niedrigeren Abzugs für den Schuldendienst, wenn die Entwicklungserfordernisse zu einem höheren Grad selbstfinanziert wurden.

Zwischen dem Wert des Exports in den Westen und dem Wert, bis zu dem die entsprechende Piloteinheit aus dem Westen importieren durfte, wurde eine besondere Beziehung hergestellt (der sogenannte Koeffizient D). Dies bezog sich jedoch nur auf eine begrenzte Anzahl von Piloteinheiten, weil offensichtlich Importbedürfnisse und Exportfähigkeiten einzelner Einheiten nicht notwendigerweise zusammenhängen.

Die Definition von Nettoproduktion und Gewinn schuf eine ziemlich starke Verbindung zu den Marktbedingungen, denen sich das Unternehmen gegenübersah. Der Wert der Verkäufe (Bruttoeinnahmen) sollte in der Regel in laufenden Verkaufspreisen gemessen werden (und nicht in von den Verkaufspreisen – durch die als Differenz in absoluten Zahlen festgesetzte Umsatzsteuer – isolierten Fabrikpreisen). Nur innerhalb der Piloteinheiten konnte ein System differenzierter Verrechnungspreise eingeführt werden. Der Wert der Exporte und importierten Vorleistungen (die letzteren ohne Rohstoffe) sollte in den meisten Fällen durch den Transaktionspreis bestimmt werden. Auch die Regeln der Preissetzung unterlagen Veränderungen, deren wichtigste den Grad der Flexibilität und der Anpassung an Marktbedingungen betrafen.[88] Die Generaldirektoren der Vereinigungen erhielten das Recht, Preise für interne Umsätze und für einige andere von der staatlichen Preiskommission festgelegte Produkte nach bestimmten Regeln zu setzen. Viele Preise wurden als Höchstpreise festgelegt, d. h. die Piloteinheiten hatten das Recht, sie herabzusetzen. Preise neuer oder besonders begehrter Waren konnten vom Produzenten im Einvernehmen mit dem Abnehmer (Handelsorganisation) praktisch auf der Grundlage dessen, »was der Markt hergibt«, auf zwei Jahre festgelegt werden. Die neuen Richtlinien legten erheblich größeren Wert auf die Berücksichtigung des Nutzens und der Ersetzbarkeit als Faktor für die Bestimmung der Preisverhältnisse sowie auf eine genauere Untersuchung der ausländischen Preise für entsprechende Produkte. Um die Produzenten von den Marktbedingungen abhängiger zu machen, war ein langsamer Übergang von

---

88 Die Formel des »normalen« Grundpreises (*cena wyjsciowa* – wörtlich »Abgabepreis«) wurde modifiziert und enthielt einen Aufschlag von 8 % für das Anlage- und Umlaufkapital und einen Aufschlag für den Lohnfonds. Um zum »normalen« Preis für ein bestimmtes Produkt zu gelangen, mußten die aus Durchschnittsgrößen für die gesamte Vereinigung abgeleiteten Zuschläge mit den Verarbeitungskosten (Gesamtkosten abzüglich Kosten von außen bezogener Vorleistungen) des betreffenden Produkts in Beziehung gesetzt werden:
$p = k + s \times kp$
(k steht für die durchschnittlichen Kosten des jeweiligen Produkts in der Branche, s für den Zuschlagssatz in Prozent und kp für die Verarbeitungskosten), s wurde aus folgender Formel abgeleitet:
$$s = \frac{s_1 \times C + s_2 \times V}{Kp}$$
(s_1 ist der Zuschlag auf Kapital [8 %], s_2 ist der Zuschlag auf den Lohnfonds [20 %], C ist der Nettowert des Vermögens, V ist der Lohnfonds, Kp sind die Verarbeitungskosten für die gesamte Vereinigung). Von diesem Konzept des »Normalpreises« nahm man an, daß es zu dem auf der Nettoproduktion basierenden Anreizschema passen würde.

der differenzierten Umsatzsteuer zu Steuersätzen in Prozent des Verkaufspreises beabsichtigt. Die Tendenz, die Rolle des Marktes zu stärken, spiegelte sich auch in der Regelung wider, daß die Vergleichbarkeit von Nettoproduktion und Gewinn von Jahr zu Jahr (von grundlegender Bedeutung in einem Anreizsystem, das auf Zuwächsen basiert) außer in drastischen Fällen als von Preisveränderungen unbeeinflußt betrachtet werden sollte.

Es mag hinzugefügt werden, daß einige der Regelungen für die Piloteinheiten auf die gesamte Industrie ausgeweitet wurden, wie zum Beispiel seit 1973 der Prämienplan für das Führungspersonal. Man versuchte auch, die Méthoden der zentralen Planung und des Informationsaustauschs (einschließlich der Berichte über Ergebnisse) an die neuen Regeln für die Piloteinheiten anzupassen. Im Bankensystem wurden einige organisatorische Veränderungen durchgeführt, die eher zur Konzentration des Bankwesens tendierten. Ein allgemeines Urteil darüber, inwieweit es durch diese Anpassungen gelang, den unvermeidbaren Konflikt zwischen Teilveränderungen und dem alten Gesamtrahmen zu mildern, kann nicht abgegeben werden. Aus den angeführten Quellen ergibt sich der Eindruck, daß der Druck durch direkte Zielplanung, vorgeschriebene Grenzen, materielle Zuteilung usw. von Anfang an fühlbar war und zu einem deutlichen Mißverhältnis zwischen den vorgeblichen und den tatsächlichen Regeln führte, unter denen die Piloteinheiten arbeiten mußten.

Wie in anderen osteuropäischen Staaten schien dieses Mißverhältnis durch einen zumindest teilweisen Rückzug behoben zu werden. Obwohl die genannten Zahlen eher auf eine schnelle Ausweitung des Arbeitsbereichs der Piloteinheiten hindeuteten, wurde dies schon 1974 und vor allem danach von einer Anzahl von Maßnahmen begleitet, die die tatsächliche Anwendung der neuen Regeln einschränkten oder diese einfach zurückzogen.

Als erstes fand der Rückzug bei der gefeierten Integration von Außenhandels- und Binnenmarktaktivitäten statt: Im Jahre 1974 wurde für die Piloteinheiten in der chemischen Industrie erneut eine Art »Ausgleichskontensystem« eingeführt; vom Januar 1975 an wurde auf alle Exportgewinne (definiert als Differenz zwischen Transaktionspreis und heimischem Verkaufspreis) eine Sondersteuer erhoben, die 85 % des Gewinns durch den erzielten ausländischen Preis abschöpfte. Die Blankovollmacht der zentralen Organe, direkte Exportquoten für bestimmte Märkte und Produkte festzusetzen, wurde auf breiter Front genutzt; dazu kamen wachsende Einschränkungen der Importe einschließlich der praktischen Abschaffung des Rechts auf einen Devisenanteil an den Exporteinnahmen. Direkte Ziele und Grenzen wurden wieder kurzfristig – also jährlich, vierteljährlich und monatlich – festgesetzt. Im Dezember 1975 waren die meisten Elemente des alten Systems der Außenhandelsplanung wiedereingeführt, indem z. B. der Maßstab der Planerfüllung bei den Außenhandelsaktivitäten (in fremden Währungen) von dem der Exportproduktion (in heimischen Preisen) getrennt wurde. Diese Maßnahmen wurden größtenteils mit der neuen Situation im Außenhandel nach der Umwälzung der Weltmärkte 1973 und der sich beschleunigenden Inflation begründet. Diesbezüglich war die polnische Wirtschaft jedoch relativ weniger betroffen als andere osteuropäische Länder, und es hätten andere Methoden erwogen werden können, um mit den ungünstigen Erscheinungen fertig zu werden (z. B. Anpassungen der Wechselkurskoeffizienten).

Gegen Ende 1974 wurden die Grundlagen des Anreizsystems durch korrigierende Maßnahmen beeinflußt: Man fand, daß die Piloteinheiten und Unternehmen zu große Lohnfondsreserven angesammelt hatten, und sah hierin einen Grund für zusätzliche obligatorische Überweisungen an die »Reserven des Ministeriums«, die das ursprüngliche Schema nicht vorsah und bei denen Zeitpunkt und Art der Rückzahlung nicht feststanden (sie wurden einfach bis zur Entscheidung der Regierung über das allgemeine Lohnniveau blockiert).

Tatsache ist, daß die Piloteinheiten nicht beschuldigt wurden, im Verhältnis zu ihren durch die Nettoproduktion gemessenen Ergebnissen zu große Lohnzahlungen aufzuweisen. Im Gegenteil schienen alle Quellen, einschließlich des Berichts des Zentralkomitees zum VII. Parteitag im Dezember 1975 mit den gemeldeten Nettoproduktionsziffern ziemlich zufrieden.

In erster Linie entwickelte sich ein schnell wachsendes Ungleichgewicht, das

1. größere Zuwächse der Lohnfonds als erwartet auch dann als überhöht erscheinen ließ, wenn sie innerhalb der Richtlinien blieben;
2. breitere Möglichkeiten eröffnete, von der Lockerung des Preisschlüssels und der Planung der Produktionszusammensetzung zu profitieren, als man angenommen hatte;
3. einen akuten Mangel bei einigen Materialien und bei Arbeitskräften hervorrief.

Der letzte Aspekt hatte verheerende Folgen für die Piloteinheiten. Erstens steigerten die Piloteinheiten die Beschäftigung zu einer höheren Rate als in der gesamten Industrie (das lag im Rahmen ihrer Rechte und Mittel, und es war zu früh, um irgendwelche Resultate arbeitsparender Investitionen zu erwarten) und wurden mit einer besonderen Steuer auf die Erhöhung der Beschäftigtenzahl belegt (als Teil der erwähnten Transfers; der Satz für jede über den Durchschnitt des Vorjahres beschäftigte Person betrug 20 000 Zloty, was zu dieser Zeit etwa 50% des durchschnittlichen Lohnes in der Industrie war).

Zweitens wurden die Piloteinheiten von den hastig beschlossenen allgemein einschränkenden Maßnahmen, wie der Begrenzung verschiedener Kategorien von Arbeitern, einer Neueinstellungssperre, der Kampagne zur »Bestandsaufnahme« der Arbeitskräftereserven vom April 1975 usw. nicht ausgenommen.

Ähnliche Entwicklungen, die die neu eingeführten »Spielregeln« für die Piloteinheiten untergruben, fanden auch im Bereich der Investitionen statt. Der Grundsatz der vollständigen Übertragung aller Entscheidungen über Ersatz- und Modernisierungsinvestitionen an die Piloteinheiten (oder sogar an einzelne Unternehmen in den WOG vom Typ zwei) – im Gegensatz zu den »Entwicklungsinvestitionen«, die den größten Teil der zentral kontrollierten Investitionen ausmachten – wurde von Anfang an kaum verwirklicht, ungeachtet der Verfügungsmöglichkeit über die Fonds aus einbehaltenen Gewinnen. Dennoch zeichneten sich seit 1974 einige autonome Beziehungen zwischen diesen Fonds und den Investitionen der Piloteinheiten ab und wurden sofort als Bruch angesehen. Im Jahre 1975 wurde eine starre Klassifikation von Investitionen eingeführt, die die Piloteinheiten von jeder autonomen Investition einschließlich Bauarbeiten abhielt. Von noch größerer zerstörender Wirkung für das neue Modell war die Vorschrift (wieder seit Anfang 1975, also nach zweijährigem Bestehen der ersten Piloteinheiten), daß der »Surplus« (Überschuß) für die Finanzierung zentraler Investitionsprojekte verwendet werden konnte, wenn die gemäß den Richtlinien der Piloteinheiten angesammelten Fonds von den zentralen Behörden als überhöht für die Investitionsbedürfnisse der Piloteinheit angesehen wurden. Die Bank oder (bei Investitionen in Infrastruktur und Dienstleistungen) der Staatshaushalt reduzierte einfach die zentral zugeteilten Mittel um den entsprechenden Betrag. Eine weitere wirksame Begrenzung eigenständiger Investitionen war die Notwendigkeit, Zuteilungen für die meisten Stoffe und Ausrüstungsgegenstände zu erhalten. Mit zunehmender Überhitzung des Wirtschaftsaufschwungs wurde es schwieriger, daran vorbeizukommen, besonders da die Liste der sogenannten »Vorrangprojekte«, die einen privilegierten Status bei der Zuteilung von Vorleistungen genießen sollten, länger wurde (22 % des gesamten Investitionswertes standen 1974 unter dieser Überschrift, was an sich das Ausmaß des Ungleichgewichts zeigt). Schließlich wurde im Jahr 1975 ein totales Verbot neuer Projekte verkündet, was natürlich in der Praxis keinen wirklichen Stopp von Neuinvestitionen zur Folge hatte, aber alle neuen Projekte einer genauen Überprüfung durch die Regierung unterwarf.

Wir können uns nicht mit weiteren Einzelheiten befassen, aber das allgemeine Bild scheint hinreichend klar zu sein. Zum Ende des Jahres 1975 blieb in der Praxis der organisatorische Rahmen der WOG als wichtigstes greifbares Element der stufenweisen Reform übrig. Das wesentliche Merkmal neuer Regeln der Planung und Steuerung der Wirtschaft durch parametrische Methoden verschwand – offen oder einfach wegen der Natur der Sache – unter dem

Wiederaufkommen einer Welle wohlbekannter zentralistischer Methoden.[89]

Im Anfangsstadium der Piloteinheiten widmeten die Experten der Bewertung der durchgeführten Maßnahmen und ihrer Variationen große Aufmerksamkeit. Es wurde eine ganze Reihe von Maßstäben zum Vergleich der Erfolge von Piloteinheiten und »normalen« Unternehmen, zur Überprüfung der Gültigkeit einzelner Parameter und Modelle sowie zur Bestimmung der Bedingungen und der Reihenfolge für eine Ausweitung des Anwendungsbereichs der neuen Methoden vorgeschlagen. Es ist schwierig, und wird es immer sein, eine derartige Überprüfung in einer laufenden Wirtschaft vorzunehmen, weil niemals Laborverhältnisse, die der Ceteris-paribus-Klausel (unter gleichen Umständen) entsprechen, geschaffen werden können. Im polnischen Fall der frühen siebziger Jahre ging die Enttäuschung jedoch weit über das übliche hinaus: Den »Experimenten« wurde nicht nur jede ernsthafte Chance verweigert, sich als richtig (oder falsch) zu erweisen, sondern sie wurden noch nicht einmal richtig durchgeführt. Das war um so ironischer, als eine der überragenden Ideen der neuen Verhaltensregeln war, das kurzfristige Würfeln um Kennziffern und Hilfsmittel durch längerfristige Regeln und Anreize als notwendige Bestandteile eines Planungssystems mit breiterer Perspektive zu ersetzen.

Zu einem beträchtlichen Grad wurde die Reform durch die übertrieben expansive Politik der polnischen Führung nach 1970 untergraben, die dem Druck nach höheren Einkommen nachgeben mußte und ihre zu ehrgeizige Investitionskampagne nicht beschneiden wollte, sondern sie im Gegenteil fast bis zum letzten Moment des Jahrfünfts 1971–75 beschleunigte. Wie zu erwarten war, machten sich zunächst im Außenhandel Spannungen bemerkbar, (die relative Verschlechterung der TOT 1973/74 war ein zweitrangiger Faktor) und weiteten sich trotz einer hohen Kreditaufnahme

---

89 Als die polnische Regierung im März 1977 die Wiederaufnahme der stufenweisen Reform (in kleinerem Maßstab) beschloß, schrieb ein Topmanager eines der größten Außenhandelsunternehmen über die »Rückkehr zum System der WOG in einigen Branchen und wirtschaftlichen Einheiten« (Wochenzeitung *Polityka*, Nr. 21 vom 21. Mai 1977).

aus, die die Wirtschaft mit hoher Geschwindigkeit in Bewegung hielten, aber die wachsenden Spannungen nicht überwinden konnten. Es kann gut sein, daß in einer derartigen Situation – als nicht nur profitorientierte Unternehmen, sondern die Regierung selbst äußerst besorgt waren, die akuten Verkäufermarktbedingungen für eine Begrenzung der Nachfrage zu nutzen – die neuen Spielregeln das Gesamtgleichgewicht ungünstig zu beeinflussen begannen. Die entscheidende Frage in diesem Zusammenhang ist jedoch, ob diese Situation unvermeidbar war; man wird sie kaum bejahen können.

Es könnte ebenfalls sein, daß das gradualistische Reformkonzept zum Rückschlag beitrug. Erstens schien die teilweise und schrittweise Durchführung geringere begriffliche und institutionelle Vorbereitungen zu erfordern, was die Qualität der vorgeschlagenen Lösungen beeinträchtigen konnte. Zweitens muß das Fehlen eines Zusammenhangs zwischen den nebeneinanderbestehenden neuen und alten Regeln der Planung, Zuweisung von Hilfsmittel, Anreize usw. unvermeidbar gewesen sein. Drittens war es wesentlich einfacher, beim ersten Hindernis umzukehren, da das alte System in keiner Weise demontiert war, zumal der Beibehaltung der Reform großes politisches Mißtrauen entgegengebracht wurde. Aus dieser Sicht ist der Vergleich zwischen Polen und Ungarn lehrreich und geht zugunsten des letzteren aus. Das Paradoxe der polnischen Situation etwa um 1975 und danach war, daß sich – als die Wirtschaft mit wachsenden Schwierigkeiten fertig werden mußte (weil sie sich stärker im Rahmen ihrer eigenen Möglichkeiten bewegen mußte) und verzweifelt die Fähigkeit zur besseren Ausnutzung ihrer Hilfsmittel benötigte – der wirtschftliche Mechanismus in einem Stadium der Konfusion befand, in dem wahrscheinlich das Schlechteste aus beiden Welten die Oberhand gewann. Es konnte argumentiert werden, daß die beste Lösung sei, mit der Reform gar nicht erst zu beginnen; welche Verdienste diese Ansicht auch haben mag, sie wurde anscheinend in Polen nicht akzeptiert, wo bald nach der Arbeiterrevolte vom Juni 1976 eine neue Runde angestrebter Veränderungen auf die Tagesordnung gesetzt wurde.

Der Vollständigkeit halber sollte gesagt werden, daß weder in den analytischen Diskussionen noch bei der praktischen Durchführung die Frage eines Zusammenhangs zwischen der Übertragung wirtschaftlicher Entscheidungen und der Arbeiterselbstverwaltung einen herausragenden Platz einnahm, sofern sie überhaupt angeschnitten wurde. In keinem Fall hatte sich an der tatsächlichen Position der dahinsiechenden Organe der Selbstverwaltung in den Industrieunternehmen während des kurzlebigen Zaubers der polnischen Wirtschaftsreform in der ersten Hälfte der siebziger Jahre etwas geändert.

Tschechoslowakei

Wie bereits hervorgehoben wurde, war das wichtigste spezifische Merkmal der tschechoslowakischen Reformbewegung nach 1965, daß sie enger als irgendwo sonst mit Versuchen zu einer grundlegenden Veränderung des politischen Systems in Beziehung stand. Ausgelöst durch die Wirtschaftskrise von 1961 bis 1963 als Mittel zur Erlangung des für eine leistungsfähigere Wirtschaft erforderlichen institutionellen Aufbaus, folgte der »Aufstieg und Niedergang« der tschechoslowakischen Wirtschaftsreform (mit einigen Verzögerungen) dem Verlauf der politischen Entwicklung.

Anscheinend sowohl wegen negativer Erfahrungen mit der Reform von 1958 als auch aufgrund des Schocks durch die Krise von 1961 bis 1963 enthielt schon der ursprüngliche Entwurf der Reform, wie er im Januar 1965 durch das Zentralkomitee (unter *Novotny*) abgesegnet wurde, eine Anzahl relativ radikaler Merkmale, die dem ungarischen NöM ähnelten. Wie in Ungarn (und im Gegensatz zu Jugoslawien) sollte die führende Rolle einer effektiven zentralen Planung beibehalten werden, indem man die grundlegenden Entscheidungen der Zentrale vorbehielt (vor allem das Gros der Investitionen), dabei aber die Verbindungen zwischen dem Zentrum und den Unternehmen parametrisch gestaltete. Verbindliche Ziele und die physische Zuteilung der Zulieferungen mußten beseitigt und das Versorgungssystem der Unternehmen (Lohnfonds, Materiallieferungen, Teile des

Investitionsfonds) von ihrer wirtschaftlichen Leistung abhängig gemacht werden.[90] Auch das Außenhandelsmonopol mußte in neuen Formen gehandhabt werden. Man brachte heimische Unternehmen näher an die ausländischen Märkte heran, indem man einigen von ihnen das Recht gab, Transaktionen durchzuführen oder spezialisierte Außenhandelsgesellschaften als Vermittler auf Kommissionsbasis zu nutzen; außerdem wurde das System des »Preisausgleichs« abgeschafft, das die Bilanz eines inländischen Unternehmens vom Einfluß der Außenhandelspreise isolierte. Anders als in Ungarn waren die radikalen Inhalte des Reformentwurfs jedoch sehr allgemein gehalten (konnten unterschiedlich ausgelegt werden) und enthielten auch keinerlei Vorkehrungen für ihre Durchführung als Gesamtpaket innerhalb irgendeines Zeitplanes. Sehr bald wurden starke Beschwerden über den mangelnden Fortschritt laut, was eine Wiederholung der Reformprinzipien auf dem XIII. Parteitag der Tschechoslowakischen Kommunistischen Partei 1966 (wie auch in den Sitzungen des Zentralkomitees) mit einer stärkeren Betonung der »beschleunigten Einführung« auslöste. In der Tat wurden die »Grundsätze der beschleunigten Verwirklichung des neuen Leitungssystems«[91] zur einzig wichtigen offiziellen Richtlinie der tschechoslowakischen Reform, die nicht nur Grundprinzipien, sondern auch eine Anzahl praktischer Konzepte und Maßnahmen zu ihrer Durchführung enthielten.

Die Grundidee des neuen Systems, das man 1967 einzuführen begann, war die Befreiung der Unternehmen von verbindlichen Planzielen. Obwohl die Plankommission weiterhin detaillierte, auf die einzelnen Unternehmen aufgeschlüs-

---

90 *Oldrych Kyn*, einer der aktiven Verfechter der Reform, betrachtete diese kategorische Voraussetzung als so stark, daß sie selbst die geringere Aufmerksamkeit bei der Suche nach besseren Erfolgsindikatoren rechtfertigte: »Der Grund liegt natürlich in der Tatsache, daß die zweite Wirtschaftsreform (das heißt 1965 und später) eher darauf abzielte, den Unternehmen eine wirkliche Selbständigkeit zu bringen, als darauf, besser durchdachte Methoden der zentralen Manipulation zu entwickeln.« (In *Höhmann/Kaser/Thalheim* (Hg.), The New Economic System in Eastern Europe, a.a.O., S. 128, eigene Übersetzung.) Vgl. auch *Radoslav Selucky*, Economic Reform in Eastern Europe. Political Background and Economic Significance, New York/Washington/London 1972, S. 85–95.
91 *Zásady urychlene realizace nové soustavy řízeni*, veröffentlicht von der Staatskommission für Management und Organisation, Prag 1966.

selte Jahrespläne ausarbeiten sollte, wurden die in den Plänen enthaltenen Kennziffern (außer für 50 besondere Produktionsquoten) lediglich als Empfehlungen aufgefaßt. Äußerst bedeutsam war, daß »weder die Löhne noch der Gesamtlohnfonds den Unternehmen als verbindliche Kennziffern vorgeschrieben werden sollten«.[92] Die Lohnsätze wurden weiterhin durch staatliche Verordnungen festgelegt, und »kollektive Vereinbarungen« wurden daraus abgeleitet, aber die Gesamtauszahlungen sollten allein von der Politik der Unternehmen aufgrund ihrer finanziellen Situation abhängen. Die Basis dafür war das sogenannte »Bruttoeinkommen« *(hruby duchod)*, eine Größe vom Wertschöpfungstyp, die als Gesamtwert des Output zuzüglich anderer Einkünfte (einschließlich Subventionen, so es solche gab) und abzüglich des Wertes der Vorleistungen von außen (vor allem Materialinputs) definiert war. Wegen der Schwierigkeiten, die Materialkosten und Abschreibungen gerecht auf die Verkäufe und den Zuwachs der Fertigwarenlagerbestände umzulegen, wurde anstelle des verkauften das »produzierte Bruttoeinkommen« genutzt, was erhebliche Kritik hervorrief.[93] Das »Bruttoeinkommen« wurde wie folgt besteuert: 6% auf den Wiederbeschaffungswert des Anlagevermögens, 4% auf das Umlaufvermögen und 18% auf das Bruttoeinkommen (nach Abzug der obigen Kapitalabgaben). Im Prinzip konnte der Rest zur Zahlung von Löhnen und Prämien (für besondere Leistungen sowie am Jahresende) genutzt werden, aber um übertriebene Lohnerhöhungen zu verhindern und um die Unternehmen zu veranlassen, einen Teil des Bruttoeinkommens für Investitionszwecke zurückzubehalten, wurde eine spezielle Steuer von 30% auf den Zuwachs des Gesamtlohnfonds um 1% auf den gesam-

---

92 Kyn, a.a.O., S. 127 (eigene Übersetzung).
93 Vgl. *Vaclav Holesovsky, Planning and the Market in the Czechoslovak Reform*, in: M. Bornstein (Hg.), *Plan and Market*, a.a.O., S. 324. In diesem Zusammenhang ist es interessant zu vermerken, daß das polnische Konzept von 1972 (möglicherweise als Schlußfolgerung aus der tschechoslowakischen Erfahrung) stark auf dem Wert der Verkäufe beharrte, um das Unternehmen einem strengeren Markttest zu unterwerfen. Mehr noch, auf der Seite der Materialkosten wurden keine Freibeträge für Kosten durch eine Erhöhung der Lagerbestände eingeräumt; die Situation der Unternehmen hing dadurch auch von ihrer Fähigkeit ab, die Veränderung der Lagerbestände von Jahr zu Jahr zu kontrollieren. Das polnische Konzept war jedoch hauptsächlich auf Zuwachs ausgerichtet (siehe oben).

ten Lohnfonds für jedes Prozent Zuwachs der Zahl der Beschäftigten gegenüber dem Vorjahr erhoben (das letztere spiegelte den relativen Arbeitskräftemangel wider).

Der (Netto-)Gewinn war der Restbetrag des Bruttoeinkommens nach Abzug der Steuern, aller Lohnzahlungen (d. h. Löhne, Prämien usw.) und einiger anderer Ausgaben. Ergänzt durch die Erlöse aus der Veräußerung von alten oder überflüssigen Vermögensgegenständen und durch die Abschreibungen auf neu installierte Anlagen (Abschreibungen auf den schon vor der Einführung des neuen Systems vorhandenen Kapitalstock mußten an den Staatshaushalt abgeführt werden)[94] bildete der Gewinn die Quelle zur Entwicklungsfinanzierung. Die Absicht war, es den Unternehmen zu ermöglichen, etwa 25 % der nationalen Investitionsausgaben aus ihren eigenen Quellen zu finanzieren, nämlich hauptsächlich Modernisierungs- und Rationalisierungsprojekte, die von ihnen aus eigener Initiative unternommen wurden, ohne daß die Notwendigkeit bestand, sie in den Plan aufzunehmen. Das Gros der Investitionen mußte in zwei Teile gegliedert werden:

1. besonders aufgeführte Projekte von größerer Bedeutung für die Volkswirtschaft als Ganzes, die unmittelbar aus dem Staatshaushalt finanziert wurden (etwa 15 % aller Investitionen);

2. die sogenannten sektoralen Investitionen, die auf der Grundlage einer Art von Investitionsrechnungen ausgewählt und durch Bankkredite finanziert wurden.

Die tschechoslowakischen Reformer waren um die Aktivierung des Markteinflusses auf die Unternehmen besorgt; sie wollten einen bloßen Übergang von individualisierten physischen Zielen auf individualisierte finanzielle Instrumente vermeiden, was sie im Grunde genommen als Wiederherstellung des alten Inhalts in neuer Form aufgefaßt hätten; dadurch wären weiterhin die weniger Leistungsfähigen beschützt und diejenigen, die – ausgewiesen durch ihre finanziellen Ergebnisse – gut arbeiten, nicht belohnt worden. Daher war es das klare Ziel, für verschiedene Unternehmen so

---

94 *Jan Marczewski, Crisis in Socialist Planning. Eastern Europe and the USSR*, englische Ausgabe New York/Washington/London 1974, S. 92.

weit wie möglich gleiche finanzielle Voraussetzungen zu schaffen, um den von *Marx* beschriebenen äußeren Wettbewerbsdruck wiederaufleben zu lassen oder zumindest nachzuahmen. Zur Erreichung dieses Ziels mußten die Steuerlasten in Form einer allgemeinen Steuer auf objektiv festgeschriebene Besteuerungsgrundlagen (Kapitalstock, Lohnfonds usw.) gleichmäßig auf die verschiedenen Unternehmen verteilt werden. Überflüssig zu sagen, daß dies nicht ohne eine Berichtigung der Struktur der Großhandelspreise (innerhalb der Industrie) erreicht werden konnte, auf deren Basis das »Bruttoeinkommen« berechnet wurde. Dies sollte auf zweierlei Art geschehen:

1. durch eine computergestützte Neuberechnung aller Großhandelspreise mit einigen Ausnahmen, hauptsächlich zur Berücksichtigung internationaler Faktoren, grundsätzlich nach einer einzigen Formel[95]; die neuen Preise wurden zum 1. Januar 1967 eingeführt;
2. durch ein flexibleres System der Preisfestsetzung, das es ermöglichte, die Preise in Zukunft den wechselnden Bedingungen anzupassen, und somit Preisreformen überflüssig machte (diejenige von 1967 wurde als »letzte allgemeine Preisrevision« gefeiert).

Zu diesem Zweck wurden die Preise schon 1966 in drei Kategorien aufgeteilt: zentral fixierte (ca. 15% der Produktionsgüter, überwiegend Rohstoffe und Energie), freie (5%) und limitierte Preise, die den Rest von etwa 80% ausmachten. Für die »limitierten« Preise mußte sich die Staatskommission für Finanzen, Preise und Löhne mit den Unternehmen auf einen durchschnittlichen Preisindex sowie – falls erforderlich – auf eine Mindestproduktion bestimmter Güter einigen; die Unternehmen hatten dann das Recht, die Preise einzelner Güter innerhalb der allgemeinen Grenzen zu ändern. Man beabsichtigte in dem Maß, in dem man die Übergangsschwierigkeiten überwand, den Grad an Flexibi-

---

95 *Kyn*, einer der Schöpfer der Preisreform, beschreibt die Formel als »Preis gleich Durchschnittskosten plus Steuerabzüge« (a.a.O., S. 124). Im einzelnen betrugen die Zuschläge auf die Durchschnittskosten pro Einheit (oder eher auf jede der 2500 Produktgruppen) 6% auf das Kapital (4% auf das Betriebskapital) und 22% auf die Lohnkosten (einschließlich Sozialversicherungsbeiträge). Diese wurde wiederum als unvereinbar mit dem Konzept der Verzinsung des in der Produktion gebundenen Werts kritisiert (*Holesovsky*, S. 320).

lität und Marktempfindlichkeit der Preise zu erhöhen. Die Verbrauchsgüterpreise sollten zeitlich begrenzt unter der alten Regelung verbleiben, jedoch in der Zukunft ähnlichen Änderungen unterworfen werden wie die Großhandelspreise. Eine wichtige Änderung fand jedoch in bezug auf das System der Umsatzsteuer statt, die proportional zu den Kosten erhoben wurde, statt wie früher eine Differenz zwischen den festgelegten Einzelhandels- und Großhandelspreisen auszugleichen. Diese Modifizierung sollte eine engere Verbindung zwischen dem vom Verbraucher bezahlten und dem vom Hersteller erhaltenen Preis herstellen. Die Differenzierung der Sätze war jedoch mit 1200 Produktgruppen für diesen Zweck nach wie vor enorm.

Der tatsächliche Lauf der Dinge blieb jedoch hinter den Erwartungen der Reformer zurück. Die Anzahl verbindlicher Ziele und Auflagen überschritt durch die Vielzahl in Wirklichkeit verbindlicher »informativer Indikatoren« bei weitem die der formal festgelegten. Die Rolle der Zentralorgane (Plankommission, Ministerien) blieb bedeutend, und die der Branchenverwaltungen (Hauptquartiere der Vereinigungen, VHJ) nahm wegen ihrer monopolistischen Stellung sogar noch zu (jedes Unternehmen mußte einer entsprechenden Vereinigung angehören).

Einige Analytiker sahen den Grund für diesen unbefriedigenden Fortschritt in begrifflichen und methodischen Fehlern des Planentwurfs und der Durchführung der Reform selbst. Besonders unglücklich schienen die Ergebnisse der Kalkulation der neuen Großhandelspreise, die den Unternehmen nach Erfüllung ihrer Steuerverbindlichkeiten nahezu keinen oder nur sehr geringen Gewinn lassen sollten. Tatsächlich erwies sich die Gewinnspanne als viel größer und stattete die Unternehmen insgesamt mit einem beträchtlich höheren Ausgabenspielraum für Löhne und Investitionen aus. 1967 erreichte der Anteil der unternehmenseigenen Mittel an der Investitionsfinanzierung 47,5 % (statt der vorausgesehenen 25 %) und der Anteil der Kredite nur 30,8 % (statt ca. 60 %).[96] Offenkundig konnte ein derart ho-

---

96 Gertrud Seidenstecher, Capital Finance in: *Höhmann/Kaser/Thalheim, The New Economic Systems of Eastern Europe*, a.a.O., S. 358.

her Anteil des gesamten Investitionsfonds nicht dem Gutdünken der Unternehmen überlassen werden, weshalb es zu einer verstärkten zentralen Kontrolle ihrer Aktivitäten auf diesem Gebiet kam. Was die Löhne betrifft, veranlaßte die unerwartet bequeme Einkommenssituation der Unternehmen Gegenmaßnahmen der Regierung in Form einer direkten Kontrolle über die Steigerung der Durchschnittslöhne im Verhältnis zum Produktivitätszuwachs: Das Standardverhältnis betrug 0,68 (je Prozent des Produktivitätszuwachses) mit Unterschieden zwischen den Industriezweigen.[97]

Der außergewöhnliche Anstieg des Niveaus der Großhandelspreise (29 % statt der erwarteten 19 %) rief nicht nur auf der Nachfrageseite (Investitionen, Löhne), sondern auch unmittelbar auf der Kostenseite und bei den Einzelhandelspreisen einen inflationären Druck hervor. Der Anstieg der letzteren konnte zumindest teilweise durch Kontrollen und Subventionen verhindert werden, was aber gegen die Grundsätze der Reform verstieß. Eine weitere Quelle des zunehmenden Subventionsbedarfs war die durch die neuen Preise hervorgerufene unterschiedliche Rentabilität in den verschiedenen Sektoren[98] in Verbindung mit dem Bestreben, die Steuersätze undifferenziert zu belassen, um Benachteiligungen zu vermeiden. Ungerechtfertigte Härten, die durch Subventionen ausgeglichen werden mußten, waren so das Gegenstück zu übertriebener Nachlässigkeit in anderen Bereichen.[99] Schließlich wurde die Kennziffer »produziertes Bruttoeinkommen« von einigen als Quelle einer relativen Kürzung der Versorgung des Marktes angesehen (Anstieg des Bestands an unverkauften Gütern).

Ohne die hinderlichen Auswirkungen der erfolglosen Preisrevision und anderer Fehler bei der Ausarbeitung detaillier-

---

97 *Jan Adam, Wage, Prices and Taxation Policy in Czechoslovakia 1948–1970*, Berlin 1974, S. 161.
98 *Holesovsky*, a.a.O., S. 321, zitiert eine tschechoslowakische Untersuchung von 1970, die auf eine Bandbreite von 4,32 bis 17,32 % und zwischen den Teilbranchen auf 0,19 bis 27,21 % kommt.
99 *Adam* zeigt, daß z. B. der durchschnittliche Anstieg der Großhandelspreise im Bergbau 50 % und in der Leichtindustrie 20 % betrug, ohne daß es in dieser Phase einen besonderen Grund für ein wesentlich schnelleres Wachstum von Investitionen und Löhnen in der ersten gegenüber der zweiten Industrie gab, die für ihre zu niedrigen Investitionen und Löhne bekannt war (vgl. a.a.O., S. 160).

ter Instrumente des neuen Wirtschaftssystems in Abrede zu stellen, machten die Reformer für die negativen Erscheinungen vor allem die mangelnde Beständigkeit der getroffenen Maßnahmen verantwortlich. Sie wiesen auf die Langsamkeit hin, mit der die Zentralorgane ihre Arbeitsweise an die Erfordernisse der Reform anpaßten. Von den in einem Netz sich widersprechender alter und neuer Verhaltensregeln gefangenen Unternehmen konnte nicht erwartet werden, daß sie von sich aus mit einer Reorientierung ihrer Aktivitäten auf wirtschaftliche Kriterien beginnen würden. Und ohne eine solche Reorientierung konnten weder die Instrumente des Wirtschaftsmechanismus genau abgestimmt noch die notwendigen strukturellen Veränderungen der begonnenen Wirtschaftspolitik vorgenommen werden. Beides konnte nur als Ergebnis einer Wechselwirkung von Plan und Markt entstehen. Daher sahen die Reformer den Ausweg nicht in einer Verzögerung, bis alle Voraussetzungen und Bilanzen auf dem Papier ausgearbeitet sein würden, sondern in der Freisetzung des Veränderungsprozesses, der einen eigenen Impuls entwickeln und nach und nach zu besseren spezifischen Lösungen innerhalb des neuen Systems führen würde.

Die Wechselwirkungen zwischen Wirtschaft und Politik wurden im Laufe der Zeit immer stärker hervorgehoben, besonders nach dem Januar 1968, als *Novotny* als Erster Sekretär des Zentralkomitees der Kommunistischen Partei der Tschechoslowakei durch *Dubček* ersetzt wurde.[100] Diesen Zusammenhang sah man nicht nur in der Notwendigkeit, die politischen Widerstände gegen die Reform zu überwinden, sondern auch – wie z. B. die programmatischen Äußerungen *Ota Siks* zu Beginn des Jahres 1968 beweisen – in steigendem Maße in der grundsätzlichen Rolle, die die Wirtschaftsreform beim politischen Wandel zu spielen hatte. Die Reform hatte, wie *Radoslav Selucky* treffend zusammenfaßt, »zwei klare Ziele: erstens, den Rahmen für ein rationales und wirkungsvolles Funktionieren der Wirtschaft zu schaffen, und zweitens, unter Wahrung aller sozialistischen

---

100 Für genauere Hinweise vgl. *H. Gordon Skillings, Czechoslovakia's Interrupted Revolution*, a.a.O., das zu Recht als Zusammenfassung des meisten, was zu diesem Thema bis heute erschienen ist, bezeichnet werden kann. Für die hier erörterten Fragen ist Teil IV, Kapitel 14, am wichtigsten.

Prinzipien eine Grundlage für ein pluralistisches politisches System zu legen«. [101] Von der Wirtschaftsreform erwartete man die Erfüllung dieser doppelten Aufgabe dadurch, daß sie das Monopol der Kontrolle über die Produktionsmittel brach, das sowohl für die wirtschaftlichen Schwierigkeiten verantwortlich war, als auch jegliche Versuche einer politischen Pluralisierung im Keim erstickte. Der Hauptvorstoß der radikalen Reformforderungen ging 1968 während der Periode vor der Invasion in diese allgemeine Richtung:

1. Entschlossene Übertragung wirtschaftlicher Entscheidungen an die Unternehmen entsprechend den Zusagen des »Beschleunigungsprogramms« von 1966. Dies wurde 1968 mit der Forderung nach einer veränderten Rolle der Partei im Wirtschaftsleben verknüpft: Die Partei sollte nicht länger ein administrativer Oberaufseher sein, sondern sich auf die Gesamtpolitik und langfristige Richtlinien mit klarem politischen Gehalt konzentrieren.

2. Differenzierung zwischen verschiedenen Kategorien wirtschaftlicher Aktivität aus der Sicht der zentralen Kontrolle: Staatsunternehmen im strengen Sinne, vorwiegend in der Infrastruktur (Produktion und Verteilung von Energie, Grundfunktionen bei Transport und Telekommunikation, Forstwirtschaft, Naturschutz und geologische Untersuchungen usw.), gewinnorientierte öffentliche Unternehmen mit einem hohen Maß an Autonomie in den meisten Bereichen der Massenproduktion, genossenschaftliche Unternehmen, nicht nur in der Landwirtschaft und bei den Dienstleistungen, sondern auch bei der Kleinindustrie, und schließlich private Unternehmen.

3. Die Freiheit für öffentliche Unternehmen, über ihren ursprünglich festgesetzten Geschäftsbereich hinaus aktiv zu werden und aus eigenem Willen mit anderen Unternehmen Vereinigungen zu bilden. Der letzte Punkt, der bereits in frühren Entwürfen auftauchte, aber nie verwirklicht worden war, wurde als besonders wichtig für die Beseitigung jener organisatorischen Starrheit eingeschätzt, die Monopole heranzüchtet.

---

101 *Radoslav Selucky, Economic Reform in Eastern Europe*, a.a.O., S. 101.

4. Demokratisierung der Unternehmensführung durch die Einbeziehung von Arbeitervertretern in die Leitungsorgane (Arbeiterräte). Die Vertretungsorgane der Beschäftigten, die damals in verschiedenen Formen vorangetrieben wurden, sollten unter anderem die hierarchische Kontrolle der Personalpolitik beschneiden (also Macht zur Auswahl der Führungskräfte bekommen oder zumindest ein gewichtiges Wort mitzureden haben).

5. Wiederbelebung der Gewerkschaften als echte Vertreter von Arbeitnehmerinteressen, die von allen Arten von Arbeitgebern, einschließlich dem Hauptarbeitgeber, dem Staat, unabhängig sind. Wie in Polen im Jahre 1956 begann dieser Prozeß innerhalb des alten organisatorischen Rahmens (durch Austausch des Personals in den verantwortlichen Positionen und durch den allgemeinen Wandel der Auffassungen unter dem Einfluß des neuen politischen Klimas) und ging erst später (zu spät) in den Versuch über, neue Strukturen zu schaffen.

Die stürmischen sieben Monate des Jahres 1968 vor der sowjetischen Invasion brachten sehr geringe Fortschritte bei der Verwirklichung der obengenannten Ziele. Die Einwirkungen der Zentralorgane auf die tägliche Arbeit der Unternehmen gingen langsam zurück, aber eine radikalere Wende war erst für den Plan des Jahres 1969 vorgesehen. Die wirtschaftlichen Richtlinien für 1969 (ausgegeben im August 1968, einige Tage bevor die Streitkräfte des Warschauer Pakts ins Land einbrachen) enthielten eine ziemlich detaillierte Aufstellung von Zielen und Methoden der Wirtschaftspolitik, aber nur wenige verbindliche Ziele. Die Kategorien der freien und begrenzten Preise wurden etwas erweitert (zusammen 28% des Absatzes gegenüber 13% im Jahre 1967). Auch hier sollte das Jahr 1969 weitergehende Änderungen bringen (39% der Verkäufe zu freien, 16% zu begrenzten Preisen). Seit April 1968 gab es erste Ansätze für die Bildung von Arbeiterräten in einigen Unternehmen, die bald von der Partei und den Gewerkschaften provisorisch anerkannt wurden. Die Gewerkschaften selbst begannen – sowohl bei laufenden betrieblichen Problemen als auch auf nationaler Ebene – eine unabhängigere Haltung zu zeigen. Von großer Bedeutung, auch für das Wirtschaftssystem, waren die Vorbereitungen zur Umwandlung der Tschechoslowakei in einen Bundesstaat mit gleichberechtigten Ländern der Tschechen und Slowaken.[102] Die wichtigsten politischen Absichtserklärungen, das Aktionsprogramm von 1968 und die für den XIV. Parteitag der Kommunistischen Partei der Tschechoslowakei vorbereiteten Dokumente, waren ziemlich bestimmt und unverblümt in bezug auf die Notwendigkeit und den Willen, eine radikale Wirtschaftsreform durchzuführen, aber (mit einigen Ausnahmen, wie dem Problem der freiwilligen Vereinigungen im Aprilprogramm) ziemlich allgemein formuliert.

Die Gründe für diesen alles andere als spektakulären Fortschritt waren mannigfaltig: die Kürze der Zeit, der Druck politischer Ereignisse, die vorrangige Aufmerksamkeit in Anspruch nahmen (besonders in Hinblick auf die wachsende Bedrohung von sowjetischer, ostdeutscher und polnischer Seite), einige unvorteilhafte wirtschaftliche Entwicklungen (Verschärfung der Marktungleichgewichte aus den obengenannten Gründen), politische Konflikte zwischen Befürwortern und Gegnern einer radikalen Reform sowie eine Anzahl ungelöster Probleme selbst unter den ersteren, schließlich das Konzept eines offenen Reformprozesses, das sich demokratisch entfaltete, als neue Fragen und Initiativen aufkamen. Es scheint so, daß es trotz des radikalen Standpunkts vieler Befürworter der Reform soweit es das allgemeine Programm betraf, ein ausreichendes Bewußtsein für die Gefahr gab, das Boot durch hastige und unvorbereitete Schritte zum Kentern zu bringen. Es gab auch keine Notwendigkeit, die Öffentlichkeit durch kurzfristige spektakuläre Punkte zufriedenzustellen: Die tschechoslowakische Bevölkerung zeigte eine bemerkenswerte Fähigkeit zu der nüchternen Einschätzung, daß man von der Reform erst nach einer gewissen Zeit eine Verbesserung der wirtschaftlichen Reform verlangen könne.[103]

---

102 *Skilling* stellt eine leicht unterschiedliche Einstellung der tschechischen und slowakischen Reformer gegenüber der Wirtschaftsreform fest; die letzteren waren weniger enthusiastisch bezüglich des Vertrauens in den Markt zum Zwecke der Beseitigung der relativen Unterentwicklung der Slowakei (vgl. a.a.O., S. 429–432).
103 Bei einer landesweiten Umfrage erwarteten nur 1 % der Befragten Ergebnisse innerhalb eines Jahres, 19 % in zwei bis drei Jahren, 32 % in fünf Jahren und

Die Geschichte der tschechoslowakischen Wirtschaftsreform nach der Invasion kann in zwei kennzeichnende Abschnitte unterteilt werden. Von August 1968 bis April 1969, als *Dubček* durch *Husák* als neuer Erster Sekretär der Kommunistischen Partei der Tschechoslowakei abgelöst wurde, und seit April 1969.

Während des ersten Abschnitts konzentrierten sich die Bemühungen der Sowjetunion und ihrer inneren konservativen Anhänger darauf, die politische Pluralisierung zu stoppen und rückgängig zu machen. Auch ideologisch wurde weniger die Reform als solche, sondern hauptsächlich die politische Offenheit einiger Reformer (*Ota Šik* an erster Stelle) angegriffen. Die einzigen bedeutenden praktischen Maßnahmen zur Beendigung der Reformprozesses zielten auf jene Aspekte der Reform, die eng mit dem politischen System zusammenhingen (ständige Wiederholung der Rolle der Partei). Andererseits begann man im großen und ganzen mit der Einführung der für das Jahr 1969 vorgesehenen Änderungen: Planungsrichtlinien, Erweiterung des Bereichs freier Preise und weitere Schritte zur Anwendung parametrischer Methoden bei der Bestimmung von Lohnsteigerungen. Das letztere schien recht symptomatisch zu sein, weil es die Abschaffung der direkten Begrenzung des Zuwachses der Durchschnittslöhne (das oben diskutierte »Standardverhältnis«) von Januar 1969 und ihre Ersetzung durch eine progressive Besteuerung der 5 % übersteigenden Zuwächse gegenüber dem vergangenen Jahr bedeutete.[104] Die Politik der Weiterführung der Reform wurde in gewissem Sinne stärker als früher von der Arbeiterklasse unterstützt, die durch die Invasion politisch mißachtet worden war. Die Ge-

---

38 % in mehr als fünf Jahren (die Ergebnisse wurden in *Rude Pravo,* dem Zentralorgan der Kommunistischen Partei der Tschechoslowakei, am 20. August 1968, dem Vorabend der Invasion, veröffentlicht und von *Skilling,* a.a.O., S. 447, zitiert).

104 *Adam,* a.a.O., S. 158. Der Autor hebt hervor, daß diese Maßnahme direkte Folge einer am 11. November 1968 geschlossenen Übereinkunft von Regierung und Gewerkschaften war: »Die Regierung und die Gewerkschaften vereinbarten, daß 1969 die administrativen und direktiven Elemente zur Regulierung der Lohnentwicklung innerhalb der *Khozraschet*-Sphäre abgeschafft würden und daß die verbindlichen Relationen zwischen dem Wachstum der Löhne und dem der Produktivität zum Zwecke der Kontrolle der Lohnentwicklung nicht angewendet würden.« (Eigene Übersetzung.)

werkschaften gaben sich besonders streitbar: Der Gewerkschaftskongreß vom März 1969 war in dieser Periode wohl die stärkste Kundgebung zur Unterstützung *Dubčeks*. Andererseits jedoch konnte die generelle Entwicklung nicht ohne Folgen bleiben: Die politische Position der Reformer wurde unter der unbarmherzigen Schraube der »Normalisierung« Schritt für Schritt geschwächt. Die wirtschaftliche Lage wurde immer schwieriger, sowohl wegen der offensichtlich fehlenden allgemeinen Bedingungen für die korrekte Durchführung einer wirtschaftlichen Politik, als auch wegen des nach dem August alarmierend anwachsenden inflationären Drucks, u. a. als Ergebnis des umfassenden Durcheinanders und des Verfalls der Arbeits- und Produktionsdisziplin. Der letztere Faktor trug ohne Frage zur Rechtfertigung der fast unmittelbar nach dem April 1969 getroffenen einengenden Maßnahmen bei.

Im Mai 1969 wurden in einem Versuch, das verlorengegangene Marktgleichgewicht wiederherzustellen, die Einzelhandelspreise erhöht; Grundnahrungsmittel waren davon aus sozialen Gründen ausgenommen, was eine weitere Verzerrung der relativen Preise für Lebensmittel und industrielle Verbrauchsgüter zur Folge hatte. Bald wurde ein allgemeiner Preisstopp verkündet, und damit wurden alle Hoffnungen auf ein flexibleres Preissystem, das in der Lage war, die parametrische Funktion für die Entscheidungen der Unternehmen zu erfüllen, zunichte. Die Entwicklung der Arbeiterräte endete sofort (Verbot neuer Arbeiterräte ab Mai 1969, Beseitigung der bestehenden Arbeiterräte später im Jahr). Die lang und breit diskutierten Vorschläge für ein Unternehmensgesetz wurden einschließlich der Forderungen nach einem freiwilligen System von Vereinigungen, die schnell zu ihren alten organisatorischen Grundsätzen und Funktionen zurückkehrten, beiseite geschoben. Die ersten Schritte zur Wiederherstellung der Planung durch verbindliche Kennziffern kamen dann in der zweiten Hälfte des Jahres 1969 bei der Vorbereitung der Pläne für 1970, wobei sie die Form von Vereinbarungen zwischen den planenden und überwachenden Behörden einerseits und den Unternehmen andererseits annahmen. Laut *Kyn* fand wahrscheinlich ein gewisses Aushandeln statt, aber zieht man die allgemeine

Atmosphäre des politischen Drucks und der Säuberungen in Betracht, war die Position der Unternehmensführung schwach. Dennoch hielt es die neue Führung anscheinend für sicherer, die Methode der Vereinbarungen 1971/72 durch eine klare Verpflichtung zur Erfüllung der Planziele zu ersetzen und für mindestens 450 Produkte die Güterbilanzen (zusammen mit der zentralen Zuteilung) wiedereinzuführen.[105] Dementsprechend wurde das System zur Bestimmung der Lohnsumme geändert: Ab 1970 wurde sie als Anteil am Umsatz festgelegt und dem Grad der Planerfüllung entsprechend berichtigt. 1971 wurde ein Anreizfonds für die Prämien der Führungskräfte und die Gewinnbeteiligung eingeführt, der mit 2–4 % der gesamten Lohnsumme beträchtlich niedriger ausfiel als auf dem Höhepunkt der Reform.[106] Das System der Besteuerung und der Investitionen wurde stärker individualisiert, auf geplante Größen umgestellt und war daher weniger parametrisch. Auch im Bereich des Außenhandels wurden direkte Zielplanung und Kontrollen verstärkt, obgleich die Anzahl der zur Durchführung von Außenhandelsgeschäften berechtigten Unternehmen Anfang der siebziger Jahre stieg und eine gewisse Verbindung zwischen Weltmarktpreisen und der finanziellen Lage der heimischen Unternehemen (mit Hilfe von berichtigten Wechselkursen) beibehalten wurde.

Nach 1972 hat sich am Funktionssystem der tschechoslowakischen Wirtschaft ziemlich wenig geändert. Wie in der DDR und in Polen ging die Rezentralisierung nicht ganz bis zum Ausgangspunkt der Reform zurück, aber die niemals offiziell widerrufene Reform war praktisch tot. Das einzige bleibende Element von Bedeutung – obgleich von erheblich größerem Gewicht für das Regierungssystem als unmittelbar für die Führung der Wirtschft – war die föderalistische Struktur des Staates. Wie in der DDR und in dieser Bezie-

---

105 Die neue gesetzliche Grundlage für das Wirtschaftssystem wurde durch die Verfügung der tschechoslowakischen Regierung *(Usneseni vlády CSSR)* Nr. 204/1971, unter dem Titel »Prinzipien zur planvollen Führung der Wirtschaft gültig ab 1972« geschaffen (vgl. *Kyn,* a.a.O., Fn. 14, S. 149). Nach den von *Kyn* zitierten Daten machten die oben erwähnten 450 Produkte, die von da an durch zentrale Bilanzen abgedeckt wurden, 50–60 % der Industrieproduktion, 40–50 % der Exportleistungen, 55 % der Lieferungen an den Binnenhandel und 70 % der Vorleistungen aus (Fn. 34, S. 151).

106 *J. Adam,* a.a.O., S. 213.

hung etwas anders als in Polen, war Mitte der siebziger Jahre die Frage grundlegender Veränderungen im Funktionssystem der Wirtschaft von der Tagesordnung in der Tschechoslowakei gestrichen worden. Auf dem XV. Parteitag der Kommunistischen Partei der Tschechoslowakei (April 1976) wurden die nach 1969 angewandten Methoden unvergleichlich günstig beurteilt: »Nach dem April 1969 wurden die marxistisch-leninistischen Führungsprinzipien wiederhergestellt, insbesondere die führende Rolle der Partei und die Leitungsfunktion des sozialistischen Staates sowie der bindende Charakter des Staatsplans als höchstem Instrument der Führung.«[107] Die durch den Parteitag verabschiedeten »Richtlinien« zur wirtschaftlichen und sozialen Entwicklung enthielten auch einen Abschnitt über die Führung der Wirtschaft, bestanden aber zum größten Teil aus den üblichen Forderungen nach Verbesserungen, einem wirkungsvolleren Einsatz von Ressourcen usw. Wenn im Text irgend etwas von wesentlicher Bedeutung zu finden ist, war es die ständige Wiederholung der Notwendigkeit, »die Rolle des Plans aufzuwerten und die Plandisziplin zu stärken, die Methoden der Gewinnung von Kennziffern für die jährlichen Pläne und die Fünfjahrespläne zu verbessern, die Bedeutung der zentralen Planungskörperschaften und Ministerien zu erhöhen« usw. »Finanz-, Preis- und Lohnanreize« wurden nur im Zusammenhang mit der Plandurchführung erwähnt.[108]

Weil die Rückkehr zu dem grundsätzlich zentralistischen Funktionssystem der Wirtschaft mit einer insgesamt ziemlich vorteilhaften wirtschaftlichen Entwicklung zusammentraf, preisen offizielle Kommentare – sowohl in Parteidokumenten als auch in der in der Tschechoslowakei veröffentlichten wirtschaftlichen Literatur – die Ratio der »Konsolidierungsmaßnahmen«. Diese wurde von einigen tschechoslowakischen Autoren im Ausland heftig bestritten, die betonten, daß der ursprüngliche Anstoß zur Beschleunigung

---

107 *Sbornik hlavnich dokumentu XV. sjezdu KSC* (Sammlung der wichtigsten Dokumente des XV. Parteitags der KPC), Prag 1976, S. 123 (Bericht über die Grundrichtung der wirtschaftlichen und sozialen Entwicklung der ČSSR in der Zeit von 1976 bis 1980 von Ministerpräsident *Strougal*).
108 A.a.O., S. 144.

des Wachstums (verglichen mit der ersten Hälfte der sechziger Jahre) von der Reformperiode zwischen 1966 und 1969 ausging und daß die späteren Entwicklungen, für deren Widerspiegelung in zusammengefaßten Produktionsziffern es 1975 zu früh war, eine Anzahl negativer Phänomene – gemessen an den Kosten und der Qualität des Wachstums – mit sich brachten. [109]

Bulgarien

Bulgarien gehörte nicht zu den osteuropäischen Staaten, die an der »zweiten Welle« der Wirtschaftsreformen Mitte der sechziger Jahre in einer Art wirtschaftlichen Notstandes teilnahmen: Obwohl die Wachstumsraten des Nationaleinkommens zwischen 1961 und 1965 wesentlich niedriger waren als in dem vorangegangenen Jahrfünft (6,6 % pro Jahr gegenüber 9,6 %), blieben sie relativ hoch und zeigten auch in einzelnen Jahren keine katastrophalen Einbrüche wie in der Tschechoslowakei und der DDR. Die wirtschaftliche Struktur des Landes – 1965 arbeiteten noch über 45 % der Bevölkerung in der Land- und Forstwirtschaft und erwirtschafteten dort fast ein Drittel des Nationaleinkommens – rechtfertigte kaum Schlüsse wie den, daß die »extensiven Quellen« des Wachstums erschöpft seien. Dennoch wurde von 1961 bis 1965 ein relativ langsameres Wachstum von mageren Zuwächsen der Reallöhne begleitet (weniger als 2 % pro Jahr), was auf die steigenden Kosten der Entwicklung hinweist. Der steile Anstieg der Außenhandelsabhängigkeit (der Pro-Kopf-Umsatz war 1965 fast so hoch wie in Ungarn) konnte als ein weiterer Faktor zugunsten der Einführung von Veränderungen im Funktionssystem aufgefaßt werden, wurde jedoch durch die Tatsache gemildert, daß Bulgarien den höchsten Anteil des RGW-internen Handels in Osteuropa aufwies (über 50 % des Umsatzes allein mit der UdSSR). Die Veränderungen im System der Abwick-

---

109 Vgl. u. a. *J. Kosta* und *J. Slama, Die tschechoslowakische Wirtschaft in den sechziger Jahren. Das Schicksal einer Wirtschaftsreform,* Jahrbücher für Nationalökonomie und Statistik, Band 185, Heft 6 (1971); *B. Korda, A Decade of economic Growth in Czechoslovakia (1962–73), Soviet Studies,* Vol. 28, Nr. 4, 1976.

lung des Außenhandels waren, obwohl nicht ohne eine gewisse Bedeutung, weniger ausgeprägt als in allen bisher behandelten Ländern.[110]

Damit soll nicht gesagt werden, daß die bulgarische Wirtschaft keine ernsten Probleme hatte, die auf die erkannten Defizite des zentralistischen Systems zurückgeführt werden konnten. Aber verglichen mit den meisten anderen osteuropäischen Staaten schienen die wirtschaftlichen Schwierigkeiten kleiner zu sein, und dies übte – in Verbindung mit der größeren politischen Stabilität – auf die Parteiführung anscheinend einen kleineren internen Reformdruck aus. Dies hätte günstigere Aussichten auf Veränderungen schaffen können, die nicht durch anfängliche Überdehnungen behindert waren, bedeutete aber unter den in Bulgarien existierenden Bedingungen vor allem einen größeren Spielraum für Wechsel der Politik, die sorgfältig auf diejenigen in der Sowjetunion abgestimmt waren.

Bald nach der Veröffentlichung von *Libermans* Artikel in der Prawda (1963) begann eine ziemlich umfassende und relativ offene Diskussion über das Funktionssystem der Wirtschaft. Am 4. Dezember, wiederum kurz nach der Bekanntgabe der sowjetischen Reform durch *Kossygin,* veröffentlichte »Rabotnickesko Delo« (Zentralorgan der bulgarischen KP) die »Thesen« des Politbüros zur Wirtschaftsreform, deren Umsetzung 1966 nach der Verabschiedung durch das Zentralkomitee (diese fand im April 1966 statt) beginnen sollte, öffentlich zur Diskussion.

Die »Thesen« von 1965 erneuerten die Gültigkeit des Prinzips der Branchenorganisation und erteilten der Nachahmung von *Chruschtschows Soynarkhozy*-System eine endgültige und entscheidende Absage. Die Rolle der »staatlichen Wirtschaftsvereinigungen« (DSO), die ganze Wirtschaftszweige abdeckten, sollte in dem Konzept zur Übertragung wirtschaftlicher Entscheidungen ausschlaggebend

---

110 Für einen genauen Vergleich siehe *Economic Bulletin for Europe,* Vol. 24, Nr. 1, New York 1973, insbesondere S. 44–45; *Alan A. Brown* und *Paul Marer, Foreign Trade in the East European Reforms,* in: *M. Bornstein* (Hg.), *Plan and Market* ..., a.a.O., S. 163; *Harriet Matejka, Foreign Trade Systems,* in: *Höhmann/Kaser/ Thalheim* (Hg.), *The New Economic Systems in Eastern Europe,* a.a.O., S. 449–467.

sein; in der Praxis wurde die Frage auf das Verhältnis zwischen der zentralen Ebene der Wirtschaftshierarchie (Plankommission, Ministerien) und den DSO reduziert. Spätere Entwicklungen führten Bulgarien auf dem Weg der Stärkung der Branchenvereinigungen wesentlich weiter als irgendein anderes osteuropäisches Land: Seit 1970/71 wurde die hochkonzentrierte[111] DSO im wesentlichen zur einzigen organisatorischen Einheit mit einem vollentfalteten Unternehmensstatus, als rechtliche Einheit, mit weitreichenden Rechten zur Leitung der untergeordneten Einheiten und ihrer Vertretung gegenüber Regierungsbehörden, Verteilungsvollmachten usw. Es entstanden zwei Arten untergeordneter Einheiten:

1. Tochtergesellschaften – große Fabriken oder Einheiten mit mehreren Betriebsstätten – mit einem gewissen Grad an Selbständigkeit (auch bezüglich vertraglicher Beziehungen), aber ohne einen unabhängigen rechtlichen Status;

2. Abteilungen, die voll in die Tochtergesellschaften oder in einigen Fällen direkt in die DSO eingegliedert waren.

Bezüglich des Planungssystems nahm die bulgarische Reform die sowjetischen Ideen und die in der DDR eingeführten Konzepte auf: Verbindliche Ziele und staatliche Bilanzierung verbunden mit direkter physischer Zuteilung wurden nicht vollständig abgeschafft, jedoch in ihrer Anzahl verringert. Sechs Hauptkennziffern und Auflagen mußten eingehalten werden: Die Produktionsmenge der wichtigsten Güterkategorien in materiellen Größen, die wichtigsten Vorleistungen, die Begrenzung der Kapitalinvestitionen, der Einsatz neuer Kapazitäten, Deviseneinträge aus dem Export und Devisenquoten für den Import. Die Rolle der horizontalen Beziehungen (mit anderen Einheiten auf derselben Ebene) wurde dadurch verstärkt, daß Verträge zu einer der

---

111 *Heinrich Vogel, Bulgaria* in: *Höhmann/Kaser/Thalheim* (Hg.), a.a.O., S. 213, gibt die Anzahl der DSO unter Bezugnahme auf ein Regierungsdekret vom 20. November 1970 (*Darzaven Vestnik*, Amtsblatt vom 10. Januar 1971) mit 64 an. Andere Quellen (z. B. *George R. Feiwel, Growth and Reforms in Centrally Planned Economies. The Lessons of the Bulgarian Experiment,* New York/Washington/London 1977, S. 140) beziffern die Anzahl der DSO nach 1970 auf 74–75. Welchen Grund dieses Mißverhältnis auch haben mag, der Rückgang gegenüber der Zahl 120 von 1963 ist vielsagend.

Grundlagen der Planung von unten wurden, aber Staatsaufträge hatten Vorrang, und die Pläne mußten im Konfliktfall entsprechend korrigiert werden.[112]

Das Anreizsystem basierte auf einer Größe vom Wertschöpfungstyp, dem »Bruttoeinkommen«, also auf ähnlichen Prinzipien wie denen, die zu dieser Zeit in der Tschechoslowakei angewendet und später in Polen getestet wurden. Das Bruttoeinkommen war jedoch in Fabrikpreisen definiert, was die Verbindung mit den Marktbedingungen schwächte. Zunächst wurden die Löhne weder direkt noch durch zusammengefaßte Normen begrenzt. Berechnet nach den staatlichen Lohnraten (Tarifen) und den Richtlinien, die die Einstufung in Lohngruppen betrafen (der Anteil der Stücklöhne ging weiter zurück), mußte die gesamte Lohnsumme vom Bruttoeinkommen gedeckt werden; von diesem wurden vorher festgesetzte Beträge abgezogen: eine progressive Steuer auf das Bruttoeinkommen (das Hauptinstrument zur Dämpfung unkontrollierter Lohnsteigerungen), eine Kapitalabgabe von 6% und Zuweisungen an Fonds für besondere Zwecke. Zu den letzteren gehörten der Fonds für Entwicklung und technische Verbesserungen (der aus den Abschreibungen gespeist wurde), der Fonds für neue Produkte, der kollektive Wohlfahrtsfonds und bis zu einer bestimmten Grenze der Reservefonds, aus dem Lohnzahlungen geleistet werden konnten, wenn das Bruttoeinkommen unzureichend war. Die Normen für die Zuweisungen an die Fonds für besondere Zwecke sollten nach verschiedenen Kriterien vorzugsweise für einen längeren Zeitraum festgelegt werden, von denen das wichtigste (für den Entwicklungsfonds) das Verhältnis von Gewinn und Kapital war. Der nach den satzungsmäßigen Abzügen verbleibende Rest des Bruttoeinkommens konnte für zusätzliche Lohnzahlungen genutzt werden (der variable Teil des Lohns im Gegensatz zu dem garantierten Tariflohn); die hier angewendeten Kriterien variierten – in einigen Fällen wurden komplizierte Methoden zur Messung der individuellen Erfolgsbeiträge erdacht. Die Prämien für das Manage-

---

112 Vgl. *Bogoslav Dobrin, Bulgarian Economic Development Since World War II*, New York/Washington/London 1973, S. 123.

ment mußten im allgemeinen Schema der Verteilung des verbleibenden Bruttoeinkommens enthalten sein.

Wie in anderen osteuropäischen Ländern sollte eine gewisse Dezentralisierung der Investitionen durch die Finanzierung aus dem Entwicklungsfonds und innerhalb der zentral zugeteilten Fonds durch den Übergang von direkten Haushaltszuweisungen auf Bankkredite erreicht werden.

Das entscheidende Problem der Preise wurde, zumindest im Konzept, auf ziemlich unkonventionelle Weise angegangen. Obwohl sie sich in gewissem Sinne zu einer Produktionspreisformel bekannten (durch die Einführung der Kapitalabgabe), bestanden die bulgarischen Wirtschaftler vehement auf der Nutzung der Außenhandelspreise zur Bestimmung der Preisverhältnisse auf dem Binnenmarkt (zur gleichen Zeit bestand der offizielle bulgarische Standpunkt im RGW darin, die »kapitalistischen Weltmarktpreise« zurückzuweisen und sozialistische zu finden). Realistischer war jedoch die Übernahme des Flexibilitätsprinzips in einer den tschechoslowakischen und ungarischen Reformen ähnlichen Art. Drei Preiskategorien sollten eingeführt werden: feste Preise (Produktions- und Konsumgüter von besonderer Bedeutung); Bandbreiten (Preise, die sich zwischen festgesetzten oberen und unteren Grenzen bewegen durften) hauptsächlich für Güter, die durch Vorverträge gehandelt wurden; freie Preise (die durch die Marktbedingungen bestimmt wurden) für eine Vielzahl kleiner Artikel. Es wurde beschlossen, nach einer gewissen Angleichung der Einzelhandelspreise eine Reform der Großhandelspreise durchzuführen (hierfür war ursprünglich der 1. Januar 1969 vorgesehen).

Es ist schwierig zu beurteilen, in welchem Umfang die obengenannten allgemeinen Grundsätze während der Jahre 1966 und 1967 tatsächlich verwirklicht wurden. Mit der Entscheidung für Pilotexperimente wurde die Methode der schrittweisen Einführung übernommen. In der Praxis hing dies stark vom politischen Klima ab: Für den IX. Parteitag im Mai 1967 reichte die kurze und bruchstückhafte Erfahrung aus, um die Reform als deutlichen Erfolg zu kennzeichnen. Im Lauf des nächsten Jahres richteten sich die Hauptanstrengungen darauf, die Hindernisse für die Reform aus dem Weg zu räumen. *Dobrin*[113] behauptet, daß das neue Leitungssystem 1967 bereits 70% der Industrie, die gesamte Landwirtschaft und den Autotransport sowie einen gewissen Teil des Binnenhandels umfaßte, aber dies muß zum größten Teil bloß nominal gewesen sein. Der Ton änderte sich 1968 überraschend: Auf der Plenarsitzung des Zentralkomitees der bulgarischen KP im Juli bezogen sich kritische Beurteilungen weniger auf die langsame Durchführung der Reform als auf ihren zu sehr marktorientierten Gehalt. Es gab auch einige Gründe für Kritik: Die monopolistische Stellung der DSO, die offensichtlich aus ihrem organisatorischen Aufbau herrührte, ließ keinen Raum für Wettbewerbsvorteile; die finanziellen Instrumente, die die nicht durch verbindliche Planziele abgedeckten Aktivitäten regeln sollten, wurden den Anforderungen nicht gerecht, was besonders für die an das »Bruttoeinkommen« (und zwar wie in der Tschechoslowakei an das produzierte, nicht an das verkaufte) gebundenen Löhne galt; für eine wirkliche Dezentralisierung der Investitionsentscheidungen der DSO fehlten die Voraussetzungen. All dies mußte für sich genommen nicht notwendigerweise in eine Richtung zeigen; vielfältige Interpretationen und Lösungsmöglichkeiten hätten in Betracht gezogen werden können. Aber in der damals aufgrund der tschechoslowakischen Entwicklungen herrschenden Atmosphäre des »Containment« (Eindämmung) war der Standpunkt der bulgarischen Führung absehbar: Rezentralisierung, vielleicht nicht sofort mit vollem Tempo, aber wahrscheinlich von Anfang an mit größerer Entschlossenheit als anderswo.

Die Entscheidungen des Zentralkomitees bei seiner Sitzung im Juli 1968 kamen in erweiterter Form in einem Regierungsdekret vom 6. November 1968 zum Ausdruck.[114] Das Dekret, das noch immer auf der Welle der Reformterminologie schwamm, veränderte das System in mindestens drei wichtigen Aspekten:

---

113 A.a.O., S. 135.
114 Dekret Nr. 50 des Ministerrats über »Die stufenweise Anwendung und weitere Entwicklung des neuen Systems der Wirtschaftslenkung« zitiert und diskutiert bei *H. Vogel* in: *Höhmann/Kaser/Thalheim* (Hg.), a.a.O., S. 208–211.

1. durch die Wiedereinführung der Planung »von oben«, die weitere Auslegung der Vorschriften über verbindliche Produktionsziele und die Einführung von Zuteilungsquoten;
2. durch die Einführung eines »normativen Lohnfonds« in bezug auf das Bruttoeinkommen (maximaler Lohnfonds pro 100 Lewa Bruttoeinkommen);
3. durch die Abschaffung der Kategorie der »freien Preise« und eine strenge Kontrolle der durch die DSO innerhalb der festgelegten Grenzen vorgenommenen Änderungen.

Bezüglich des letzten Punktes bedeutete dies praktisch die vollständige Rückkehr zur Festlegung aller Preise. Die wichtigste Auswirkung der Reformabsichten auf diesem Gebiet war die quantitative Anpassung der Großhandelspreise, die schließlich zu Beginn des Jahres 1971 vorgenommen wurde. Es muß festgestellt werden, daß parallel zum Rückzug von den streng wirtschaftlichen Vorhaben der Reform ein Prozeß der stufenweisen Aufgabe der Ideen für besondere Organe der Arbeitermitbestimmung am Management begann: Die im Jahre 1963 gebildeten »Produktionskomitees« erhielten nie einen unabhängigen Status, aber 1969 wurden sie auch formal (unter dem neuen Namen »Wirtschftskomitees«) dem Vorsitz des Unternehmensdirektors unterstellt, und 1971 wurde ihre Hauptaufgabe als erzieherisch definiert.[115] Die ständige Betonung der Rolle der Partei auf allen Ebenen der Wirtschaftsführung war das hervorstechendste Merkmal dieser Periode.

Die weitere Entwicklung bis zum Jahre 1975 ging im großen und ganzen durchweg in jene Richtung, die im Juli 1968 vom Zentralkomitee vorgezeichnet wurde. Das hervorragende Merkmal der organisatorischen Struktur der Wirtschaft war der wachsende Konzentrationsgrad: 1970 fand die bereits erwähnte Verminderung der Anzahl der DSO statt; sie wurde von der Errichtung einer direkten Verbindung zwischen der staatlichen Plankommission und den DSO (die Pläne standen in direkter Beziehung zueinander, nicht über die sieben beteiligten Ministerien) und der Wiedereinführung einer weiteren wichtigen obligatorischen

---

115 *Vogel*, a.a.O., S. 214.

Kennziffer, der Beschäftigungsgrenze, begleitet.[116] Auch die Banken wurden fusioniert (die Industriebank, die Landwirtschaftsbank und die Handelsbank wurden im Dezember 1970 in die bulgarische Nationalbank integriert). Aber der wohl wichtigste Konzentrationsprozeß vollzog sich in der Landwirtschaft. Im April 1970 beschloß das Zentralkomitee die Reorganisation der Landwirtschaft in große »agro-industrielle Komplexe«, die Genossenschaften, Staatsgüter und mit der Landwirtschaft als Verarbeiter oder Zulieferer verbundene Industrieunternehmen umfaßten. 1971 wurde über die Errichtung von über 100 »agro-industriellen Komplexen« berichtet und als dritte revolutionäre Umwälzung der Struktur der bulgarischen Landwirtschaft gefeiert (Kollektivierung in den frühen fünfziger Jahren, Zusammenlegung von landwirtschaftlichen Produktionsgenossenschaften 1958/59 nach der Zusammenlegung der Staatsgüter). Im Jahre 1973 wurde verkündet, daß 170 Komplexe 97% des bebaubaren Landes und 95% der Höfe in sich vereinigten.[117]

Ende 1972 wurde die Übertragung der Idee der vertikalen Konglomerate auf die Industrie auf die Tagesordnung gesetzt. Anscheinend unter dem Einfluß ähnlicher Trends in der Sowjetunion war das Konzept branchenübergreifender wirtschaftlicher Komplexe unter den bulgarischen Bedingungen eines kleinen Landes mit einer fast ausschließlich horizontal in hochkonzentrierten Einheiten organisierten Industrie schwer anwendbar. *Vogel*[118] konnte 1973 nicht sagen, inwieweit dieses Konzept tatsächlich durchgeführt wurde und wie es sich mit dem beibehaltenen DSO-System vertrug; auch der Autor dieses Buches konnte darüber zu einem späteren Zeitpunkt keine Informationen finden. Etwas, von dem angenommen werden könnte, daß es im Zusammenhang mit dem Übergang von einem branchen- zu einem endproduktbezogenen Planungsansatz stand, war die wachsende Betonung der Kybernetik und der Schaffung ei-

---

116 *Feiwel*, a.a.O., S. 140.
117 Die Bewertung stammt aus der Rede *Shiwkows* vor dem Plenum, zitiert bei *Dobrin*, a.a.O., S. 63; die Zahlen für 1973 sind aus der polnischen Wochenzeitschrift *Polityka*, Nr. 9 (1973).
118 A.a.O., S. 214.

nes automatischen Planungs- und Leitungssystems auf nationaler Ebene. Wiederum gibt es keine Hinweise, in welchem Ausmaß dies in die Praxis umgesetzt wurde und welche Ergebnisse es hatte. Einige Autoren *(Feiwel)* mutmaßen, daß die sowjetischen Planer Bulgarien in dieser Beziehung als eine Art Versuchsgebiet betrachtet haben könnten. Sicher ist auf jeden Fall, daß das Hauptanliegen der bulgarischen Führung um 1975 nicht die traditionelle Suche der Reform nach einer Kombination von zentraler Planung und Markt, sondern nach Mitteln und Wegen zur Verbesserung der Planung und Leitung der Wirtschaft durch das Zentrum war. Dies ergibt sich sehr klar aus den vom XI. Kongreß der Kommunistischen Partei Bulgariens im April 1976 beschlossenen Richtlinien für den Plan von 1976 bis 1980.[119] Programm-Ziel-Methoden der Planung und Kybernetik nehmen im Abschnitt über die »Erhöhung des wissenschaftlichen Niveaus der gesellschaftlichen Führung« eine hervorragende Rolle ein, zusammen mit Komplexbilanzen und einem nationalen System der Materialversorgung. Die Resolution verlangt nach einer Stärkung der zentralen Planung, nach einer Erweiterung der Gegenplanpraxis und danach, den Entwicklungs- und Anreizfonds von der Planerfüllung abhängig zu machen und das Hauptaugenmerk auf dem Gebiet der Preisbildung den Fabrikpreisen zu widmen.

Wie für die meisten anderen osteuropäischen Länder wäre es auch hier falsch, den Eindruck zu erwecken, daß das Funktionssystem der bulgarischen Wirtschaft sich völlig im Kreis gedreht hätte und zum Ausgangspunkt zurückgekehrt wäre. Sowohl in bezug auf die staatliche und genossenschaftliche Wirtschaft als auch in bezug auf private wirtschaftliche Aktivitäten[120] war der Grad der behördlichen Kontrolle zum Ende des erörterten Zeitraums weniger umfassend als auf dem Höhepunkt des Zentralismus. Im gleichen Ausmaß, wie die Ideen der Dezentralisierung und

---

119 »*Osnovni Nasoki na XI Kongres na BKP za obscestveno-ekonomicheskato razvitije na Narodna Respublika Bulgaria prez Sedmata Petiletka (1976–1980g)*« (Hauptrichtlinien des 11. Parteitags der BKP zur sozialen und wirtschaftlichen Entwicklung der Volksrepublik Bulgarien während der Zeit des 8. Fünfjahresplans 1976–1980), in: *Rabotnichesko Delo*, Nr. 98, 7. April 1976.
120 Vgl. oben den Abschnitt über den sozialistischen und privaten Sektor.

Marktorientierung verworfen wurden, stieg das Ansehen Bulgariens im osteuropäischen Lager.

Rumänien

Um 1965 stellte sich der wirtschaftliche und soziale Rahmen für institutionelle Änderungen in Rumänien ähnlich dar wie bereits für Bulgarien beschrieben, wobei vielleicht einige Elemente noch stärker ausgeprägt waren. Die Wachstumsraten im vorhergehenden Jahrzehnt waren genauso gut, und das Wachstum beschleunigte sich (im Gegensatz zu Bulgarien) im zweiten Planjahrfünft. Die offizielle Wachstumsrate der Reallöhne war niedriger als in der Zeit von 1956 bis 1960, aber immer noch relativ ansehnlich und höher als in Bulgarien. Auch der Anteil der landwirtschaftlichen Bevölkerung war höher als in Bulgarien, und dies ließ – trotz einer zeitweiligen Verringerung des Wachstums der arbeitsfähigen Bevölkerung – die Aussicht auf eine Erschöpfung der extensiven Wachstumsfaktoren ziemlich abwegig erscheinen. Daher war der rein wirtschaftliche Reformdruck wohl noch schwächer als in Bulgarien. Andererseits gab es auch keine politischen Gegenfaktoren: Außenpolitisch war eher die Unterscheidung von der Sowjetunion als ihre Nachahmung die Losung des Tages, und innenpolitisch schien der autokratische Zugriff der Parteiführung nicht bedroht und benötigte daher auch keinen reformistischen Deckmantel. Der neue Parteiführer *Ceaucescu*, der sich 1965 gegen *Gheorgiu-Dej* durchsetzte, legte recht bald eine erstaunliche Dynamik an den Tag, die sich aber kaum auf eine Übertragung wirtschaftlicher Entscheidungen richtete oder dem unberührten zentralistischen System irgendwelche Elemente eines Marktmechanismus aufzwang.[121] Seine Hoffnungen auf

---

121 Wie *J. M. Montias* in seinem Buch *Economic Development in Communist Rumania*, Cambridge (Mass.) 1967, das den Zeitraum bis einschließlich 1965 abdeckt, zu Recht bemerkt, »blieb die Planung in Rumänien streng zentralisiert. Sie unterscheidet sich heute nicht wesentlich von dem System, das sich in den frühen fünfziger Jahren in Polen, Ungarn und der Tschechoslowakei durchsetzte ... Rumänien und Albanien sind die einzigen kommunistischen Länder Europas, die in den vergangenen Jahren nicht mit irgendwelchen bedeutenden Dezentralisierungsmaßnahmen experimentiert haben« (S. 1–2; eigene Übersetzung).

eine schnelle Modernisierung der rumänischen Wirtschaft, vor allem der Industrie, beruhten zum größten Teil auf kreditierten Importen westlicher Technologie, einschließlich einer Anzahl schlüsselfertiger Fabriken.

In dem strengen Sinne, in dem der Ausdruck »Wirtschaftsreform« in dieser Studie bis jetzt benutzt wurde, gibt es nahezu keinen Fall, auf den er in Rumänien anzuwenden wäre. Es ist wahr, daß – wie viele Beobachter der institutionellen Entwicklung Rumäniens schließen [122] – dort seit 1967 häufige und ausgedehnte Veränderungen stattfanden, aber sie bezogen sich vorwiegend auf die (mitunter bedeutende) Modifizierung der Art, in der die zentrale Kontrolle ausgeübt wurde, und auf Versuche zur Verbesserung der Instrumente dieser Kontrolle. Natürlich wäre es übertrieben zu behaupten, daß in der Zeit von 1966 bis 1975 keine einzige Maßnahme über das zentralistische System hinausging, aber der allgemeine Eindruck stimmt doch gut mit der obigen Charakterisierung überein. [123] Nachfolgend wollen wir – soweit möglich in chronologischer Reihenfolge – kurz die wichtigsten Veränderungen der wirtschaftlichen Institutionen untersuchen.

Die Direktiven zur »Verbesserung der Leitung der Volkswirtschaft« vom Oktober 1967 werden gewöhnlich als Ausgangspunkt des Prozesses angesehen. [124] Einige Veränderungen im Leitungssystem der Landwirtschaft begannen schon früher, wir widmen unsere Aufmerksamkeit hier aber der staatlichen Industrie. Die »Direktiven« brachten unmißverständlich zum Ausdruck, daß ein Übergang von der direkten Zielplanung auf irgendeine Art parametrisches System

---

122 Vgl. insbesondere *Iancu Spigler, Economic Reform in Rumanian Industry*, London 1973, und *Michael Kaser, Romania* in: *Höhmann/Kaser/Thalheim* (Hg.), *The New Economic Systems of Eastern Europe*, a.a.O.

123 *David Granick (Enterprise Guidance in Eastern Europe. A Comparison of Four Socialist Economies*, Princeton 1975), schreibt 1973, daß »die rumänische Industrie zentralistischer verwaltet wird als die der anderen beiden RGW-Mitglieder, die wir untersuchen werden (Ungarn und die DDR)« und fügt ziemlich kategorisch hinzu, daß »eine Analyse der rumänischen Industrieverwaltung den Kräften der Dezentralisierung und der Reform nur geringe Beachtung zu schenken braucht« (S. 30–31, eigene Übersetzung).

124 Vgl. *Iancu Spigler, Economic Reform in Rumanian Industry*, London 1973, Kapitel 1. Hinweise auf rumänische Quellen stammen, soweit nicht anders vermerkt, aus diesem Buch.

nicht beabsichtigt war: »Der Plan muß Kennziffern sowohl für den staatlichen wie für den genossenschaftlichen Sektor aufstellen. Jede Tendenz, Wirtschaftssektoren aus der Planung herauszulösen, ist zerstörerisch, kann Ungleichgewichte hervorrufen und führt in die Produktion, den Absatz und die Verteilung anarchistische Marktelemente ein.«[125] Man unternahm einen Versuch zur Stärkung des Fünfjahrplans, der fortlaufend aktualisiert werden sollte, um die notwendigen Anpassungen mit einer Art mittelfristiger Perspektive zu verbinden, aber die Methoden der Planung und Plandurchführung blieben grundsätzlich dieselben: die Anzahl der verbindlichen Ziele (mit der Bruttoproduktion als Hauptkennziffer), die stoffliche Zuteilung der Inputs, die Verbindung zwischen Planerfüllung und Entlohnung, die strenge Kontrolle der Investitionen usw. Die Fünfjahrpläne wurden in jährliche Operationspläne unterteilt und diese wiederum in Vierteljahres- und Monatsabschnitte. Recht häufig wurden die Jahreskennziffern im Verlauf des Jahres Änderungen unterzogen, was »zum großen Teil erklärt, warum nur ein kleiner Teil der Operationseinheiten seine wichtigsten Plankennziffern nicht erfüllt«.[126] Bis 1970 bestand die einzig fühlbare Lockerung des starren Planungs- und Zuteilungssystems in der Verminderung der zentral zugeteilten Konsumgüter auf 170.

Im Oktober 1969 wurde eine grundlegende organisatorische Reform durchgeführt, die Bildung von Industrievereinigungen (*centrala* – im Singular). Die »Direktiven« von 1967 verstanden die *centrala* offensichtlich als eine der seltenen Formen der Übertragung wirtschaftlicher Autorität: Sie sollten (zumindest in großzügiger Auslegung) zu großen selbständigen Wirtschaftseinheiten werden, die auf kommerzieller Basis arbeiten und der Kontrolle eines Industrieunternehmens hauptsächlich in aggregierter Form unterstehen. Obwohl das Modellstatut der *centrala* (April 1969) die Grundideen der »Direktiven« wiederholte, war die tatsächliche Gestalt der im Oktober gebildeten *centralas* die eines

---

125 *Spigler*, a.a.O., S. 35.
126 *Granick*, a.a.O., S. 98. »Die zweite Erklärung ist, daß die ursprünglichen Planziele nicht auf einem besonders anspruchsvollen Niveau festgelegt wurden.« (A.a.O., eigene Übersetzung.)

Bindegliedes auf der Verwaltungsleiter zwischen Ministerium und Unternehmen.[127] In gewisser Weise ersetzten sie die Branchendirektorate der Ministerien und hatten damit wahrscheinlich einigen Erfolg, wenn nicht aus anderen Gründen, so wenigstens wegen der größeren räumlichen Nähe des Hauptquartiers zu den Unternehmen. Alles in allem wurden im Jahre 1969 207 *centralas* unterschiedlicher Größe, unterschiedlicher Verschmelzungsgrundsätze (zumeist horizontal, aber auch vertikal) und mit unterschiedlichen Beziehungen zwischen den *centralas* und den sie konstituierenden Unternehmen gegründet:

1. Vereinigungen von Unternehmen, die eine rechtliche und wirtschaftliche *(Khozraschet-)* Einheit blieben;
2. Gruppierungen um ein führendes Unternehmen, dessen Management auch zum Management der *centrala* wurde (die Mitgliedsunternehmen hatten in den meisten Fällen begrenzte gesetzliche und wirtschaftliche Rechte);
3. Volle Integration in eine einzige Einheit, wodurch frühere Unternehmen praktisch zu Unternehmensteilen wurden.

Das neue Gesetz über die Organisation und Leitung staatlicher sozialistischer Einheiten (Oktober 1971) vergrößerte die Autonomie der *centrala* kaum, konnte aber dazu beitragen, ministerielle Willkür durch die Kodifizierung einiger Regeln und Finanzierungsquellen zu zügeln. Im Jahre 1974 wurde die Anzahl der *centralas* auf 102 reduziert und ihre Struktur vereinheitlicht: horizontale Einheiten, deren konstituierende Unternehmen (auch weniger als vor 1969) ihren früheren gesetzlichen und wirtschaftlichen Status zurückerhielten.[128]

Bedenkt man das Fehlen echter wirtschaftlicher Selbständigkeit, so kann es nicht überraschen, daß das 1968 eingeführte und 1971 eingeschränkte System der Arbeiterbeteiligung an der Unternehmensführung nicht viel mehr als eine Formalität blieb. Auch auf der Ebene der *centrala* wurden kollektive Leitungsgremien gebildet, deren vom Ministerium ernannte Mitglieder praktisch eine beratende Funktion

---
127 Vgl. *Spigler*, a.a.O., S. 66/67.
128 *Kaser*, a.a.O., S. 183.

ausübten. Der kleinere Verwaltungsrat (fünf bis neun Mitglieder) konnte sich wirkungsvoller in die Aktivitäten des Generaldirektors einschalten, definitionsgemäß jedoch nur innerhalb der strengen Grenzen der Planung und Kontrolle von oben.

Im Jahre 1970 entstand nach einigen Jahren begrenzter Experimente ein neues Anreizsystem. Die Grundidee war – in den fünfziger Jahren von anderen osteuropäischen Ländern häufig versucht –, den sogenannten variablen Teil der Vergütungen auf ein Minimum zu reduzieren, indem man die bestehenden Prämien, Stücklohnzuschläge usw. in die geplanten Grundlöhne und Gehälter integrierte und nach Tarif auszahlte. Die Normen und andere standardisierte Aufgabenbeschreibungen wurden dementsprechend angehoben und Stücklöhne überall dort angewandt, wo dies technisch möglich war. Im Ergebnis überstieg der Anteil des Grundlohns am gesamten Einkommen überall 90%, verglichen mit etwa 75% zuvor.[129] Um die Bindung an das Gesamtergebnis der jeweiligen organisatorischen Einheit zu stärken, wurde ein ziemlich einzigartiges (oder einzigartig hartes) System von Strafen für die Nichterfüllung von Plänen eingeführt. Abgesehen von den Akkordarbeitern (deren Produktionsnormen als ihr Plan angesehen wurden) wurden die Zahlungen an jedermann gekürzt, dessen organisatorische Einheit ihren Plan nicht erfüllte (Untereinheiten innerhalb eines Unternehmens, Unternehmen, *centralas* und selbst Ministerien). Die Plankennziffern, die einer Planerfüllung entsprachen, wurden für jeden Typ wirtschaftlicher Einheit besonders festgelegt und bestanden aus einer einzigen oder aus verbundenen Aufgaben. Die Strafe für Arbeiter und Angestellte betrug 1% für jedes Prozent unter dem Plansoll (maximal jedoch 20% Abzug) und für das Führungspersonal 4% für jedes Prozent unter dem Plansoll (maximal 30% Abzug). Die Bewertung fand monatlich statt, und es bestand eine Möglichkeit, einen Teil des Abzugs zurückzuerhalten, wenn der Rückstand aufgeholt wurde (90% des Abzugs für die Aufholung im ersten Monat, 80% während desselben Quartals, 70% im Laufe des Jahres).[130] Die mei-

---

129 Vgl. *Spigler*, a.a.O., S. 99; *Granick*, a.a.O., S. 102.
130 *Granick*, a.a.O., S. 104.

sten anderen Strafen (für die Nichterfüllung vertraglicher Pflichten, Verschwendung usw.) sollten von den Vergütungen der verantwortlichen Arbeiter abgezogen werden, wobei der Manager dafür haftete (mit bis zu drei Monatsgehältern), wenn ein Abzug bei den Arbeitern durch seine Schuld unterblieb.

Gleichzeitig mit der Einführung des neuen Vergütungssystems wurde ein nationales Modell kleiner gewinnabhängiger Prämien eingeführt.[131] Der Prämienfonds *(gratificatii)* wurde unter der Bedingung als Prozentsatz des realisierten Gewinns festgelegt, daß eine Anzahl von Planzielen, einschließlich des Gewinnplans, erfüllt würden. In bezug auf den letzteren sollte der Prämienfonds für jedes Prozent unter 98 % des Plansolls um 2 % gekürzt werden, und in bezug auf andere Kennziffern betrug der Abzug 1 % für jede von ihnen, ohne eine Belohnung für die Planübererfüllung. Das relative Gewicht der Prämie (von der 75 % am Jahresende ausgezahlt werden mußten) war zu vernachlässigen: 2–3 % des Durchschnittslohns in den frühen siebziger Jahren, ohne Hinweise auf eine spätere Steigerung. Die gesamte Belegschaft hatte Anspruch auf diese Prämie. Dem Topmanagement stand darüber hinaus jedoch noch eine Prämie aus einem Ministerialfonds zu, die nach dem Ermessen des Ministers gezahlt wurde und im Durchschnitt (in den von *Granick* untersuchten Ministerien) zwischen 4 und 9 % des jährlichen Gehalts betrug.[132]

Das Jahr 1970 brachte auch Änderungen im System der Finanzplanung und im Bankwesen. Diese Veränderungen wurden mitunter als »der wichtigste Fortschritt der rumänischen Praxis in Richtung auf einen kontrollierten Markt«[133] bezeichnet. Im Vergleich mit anderen Aspekten des rumänischen Wirtschaftsmechanismus war dies wohl zutreffend. Das Ergebnis der Reform der öffentlichen Finanzen 1970 war höchstwahrscheinlich eine Stärkung der finanziellen Kennziffern in der Industrie. Absolut bedeutete dies jedoch nicht viel: Die finanziellen Kennziffern wurden wie früher geplant und auf die Ebenen der organisatorischen Hierar-

---

131 Dekret des Ministerrats vom 19. Februar 1970.
132 *Granick*, a.a.O., S. 105/106.
133 *Kaser*, a.a.O., S. 189.

chie als obligatorische Ziele – die mit allen anderen verbindlichen Elementen des Plans, in erster Linie den stofflichen Zielen, abgestimmt waren – aufgegliedert. Die finanziellen Aspekte des Plans blieben daher ein passiver Reflex der von oben erhaltenen Direktiven. Das System der Umsatzsteuer einschließlich der 1970 eingeführten sogenannten Regulierungssteuer schöpfte die Differenz von Fabrik- und Großhandelspreisen ab und isolierte die finanzielle Lage der Unternehmen weiterhin von den wie auch immer definierten Marktbedingungen. Formal stieg der Anteil des von den Unternehmen einbehaltenen Gewinns von 10 % im Jahre 1969 auf 40 % 1973, aber erstens bedeutete die Einführung der Regulierungssteuer, daß die Gewinne einen kleineren Anteil des gesamten finanziellen Zuwachses (Gewinn plus Umsatzsteuer plus Regulierungssteuer) ausmachten, und zweitens wurden die einbehaltenen Gewinne von den höheren Ebenen (einschließlich des Finanzministeriums) recht streng auf verschiedene Ausgabekategorien festgelegt. Insbesondere gab es nahezu keine Möglichkeit, außerhalb des Plans zu investieren, sowohl weil die finanziellen Mittel, die den *centralas* verblieben, zur Finanzierung zentralgeplanter Projekte genutzt wurden, als auch weil man bei der Materialversorgung auf Zuteilungen angewiesen war. *Granick* schätzte, daß in Wahrheit nicht mehr als 2 % der gesamten Industrieinvestitionen in der Zeit von 1970 bis 1972 durch die *centralas* getätigt wurden, und er erwartete auch nicht, daß dieser Anteil bis zum Jahre 1975 die 3-%-Marke überschreiten würde.[134] Bankkredite, die nirgendwo in Osteuropa und ganz sicher nicht in Rumänien als gleichbedeutend mit einer echten Dezentralisierung von Investitionsentscheidungen betrachtet werden können, beliefen sich im Jahre 1970 auf weniger als 5 % der gesamten Investitionsausgaben. Dies bedeutet, daß über 80 % der Investitionen durch direkte Haushaltszuschüsse finanziert wurden, selbst wenn man die Fonds, die formal in den *centralas* belassen wurden, berücksichtigt.

Die zweite Hälfte der hier betrachteten Periode brachte bedeutende Änderungen in der Organisation des Außenhan-

---

134 *Granick*, a.a.O., S. 75.

dels. Im Falle Rumäniens wurde dies nicht nur mit allgemeinen Überlegungen über die wachsende Rolle des Außenhandels und der Notwendigkeit einer Steigerung der Exportleistung begründet, sondern auch mit dem Wunsch, eine unabhängigere Stellung im Ost-West-Verhältnis einzunehmen. Der zuletzt genannte Punkt wurde sowohl durch die ursprüngliche Ablehnung unterstrichen, im Jahre 1970 der Internationalen Investitionsbank des RGW beizutreten (Rumänien wurde erst ein Jahr später Mitglied), als auch durch den Beitritt nicht nur zum GATT (1971), sondern auch zum IWF (1972 als einziges osteuropäisches Mitglied).

In Verbindung mit der überwiegenden Tendenz, die zentralistischen Prinzipien der Wirtschaftsführung beizubehalten, veränderte die im März 1971 eingeführte Reform des Außenhandelssystems [135] die organisatorische Form der Außenhandelsgeschäfte, brachte aber bei der Planung und im wirtschaftlichen Verhalten auf diesem Gebiet nur wenig Änderungen. Die wichtigste Neuerung war die Übertragung der direkten Exporttätigkeit vom Außenhandelsministerium auf die Industrieministerien: Im Jahre 1968 wurden in Rumänien von 22 Unternehmen Außenhandelsgeschäfte getätigt, die alle dem Außenhandelsministerium unterstellt waren. Im Jahre 1972 stieg die Gesamtzahl dieser Unternehmen auf 56, von denen 29 den Industrieministerien unterstellt waren (23 von ihnen direkt den *centralas*). [136] Die dem Außenhandelsministerium unterstellten Körperschaften befaßten sich seitdem hauptsächlich mit Importgeschäften oder betätigten sich auf Kommissionsbasis als Agenten für industrielle Exporteure. Einige *centralas* erhielten bald das Recht, sich direkt im Außenhandel zu engagieren, und bis 1973 wuchs die Zahl der rumänischen Außenhandelsorganisationen auf 76. [137] Diese neuen Regelungen brachten vor allem beim Export eine Annäherung von Industrie und Außenhandelstätigkeit. Ansonsten blieb das System der Planung des Außenhandels streng zentralistisch. Auf der Ex-

---

135 Gesetz Nr. 1 vom 17. März 1971 »über den Außenhandel und die wirtschaftliche und technisch-wissenschaftliche Zusammenarbeit in der Sozialistischen Republik Rumänien«, Offizielle Bekanntmachung Teil I, 33, 1971.
136 *Economic Bulletin for Europe,* Vol. 24, Nr. 1, a.a.O., S. 37.
137 *Granick,* a.a.O., S. 82.

port- wie auf der Importseite wurde der größte Teil des Handels vom Plankomitee direkt nach Artikeln und Ländern festgelegt, und der Rest (ca. 20% des Gesamtvolumens) wurde unter individuell vom Außenhandelsministerium vergebenen Lizenzen abgewickelt. Bis zum Jahre 1974 wurden Einkünfte aus Außenhandelsgeschäften praktisch vollständig durch das System des »Preisausgleichs« kanalisiert: Obwohl Zuflüsse aus Exporten formell in die Binnenwährung umgerechnet wurden (zu einem einzigen offiziellen Wechselkurs), wurde die Differenz zwischen diesem Ergebnis und dem Binnenmarktpreis nahezu vollständig durch den Staatshaushalt aufgezehrt oder rückvergütet; ein ähnliches Verfahren galt für die Importe. Das Gesetz von 1971 enthielt keinerlei Vorschriften über eine formelle »Einbehaltungsquote« für die Deviseneinnahmen der Industrie, aber anscheinend wurde die Exportleistung (oder das Potential) bei der Zuteilung von Devisenquoten für Importe berücksichtigt. Das Gesetz von 1971 eröffnete zusammen mit den dazugehörigen Durchführungsbestimmungen vom November 1972 den Weg für die Errichtung gemischter Gesellschaften mit einem ausländischen Kapitalanteil von bis zu 49%; vier gemeinsame Gesellschaften wurden bald darauf errichtet.

1974 wurden weitere Schritte unternommen, die von einigen Analytikern als recht bedeutsam für eine wirkliche Übertragung von Außenhandelsoperationen angesehen wurden[138]:

1. Die Wechselkurse wurden angepaßt (inoffizielle Abwertung) und nach dem westlichen konvertiblen und dem Rubelwährungsgebiet differenziert;

2. Planziele und Subventionen wurden weniger individualisiert (besonders im Export, wo anstatt einzelner Arikel das Unternehmen als solches subventioniert oder besteuert wurde);

3. vom 1. Januar 1974 an wurden Zolltarife eingeführt; diese Maßnahme verträgt sich mit einer Lockerung der behördlichen Kontrollen, obwohl sie in Rumänien nur in

---

138 *Harriet Matejka, Foreign Trade Systems*, in: *Höhmann/Kaser/Thalheim* (Hg.), a.a.O., S. 457 und 464–466.

sehr begrenztem Maßstab (lediglich für einige Güter westlichen Ursprungs) angewandt wurde;

4. es wurde eine Einbehaltungsquote eingeführt (ein Teil der überplanmäßigen Deviseneinnahmen blieb zur Verfügung der Exportorganisationen).

All diese Maßnahmen waren weit davon entfernt, das System der zentralistischen Kontrolle und Zielplanung zu beeinträchtigen, setzten aber erste Zeichen für eine Erprobung der Möglichkeiten eines eher parametrischen Zugangs zum Außenhandel, indem sie zumindest gewisse Zusammenhänge zwischen der finanziellen Situation des einheimischen Unternehmens und den Weltmarktpreisen herstellten.

Dies führt uns zum Thema der Preise im allgemeinen. Das rumänische Preissystem war äußerst starr:

1. Alle Preise (die offiziellen, also ohne den privaten Umsatz) wurden von den zuständigen staatlichen Behörden mit dem staatlichen Preiskomitee an der Spitze festgesetzt;
2. Preisanpassungen (»Preisreformen«) waren in Rumänien seltener als in irgendeinem anderen osteuropäischen Land: 1955, 1963, 1974; dies bedeutete, daß der Graben zwischen den wirtschaftlichen Bedingungen und dem Niveau der Preise wie auch der Preisrelationen enorm anwuchs, was auch immer die ursprüngliche Preisformel gewesen war.[139]

Berücksichtigt man, daß der offizielle Index der Einzelhandelspreise eine wahrhaft wundersame Stabilität zeigte (1975 gegenüber 1965 104, gegenüber 1960 106 – übertroffen nur von der DDR und der UdSSR), konnte der Index aller Preise in Rumänien wohl für sich in Anspruch nehmen, der

---

[139] Dies war unter anderem der Grund für die Einführung der oben erwähnten sogenannten Regulierungssteuer. Im Jahre 1963 waren die in den Transaktionen zwischen staatlichen und genossenschaftlichen Unternehmen verwendeten Großhandelspreise von zweierlei Art: Fabrikpreise (durchschnittliche Produktionskosten der Branche zuzüglich einer Gewinnspanne) und Industriegroßhandelspreise (Fabrikpreise plus Umsatzsteuer). Im Laufe der Zeit stieg die Gewinnspanne in einigen Fällen so weit über die übliche Norm von 10 % – u.a. weil dem Gesamtwert des gebundenen Kapitals keine Beachtung geschenkt wurde –, daß 1970 eine Zwischenkategorie von Preisen (»Verrechnungspreise«) eingeführt wurde, wobei die Regulierungssteuer die Differenz zwischen dem neuen Verrechnungspreis und dem alten Fabrikpreis aufsog.

niedrigste in Europa zu sein ... Die Preisrevision wurde lange durchdacht (seit der Verabschiedung der »Direktiven« 1967) und schließlich im Januar 1974 ohne eine Veränderung des Niveaus der Großhandelspreise, aber mit gewissen Veränderungen der Preisrelationen zwischen den Sektoren, die sowohl durch eine Korrektur der wachsenden Spannungen als auch durch eine Verbindung (mit Ausnahmen) der Gewinnspanne mit dem Kapital zustande kamen, durchgeführt. Die Außenhandelsopportunitätskosten von Grundstoffen wurden angeblich ebenfalls berücksichtigt. Bei den offiziellen Einzelhandelspreisen folgten keine Änderungen. Auch das System der Preiskontrolle blieb im Grunde unverändert. Ein kurzlebiges Experiment mit einer gewissen Flexibilität bei der Preisbildung von Obst und Gemüse wurde im März 1969 nach neun Monaten beendet. Im ersten Teil des Jahres 1974 machten sich Anzeichen einer wachsenden Knappheit bei den wichtigsten Verbrauchsgütern bemerkbar. 1975 wurden die Mieten (außer für die am schlechtesten bezahlten Arbeiter) und die Preise für einige Verbrauchsgüter und Dienstleistungen erhöht, was angeblich durch den Rückgang der Lebenshaltungskosten mehr als ausgeglichen wurde. Im Herbst 1975 kündigte die Parteiführung offiziell eine Verbesserung der Versorgung bei 22 Hauptnahrungsmitteln (einschließlich Zucker, Fleisch und Speiseöl) an und appellierte an die Bevölkerung, Hamsterkäufe zu unterlassen.

Albanien

Im Falle Albaniens scheint es nicht nur ungerechtfertigt zu sein, die institutionellen Veränderungen des Jahrzehnts zwischen 1966 und 1975 »Wirtschaftsreform« zu nennen, sondern auch, sie nur in diesem Zusammenhang zu behandeln, um den Eindruck zu vermeiden, daß wir hier einfach einen weiteren Aspekt derselben Sache präsentieren. Erstens war der wirtschaftliche, soziale und kulturelle Standard Albaniens um 1965 wesentlich niedriger als in irgendeinem anderen Land Osteuropas (von einigen Regionen abgesehen), und daher waren auch die zu lösenden Probleme ziemlich einmalig. Zweitens belegten besondere innere und äußere

Umstände die Wirtschaftspolitik der albanischen Führung mit einer äußerst starken ideologischen Färbung – mit allen damit verbundenen gewaltsamen Verwerfungen und großen Worten. Drittens schrumpfte die Menge relativ objektiver Informationen über die albanische Wirtschaft in diesem Jahrzehnt zusammen, was es, zusammen mit dem vorigen Punkt, schier unmöglich macht, die wahre Bedeutung der meisten institutionellen Veränderungen auf dem ziemlich komplizierten Gebiet des Funktionssystems der Wirtschaft zu bewerten. Dies erklärt, warum wir uns hier auf die bloße Aufzählung einiger Maßnahmen die konkret genug erscheinen, um keine Verwirrung zu stiften, beschränken wollen. Die beiden einzigen Quellen sind Papiere von *Michael Kaser* und *Adi Schnytzer*.[140]

Die erste Gruppe von Änderungen betraf das Eigentum an Produktionsmitteln. Die übriggebliebenen privaten Bauernhöfe (1966 11 % aller Höfe) wurden im April 1967 kollektiviert. Ein Versuch, das private Hofland in den genossenschaftlichen und Staatsgütern völlig abzuschaffen, war anscheinend nicht erfolgreich, aber die Größe dieses Landes wurde durch ein Dekret vom 15. Juli 1971 auf 300 qm reduziert. Ein Anstieg der Aufkaufpreise für landwirtschaftliche Produkte wurde teilweise als Ausgleich für das entgangene Einkommen aus privaten Flächen angesehen. Durch dasselbe Dekret vom 15. Juli 1971 wurde der sogenannte »höhere Typ der landwirtschaftlichen Genossenschaft« geschaffen, ein Mittelding von Genossenschaft und Staatsunternehmen: Der Staat wurde in dem Maße Miteigentümer, in dem Investitionen aus dem Staatshaushalt bestritten wurden. Die Arbeiter-Mitglieder wurden nicht nach Arbeitstagen (wie in normalen Genossenschaften), sondern vierzehntägig nach Normerfüllung bezahlt (90 %, der Rest wurde am Ende des Jahres ausgezahlt, wenn der Plan erfüllt wurde). Jede Genossenschaft höheren Typs wird ausschließlich von einer ihr zugeordneten staatlichen Maschinen-Traktoren-Station bedient. 1976 produzierten die Genossenschaften

---

140 *Michael Kaser*, Albania in: *Höhmann/Kaser/Thalheim* (Hg.), a.a.O.; *Michael Kaser* und *Adi Schnytzer*, *The Albanian Economy from 1945 to the 1980 Plan*, in: *East Europe post-Helsinki*, compendium of papers presented to the Joint Economic Comittee of the U.S. Congress, 1977.

dieses Typs auf 23 % des bebaubaren Landes 25 % des Getreides und über die Hälfte des im gesamten genossenschaftlichen Sektor produzierten Reises und der Baumwolle. Die handwerklichen Genossenschaften wurden im Mai 1969 vollständig verstaatlicht.

Wandlungen im Funktionssystem der staatlichen Industrie, die seit 1959 in voller Übereinstimmung mit dem sowjetischen System der *Stalin*periode geführt wurde, sollen angeblich 1966 begonnen haben, nach einer Kritik der wirtschaftlichen Leistung durch hohe Stellen und nicht näher ausgeführten »Unruhen von 1965 bis 1966«. Albanische Wirtschaftswissenschaftler beschrieben diese Veränderungen unter Bezug auf die unveröffentlichte Entscheidung Nr. 15 vom Februar 1966 »über die Grundprinzipien der Methode der Planung« als auf Vereinfachung und Dezentralisierung gerichtet. In diesem Zusammenhang wurde die Verringerung der Plankennziffern von 550 auf 77 erwähnt, ohne sie jedoch näher auszuführen. Es hatte den Anschein, als habe diese Verringerung dem Ministerrat die Aufgabe überlassen, den nationalen Plan in stärker zusammengefaßten Form zu formulieren (daher die Verringerung der Planziele), wobei die Aufschlüsselung des Plans an die Ministerien und/oder an die Exekutivkomitees der Bezirksräte delegiert wurde. Diese Auslegung könnte die ansonsten unglaubhafte Information erklären, daß Beschäftigung, Lohnfonds und Investitionsbegrenzungen aus dem Plan verschwanden. Die Beschreibung des Vorgangs der Planaufstellung läßt keinen Zweifel daran, daß – ungeachtet einer gewissen Vereinfachung – die Macht der Zentrale, alle wichtigen Ziele und Auflagen durchzusetzen, voll erhalten blieb.

Die Modifikationen des Wirtschaftssystems waren im »offenen Brief« des Zentralkomitees (März 1966) enthalten, der den Beginn einer politischen Kampagne signalisierte. Diese Kampagne wurde jedoch bald durch die Nachahmung der im August desselben Jahres begonnenen chinesischen Kulturrevolution überholt. Der V. Parteitag konzentrierte seine ganze Aufmerksamkeit auf die weiten Fragen der »Kulturrevolution«. Aus der Sicht unseres Themas lag deren Bedeutung in der praktischen Abschaffung ordentlicher organisatorischer Maßnahmen zugunsten einer Kampagne gegen materielle Anreize und technokratisches Management. Der erste Aspekt führte anscheinend zu einer gewissen Reduzierung der Managergehälter und der Differenzen im allgemeinen, der zweite zur Einführung unterschiedlicher Formen der Arbeiterkontrolle über das Management, beginnend mit stärker institutionalisierten Körperschaften und endend mit Ad-hoc-Vereinbarungen unter der Parole »Rot sein ist wichtiger als Experte sein«.

Das Ende der chinesischen Kulturrevolution bedeutete die Rückkehr zu den Problemen des Wirtschaftssystems in Albanien, die durch lautstarke Kritik von recht widersprüchlichem Charakter begleitet wurde. Einerseits wurde die übermäßige Zentralisierung für die mangelnden wirtschaftlichen Erfolge verantwortlich gemacht, andererseits wurden die übermäßigen Investitionen als Ergebnis der Dezentralisierung und der Abschaffung der Bankenkontrolle gebrandmarkt. Weil seit der Kulturrevolution sogar die jährlichen Planerfüllungsberichte nicht mehr veröffentlicht wurden, ist es kaum möglich, die tatsächliche Lage herauszufinden. Die X. Plenarsitzung des Zentralkomitees der Partei (Juni 1970) schien jedoch einige Fortschritte auf der Linie von 1966 in Gang gebracht zu haben: Die Zahl der Plankennziffern wurde diesmal auf ganze 36 reduziert (wieder ohne eine Auflistung in veröffentlichten Dokumenten). Es gab auch eine gewisse Umorientierung in Richtung auf die direkte Unterstellung kleiner Unternehmen unter die örtlichen Behörden; 20% der Unternehmen befanden sich 1960 unter örtlicher Aufsicht und 40% 1969, mit einem 30%igen Anteil an der Produktion. Im selben Jahr wurden neue Großhandelspreise eingeführt, ohne daß man von der traditionellen Methode irgendwie abwich (der Gedanke, den Gewinn mit dem Kapital zu verknüpfen, wurde verworfen), und ohne eine Lockerung der behördlichen Methoden der Preissetzung. Offenbar suchte die Parteiführung auch in der mathematischen Ökonomie nach neuen Mitteln, die Arbeit des zentralen Planungsapparats zu verbessern.[141] Ob derartige Versuche in Albanien irgendeine Grundlage hatten, kann nicht genau gesagt werden. Ebenso ist es unmöglich, das

---

141 Vgl. *Enver Hoxha* auf dem VI. Parteitag im November 1971: »Es müssen Versuche übernommen werden, neue Methoden auf der Basis der Mathematik, der

wirkliche Ausmaß und die Folgen der obengenannten Änderungen zu bestimmen, obwohl der 1975 einer Säuberung zum Opfer gefallene Vorsitzende der albanischen Plankommission beschuldigt wurde (auf dem VII. Parteitag im November 1976), danach zu streben, »die Prinzipien der sozialistischen Planung zu entstellen ... und unsere Wirtschaft auf den Kurs der revisionistischen Selbstverwaltung zu bringen«.

Nicht erwähnt wurde die Organisation des Außenhandels, der bis 1961 durch große wirtschaftliche Hilfe von der Sowjetunion und danach von China gekennzeichnet war. Anscheinend fanden im Außenhandelssystem gegenüber den von Albanien Ende der vierziger Jahre angenommenen orthodoxen Grundsätzen keine wie auch immer gearteten Veränderungen statt.

Programmierung und moderner Computerausrüstung in die Praxis der Planung und der wirtschaftlichen Kennziffern einzuführen." (Zitiert nach *Kaser*, a.a.O., S. 257; eigene Übersetzung.)

Wirtschaftsreformen und RGW-Integration

Die Untersuchung der Veränderungen im Funktionssystem der osteuropäischen Wirtschaften wäre unvollständig ohne einen Blick auf die Rückwirkungen zwischen dem inländischen System und den Formen der Beziehungen innerhalb des RGW, insbesondere in Verbindung mit dem zwischen 1966 und 1975 beharrlich angekündigten Bemühen, die Volkswirtschaften der Mitgliedsländer stärker zu integrieren. Wir werden uns auf institutionelle Änderungen innerhalb des RGW konzentrieren, was nicht identisch ist mit einer Erörterung des gesamten Gefüges der Außenhandelsbeziehungen zwischen den verschiedenen osteuropäischen Staaten; aus dieser Sicht wurde die Entwicklung der institutionellen Gegebenheiten der Außenwirtschaftsbeziehungen bereits in der Einführung zu diesem Kapitel und anschließend für jedes in Frage stehende Land behandelt.

Unsere Diskussion der Zusammenhänge zwischen den Wirtschaftsreformen und der RGW-Integration schließt eine bedeutende Asymmetrie gegenüber den vorhergehenden Abschnitten ein, in denen die innere Entwicklung der UdSSR sorgfältig umgangen wurde. Offensichtlich ist die UdSSR eine entscheidende Kraft im Prozeß der RGW-Integration, und eine Untersuchung ihrer Rückwirkungen sollte dem Rechnung tragen. Auf der anderen Seite muß Jugoslawien als Nichtmitglied des RGW jetzt weggelassen werden.

Wirtschaftliche Beziehungen mit der Außenwelt gewannen während des Jahrzehnts von 1966 bis 1975 immer mehr an Bedeutung. Dies gilt für jedes der osteuropäischen Länder (außer für Albanien), und die Probleme der RGW-Integration müssen vor diesem Hintergrund betrachtet werden. Natürlich ist das Bild von Land zu Land verschieden, und der Anstieg der absoluten Bedeutung muß von dem der relativen Bedeutung unterschieden werden.

Das Wachstum des Außenhandelsumsatzes pro Kopf der Bevölkerung (zu laufenden Preisen) kann wegen der großen Preissteigerungen kaum als Maßstab für die Jahre 1966 bis 1975 (und besonders für das Ende dieser Periode) herangezogen werden. Dennoch geben wir in *Tabelle IV.4* wegen der Kontinuität zu *Tabelle III.10* die entsprechenden Daten an:

Tabelle IV.4
Außenhandel pro Kopf in Osteuropa

	50% der Summe von Export und Import in US-Dollar zu laufenden Preisen		1975 in Prozent von 1965	
	1965	1975	Import und Export	nur Export
Albanien	45a)	68b)	151c)	147c)
Bulgarien	143,5	568,5	396	366
Tschechoslowakei	189,5	551	290	278
DDR	172,5	663	366	332
Ungarn	149,5	549	367	340
Polen	72,9	335,5	462	425
Rumänien	57,5	252	438	435
Jugoslawien	61	275,5	452	339

a) 1964   b) 1972   c) 1974/1964
Quellen: Statistisches Jahrbuch Polens 1966 und 1976, Abschnitt Internationales; für Albanien: M. Kaser und A. Schnytzer, a.a.O.

Die Daten zeigen bezüglich der Zuwachsraten gewisse Unterschiede zwischen den Ländern. Besonders auffallend ist die relativ geringe Dynamik der Tschechoslowakei, die nicht nur hinter die DDR, sondern auch hinter Bulgarien auf nahezu den gleichen Umsatz wie Ungarn zurückfiel. In fast allen Ländern mit Ausnahme Rumäniens war der Anstieg der Exporte beträchtlich niedriger als der des gesamten Umsatzes, wobei der Fehlbetrag in Jugoslawien eine Rekordmarke erreichte.

Zu konstanten Preisen beschleunigte sich das Wachstum des Außenhandelsumsatzes nur gering: Die Wachstumsrate stieg von jährlich 9,2% zwischen 1961 und 1965 auf 9,4 und 9,7% für 1966–70 bzw. 1971–75. Der Anteil des Außenhandels (50 % der Summe von Exporten und Importen) am Nationaleinkommen stieg in allen Ländern weiterhin an, aber der Koeffizient der Außenhandelselastizität bezüglich des Nationaleinkommens blieb zwar größer als eins, zeigte aber eine sinkende Tendenz: 1,88 für die Zeit von 1961 bis 1965, 1,45 für 1966 bis 1970 und 1,24 für 1971 bis 1975.[142] Der Anteil des RGW am Welthandel fiel zwischen 1965 und 1975; bei den Importen wurde der 10% Anteil gelten (9,3% 1970), bei den Exporten fiel er von 10,7% 1965 auf 9,1% 1975 (1970 10%).[143]

Die Verschiebungen der Regionalstruktur des Westhandels (vor allem bei den Importen) sind zusammen mit den negativen Handelsbilanzen und der wachsenden Verschuldung in Teil IV erwähnt worden. Dieses Phänomen spiegelte in einem beträchtlichen Ausmaß die begrenzten Fähigkeiten des RGW zur »gegenseitigen Wirtschaftshilfe« wider. Andererseits warfen sie ein dringliches Problem auf, zu dessen Lösung eine noch größere Fähigkeit zur Nutzung der Vorteile der internationalen Arbeitsteilung erforderlich war.

Sowohl wegen der wachsenden Rolle außenwirtschaftlicher Beziehungen für die osteuropäischen Volkswirtschaften als auch wegen der wachsenden Schwierigkeiten, den Anforderungen auf diesem Gebiet gerecht zu werden, erlangte die Suche nach Fortschritten bei der RGW-Integration im Jahrzehnt von 1966 bis 1975 daher einen bis dahin ungekannten Stellenwert. Von den mit diesem Ziel zusammenhängenden institutionellen Lösungen konnte man erwarten, daß sie die internen wirtschaftlichen Mechanismen sowohl beeinflussen, als auch von ihnen beeinflußt werden. Zu Beginn des erörterten Jahrzehnts waren einige westliche Ana-

---

142 B.Askansas/H.Askansas/F.Levcik, *The Economy of CMEA-Countries 1976 bis 1980*, a.a.O., Tab. 10. Die Außenhandelselastizität für den gesamten RGW stieg in der Zeit von 1971 bis 1975 auf 1,53, was jedoch auf das starke Anwachsen des sowjetischen Außenhandels verglichen mit dem Nationaleinkommen zurückzuführen war. Allgemein gesagt scheint die Nützlichkeit dieser Koeffizienten für die Untersuchung der dem Wachstumsprozeß in Osteuropa eigentümlichen Tendenzen sehr begrenzt zu sein. Ihre jeweiligen Größen schwanken heftig unter dem Einfluß von außen wirkender Faktoren, vor allem Veränderungen der zentralen Politik (der jugoslawische Importelastizitätskoeffizient fiel von 2,44 1966 bis 1970 auf 0,67 während des folgenden Jahrfünfts, der der DDR von 2,33 auf 1,33, der Rumäniens von 1,65 auf 0,86 usw.).

143 *CMEA-countries 1960–75*, a.a.O., S. 4.

lytiker angeregt durch die sowjetischen Ankündigungen, den Wirtschaftsmechanismus zumindest etwas in Richtung auf eine Dezentralisierung zu reformieren – ziemlich optimistisch in bezug auf den Rückkoppelungseffekt einer größeren Selbständigkeit der inländischen Unternehmen und eine Entwicklung des RGW zu einem »gemeinsamen Markt«.[144] In den frühen siebziger Jahren wurde dieser Zusammenhang zunehmend als Bedingung für die Einführung wirklich umfassender Reformen in den Mitgliedstaaten dargestellt.[145] Später, gegen Ende des Jahrzehnts, als die dürftigen Ergebnisse der Reformbewegung schon auf der Hand lagen, wurde der Ton deutlich pessimistischer, soweit es die Lebensfähigkeit marktorientierter Integrationsinstrumente anging.[146]

Auf östlicher Seite wurde das Argument der Rückkoppelungseffekte inländischer Veränderungen des wirtschaftlichen Mechanismus und solcher auf RGW-Ebene üblicherweise durch die vorherrschenden Einstellungen gegenüber einer Reform im allgemeinen verwischt. Eine Seltenheit in der Geschichte der internationalen Diskussion über RGW-Probleme war der Bericht einer in Budapest im November 1970 abgehaltenen Konferenz über »Natur und Probleme des RGW-Marktes«, der einen wichtigen Punkt zu den voneinander abweichenden Meinungen beiträgt, nämlich daß sie trotz der verschleierten Form zum Teil auch durch unterschiedliche Interessen begründet sind: »Wir sehen uns oft Ansichten gegenüber, die die Tatsache verbergen, daß sie aus Interessenunterschieden entstehen.«[147] Zu welchem Teil der ungarische Druck auf eine Vermarktung der RGW-

---

144 Vgl. *M. Kaser, Comecon. Integration Problems of Planned Economies*, London 1967 ⟨2⟩, S. 223.

145 Vgl. *Alan A. Brown* und *Paul Marer, Foreign Trade in the East European Reforms* in: *M. Bornstein* (Hg.), *Plan and Market*, a.a.O., S. 190–194; oder *Jan Marczewski, Crisis in Socialist Planning. Eastern Europe and the USSR*, a.a.O., S. 160–161.

146 Vgl. *Zbigniew M. Fallenbuchl, East European Integration: Comecon in Reorientation and Commercial Relations of the Economies of Eastern Europe. A Compendium of Papers submitted to the Joint Economic Committee of the United States Congress*, August 1974, S. 134; *Werner Gumpel, Comecon Relations of the United States*, in: *Höhmann/Kaser/Thalheim* (Hg.), a.a.O., S. 494–497.

147 *T. Kiss, Introduction: Summary Evaluation of the Conference*, in: *The Market of Socialist Economic Integration. Selected Conference Papers*, Budapest 1973, S. 12.

internen Beziehungen selbst von rein wirtschaftlichen Interessen beeinflußt war (zum Beispiel um Vorteile aus den damals vorherrschenden Trends der Weltmarktpreise von Rohstoffen auf der einen und Fertigprodukten auf der anderen Seite zu ziehen) und zu welchem Teil er durch die übergreifende Idee der Lebensfähigkeit von regulierten Marktinstrumenten im Rahmen der zentralen Planung begründet ist, läßt sich schwer feststellen. Was bleibt, ist jedoch die Tatsache, daß die Ungarn während dieser Phase nachdrücklich darauf bestanden, daß »der nationale und internationale Wirtschaftsmechanismus, d.h. die Systeme der wirtschaftlichen Leitung in einem umgekehrten Verhältnis zueinander stehen«; mit dem zuvor eingeführten NöM war dies eine klare Aufforderung, den RGW-Mechanismus in ähnliche Richtung zu entwickeln, auch wenn die nötige Rücksicht auf die Abstufung und den Unterschied zwischen strategischen und operationellen Problemen genommen wurde: »Über die großen Fragen der Entwicklung entscheidet die Regierung eines jeden Landes, und ihre Koordinierung ist grundsätzlich eine zwischenstaatliche Aufgabe. In weniger bedeutenden Fragen müssen detaillierte staatliche Entscheidungen der internationalen Zusammenarbeit nicht notwendigerweise vorausgehen.«[148] Die besagte Konferenz fand zu einem kritischen Zeitpunkt statt, zwischen der XXIII. RGW-Versammlung im April 1969 (»außerordentliche« Tagung mit den Ersten Sekretären der beteiligten Parteien) – die beschloß, ein Integrationsprogramm auszuarbeiten – und der XXV. Tagung im Juli 1971 – die das »Komplexprogramm für die weitere Intensivierung und Verbesserung der Zusammenarbeit und Entwicklung der sozialistischen wirtschaftlichen Integration der RGW-Mitgliedsländer« (die wichtigste programmatische Stellungnahme und der wichtigste Entwurf für die siebziger Jahre auf diesem Gebiet) tatsächlich beschloß. Dies war auch ein möglicher Wendepunkt in der Geschichte der Wirtschaftsreformen in einzelnen Staaten. Ungeachtet der formal theoretischen Natur der Konferenz, erlangten die verschiedenen von den Vertretern einzelner Länder eingenommenen Standpunkte eine besondere Bedeutung: Die Ungarn wur-

---

148 A.a.O., S. 19 und 21.

den sichtlich von den Polen unterstützt, während die sowjetischen und teilweise auch die bulgarischen Teilnehmer die vorherrschende Rolle direkter, nichtmarktmäßiger Formen der Koordination und Integration hervorhoben. Die ostdeutschen und tschechoslowakischen Ökonomen legten sich kaum fest und versuchten, einen mittleren Standpunkt einzunehmen, der mit Allgemeinplätzen gespickt war. Einen höchst interessanten Standpunkt nahm das rumänische Papier ein: Ohne viel nach inländischen Veränderungen zu fragen, betonte es die Absicht, die Autonomie der Unternehmen und die Anwendung von Marktprinzipien in den außenwirtschaftlichen Beziehungen zu erweitern.[149]

Nachdem wir den tatsächlichen Verlauf der Wirtschaftsreformen in einzelnen osteuropäischen RGW-Ländern untersucht haben, müssen wir uns nicht lange bei den Gründen aufhalten, warum sich die Hoffnungen auf eine Beeinflussung der RGW-internen Operationen durch die Reformen größtenteils als fruchtlos erwiesen: Die Reformen waren im ganzen weniger bedeutend als erwartet, in einigen Fällen schlicht kurzlebig, und selbst Ungarn litt an einer großen Instabilität der »Spielregeln«. Offensichtlich gab es unter diesen Umständen keine Chance für eine Übereinstimmung bezüglich der Maßnahmen oder des Weges, was zu einer Reduzierung der gemeinsamen Veränderungen auf den kleinsten gemeinsamen Nenner führen mußte, dem insbesondere auch die Sowjetunion als dominierendes Mitglied der Gruppe zuneigte. Diese Behauptung steht in keinem Widerspruch zu unserer früheren Stellungnahme, daß gewisse neue Formen der Durchsetzung des Außenhandelsmonopols zu den am deutlichsten spürbaren Elementen der

---

[149] Zusammenfassende Bewertung und einzelne Papiere der Konferenz a.a.O. Es mag einer Erwähnung wert sein, daß vier Jahre später (1974) ein Papier von *R. Nyers,* dem »Vater der ungarischen Wirtschaftsreform«, der damals bereits auf den Posten eines Direktors des Wirtschaftsinstituts abgeschoben worden war, den Schwerpunkt auf etwas legt, was der Autor das »Prinzip der Komplexität« (Vielseitigkeit) nennt, nämlich die parallele Entwicklung sowohl direkter (planmäßiger) als auch marktmäßiger Formen der Integration (*The CMEA Countries on the Road to Economic Integration,* Budapest 1975). Eine ähnliche Position scheint 1975 der polnische Ökonom *Pawel Bozyk,* der 1977 zum Vorsitzenden der beratenden Expertengruppe *Giereks* ernannt wurde, in dem Buch *Wspólpraca gospodarcza krajow RWPG* (Wirtschaftliche Zusammenarbeit der RGW-Länder), Warschau 1976, eingenommen zu haben.

Reform zählten. Eine Neuorganisation mit dem Ziel einer Annäherung der Industrie an den Außenhandel konnte gewisse positive Auswirkungen auf den Nutzen der Abwicklung von Exportgeschäften oder eine wirksamere Substitution von Inputs haben; die Ausstattung einiger großer Industrieunternehmen (oder Vereinigungen) mit direkten Außenhandelsrechten konnte die Geschäfte mit Partnern im Westen und in der Dritten Welt ausweiten. All dies jedoch beeinflußte nicht notwendigerweise das Muster des Außenhandels innerhalb des RGW, und der praktische Einfluß war von 1966 bis 1975 tatsächlich zu vernachlässigen. Während des Jahrfünfts von 1966 bis 1970 begannen die ersten Versuche mit derartigen Unternehmen, und sie waren natürlich für die internen Beziehungen im RGW völlig belanglos, weil die Handelsabkommen, Warenlisten, Preise (die bei ähnlichen Transaktionen zwischen verschiedenen Partnern nicht gleich waren), Lieferungs- und Zahlungsbedingungen grundsätzlich schon zu Anfang der fraglichen Periode bestimmt worden waren. Die Zeitspanne von 1971 bis 1975 bot einigen Unternehmen in wenigen Staaten technisch gesehen eine bessere Chance für ein gewisses Ausmaß eigenständiger Aktivitäten, aber hier machten sich die zuvor erwähnten Faktoren bemerkbar, die auf eine Fortsetzung der alten Regeln mit nur geringfügigen Änderungen drängten. Eine dieser Anpassungen wurde im »Komplexprogramm« von 1971 kodifiziert, die Aufteilung der gegenseitigen (bilateralen) Warenlieferungen in drei Gruppen: »wichtige Waren« mit festen Quoten in stofflichen Größen; Waren, die in Wertquoten festgelegt wurden, deren stoffliche Zusammensetzung zwischen Käufer und Verkäufer ausgehandelt werden konnte, und nicht quotierte Waren.[150] Theoretisch konnte schon die zweite Gruppe direkte Beziehungen zwischen autonomen Unternehmen hervorrufen; praktisch war dies jedoch wegen der jährlichen zwischenstaatlichen Protokolle ausgeschlossen, die auch für die zweite Gruppe die Fünfjahresverträge spezifizierten und daher nicht nur bezüglich des Werts, sondern auch bezüglich der Warenlisten als verbindlich angesehen wurden. Damit verblieb Gruppe drei, die etwa 2% (einige Quellen sprechen

---

150 *Komplexprogramm*, Teil VI, S. 13.

von 2 bis 5 %) des gesamten RGW-internen Umsatzes umfaßte, einschließlich des Tauschhandels von überflüssigen Konsumgütern zwischen inländischen Handelsorganisationen. Aber selbst hier war die Handlungsfreiheit häufig begrenzt (feste Preise für einige Güter, die Notwendigkeit, das Einverständnis der Partner zur Benutzung von »transferablen Rubeln« für bestimmte Käufe zu gewinnen), ganz abgesehen davon, daß die zur nicht quotierten Kategorie gehörigen Güter nicht notwendigerweise zum Operationsfeld derjenigen Unternehmen paßten, die zum Handel berechtigt waren (in der Regel große bedeutende Konzerne). Es war klar, daß jegliche Ausweitung der Unternehmensautonomie so lange bedeutungslos bleiben würde, wie das RGW-Geld weiter eine hauptsächlich passive, dem Tauschhandel untergeordnete Rolle spielen würde; umgekehrt verlangte die Aktivierung des Geldes grundlegende Änderungen im Wechselkurssystem und vor allem bei den Binnenpreisen, die im Grunde genommen trotz einiger Verbesserungen durch die Preisreformen von 1966 bis 1975 das alte Modell der nationalen Isolation und der Trennung von den Knappheitsverhältnissen bewahrten.[151]

---

[151] Das Ausmaß, in dem die enormen und durch das Verhältnis der Opportunitätskosten nicht begründbaren Differenzen der heimischen Preisstrukturen auf einen marktbestimmten Warenfluß einwirkten, zeigte das 1972 eingeführte in Osteuropa einzigartige Experiment mit freiem Personenverkehr zwischen Polen und der DDR. Die ursprüngliche Absicht war, das unvermeidbare Anwachsen privater Geschäfte lediglich durch einen realistischen (besonders vereinbarten) Wechselkurs zwischen dem polnischen Zloty und der DDR-Mark zu kontrollieren. Dies erwies sich bald als völlig unzureichend, und man suchte Zuflucht bei einer Begrenzung des Währungsbetrages, der legal in das jeweils andere Land verbracht werden durfte. Aber wie streng die Devisenvorschriften auch immer angewandt wurden, konnte auch dies nicht funktionieren, weil es auf eine allgemeine Kontrollmöglichkeit hinauslief, was in einer Situation unwirksam sein mußte, in der bei einzelnen Gütern weite Abweichungen zwischen den isolierten »Märkten« bestanden. Das Ergebnis war ein stetiges Anwachsen der Zahl der verbotenen Güter, die peinlich genau mit den entsprechenden Warnungen versehen in der Presse aufgeführt wurden, bis zu dem Punkt, als fast gar nichts mehr gesetzlich zulässig war (das so gesteigerte Risiko spiegelte sich natürlich entsprechend in den Schwarzmarktspannen wider). Es versteht sich von selbst, daß sich die Beschränkungen hauptsächlich nicht auf Importe, sondern auf Exporte bezogen, ein Spiegelbild der Grundmerkmale von »Mangelwirtschaften«.
Es ist fast eine allgemeine Regel, daß Lockerungen im System des Personenverkehrs zwischen osteuropäischen Staaten von drastischen Beschränkungen der Art und Menge solcher Güter begleitet werden, die zulässigerweise ausgeführt werden dürfen.

Das Fehlen von günstigen wirtschaftlichen Umständen für eine durch Unternehmensaktivitäten »von unten« ausgelöste Integration war verantwortlich für die sehr langsame Entwicklung aller Formen internationaler Handelsorganisationen (IHO) innerhalb des RGW.[152] Bis in die frühen siebziger Jahre wurden IHO bilateral in der Form von Unternehmen in gemeinsamem Eigentum (50/50) errichtet. Das erste war das polnisch-ungarische Unternehmen »Haldex« (1959) für die Verarbeitung von Kohlengrus im polnisch-schlesischen Kohlerevier. Im Jahre 1965 wurden zwei ungarisch-bulgarische Unternehmen gegründet: »*Agromash*« (Maschinen zur Gemüse- und Obsternte und -verarbeitung) und »*Intransmash*« (Produktion spezialisierter Ausrüstungen für den Transport innerhalb von Fabriken). Im Jahre 1972 wurde in Zawiercie (Polen) eine ostdeutsch-polnische Spinnerei gegründet.[153] Die bloße Tatsache einer solch geringen Zahl derartiger Unternehmen ist an sich ein deutlicher Beweis für die hemmenden Hindernisse, in erster Linie bei der Kostenrechnung und der Verteilung des Betriebsergebnisses. Die Abmachungen in beiden Fällen, an denen Polen beteiligt war, können im wesentlichen auf das Prinzip der Rückzahlung in Waren (produzierte Güter) für die Kapitallieferungen (üblicherweise als Kredit) und laufenden Vorleistungen der anderen Seite reduziert werden. So lag bei der Arbeit der »Haldex« der Hauptvorteil für die ungarische Seite in dem 50 %-Anteil an der aus dem Kohlegrus gewonnenen Kohle, und der Hauptnutzen für die DDR aus Za-

---

[152] Das »Komplexprogramm«, das gewisse Fortschritte auf diesem Gebiet auslöste, kodifizierte auch die Unterscheidung zwischen sozialistischen »zwischenstaatlichen Wirtschaftsorganisationen« (russisch: *mezhgosudarstvennyie ekonomicheskyie organizacyi*) und »internationalen Handelsorganisationen« (russisch: *mezhdunarodnyie khoziaystvennyie organizacyi*). Vgl. in diesem Zusammenhang *Sovet Ekonomičeskoj Vzaimopomošči. Osnovnyie Pravovyie Voprosy* (Rat für gegenseitige Wirtschaftshilfe. Grundprobleme des Rechts), Moskau 1975, Kap. 8, sowie eine bulgarische Quelle: *Georgi St. Georgiev, Mezhdudrzavno Reguliranje na Ekonomicheskite V' zki mezhdu Stranite-Chlenki na SIV* (Zwischenstaatliche Regelungen wirtschaftlicher Beziehungen zwischen Mitgliedstaaten des RGW), Sofia 1972, Kap. 3, Abschnitte 2 und 3. Die zwischenstaatlichen Wirtschaftsorganisationen, regelnde und koordinierende Körperschaften, die formell mit dem RGW verbunden waren (darunter zwei Banken, die Internationale Bank für wirtschaftliche Zusammenarbeit [IBWZ] und die Internationale Investitionsbank [IIB]), werden später erörtert.
[153] Ein besonderer Fall war die »*Cubalco*« (1962), eine gemeinsame (Kuba, Polen, DDR, Tschechoslowakei) Seehandelsgesellschaft.

wiercie in einem garantierten Anteil am Garn (im letzteren Fall waren die genauen Regeln des Ausgleichs komplexer, aber ein Gewinntransfer war nicht vorgesehen). In gewissem Sinne können die gemeinsamen Unternehmen als einheimische Unternehmen des Landes, in dem sie angesiedelt sind, aufgefaßt werden, mit einer Anzahl besonderer Vorschriften, die auf – an Kreditverbindlichkeiten gebundene – direkte Außenhandelsrechte hinausliefen.

Nach der Annahme des »Komplexprogramms« und in Übereinstimmung mit dem Trend zur Stärkung der Rolle großer industrieller Einheiten (Vereinigungen) in einzelnen Ländern wurde eine neue Form der IHO ins Leben gerufen: die internationale Industrievereinigung. Die erste dieser Art war die »Interatominstrument« (Internationale Gesellschaft für nukleare Instrumente), die 1972 in Warschau unter Beteiligung von 11 großen Industrie- und Handelskonzernen aus sechs Ländern (UdSSR, Bulgarien, Tschechoslowakei, DDR, Ungarn, Polen – Rumänien blieb außerhalb) gegründet wurde. Die Vereinigung wurde von den Gründern mit Kapital ausgestattet und sollte auf voll kommerzieller Basis arbeiten (obwohl die Ausgaben der Vereinigung als solcher bis 1975 durch Zuschüsse aus den beteiligten Ländern finanziert wurden). Die – verglichen mit den bereits behandelten Unternehmen – losere organisatorische Struktur der Vereinigung konnte die Absprachprobleme durchaus verringern: Die Mitglieder der internationalen Vereinigung behalten ihren inländischen Status als Unternehmen (oder Vereinigung) und rechnen mit ihren ausländischen und inländischen Partnern in Übereinstimmung mit allgemeinen Regeln ab, wobei sie gewisse Fonds für die Bestreitung der Kosten des Warschauer Hauptquartiers zurückbehalten. Die wichtigste Neuheit dieser Form ist anscheinend die Übertragung des Rechts zur Aushandlung von Spezialisierungsabkommen und zum Abschluß von Verträgen von der Regierungsebene auf die IBH. Im Verlauf der folgenden Jahre wurden verschiedene andere IBH gegründet: *»Interatommash«* (1973 – Produktion von Ausrüstungen und Bau von Atomkraftwerken), *»Interhimvolokno«* (1974 – Kunstfasern), *»Intertalonpribor«* (1974 – Meßinstrumente). An den genannten Vereinigungen beteiligten sich alle sieben osteuropäischen RGW-Mitglieder. 1973 wurde eine bilaterale sowjetisch-mongolische IHO gegründet, die *»Mongolsovtsvetmet«* für die Erkundung und Ausbeutung von NE-Metallen auf dem Territorium der Mongolei.

Trotz einiger Entwicklungen gegen Ende des Jahrzehnts spielten die gemeinsamen Unternehmen und Vereinigungen im RGW 1975 eine insgesamt unbedeutende Rolle.

Jedoch bedeutete der Fehlschlag des Versuchs, den RGW von der Unternehmensseite her zu »vermarkten«, nicht, daß man dem Problem generell auswich. Auch nach der am strengsten orthodoxen marxistischen Definition sind die Beziehungen zwischen RGW-Mitgliedern, im Gegensatz zu denen zwischen Staatsunternehmen oder Regionen innerhalb eines Landes, Warenbeziehungen im exakten Sinne des Wortes, weil die internationale Arbeitsteilung mit einer Trennung des Eigentums am Kapital und den Produkten zwischen eigenständigen Staaten, die für ihre Zahlungsbilanzen usw. verantwortlich sind, einhergeht. Diese Position wurde seit dem Krieg niemals in Frage gestellt (sogar *Stalin* sprach in seinen letzten Schriften von zwei »Weltmärkten«), ungeachtet des Zentralisierungsgrades des internen Funktionssystems (daher die Logik des obenerwähnten rumänischen Standpunkts). Und die deutlichste Anerkennung für die Marktnatur der Beziehungen zwischen Staaten und Volkswirtschaften in Osteuropa war die Übernahme der wenn auch korrigierten Weltmarktpreise als Basis für gegenseitige Abmachungen. Trotz der offensichtlichen Abneigung der Planer gegen Instabilität, mußten die RGW-internen Preise irgendwie an die Entwicklungen in der Welt angepaßt werden, was dramatisch im Wechsel der Preissetzungsprinzipien im Januar 1975 (70. Tagung des Exekutivkomitees des RGW) zum Ausdruck kommt: Von der fünfjährlichen ging man auf eine jährliche Preisrevision auf der Basis des sogenannten »gleitenden Durchschnitts« der Weltmarktpreise der letzten fünf Jahre über. Wie in *Teil III* angedeutet, war die entscheidende Frage für die RGW-internen Beziehungen die nach einer zur zentralen Planung passenden Marktform und besonders danach, ob es ratsam sei, vom bilateralen Warentausch auf eine gewisse Multilateralität überzugehen. Der Druck auf Veränderungen in diese Richtung wurde bereits zum Ende des Zeitraums von 1957 bis 1965 deutlich und nahm während des hier behandelten Zeitabschnitts noch zu. Dies war eine Folge sowohl der größeren Komplexität der wirtschaftlichen Beziehungen innerhalb des RGW als auch der stark angewachsenen wirtschaftlichen Verbindungen mit nichtsozialistischen Ländern. Besonders der wachsende Handel mit den westlichen Industrieländern, einschließlich des auf industrieller Zusammenarbeit basierenden Handels, schuf neue Wahlmöglichkeiten zwischen verschiedenen Außenhandelsalternativen, die in größerem Umfang die Nutzung von Exporteinnahmen und Kreditzuflüssen erforderten. Diese Frage hängt natürlich mit der Unternehmensautonomie bei den RGW-internen Aktivitäten zusammen, ist aber auf keinen Fall mit ihr identisch. Ihre Lösung könnte zu einem beträchtlichen Grad unabhängig von ihr oder gar als Vorbedingung für die Lösung der anderen gesucht werden.

Die Gründung der RGW-Bank (IBWZ) im Jahre 1963, die vom 1. Januar 1964 an die Funktion einer multilateralen Clearing-Stelle übernahm, wurde allgemein als wichtiger Schritt hin zu einer wirklichen Multilateralisierung der wirtschaftlichen Beziehungen zwischen den RGW-Ländern angesehen. Der tatsächliche Fortschritt in dieser Richtung war jedoch vernachlässigenswert und langsam. Die wichtigste praktische Bedeutung der neuen Regelungen war der Übergang von der Verpflichtung, die Konten bilateral mit jedem Partner gesondert auszugleichen, zu einem multilateralen Ausgleich mit allen RGW-Mitgliedern als Gruppe. Da jedoch die bilateralen wechselseitigen Handelsabkommen mit ihren Quotensystemen ungeachtet der Gesamtsituation verbindlich blieben, war die Möglichkeit, Überschüsse von einem Land in das andere zu transferieren, äußerst begrenzt. Für jeden Transfer bedurfte es der Zustimmung jedes beteiligten Partners, was bedeutete, daß Überschüsse nicht automatisch und nur innerhalb einer Warengruppe mit gleichem Vorrang transferabel waren. Die Vorschrift über den nichtquotierten Teil der Handelsabkommen zu Beginn der siebziger Jahre führte ein marginales Element von Transferierbarkeit ein, ebenso wie die 1963 vereinbarten und 1971 wirksam modifizierten besonderen Regeln für den Ausgleich der sogenannten Nichtwarenzahlungen (Immaterielles: Dienstleistungen, Tourismus usw.). Es war bedeutsam, daß für den letztgenannten Zweck die offiziellen RGW-internen Währungsparitäten außer Kraft gesetzt und ein Satz spezieller Wechselkurse auf der Basis der an den Preisen von 55 Waren und 14 Dienstleistungen gemessenen internen Kaufkraft ausgearbeitet wurde. Zwischen den Werten der Waren- und der Nichtwarenbilanz wurde durch die Verwendung eines speziellen Buchungskoeffizienten, der in den frühen siebziger Jahren bei 2,3 stand, ebenfalls eine Verbindung hergestellt.[154] Die Errichtung der IBWZ verbesserte auch in gewisser Weise den technischen Apparat für einen weiteren Einsatz von Kreditinstrumenten (sowohl direkte Kredite zwischen den Partnern als auch von der Bank gewährte Kredite); wieder mußten jedoch sowohl die Verwendung von Geldkrediten für Käufe als auch die Rückzahlungsmodalitäten bilateral zwischen den beteiligten Partnern ausgehandelt werden und so in Warenform übertragen werden, z. B. durch ihre Berücksichtigung in hochgradig spezifizierten Handelsabkommen. Dasselbe traf im wesentlichen auf das von der Internationalen Investitionsbank (IIB) seit dem 1. Januar 1971 (Rumänien trat der Bank ein Jahr später bei) betriebene langfristige Investitionskreditsystem zu. Eine andere Neuheit, die mit der Gründung beider Banken zusammenhing und für die Monetarisierung der RGW-internen Beziehungen von einiger Bedeutung war, war die Einbeziehung frei konvertierbarer (westlicher) Währungen in das System. Erstens mußte ein Teil des Aktienkapitals in Gold oder konvertierbarer Währung eingezahlt werden (eine derartige Bestimmung existierte von Anfang an, wurde aber anscheinend erst durch das Zusatzprotokoll vom 18. Dezember 1970 verbindlich). Zweitens dehnten beide Banken ihre Operationen auf den internationalen Geldmarkt aus und sammelten im Laufe der Zeit beträchtliche zusätzliche Mittel an, die unter anderem für Kredite an die Mitgliedsländer in konvertierbarer Währung

---

154 Vgl. *Adam Zwass, Die Währung im Außenhandel der RGW-Länder*, Forschungsberichte des Wiener Instituts für Wirtschaftsvergleiche, Nr. 8, Mai 1973, S. 39–42.

genutzt wurden. Drittens wurde im Jahre 1973 eine bedingte und quantitativ begrenzte Möglichkeit zum Umtausch von »transferablen Rubeln« in konvertierbare Währungen geschaffen. [155]

Trotz der 1975 unternommenen kleinen Schritte verdiente die Gemeinschaftswährung des RGW im ganzen kaum die Bezeichnung »transferabler Rubel«; sie blieb im wesentlichen eine Verrechnungseinheit ohne die Fähigkeit, die normalen Funktionen einer internationalen Währung erfüllen zu können. In gewisser Weise wurde das im »Komplexprogramm« anerkannt, das nach Maßnahmen rief, »die Rolle der kollektiven Währung (transferabler Rubel) zu stärken, um sie in alle Grundfunktionen eines internationalen sozialistischen Geldes einzusetzen«, sowie die »tatsächliche Transferierbarkeit und die Realität des Wechselkurses und des Goldgehalts« [156] sicherzustellen. Die als Vorbedingung für die gegenseitige Konvertibilität angesehene Entscheidung über die Einführung einheitlicher Wechselkurse der nationalen Währungen zum transferablen Rubel und ihr Timing wurde 1980 getroffen.

Um es zusammenzufassen, hatte die »Integration durch Vermarktung« im RGW während der Zeit von 1966 bis 1977 weder von der Unternehmensseite noch vom Mechanismus der zwischenstaatlichen Austauschbeziehungen irgendwelche Fortschritte gemacht. Wenn man nach Verbindungen zwischen dem inländischen und dem RGW-Funktionssystem sucht, stellt man mit einiger Sicherheit fest, daß der Einfluß des letzteren bestimmend war, insbesondere in bezug auf Staaten, die mit ihrer Reform vorangehen wollten (Ungarn). Das Bild wird noch klarer, wenn wir kurz die relativ stärker spürbaren Maßnahmen zur RGW-Integration in der Zeit von 1966 bis 1975 einbeziehen, besonders jene, die in der osteuropäischen Literatur als »institutionell« (um den schlechten Klang des Begriffs »administrativ« zu vermeiden) im Gegensatz zu »monetär« bezeichnet werden. [157]

---

155 *Bozyk*, a.a.O., S. 343.
156 Komplexprogramm, Teil 7, S. 1 (eigene Übersetzung).
157 Einer derartigen Terminologie bedient sich u. a. *Bozyk*, a.a.O.

Während der ersten fünf Jahre des Jahrzehnts von 1966 bis 1975 entwickelte sich die organisatorische Struktur des RGW nicht über das Modell hinaus, das sich nach der Annahme der »Grundprinzipien der internationalen sozialistischen Arbeitsteilung« 1962 entwickelt hatte. Im Laufe der Zeit wurden die vor 1965 geschaffenen Institutionen, vor allem das Exekutivkomitee, das Sekretariat und die ständigen Kommissionen sowie die ersten zwischenstaatlichen Wirtschaftsorganisationen wahrscheinlich wirkungsvoller in der Koordination gewisser Aspekte der wirtschaftlichen Tätigkeit der Mitgliedsländer. Dies muß jedoch als für die angestrebte höhere Stufe der Integration unzureichend angesehen worden sein, weil seit 1970 und besonders nach der Annahme des »Komplexprogramms« 1971 eine Unzahl neuer Institutionen geschaffen wurde. Abgesehen von den bereits erwähnten internationalen Handelsorganisationen wurden neue internationale Wirtschaftsorganisationen zum Zwecke der Verbesserung des Informationsflusses sowie für die sektorale Koordination und Kooperation gegründet: *»Interkhim«* (chemische Industrie – 1970), *»Intersputnik«* (Weltraumforschung – 1972), *»Interelectro«* (elektrotechnische Industrie – 1973), *»Interelelectrotest«* (Versuchslaboratorien für Hochspannungseinrichtungen – 1973), *»Tchormetinformatsya«* (Informationsaustausch der Eisen- und Stahlindustrie – 1974). Zur selben Kategorie spezialisierter wirtschaftlicher Tochterorganisationen des RGW gehören das »Internationale Institut für wirtschftliche Probleme des sozialistischen Weltsystems« (1970) und das »Internationale Zentrum für wissenschaftliche und technische Information MTsNTI« (1970) sowie die Internationale Investitionsbank (IIB). An den meisten dieser Organisationen beteiligen sich alle Mitgliedstaaten.

Von noch größerer Bedeutung war die Gründung dreier dem Exekutivkomitee unmittelbar unter- und dem Sekretariat und den ständigen Kommissionen übergeordneten Sonderkomitees in der RGW-Hierarchie: das Komitee für die Zusammenarbeit bei der Plantätigkeit, das Komitee für wissenschaftliche und technische Zusammenarbeit (die beide 1971 auf der XXV. RGW-Tagung gleichzeitig mit der Annahme des »Komplexprogramms« gegründet wurden) und das auf der XXVIII. Tagung 1974 gebildete Komitee für

Zusammenarbeit bei der Beschaffung von Material und Technologie. Diese aus Spitzen der betreffenden Organisationen in den Mitgliedsländern zusammengesetzten und von den ständigen Mitarbeitern des RGW-Hauptquartiers in Moskau (im Gegensatz zu den in verschiedenen osteuropäischen Hauptstädten ansässigen ständigen Kommissionen) unterstützten Komitees sind kennzeichnend für die gestiegene Bedeutung, die der Plankoordination beigemessen wurde, und möglicherweise für den Wunsch, in der Zukunft darüber hinauszugehen, ungeachtet des offiziellen Standpunktes, daß keine supranationale (gemeinsame) Planung beabsichtigt war. Dieser offizielle Standpunkt sicherte u. a. die Beteiligung Rumäniens, obwohl angemerkt werden sollte, daß sich Rumänien in Fragen der RGW-Integration gegen Ende des Jahrzehnts von 1966 bis 1975 eher weniger abweisend zeigte als zuvor. Die Plankoordination war in der Tat eine der Grundlinien der konzentrierten Bemühungen zur RGW-Integration. Die Koordination der Fünfjahrpläne von 1966 bis 1970 wurde noch immer auf die alte Art und Weise angestrebt, nämlich als die nationalen Pläne schon standen und über die Investitionen bereits entschieden war (formal waren die Investitionen nicht einmal Gegenstand der Koordinierung); der ganze Prozeß führte zu nicht mehr als der Schaffung eines gewissen – soweit der Austausch mit der Sowjetunion (der wichtigsten Rohstoffquelle) betroffen war, besonders wichtigen – Hintergrundes für die bilateralen Handelsvereinbarungen.

Das Koordinierungsverfahren für die Pläne von 1971 bis 1975 begann schon früher (drei Jahre vor Ablauf des vorhergehenden Jahrfünfts), daher konnten Vorentwürfe in die Überlegungen einbezogen werden. Dies schloß Investitionspläne ein, deren Grundlinien aus dem Austausch von Informationen über die Entwürfe der Perspektivpläne für 1965 bis 1980 bekannt sein sollten. Es ist schwierig zu sagen, in welchem Sinne dieser Versuch zur Plankoordinierung erfolgreicher war (wie behauptet wurde) als die vorangegangenen, und besonders was der praktische Wert auch einer verbesserten Ex-ante-Koordination (im vorhinein) angesichts der großen Mißverhältnisse zwischen geplanten und tatsächlichen Leistungen in den beiden größten RGW-

Ländern UdSSR (negativ) und Polen (positiv) war. Nichts Neues tat sich anscheinend bei den Methoden zur Koordination der Fünfjahrpläne von 1976 bis 1980, die in einer fortgeschrittenen Phase wegen der bekannten wechselhaften Umstände weltweit und der gestiegenen Spannungen in den osteuropäischen Staaten ohnehin ernsthaft modifiziert werden mußten. Obwohl das »Komplexprogramm« von 1971 auf einer Stärkung der Plankoordination bestand (sowohl der Fünfjahr- als auch der Perspektivpläne), scheint es so, als seien die tatsächlichen Anstrengungen nur in die Richtung einer Koordination ausgewählter Bereiche von überragender Wichtigkeit gegangen, dies jedoch in einer stärker verbindlichen und allumfassenden Form. Dies könnte die erste Folge der Aktivitäten der obengenannten Komitees gewesen sein.[158] Die Stimmigkeit der Koordination ausgewählter Bereiche konnte eher durch eine allgemeine Harmonisierung der Wirtschaftspolitik im weiteren Sinne als durch formale Plankoordination erreicht werden.

Die Spezialisierung und Zusammenarbeit in der Produktion, der früheste Bereich der Integrationsbemühungen (siehe *Teil III*), verzeichnete im Jahrzehnt von 1966 bis 1975 den bescheidensten Fortschritt. Brancheninterne Spezialisierung, die Massenproduktionsvorteile ohne die Störung industrieller Ziele irgendeines Mitgliedstaates sicherstellen sollte, wurde andauernd durch das Fehlen entsprechender wirtschaftlicher Kriterien (die Preissetzung bei Halbfertigprodukten und Teilen bringt wesentlich größere Probleme als bei Fertigprodukten) behindert. Das trug wahrscheinlich zu den häufigen Fällen bei, in denen Mitgliedstaaten die von der jeweiligen Ständigen Kommission beschlossenen Empfehlungen in der Praxis ignorierten. Dennoch wurde

---

158 Die XXX. RGW-Tagung (Berlin, Juni 1976) beschloß fünf langfristige gemeinsame Programme (russisch *»tselevaya programma«,* wörtlich »Zielprogramme«, die polnische Interpretation »Richtungsprogramm« *[directional programme]* könnte der Absicht näher kommen): auf dem Gebiet von Treibstoff und Energie, für einige Maschinen und Industrieausrüstungen, die Produktion industrieller Konsumgüter, die Landwirtschaft und die verarbeitende Industrie (»Nahrungsmittelkomplex«), den Transport; die ergriffenen Maßnahmen sollten sich auf die Zeit bis 1990/95 erstrecken. In diesem Zusammenhang sprachen einige Wirtschaftszeitschriften in Osteuropa unter Hervorhebung der Rolle des Komitees für Zusammenarbeit bei der Plantätigkeit von der wichtigsten Entwicklung seit der Annahme des »Komplexprogramms«.

behauptet, daß um 1970 etwa 20 % der gegenseitigen Lieferungen von Maschinen und industriellen Ausrüstungen innerhalb des RGW durch Spezialisierungsabkommen abgedeckt waren. Was die industrielle Kooperation – die als auf dauerhafte Beziehungen in der Produktionssphäre selbst gestützte Spezialisierung definiert werden kann – betrifft, war die Entwicklung in den sechziger Jahren sehr langsam (zwei polnisch-tschechoslowakische Fälle in der Autoindustrie – Busse und Traktoren –, wobei die Zusammenarbeit bei den Traktoren später von Polen zugunsten des Abkommens mit Massey-Fergusson über die vollständige Wiederherstellung der polnischen Traktorindustrie gekündigt wurde. Die frühen siebziger Jahre brachten eine plötzliche Wendung zu industriellen Kooperationsprojekten, die, ironisch genug, auf den FIAT-Projekten in einer Anzahl von Ländern basierten (UdSSR mit Polen, Ungarn und Bulgarien, Polen mit Ungarn und außerhalb des RGW mit Jugoslawien). Andere Kooperationsabkommen folgten, aber die meisten waren bilateraler Natur. In der Zeit von 1971 bis 1975 wurden die ersten multilateralen Abkommen unterzeichnet, beginnend mit der Autoindustrie, wo sie durch die Vielzahl bilateraler Bande vorbereitet worden waren, dann im Schiffbau, in der Landwirtschaft, dem Chemieanlagenbau usw. Alles in allem machte die multilaterale industrielle Kooperation 1975 nur »wenige Prozentpunkte der gesamten industriellen Kooperation aus, und die letztere repräsentierte nur 5 % des gesamten Außenhandelsumsatzes zwischen den RGW-Ländern«.[159]

Von der industriellen Kooperation konnte man erwarten, daß sie zu einer größeren Mobilität von Kapital und Arbeitskräften innerhalb des RGW beitrug. Dies war jedoch während des Jahrzehnts von 1966 bis 1975 kaum der Fall, als eine gewisse Zunahme der Arbeitskräftemobilität und Auslandsinvestitionen hauptsächlich auf den Ausbau von Energie- und Rohstoffvorkommen zurückzuführen war.

Was die Mobilität der Arbeitskräfte innerhalb des RGW angeht, wird die Gesamtzahl der im Ausland Beschäftigten gegen Ende der Periode (1975) auf 144 000 bis 162 000 ge-

---

159 *Bozyk*, a.a.O., S. 270.

schätzt.[160] Abgesehen von Grenzgängern (zumeist Polen in der Tschechoslowakei und der DDR sowie Ungarn in der Tschechoslowakei), war der Großteil ausländischer Arbeiter im RGW in der Sowjetunion (ca. 50 000) beim Bau von Öl- und Gaspipelines (Teil gemeinsamer Investitionsprojekte) und in den Komi-Forsten (Bulgarien – ein Element der Vereinbarung über die Lieferung von Bauholz an Bulgarien) sowie in der DDR-Bauwirtschaft beschäftigt. Die Investitionsprojekte auf dem Gebiet der Vorranggüter waren der Hauptgrund für einen gewissen Anstieg der Beschäftigung im Ausland, die im Grunde sehr niedrig blieb und den Zustand der Vollbeschäftigung auf dem bestehenden Produktivitätsniveau widerspiegelte. Die Grundform der grenzüberschreitenden Beschäftigung innerhalb des RGW war die des Regierungsabkommens.

Vor der Gründung der IIB blieben die Formen der Kapitalmobilität innerhalb des RGW unverändert (hauptsächlich bilaterale Vereinbarungen über kreditierte Lieferungen von Ausrüstungen und/oder Material, die später durch einen Teil der Produktion aus den geschaffenen Kapazitäten zurückgezahlt wurden). Die Gründung der IIB ermöglichte es, Kredite von der Bank zu erhalten, manchmal zum Teil in konvertierbarer Währung. Obwohl der Rubelanteil des Kredits (in der Regel sein Hauptteil) immer noch sein spezifiziertes Gegenstück in den Handelsverträgen zwischen einzelnen Ländern finden mußte, wurde dadurch der Grad der Flexibilität auf dem Gebiet der Investitionskredite etwas erhöht. Ungeachtet der Rolle der IIB (auch bei der Unterstützung des Systems) basierten die wichtigsten gemeinsamen Investitionsprojekte, die sich in den siebziger Jahren schneller entwickelten, auf direkten Absprachen zwischen den Regierungen. Multilaterale Investitionsprojekte wurden häufiger (sogar vorherrschend) wegen des Wunsches, die osteuropäischen Treib- und Rohstoffimporteure an den entsprechenden sowjetischen Entwicklungen zu beteiligen. Die größten Projekte dieser Art begannen in den siebziger Jahren: der Eisenerzabbau im Gebiet der »magnetischen Ano-

---

160 *F. Levcik, Migration und Auslandsbeschäftigung in den RGW-Ländern und ihre Probleme,* Wiener Institut für internationale Wirtschaftsvergleiche, Forschungspapiere, Nr. 32, Dezember 1975.

malie« von Kursk, die Zellulosefabrik in Ust-Ilim an der Angara, die Asbestmine von Kiyembayev im südlichen Ural und die äußerst wichtige zweite »Freundschaftspipeline«; außerhalb Osteuropas wurden in der Mongolei (Energie- und Industriekombinat) und in Kuba (Nickel) multilaterale Projekte gestartet. Gemeinsame langfristige Investitionsprojekte hatten wahrscheinlich mehr als andere Gebiete unter den Schwierigkeiten bei der Etablierung eindeutiger ökonomischer Kriterien in Abwesenheit angemessener Preis- und Wechselkursinstrumente zu leiden. Die Stützung auf die Weltmärkte brachte auch keine Lösung, was nicht überrascht, wenn man die einem derartigen Kriterium eigenen Begrenzungen bezüglich langfristiger Überlegungen in Rechnung stellt. Man nahm zum Beispiel an, daß die kleineren osteuropäischen Länder sich 1966 (XX. RGW-Tagung) wegen des relativen Rückgangs des Einheitswertes sowjetischer Exporte, dazu bereit erklärten, einen Teil der Investitionsbelastung zum Ausbau der Rohstoffbasis zu übernehmen.[161] 1975 war die Situation ganz anders, und die meisten Volksdemokratien sahen sich der doppelten Belastung hoher Preise für die sowjetischen Lieferungen und der Investitionsbeteiligung gegenüber, die zum wichtigsten Faktor beim Wechsel des Vorzeichens in der Handelsbilanz zwischen der Sowjetunion und den osteuropäischen RGW-Mitgliedern wurde.[162]

Über Veränderungen im tatsächlichen Umfang der wissenschaftlich-technischen Zusammenarbeit zwischen 1966 und 1975 kann nicht viel gesagt werden, obwohl der institutionelle Apparat für eine derartige Zusammenarbeit, einschließlich gemeinsamer Forschungsprojekte, spürbar verbessert wurde. Ein sehr interessanter neuer Gesichtspunkt auf diesem Gebiet war die Einführung des Prinzips der finanziellen Kompensation für die Überlassung von wissenschaftlichen und technischen Ergebnissen durch die XXX.

---

161 Vgl. *M. Kaser*, a.a.O., S. 185.
162 Die sowjetische Handelsbilanz mit den osteuropäischen RGW-Ländern für die Jahre 1971 bis 1975 wies einen Passivsaldo in Höhe von 1 269,9 Mio. US-$ auf, trotz des hohen Überschusses 1975 (735 Mio. US-$), hauptsächlich wegen der stark verbesserten TOT für die UdSSR (vgl. *B. Askansas/H. Askansas/F. Levcik, Die Wirtschaft in den RGW-Ländern 1976 bis 1980,* Forschungsberichte des Wiener Instituts für internationale Wirtschaftsvergleiche, Nr. 26, 1976, Tab. 13).

Tagung des Exekutivkomitees 1967; man könnte annehmen, daß einer der Faktoren für diese stärker kommerzielle Einstellung gegenüber den Ergebnissen von Forschung und Entwicklung der wachsende Zustrom westlichen Knowhows war, für das offensichtlich Zahlungen zu leisten waren.

Alle Bereiche der RGW-internen Beziehungen – Plankoordination, industrielle Spezialisierung, Investitionen sowie Forschung und Entwicklung – haben offensichtlich einen weiteren wichtigen Aspekt: den militärisch-industriellen Komplex, über den jedoch keine Informationen verfügbar waren.

Zusammenfassend kann gesagt werden: Die Veränderungen im System der wirtschaftlichen Instrumente in den RGW-internen Beziehungen trugen von 1966 bis 1975 nicht zum Fortschritt der Wirtschaftsreformen in den einzelnen Ländern bei; wenn überhaupt, dann ging der Einfluß eher in die entgegengesetzte Richtung. Ungeachtet einiger kleiner Schritte in Richtung auf eine größere Bedeutung monetärer Instrumente, stützten sich die wichtigsten Integrationsbemühungen auf direkte institutionelle Bande. In Ermangelung von Bedingungen, die das Entstehen formaler supranationaler Planungsorgane begünstigen, beschränkten sich die Koordinierungsbemühungen auf losere Formen; sie richteten sich darauf, die Fähigkeit zur Ausarbeitung einer langfristigen Politik wenigstens auf einigen Gebieten mit der Möglichkeit zum Ausgleich verschiedener gegensätzlicher Interessen, die trotz der offensichtlichen Asymmetrie durch die Macht und die besondere Stellung der Sowjetunion regelmäßig sichtbar wurden, zu verbinden. Die Schwäche der monetären Instrumente, das Fehlen wirtschaftlicher Auswahlkriterien und Kompensationsprinzipien waren daher kaum hilfreich für die Entwicklung direkter Integrationsformen, vor allem angesichts der gestärkten Westkontakte, die zwar keine leichte, aber doch eine verlockende Alternative darstellten. Daher hat es den Anschein, daß ein tiefergehender Wandel im System der RGW-internen Beziehungen immer noch wenn nicht als Ersatz für institutionelle Maßnahmen, so doch wenigstens als ergänzender Faktor angesehen werden muß.

Bewertung

Von der Warte des Jahres 1975 aus zeigt sich, daß der Wandel der wirtschaftlichen Institutionen der kommunistischen Länder Osteuropas sich während eines Vierteljahrhunderts im großen und ganzen innerhalb eines Rahmens bewegte, der in seinen Grundzügen in den frühen fünfziger Jahren entstanden war. In Jugoslawien, das sich damals auf einen neuen Weg begab und sich durch ein radikal abgewandeltes Konzept der sozialistischen Transformation dem Wandel verschrieb (siehe *Teil I*) bedeutete dies wesentlich größere Veränderungen, die im wesentlichen stetig auf Dezentralisierung und Vertrauen in den Marktmechanismus gerichtet waren. In den Volksdemokratien war der Prozeß komplizierter.

Im Vergleich zur Wirklichkeit der stalinistischen Periode wurde das Funktionssystem der Wirtschaft in einem beachtlichen Maße von politischem Massenterror, vom Zwang als Mittel der Arbeitskräftelenkung und der Quasirationierung von Verbrauchsgütern befreit. Zieht man die für die Beziehungen der Unternehmen untereinander gültigen Regeln des »*Chozvaščet*« mit in Betracht, könnte man sagen, daß das System dadurch seinen eigenen Grundsätzen näher gebracht wurde. Was die von den Reformern vertretenen Änderungen angeht, konnten diese nicht aus einem akzeptierten ideologischen Muster abgeleitet werden (zur Hand war nur der »Übergang zum totalen Kommunismus«, der später durch den absichtlich vagen *Breschnew*schen »entwickelten Sozialismus« abgelöst wurde und in die entgegengesetzte Richtung wies). Die Nützlichkeit der Reformen mußte sachlich und innerhalb des Rahmens einer zentralgeplanten Wirtschaft bewiesen werden, wie es erstmals die Thesen des polnischen Wirtschaftsrates (1957) und in mehr oder weniger radikaler Form andere Reformentwürfe nahelegten.

Unsere Übersicht über die institutionellen Änderungen in Osteuropa zeigt ziemlich klar, daß die Ergebnisse in den Volksdemokratien insgesamt bescheiden waren. Selbst das Jahrzehnt von 1966 bis 1975, das in die Geschichte als der Zeitabschnitt mit den bis heute hartnäckigsten Versuchen zur Veränderung des Wirtschaftsmechanismus eingehen wird, ändert nichts am Gesamtbild: Die Volksdemokratien gingen mit zwar in unterschiedlichem Grad abgewandelten Funktionssystemen sowjetischen Typs, aber ohne grundlegenden Wandel in die zweite Hälfte der siebziger Jahre. Die einzig mögliche Ausnahme, Ungarn, erfüllte, die Erwartungen ebenfalls nicht. Im Laufe des behandelten Zeitraums gab es viele deutliche Anzeichen von Verschiedenheit zwischen den osteuropäischen Mitgliedern des RGW; gegen Ende des Zeitabschnitts schien bezüglich der wichtigsten Aspekte jedoch ein vereinheitlichender Trend zu überwiegen. Die Mittel und Wege der RGW-Integration bestätigten diesen Eindruck noch aus einer anderen Sicht.

Die in diesem Zusammenhang zu stellende Frage lautet: Warum? Hierzu gibt es zwei Standardantworten. Die erste ziemlich unumstrittene Antwort bezieht sich auf bedeutende gefestigte Interessen – einschließlich direkter materieller Interessen – an der Beibehaltung des zentralistischen Systems. Die überhandnehmende Bürokratie in der Partei- und Staatsverwaltung sieht sich unter einer strengen Wirtschaftsreform nicht nur einer umfassenden Beschneidung, sondern auch veränderten Besoldungs-, Rekrutierungs- und Besitzstandsregeln gegenüber. »Aktives Geld würde viele Funktionäre ihrer gegenwärtigen Funktion, Macht und Vergünstigungen berauben.«[163] Die zweite Antwort weist auf fundamentale politische Zusammenhänge hin. Sie geht von der Annahme aus, die herrschende Elite fürchte, der Zusammenhalt des Sowjetblocks als Ganzes und der einzelnen Regime werde durch die Übertragung wirtschaftlicher Ent-

---

163 *Gregory Grossmann, Gold and the Sword: Money in the Soviet Command Economy*, in: *H. Rosovsky* (Hg.), *Industrialization in Two Systems. Essays in Honor of Alexander Gerschenkron*, New York 1966.

scheidungen und die Einführung sogar eines regulierten Marktmechanismus untergraben, besonders, wenn dies von Arbeitermitbestimmung begleitet würde. Der Autor dieses Buches hat die Ansicht, daß Wirtschaftsreformen an sich ein entscheidender Faktor für politischen Wandel sein können, nie geteilt, aber eine gewisse politische Bedeutung der Reformen muß anerkannt werden. Daher ist der Widerstand der regierenden Elite und ihres Machtapparates vielleicht eine Erklärung für die Behinderung oder Zurückdrehung der Reformen. Die Geschichte der Reformen brachte viele Hinweise auf eine Wechselwirkung zwischen der politischen Einstellung der herrschenden Macht und dem Schicksal der Wirtschaftsreform hervor. Die Tschechoslowakei war sowohl in der auf- wie in der absteigenden Phase der Reform der klarste Fall einer Kombination interner und internationaler politischer Determinanten. Die Schwankungen in Bulgarien und die Starrheit Rumäniens (und Albaniens) sind weitere Beispiele. Polen und die DDR sind in dieser Hinsicht weniger eindeutig, aber augenscheinlich Beispiele dafür, wie politischer Konservatismus den Gehalt der Reform begrenzt und ihren Niedergang angesichts wirtschaftlicher Schwierigkeiten beschleunigt.

Der letztgenannte Aspekt mag zu einer genaueren Betrachtung der erläuternden Kraft des politischen Syndroms veranlassen, vor allem, wenn sie in vereinfachender Form angewendet wird. Es kann nicht geleugnet werden, daß in einer gewissen Phase und in einigen osteuropäischen Staaten die wirtschaftlichen Bedingungen für eine Dezentralisierung der Investitionen, für automatische Lohnsteigerungen in zuverlässig normierter Abhängigkeit von den finanziellen Ergebnissen und für die Förderung der Preisflexibilität durch eine Abschaffung der Kontrollen usw. nicht sehr günstig war. War dies das Ergebnis der bleibenden Unvereinbarkeit des reformierten Mechanismus mit den wirtschaftlichen Erfordernissen der Zeit, oder war es der fehlende Zusammenhang zwischen der Aufgabe der Systemtransformation und der gegenwärtig durchgeführten Wirtschaftspolitik? Die Erfahrungen zumindest einiger Staaten zwischen 1966 und 1975 (an erster Stelle die DDR und Polen) scheinen darauf hinzudeuten, daß die zweite der möglichen Antworten die wichtige sein könnte. Es ist immer schwierig, den Steuerungsmechanismus einer laufenden Wirtschaft zu ändern, und das besonders dann, wenn – wie es im Falle der entwickelteren Länder Osteuropas der Fall gewesen ist – die Reformentscheidung unter dem Einfluß wirtschaftlicher Mißstände und dem daraus folgenden politischen Druck getroffen wurde. Daher – und aufgrund der allgemeinen Eigenschaften eines stärker dezentralisierten und marktorientierten Systems – muß eine Wirtschaftspolitik, die darauf abzielt, günstige Bedingungen für eine Reform zu schaffen, jede Gelegenheit nutzen, Ungleichgewichte, Überdehnungen der Pläne und akute Probleme des Verkäufermarktes zu beseitigen oder zu verkleinern. Dies bedeutet keineswegs, daß man das Wachstum abschreibt. Auf lange Sicht könnte sich der neue Mechanismus für das Wachstumspotential der Wirtschaft und die sogenannte »Qualität des Wachstums« als günstig erweisen. Aber während des Übergangs sind ein gesundes Maß an Geduld, größere Handlungsspielräume und hinreichende Reserven zur Verhütung ungleichgewichtsfördernder Effekte der unvermeidbaren anfänglichen Rückschläge unabdingbar. Nichts dergleichen war 1975 in Osteuropa vorhanden, ganz besonders nicht in den beiden in dieser Hinsicht interessantesten Ländern, der DDR und Polen. Der polnische Fall war um so symptomatischer, weil anscheinend nicht ein Teil der unermeßlichen Kreditaufnahme im Ausland nach dem Debakel von 1970 dazu genutzt wurde, sich den dringend benötigten Raum zum Aufatmen zu schaffen. Im Gegenteil setzte man alles auf eine zusätzliche Beschleunigung, was bald zur unvermeidbaren Überhitzung aller wichtigen Wirtschaftssektoren führte. Betrachtet man die gesamtwirtschaftliche Entwicklung, die Zeitpunkte, zu denen einzelne Teile des neuen Mechanismus eingeführt wurden, und dann die Zeitpunkte der Rücknahme oder grundlegenden Einschränkung derselben Maßnahmen, muß man zu dem Schluß kommen, daß in den meisten osteuropäischen Staaten der Wirtschaftsreform nie eine Chance gegeben wurde, sich selbst zu beweisen, oder gar die Bevölkerung davon zu überzeugen, daß die ganze Sache diesmal ernst gemeint war. Erinnern wir uns, daß es letztlich die Idee der Reform war, das durch das zentralistische System hervorgerufene Verhalten zu ändern, längerfristige Erwägungen zu entwickeln, auf wirtschaftlichem Gebiet die Willkür durch die Vernunft zu ersetzen. Es ist in der Tat ironisch, die ausgetüftelten Konstruktionen der Reformentwürfe, die die relative Stabilität und breitere Anwendbarkeit von Normen und Regeln hervorheben, mit den wilden Schwankungen der ohne Zögern auf hoher Ebene getroffenen Entscheidungen und Gegenentscheidungen über den wirtschaftlichen Mechanismus zu kontrastieren. In jedem Einzelfall könnte natürlich ein Rechtfertigungsgrund für die neuerliche Wende gefunden werden. Insgesamt jedoch – und mit der Erinnerung frühere Reformen im Hinterkopf – ist man geneigt, die für die Reform ungünstigen Bedingungen durch deren schwachen Vorrang gegenüber anderen ernsthaften wirtschaftlichen Alternativen zu erklären: Wann auch immer es zu Konflikten kam oder zu kommen schien, war es die Wirtschaftsreform, die geopfert wurde. Diese Vorrangigkeitsfolge kann wieder in gewissem Sinne auf den indirekten Einfluß ideologischer und politischer Einstellungen gegenüber den wirtschaftlichen Wahlmöglichkeiten zurückgeführt werden. Aber ist das die ganze Wahrheit? Sind nicht auch echte sachliche Schwierigkeiten beteiligt, die mit den politischen Faktoren zusammenwirkten?

Um diesen Teil der Frage zu beantworten oder eher einer Antwort nahezukommen, muß dem ungarischen Fall eine besondere Bedeutung beigemessen werden, und dies aus zwei Gründen. Der erste scheint die wirkliche Anziehungskraft einer »gemischten« Lösung zu sein, auf die sich der NöM gründet. Sowohl das System sowjetischen Typs als auch das jugoslawische System haben sich für ähnliche Phasen der Modernisierung wirtschaftlicher und sozialer Strukturen als lebensfähig erwiesen und ermöglichten eine merkliche Verbesserung des durchschnittlichen Lebensstandards gegenüber der Vergangenheit. Zur gleichen Zeit zeigten beide schwerwiegende Defizite, die mit ihrer jeweiligen Extremität in Verbindung gebracht werden können: im einen Fall mit dem übermäßigen Vertrauen in den Marktmechanismus und im anderen mit der Last der Überzentralisierung, die jegliche Flexibilität, alle Anreize und den innovativen Geist erstickt.

Der NöM und bestimmt auch das allgemeine Konzept einer geplanten Wirtschaft, die sich einen gelenkten Markt zunutze macht, spiegeln den Versuch wider, die Fallen beider Extreme zu vermeiden. Natürlich ist für einige Leute schon die bloße Idee einer Kombination von zentraler Planung und Marktmechanismus hoffnungslos widersprüchlich, aber dies sollte das Interesse am ungarischen Fall nicht verringern, wenn man es dann auch aus einem anderen Blickwinkel sieht.

Der zweite Grund liegt in dem anscheinend günstigeren politischen Umfeld. Die Wirtschaftsreform in Ungarn schien den aus anderen Ländern so bekannten Mißgeschicken entgangen zu sein. Eher erfreute sie sich, ungeachtet einer gewissen Opposition und Unstetigkeit, einer kontinuierlichen Unterstützung durch die höchsten politischen Stellen; sie wurde sorgsam vorbereitet und als Paket eingeführt, wodurch sie die Koexistenz sich widersprechender Regeln vermied, die von vielen als Ursache für die Fehlschläge anderswo verantwortlich gemacht wurden; sie war beständig in ihrem Wechsel von direktiven (Befehlen) zu parametrischen Methoden der Leitung innerhalb des Rahmens einer wirkungsvollen zentralen Planung, an der, wie immer wieder hervorgehoben wurde, auf diesem Gebiet die Beständigkeit gemessen wurde.

In beträchtlichem Maße erwiesen sich diese Umstände als wirksam und verliehen dem politischen Syndrom demzufolge zusätzliches Gewicht: Der ungarische Neue ökonomische Mechanismus überlebte und wurde im Prinzip – trotz des unerwartet rauhen Klimas, dem sich die ungarische Wirtschaft als Folge der Ölkrise und der darauffolgenden Rezession im Westen gegenübersah – in der Zeit von 1976 bis 1980 beibehalten.

Bis 1973/74 zeigte die wirtschaftliche Entwicklung Ungarns recht bemerkenswerte Ergebnisse, vor allem, was die Kombination einer ansehnlichen Wachstumsrate mit einem wesentlich größeren Grad makroökonomischen Gleichgewichts und Befriedigung der Verbraucherbedürfnisse als anderswo in Osteuropa angeht. Die Verschlechterung der Terms of Trade, die für Ungarn wohl schmerzhafter war als für irgendein anderes Land der Region [164], und die zunehmenden Schwierigkeiten bei der Unterbringung ihrer Exporte auf westlichen Märkten unterzogen die Wirtschaft harten Prüfungen, die sie – wenn auch nicht mit fliegenden Fahnen – so doch insgesamt befriedigend hinter sich brachte. Äußerst interessant war die Tatsache, daß korrigierende wirtschaftspolitische Maßnahmen zum großen Teil im Rahmen des NöM blieben: Angleichungen von Preisen, Steuern, Wechselkursen. Natürlich verstoßen zu häufige Anpassungen gegen das obenerwähnte Prinzip einer größeren Stabilität der Regeln, aber der Wechsel des wirtschaftlichen Klimas, der sie hervorrief, war tatsächlich überraschend, und man blieb zumindest den fundamentalen neuen Verhaltensregeln treu (Abschaffung verbindlicher Ziele in den laufenden Plänen und der Planerfüllung als Erfolgsmaßstab, weitgehendes Vertrauen in horizontale Verträge als Mittel zur Zuweisung der Produktionsgüter usw).

Es gibt jedoch eine andere Seite der Medaille: Die ursprünglichen Aussichten auf eine weitere Ausdehnung des Marktmechanismus wurden beschnitten, und zumindest Mitte der siebziger Jahre wurden bestimmte, für das Konzept des NöM wesentliche Maßnahmen abgeschafft. Diese Rückschritte können nicht voll oder auch nur größtenteils durch die Veränderungen der äußeren Umstände erklärt werden; viele traten sowieso schon vor Ende des Jahres 1973 zutage. Es scheint klar zu sein, daß einige wichtige dem NöM zugrundeliegende Annahmen sich überhaupt nicht oder nur in geringerem Maße bewahrheiteten als erwartet. Dies trifft in erster Linie auf die Kraft des Wettbewerbs zu, die den Druck des Plans mit seinen schädlichen Folgen ersetzen sollte. Man machte dafür verschiedene Faktoren verantwortlich: eine übermäßige organisatorische Konzentration, die zu monopolistischem Verhalten führte, die Beschränkungen durch die Beschäftigungs- und Preisstabilität *(Granick)*, die die zentralen Planer dazu zwangen, Unternehmen und Öffentlichkeit vor den angeblich negativen Nebeneffek-

---

[164] 1975 stand der Index der TOT (1970 = 100) bei 81,2 für den Handel mit nichtsozialistischen Ländern und auf 85,6 für den Handel mit sozialistischen Staaten (*M. Tárdos, World Economic Changes and Hungarian Economy*, Acta Oeconomica, Budapest, Vol. 15, Nr. 3–4/1977).

ten des Wettbewerbs zu schützen, einen gewissen Widerstand gegenüber den durch die unterschiedlichen Unternehmensleistungen verursachten Differenzen von Verdienst und Sozialleistungen usw. Die zugrundeliegende Idee, »für das Unternehmen vorteilhaft zu machen, was vorteilhaft für die Volkswirtschaft ist«, und die richtigen Mikroreaktionen auf die Makropolitik durch finanzielle Parameter statt durch Befehle und stoffliche Auflagen zu erreichen, stieß auf ernsthafte Schwierigkeiten sowohl wirtschaftlicher als auch sozialer Art. Es ist wiederum einleuchtend zu sagen, daß diese Schwierigkeiten durch das Fehlen entsprechender politischer Kanäle zur Konfliktlösung verschärft wurden. Modelle zur Harmonisierung individueller und gemeinschaftlicher Ziele, die nur versuchen, die direkten Interessen in Einklang zu bringen, ohne ein Gefühl der Partnerschaft im Entscheidungsprozeß sowohl am Arbeitsplatz als auch (äußerst wichtig) durch demokratische politische Prozesse auf nationaler Ebene zu entwickeln, taugen wohl kaum als Instrument zur Integration unabhängiger Teile in ein stärker zusammenhängendes Ganzes. Dennoch sind die rein wirtschaftlichen (man könnte sogar versucht sein zu sagen technischen) Schwierigkeiten des Einbaus eines regulierten Marktmechanismus in eine zentralgeplante Wirtschaft Hindernisse eigener Art und sollten auch als solche betrachtet werden; sie sind eine Quelle von Konflikten, von denen man nicht annehmen sollte, daß sie zu irgendeinem Zeitpunkt spurlos verschwinden würden. Die Frage, die sich aus den zehn Jahren osteuropäischer Erfahrungen zwischen 1966 und 1975 wirklich stellt, ist nicht, ob ein konfliktfreies Funktionssystem konstruiert werden kann, sondern ob ein reformiertes System Konflikte mildern oder ihre Lösung eher beschleunigen könnte, um die Wirtschaft voranzutreiben, anstatt sie aufzuhalten. Aus dieser Sicht wäre es wichtig, einen gründlichen analytischen Vergleich des langfristigen Erfolgs »reformierter« und »traditioneller« osteuropäischer Volkswirtschaften anzustellen. Der konventionelle Datensatz, der in diesem Kapitel zur Beschreibung des Erfolgs zwischen 1966 und 1975 herangezogen wurde, und ähnliche Bewertungen für den Rest der siebziger Jahre ergeben keinen schlüssigen Hinweis in dieser oder jener Richtung (mit schlechten und relativ guten Leistungen auf beiden Seiten des Zauns). Vielleicht würde eine sorgfältige Analyse der Faktorproduktivität helfen, die den Trend der Effizienz des Faktoreinsatzes aufzeigen würde, und daran anschließend eine Beurteilung der »Qualität der Entwicklung« einschließlich einer Anzahl nicht quantifizierbarer Elemente.

Im Lichte der osteuropäischen Erfahrung, insbesondere in dem Jahrzehnt von 1966 bis 1975, ist man geneigt, die politischen Widerstände gegen eine Wirtschaftsreform ungarischen Typs nicht auf eine allzu einfache Art und Weise zu betrachten. Sie existierten und spielten bei der Blockade von Veränderungen eine große Rolle, allerdings in Verbindung mit echten Schwierigkeiten bei der Durchführung der Grundlagen der Reform.

Nachwort

Unsere Geschichte endet 1975 – zu einer Zeit, als die osteuropäischen Volkswirtschaften einen gewissen Boom erlebten, während die Aussichten für tiefgreifende institutionelle Veränderungen nach dem Abflachen der »zweiten Welle« der Wirtschaftsreformen und dem Mangel an Veränderungen im System der außenwirtschaftlichen Beziehungen eher trübe waren. Dieser Stand der Angelegenheit wurde im abschließenden *Vierten Teil* (»Normalisierung und Konflikte«) als für die Zukunft bedrohlich diagnostiziert, insbesondere deshalb, weil die hohen Wachstumsraten in Verbindung mit recht ansehnlichen Verbesserungen des Lebensstandards durch einen großen Zustrom auswärtiger Ressourcen ermöglicht wurden, was auf lange Sicht nur unter der Bedingung einer leistungsfähigeren Wirtschaft günstig sein konnte. Wie verträgt sich diese sehr allgemeine Schlußfolgerung mit den Erfahrungen des folgenden Zeitraums? Eine genaue Analyse kann hier zwar nicht angeboten werden, aber auch ein kurzer Überblick mag nützlich sein.

Die offenkundigste tatsächliche Feststellung ist, daß Osteuropa seit 1975 einen dramatischen Rückgang der Dynamik, gemessen an der offiziellen Wachstumsrate des Nationaleinkommens, aufweist: von 7% jährlich zwischen 1966 und 1975 auf etwas mehr als 3% 1976 bis 1985, was die niedrigste Rate seit der Etablierung des kommunistischen Wirtschaftssystems in dieser Region ist. Selbst wenn man Polen beiseite läßt, das gegen Ende der siebziger Jahre praktisch zusammenbrach (und dessen Nationaleinkommen pro Kopf noch 1985 15% unter dem Niveau von 1978 lag), betrug die zusammengefaßte Wachstumsrate für die übrigen fünf »Volksdemokratien« (also die osteuropäischen Mitglieder des Warschauer Pakts und des RGW, Bulgarien, die Tschechoslowakei, die DDR, Ungarn und Rumänien) weniger als 4%. Mehr noch, es gab einen ausgeprägten Abwärtstrend: Die fünf obengenannten Länder wiesen 1976 bis 1980 eine kombinierte durchschnittliche Wachstumsrate von reichlich 4% auf, aber nur etwas mehr als 3% zwischen 1981 und 1985. Die Berichte für einzelne Länder differierten, aber ohne eine einzige Ausnahme gab es im Vergleich mit der Vergangenheit in allen Fällen einen deutlichen Rückgang. Nur die DDR hielt den Schnitt im zweiten Teil des Jahrzehnts, aber nicht so wie geplant (4,4% jährliche Wachstumsrate gegenüber geplanten 5,1%). Die Pläne blieben auch in den meisten anderen Ländern unerfüllt, trotz der Tatsache, daß sie in der Regel die fallende Tendenz durch eine Zielfestsetzung nicht nur unter den Zielen des vorangegangen Plans, sondern auch unter den verkündeten tatsächlichen Zahlen vorwegnahmen. In dieser Hinsicht begannen die Pläne in Osteuropa der sowjetischen Planungspraxis stark zu ähneln, die auf ihre eigene Art den umbarmherzigen Rückgang des Wachstums widerspiegelt: Seit 1950 sah, abgesehen von 1966 bis 1970, jedes einzelne Jahrfünft einen Rückgang der offiziellen Wachstumsrate, die zwischen 1981 und 1985 auf 3,2% fiel, also auf weniger als ein Drittel der Wachstumsrate zu Beginn der fünfziger Jahre. Dies bedeutet eine bemerkenswerte Bestätigung der in der Zwischenkriegszeit von stalinistischen Ökonomen so heftig angeprangerten Theorie der *»potukhayashcaya krivaya«* (wörtlich – »Absterbekurve«).

Abseits des RGW zeigte Jugoslawien während der gesamten ersten Hälfte der achtziger Jahre kaum irgendein Wachstum, nachdem es zwischen 1976 und 1980 mit über 5% pro Jahr etwas besser als andere Länder gefahren war. Andere Aspekte der jugoslawischen Wirtschaft verschlechterten sich sogar noch mehr, die Inflation erreichte 80% pro Jahr, und die Arbeitslosigkeit stieg auf 12–14% der nichtlandwirtschaftlichen Arbeitskräfte. Albanien bleibt in diesem Nachwort ausgeklammert, weil seit 1973 keine gesamtwirtschaftlichen Daten veröffentlicht wurden.

Anders als der Rückgang während des sogenannten »Neuen Kurses« nach *Stalins* Tod, der mit einer bewußten Umlenkung der Ressourcen in den Verbrauch zusammenhing, wurde er dieses Mal von einem parallelen Rückgang der Wachstumsrate der Realeinkommen der Bevölkerung begleitet. Der Verbrauch litt sowohl unter dem geringeren Zuwachs des inländischen Nationalprodukts (produziertes Nationaleinkommen) als auch – in der ersten Hälfte der achtziger Jahre – unter der Notwendigkeit, die Schulden zu bedienen und teilweise zurückzuzahlen, was in den meisten Fällen die Beziehung zwischen geschaffenem und verfügbarem Nationalprodukt umkehrte (das »verteilte Nationaleinkommen« nach osteuropäischer Terminologie war in den siebziger Jahren größer als das produzierte und wurde Anfang der achtziger Jahre geringer). In einigen Ländern, die längere Zeitabschnitte akuten Mangels durchmachten (Polen, Rumänien), wurden die auf den offiziellen Indizes der Lebenshaltungskosten aufbauenden Reallohnindizes größtenteils bedeutungslos. In Ungarn, wo die Preise zur Markträumung tendierten, stagnierten die Reallöhne praktisch während des gesamten Zeitraums von 1976 bis 1985, aber begannen gegen Ende noch darunter zu fallen. In Jugoslawien setzte der Rückgang früher ein und erreichte in den achtziger Jahren ein wahrhaft dramatisches Ausmaß; 1983 fielen die Reallöhne auf das Niveau von 1968. In der Tschechoslowakei stagnierten die Reallöhne praktisch während des ganzen Jahrzehnts und in Bulgarien während der ersten Hälfte, mit wechselnden Ergebnissen in der zweiten. Die DDR veröffentlicht keinen Index der Reallöhne, aber das Wachstum der Nominallöhne verringerte sich von 2,8 % pro Jahr in der zweiten Hälfte der siebziger Jahre auf unter 2 % in der ersten Hälfte der achtziger.

Um die möglichen sozio-politischen Folgen einer scharfen Verschlechterung des Lebensstandards oder gar einer Vertiefung des Grabens zwischen der Wirklichkeit und den Verbraucherbedürfnissen wissend, versuchte die Wirtschaftspolitik, die Auswirkungen durch eine Einschränkung der Investitionstätigkeit abzumildern: 1984 war außer in Bulgarien in allen osteuropäischen Ländern das Investitionsvolumen in der Volkswirtschaft niedriger als 1980. Offensichtlich konnte dies kurzfristig Luft schaffen, würde aber auf lange Sicht eine gewichtige Bedrohung der Entwicklungsmöglichkeiten der betroffenen Länder darstellen; dies gilt vor allem für die Aussichten, die technologische Lücke zwischen ihnen und der entwickelten industriellen Welt zu verringern, und damit für die Chancen, das Exportpotential der verarbeitenden Industrie zu steigern.

Der letzte Punkt gewann in dem erörterten Zeitraum überragende Bedeutung. Wie in *Teil IV* angedeutet wurde, stützte sich das beschleunigte Wachstum in der ersten Hälfte der siebziger Jahre auf den Import, wobei technologisch fortgeschrittene Ausrüstungen und Know-how mit Hilfe westlicher Kredite importiert wurden, die durch einen Teil der Produktion aus den neuen modernen Produktionskapazitäten zurückzuzahlen waren. Diese Strategie schlug fehl, und die Länder, die sie verfolgt hatten (einige, wie die Tschechoslowakei, hatten wenig Gelegenheit zur Aufnahme großer Kredite), fanden sich selbst schwer verschuldet. In einem gewissen Grad war dies die Folge ungünstiger Veränderungen äußerer Umstände, insbesondere des plötzlichen Anstiegs der Preise für Energie und viele andere Rohstoffe, die eine deutliche Verschlechterung der osteuropäischen Terms of Trade zur Folge hatten (Ungarn war nicht nur vom ersten, sondern auch vom zweiten »Ölschock« 1979 wohl am schwersten betroffen). Eine unvorteilhafte Bewegung der TOT traf Osteuropa auch in seinen Beziehungen mit der Sowjetunion; trotz der verzögerten Wirkung des Weltmarktes auf die RGW-internen Preise (dieser Unterschied schloß nach Aussagen einiger westlicher Wirtschaftler »sowjetische Subventionen an Osteuropa« ein), mußte der osteuropäische Export in die Sowjetunion stetig anwachsen, um ein gleichbleibendes Importvolumen aus der UdSSR auszugleichen. Die Rezession im Westen war ein weiterer Faktor und behinderte die osteuropäischen Exporte in das Hartwährungsgebiet.

Ungeachtet all dieser bedeutsamen äußeren Umstände kann das Mißlingen der Strategie des »importgestützten Wachstums« durch sie nicht entschuldigt werden. Schon das bloße Vertrauen in dieses Konzept zeigte – um damit zu beginnen – die Schwäche des kostspieligen Industrialisierungsprozesses sowjetischen Typs, der es nicht einmal den entwickeltsten Ländern der Gruppe (DDR, Tschechoslowakei) erlaubte, mit eigenen in der Welt konkurrenzfähigen Produkten und Technologien herauszukommen. In ganz Osteuropa führten Verzögerungen bei Bau und Installation importierter Anlagen dazu, daß die unter westlicher Lizenz produzierten Güter bald überholt waren; vor allem fand kaum eine Weiterentwicklung der erworbenen Technologie statt, die bestenfalls normalen Produktionszwecken genügte, anstatt zum Anstoß für eigene Innovationen zu werden. Die Qualität lag oft unter der vergleichbarer westlicher Produkte, Marketing und Service waren unterlegen. Kurz gesagt war es die niedrige Aufnahmekapazität für von außen zufließende Mittel, die entscheidend war für die geringen Außenhandelsleistungen und damit für die meisten der Schwierigkeiten, mit denen Osteuropa in diesem Zusammenhang fertig werden mußte. Es sollte anerkannt werden, daß es den osteuropäischen Ländern mit Ausnahme Jugoslawiens und Polens in der ersten Hälfte der achtziger Jahre gelungen ist, ihre Westverschuldung von etwa 34 Mrd. US-$ 1980 für Bulgarien, die Tschechoslowakei, die DDR, Ungarn und Rumänien zusammengenommen auf etwa 22 Mrd. 1984 zu reduzieren; dies wurde jedoch nicht durch verbesserte Exportleistungen, sondern durch eine drastische Beschneidung der Importe mit negativen Konsequenzen für das Wirtschaftswachstum erreicht. Zur gleichen Zeit häuften die osteuropäischen Länder (vor allem Polen, Bulgarien, die DDR und die Tschechoslowakei) hohe Defizite im Handel mit der Sowjetunion an.

Die durch das Nachlassen des »importgestützten« Booms der siebziger Jahre ausgelösten Spannungen machten sich überall in Osteuropa bemerkbar, nirgendwo aber stärker als in Polen. In gewissem Sinne zeigte sich Polen während der Nachkriegszeit immer wieder als Sonderfall. Es leistete unmittelbar nach dem Krieg den stärksten Widerstand von allen gegen die Einführung der kommunistischen Ordnung. Später kam es in Polen zum einzigen offenen Versuch innerhalb einer kommunistischen Partei (*Gomulkas* »rechte und nationalistische Abweichung«), die Stalinisierung zu verhindern. Sogar auf dem Höhepunkt des Stalinismus war der Druck auf massenhafte Kollektivierung erfolglos, und die Landwirtschaft blieb größtenteils privat. Die Idee einer marktorientierten Wirtschaftsreform und der Beteiligung der Arbeiter am Management fand in Polen frühzeitige, breite und dauerhafte Unterstützung. Die katholische Kirche hielt nicht nur eine in der kommunistischen Welt einmalige Position inne, sondern gewann im Laufe der Zeit unermeßlich an Gewicht. Der Grad geistiger Freiheit und dessen, was »Offenheit gegenüber der Außenwelt« genannt werden kann, war in der Regel größer als anderswo. Und was vielleicht das wichtigste ist: Zweimal erzwangen Arbeiterrevolten vor 1980 einen Regierungswechsel mit weitreichenden Konsequenzen für die Arbeitsweise des Regimes im allgemeinen und die Leitung der Wirtschaft im besonderen. Unter diesen Umständen hätte die herrschende Elite die sich auftürmenden Konflikte vielleicht mildern können, wenn sie wirklich reformistischer geworden wäre und die Einstellung, den Glauben und die Hoffnung der Bevölkerung stärker berücksichtigt hätte. Da dies nicht geschah und statt dessen das träge Wirtschaftssystem in den siebziger Jahren von der Hyperexpansion überlastet und dem Druck aufgrund der massiven Verschuldung im Westen ausgesetzt war, war die Szene reif für eine Explosion. Die wirtschaftliche Katastrophe entzündete eine Reaktion des Volkes, die sich zu einer der bis dahin weitestgehenden Herausforderungen der etablierten Prinzipien der kommunistischen Ordnung in Osteuropa entwickelte.

Wie 1970 war es die größte unmittelbare Sorge der benachbarten kommunistischen Regime, vor allem der Sowjetunion, jegliches Übergreifen zu verhindern. Dies wurde zunächst durch die wirtschaftliche Misere, unter der die polnische Bevölkerung 1981 litt, erleichtert und danach durch die kraftvolle Unterdrückung der »Solidarität«, die einmal mehr die Macht und Entschlossenheit der Hüter des bestehenden Systems vor Augen führte. Dennoch, wie nach den vorhergegangen Unruhen konnte der neuerliche Erleichterungsseufzer, daß »l'ordre régne à Varsovie« (die Ordnung in Warschau herrscht) das Problem nicht beseitigen: Trotz der nicht zu leugnenden Besonderheiten wäre es falsch, den polnischen Fall in seinem Wesen vom Rest Osteuropas und der Sowjetunion selbst zu trennen. Die grundlegenden Strukturprobleme sind von gleicher Art und unterscheiden sich hauptsächlich in ihrem Grad. Es ist daher mehr als wahrscheinlich, daß die polnischen Ereignisse zu dem sich entwickelnden Gespür für die Dringlichkeit beitrugen, das Abgleiten der osteuropäischen Volkswirtschaften zu stoppen und umzukehren.

Für eine gewisse Zeit versuchten die Führungen der kommunistischen Länder die Folgen fallender Wachstumsraten herunterzuspielen. Das spektakuläre Scheitern von *Chruschtschows* Programm, in der Sowjetunion bis 1980 den »totalen Kommunismus« zu entwickeln, wurde sehr leise, fast insgeheim, durch eine Begriffsveränderung zum »entwickelten Sozialismus« von unbekannter Dauer und ohne quantitative Festlegungen beantwortet. Andererseits wurde bis vor kurzem noch die – verglichen mit den kapitalistischen Wirtschaften – »insgesamt« schnellere und von zyklischen Schwankungen, Arbeitslosigkeit usw. freie Entwicklung hervorgehoben. Mit der weiteren Verschlechterung, die schlicht und einfach auf eine Stagnation hindeutet, wurde eine Beibehaltung dieses Standpunkts aus ideologischen und pragmatischen Gründen jedoch immer schwieriger.

Ideologisch stellte die nachlassende Dynamik den fundamentalen Anspruch in Frage, daß der Kommunismus dem Kapitalismus überlegen sei, der sich seit Generationen auf das Bild steil ansteigender statistischer Kurven stützte. Pragmatisch untergrub sie einen der wichtigsten Legitimationsfaktoren kommunistischer Regime der Neuzeit, nämlich die Fähigkeit zur Sicherung eines höheren Lebensstandards. Mehr noch, nicht nur die sozio-politische Seite ist hier vital, wie der polnische Fall gezeigt hat, sondern auch die wirtschaftliche. Mißlingt es, den Lebensstandard zu erhöhen, so kann das negative Rückwirkungen auf die Arbeitsproduktivität haben; begegnet man den Konsumbedürfnissen durch eine Reduzierung des Anteils der Investitionen am Nationaleinkommen, so wird dies auf längere Sicht nur zu einer abwärts gerichteten Spirale führen, was sich schon in der ersten Hälfte der achtziger Jahre abzeichnete. Der internationale Aspekt ist klar genug: die Gefahr, technologisch noch weiter zurückzufallen mit schwerwiegenden Konsequenzen für die Handelsaussichten und das politische Standing der kommunistischen Länder in der Welt, einschließlich (was als besonders wichtig für die Führung des Sowjetblocks angesehen werden muß) der Dritten Welt. Last not least: militärische Erwägungen. Für lange Zeit gab es eine auffällige Asymmetrie zwischen den Fortschritten des Sowjetblocks bei modernen Waffen (und der Raumfahrt) auf der einen Seite und dem Gesamtzustand der Wirtschaft auf der anderen Seite. Dies wurde durch eine außerordentliche Konzentration materieller und menschlicher Hilfsmittel auf diese vorrangigen Sektoren ermöglicht. Aber erstens ist es zweifelhaft, ob eine derartige Konzentration ewig andauern kann, und zweitens läßt eine langsam wachsende oder gar stagnierende Wirtschaft wesentlich weniger Raum als eine dynamische für eine dauerhaft selektive Allokation von Ressourcen.

Es ist deshalb kaum überraschend, daß gegen Ende des Jahrzehnts von 1976 bis 1985 die frühere Selbstzufriedenheit über das Wachstum dem Ruf nach einer Beschleunigung als unumgängliche Stretegie für den Rest des Jahrhunderts wich. Diese Strategie wurde mit besonderem Nachdruck in der Sowjetunion von der *Gorbatschow*-Führung in Gang gesetzt, aber es ist ziemlich klar, daß sie ebenso für die osteuropäischen Mitgliedsländer des Warschauer Pakts und des RGW gelten soll.

Unnötig zu sagen, daß es zur Umkehrung der anscheinend tief eingefahrenen Trends wohl kaum genügen wird, der mobilisierenden Kraft des bestehenden Systems einen Stoß zu versetzen, obwohl das Trägheitsmoment in den Wirtschaften aller osteuropäischen Länder ziemlich groß ist (die »Überbleibsel vergangener Fehler«) und gewisse kurzfristige Verbesserungen durch neuen Elan aus dem Zentrum erreicht werden können. Eine dauerhafte Verbesserung der wirtschaftlichen Leistung bedürfte jedoch einer besseren Ausnutzung der zu Entwicklungszwecken eingesetzten Mittel: ein höheres Wachstum der Arbeitsproduktivität, die bessere Anpassung von Angebot und Nachfrage, niedrigere materielle Inputs pro Outputeinheit, eine wesentliche Verringerung der marginalen Kapitalintensität (der Investitionsbetrag pro Einheit zusätzlicher Produktion), die für lange Zeit alarmierend gestiegen war, höhere Qualitätsstandards; all dies umfaßt offensichtlich eine wesentlich größere Fähigkeit zur Aufnahme des technologischen Wandels sowohl bei den Methoden der Produktion als auch bei den Produkten selbst, eine echte Innovationsneigung. In der weithin gebrauchten osteuropäischen Terminologie wird dies unter dem Begriff des »intensiven Wachstums« gefaßt, im Gegensatz zum »extensiven«, das auf gesteigertem Arbeits- und Kapitaleinsatz beruht. Der Leser dieser »Geschichte« wird ausrufen *(Teil III)*, daß diese Begriffe bereits in den späten fünfziger Jahren in Zusammenhang mit der »Ersten Welle« der Wirtschaftsreformen gebraucht wurden; aber das Verfehlen eines intensiveren Wachstums in einem früheren Stadium steigert offensichtlich die Notwendigkeit einer Intensivierung zu einem späteren Stadium ...

Sowohl in Osteuropa wie im Westen nimmt man weithin an, daß die Intensivierung, also die bessere Nutzung der Wachstumsfaktoren, eng mit dem institutionellen Wandel des Funktionssystems der Wirtschaft (dem wirtschaftlichen Mechanismus) zusammenhängt. Dies war die zentrale Frage dieser »Geschichte«, die für jede der aufeinanderfolgenden Phasen der Nach-*Stalin*-Ära mit recht pessimistischen Schlußfolgerungen – was die Aussichten für eine radikale Reform nach 1975 angeht – diskutiert wurde. Diese Schlußfolgerung scheint durch den tatsächlichen Lauf der Ereignisse im folgenden Jahrzehnt bestätigt worden zu sein; nicht in dem Sinne, daß die institutionelle Szene völlig ruhig blieb, sondern daß die stattfindenden Veränderungen bis zu dem Zeitpunkt, an dem unsere Untersuchung endet, den grundsätzlich bestehenden Rahmen nicht sprengten. Zu diesem Zeitpunkt arbeiteten sechs der acht von uns untersuchten Länder (Albanien, Bulgarien, die Tschechoslowakei, die DDR, Polen und Rumänien) innerhalb des Rahmens des zentralistischen (Befehls-)Systems; in Detailfragen gab es Unterschiede zwischen den betreffenden Ländern, aber die Hauptpfeiler des zentralistischen Systems – hierarchische Zielplanung bis hinunter auf die Unternehmensebene und stoffliche Zuteilung von Hilfsmitteln – waren allen gemein. Die beiden Länder, die außerhalb des zentralistischen Systems standen – wiederum auf unterschiedliche Art –, waren Jugoslawien und Ungarn. Diese Unterscheidung behielt bis 1985 Gültigkeit, abgesehen davon, daß sich Polen 1982 formal auf eine Wirtschaftsreform ungarischen Typs festlegte, aber noch weit von ihrer tatsächlichen Einführung entfernt war.

Ein Bereich institutioneller Veränderungen durchschnitt zwischen 1975 und 1985 beide Ländergruppen: eine gewisse Liberalisierung der Einstellung gegenüber nichtstaatlichen wirtschaftlichen Aktivitäten – kleinen Genossenschaften, privaten Unternehmen und vielerlei gemischten Formen (Partnerschaften, Pachtverhältnisse, Lizenzen, Vertragsbrigaden usw.). Auch dieser Prozeß entfaltete sich von Land zu Land unterschiedlich, aber selbst da, wo er am wenigsten ausgeprägt war (DDR und vor allem die Tschechoslowakei), fand ein gewisser Wandel in diese Richtung statt, abgesehen vielleicht von Albanien vor dem Tode *Enver Hodschas* 1985. In Ungarn, wo diese Formen wirtschaftlicher Aktivität ursprünglich durch die Einführung des Neuen ökonomischen Mechanismus aus dem Boden sprossen und Mitte der siebziger Jahre unter Druck gerieten, wandte sich die Politik später wieder in die ursprüngliche Richtung und erhöhte die Bedeutung der »Schattenwirtschaft« *(second economy)* im weiten Sinn beträchtlich. Unnötig zu sagen, daß die günstigere Einstellung gegenüber der Einzelinitiative sich am stärksten in der Landwirtschaft bemerkbar machte, sowohl was das private Hofland innerhalb der Landwirtschaftlichen Produktionsgenossenschaften als auch was die private Landwirtschaft in Ländern wie Polen und Jugoslawien angeht. Ein anderes Gebiet, auf dem entweder neue Maßnahmen ergriffen oder alte revidiert wurden, waren Joint Ventures (Gemeinschaftsunternehmen) mit ausländischer Kapitalbeteiligung, obgleich ihre praktische Bedeutung vernachlässigbar blieb.

Welche Rolle wirtschaftliche Aktivität außerhalb der staatlichen (oder, wie es die offizielle jugoslawische Terminologie bezeichnet, der gesellschaftlichen) Wirtschaft auch immer spielt – klar ist, daß die letztere den Gesamterfolg bestimmt und der entscheidende Test für die Bedeutung jeglichen institutionellen Wandels ist. Gemessen an den oben kurz gestreiften Ergebnissen haben sich die angestrebten oder auch durchgeführten Veränderungen in den Ländern, die an den

Grundsätzen des zentralistischen Systems festhielten, kaum als erfolgreich erwiesen. Die unternommenen Maßnahmen wurden üblicherweise nicht als Reformen, sondern als »Vervollkommnung« der bestehenden Planungs- und Leitungsmethoden präsentiert (obgleich sie in Bulgarien recht großzügig als »Neuer ökonomischer Mechanismus« etikettiert wurden) und liefen in den meisten Fällen auf zweierlei hinaus:

1. auf eine Verringerung der verbindlichen Kennziffern des Plans mit einer größeren Betonung auf zusammengefaßte Wertgrößen (Nettoproduktion, Gewinn);

2. auf die Stärkung der Beziehung zwischen Anreizen und der an den obengenannten Kennziffern gemessenen Planerfüllung sowie der Beziehung zwischen einem etwas ausgeweiteten Spielraum für autonome Investitionen und den finanziellen Ergebnissen;

3. auf eine größere Bedeutung der mittleren Ebene der Wirtschaftsverwaltung (Industrievereinigungen vor allem vom vertikalen Typ: Kombinate), wodurch unter anderem die informationellen und organisatorischen Probleme bei der stofflichen Bilanzierung und Zuteilung der Produktionsgüter entschärft werden sollten;

4. auf eine gewisse Lockerung des orthodoxen »Außenhandelsmonopols«; Exporteuren und Importeuren wurde eine geringfügige Beteiligung an den Transaktionen eingeräumt, und es wurde eine etwas engere Beziehung zwischen ausländischen und Binnenpreisen hergestellt.

Der Leser des *Teils IV* wird wohl damit übereinstimmen, daß hierin gegenüber den vor 1975 angestrebten Änderungen nichts grundsätzlich Neues lag. Vielleicht war der Grad der Verwirklichung diesmal etwas höher, obwohl es interessant ist festzustellen, daß in der DDR, Bulgarien und der Tschechoslowakei 1983 ein neues Bündel von »Vervollkommnungsmaßnahmen« angekündigt wurde, was Unzufriedenheit mit bisherigen Maßnahmen nahelegt.

Zusammenfassende Bewertungen bergen immer die Gefahr, Besonderheiten zu übersehen, in diesem Fall die unterschiedliche Beständigkeit der Veränderungen und der von einzelnen Ländern der »zentralistischen« Gruppe erreichten

Ergebnisse. Rumänien wies von allen den geringsten Grad von Beständigkeit auf und befand sich 1985 – im Gegensatz zu mitunter überraschend leuchtenden statistischen Berichten – in tiefen wirtschaftlichen Schwierigkeiten. Auf der anderen Seite des Spektrums stand die DDR mit dem am meisten beständigen Versuch zur Verwirklichung des zentralistischen Systems und mit besseren Ergebnissen als andere osteuropäische Länder. Auch die DDR verfehlte es jedoch, die dynamischen Qualitäten zu zeigen, deren die kommunistischen Wirtschaften, sowohl hinsichtlich des Wachstums als auch bezüglich der technologischen Entwicklung, so dringend bedürfen, und das trotz der »besonderen Beziehungen« mit Westdeutschland, die einige Leute für einen der Schlüsselfaktoren des relativen Erfolges Ostdeutschlands halten.

Machten sich die »Reformer« – Jugoslawien und Ungarn – in der Zeit zwischen 1976 und 1985 besser? Brachte dieses Jahrzehnt einen Hinweis, daß größeres Vertrauen in den Marktmechanismus ein Mittel gegen die Wirkungslosigkeit der kommunistischen Wirtschaften ist? Legt man die in diesem Schlußwort zitierten Indikatoren zugrunde, mit Sicherheit nicht. Weder war die Wachstumsrate insgesamt höher (wenn man überhaupt etwas sagen kann, war sie geringer als im Durchschnitt ohne Polen), noch die Dynamik der Realeinkommen (katastrophal in Jugoslawien) oder die Außenhandelserfolge; die jugoslawische Kombination von Inflation und Arbeitslosigkeit verdüstert das Bild besonders. Es gab auch positive Zeichen: Das wesentlich bessere Gleichgewicht des Binnenmarktes – sowohl bei Konsum- wie bei Produktionsgütern und -dienstleistungen – spiegelte nicht nur die realistischeren Preisverhältnisse wider (was die Statistik der Lebenshaltungskosten realistischer macht), sondern auch die bessere Anpassung des Angebots an die Nachfrage; ein höherer Grad an Kostensensibilität fand seinen Ausdruck unter anderem in einer anpassungsbereiteren Einstellung gegenüber Veränderungen der Weltmarktpreise (relativ besseres Verhältnis von Energieverbrauch und Produktion), und einige Anzeichen für eine gestiegene Wettbewerbsfähigkeit bei Fertigwaren machten sich bemerkbar. Im ganzen jedoch müssen die Ergebnisse des fraglichen

Zeitabschnitts als enttäuschend angesehen werden und als entmutigend für diejenigen, die ihren Glauben an sozialistische Leistungsfähigkeit in marktorientierte Reformen setzen.

Warum? Dies ist natürlich nicht die Stelle, um eine umfassende Antwort auf eine derart komplexe Frage zu versuchen. Dennoch können in diesem Zusammenhang einige der Probleme aufgezeigt werden, die aus der Praxis nach 1975 erwuchsen, insbesondere aufgrund der Erfahrung Ungarns, das sich vielleicht eher für eine Verallgemeinerung anbietet als Jugoslawien mit seiner multinationalen föderalistischen Staatsstruktur und der felsenfesten Festlegung auf die Selbstverwaltung.

In unserer Diskussion des ungarischen NöM in *Teil IV* dieser »Geschichte« haben wir sowohl in dem entsprechenden besonderen Teil als auch in der allgemeinen Bewertung der osteuropäischen Wirtschaftsreformen als wichtigstes Mißverhältnis zwischen den Erwartungen und der Wirklichkeit des NöM herausgearbeitet, daß die Unternehmen in ungenügendem Ausmaß dem Wettbewerb und den generellen Regeln eines regulierten Marktes ausgesetzt wurden. Statt einheitlicher Parameter wandten die Regulierungsbehörden weithin individualisierte finanzielle Instrumente an, was zur Folge hatte, daß die Unternehmen durch geschicktes Verhandeln über Subventionen, Preise, Steuerbefreiungen usw. mehr gewinnen konnten als durch größere Leistungen und unternehmerische Initiative. Für eine gewisse Zeit konnten diese Defizite dem Rückschritt bei der Anwendung der Grundsätze der Reform von 1968 angelastet werden. Gegen Ende der siebziger Jahre jedoch begann die ungarische Führung zu begreifen, daß die Bekämpfung der unter anderem durch die scharfe Verschlechterung der äußeren Bedingungen ausgelösten Schwierigkeiten keine Beschneidung, sondern eine Förderung des institutionellen Wandels erfordert. Die meisten der zuvor angezogenen Bremsen wurden gelöst und einige neue Schritte nach vorn unternommen (wie z. B. die Zusammenlegung der Branchenministerien in ein einziges Industrieministerium, dessen Aufgabe eher die allgemeine Politik als die Kontrolle im Detail sein sollte); aber es gelang nicht, die Arbeitsweise der Staatswirtschaft wesentlich zu verbessern. Dies schürte eine breite Debatte darüber, ob die Quelle der Unzulänglichkeiten in der Widersprüchlichkeit der Anwendung oder im Entwurf der Reform von 1968 selbst zu suchen sei; die Mehrheit der ungarischen Ökonomen bezog den letzteren Standpunkt. Einen der wichtigen Fehler des Entwurfs sah man weithin in der deutlichen Trennung zwischen langfristigen Investitionsentscheidungen (die größtenteils der Zentrale zugeschrieben waren) und den laufenden Operationen (die dem Gutdünken der Unternehmen überlassen wurden); diese durften kleinere Investitionen tätigen, wurden aber von weitreichenden Ausdehnungsprogrammen aus eigenem Antrieb abgehalten, ganz abgesehen von einem Einbruch in völlig neue Arbeitsbereiche. In einer Situation, wenn ein Unternehmen in seinen alten und nichts mehr versprechenden Aktivitäten steckengeblieben ist, bleibt oft nur die Wahl zwischen totaler Schließung und Subventionierung, wobei üblicherweise der zweite Weg gewählt wird. Abgesehen von den negativen Folgen für die Wirksamkeit des Marktdrucks auf die Leistung, erhöht dies die Abhängigkeit der Unternehmen von ihren administrativen Kontrolleuren. Hierhin gehört auch die Frage der Verantwortlichkeit für die geringe Qualität der vom Zentrum gefällten Investitionsentscheidungen, wenn sie die Bedingungen für die laufenden Operationen beeinträchtigen (das ist in Jugoslawien häufig der Fall, wo »politische lahme Enten« zahlreiche Ansprüche und Entschuldigungen für Subventionen und andere Auswege aus dem Marktmechanismus hervorbringen).

Zu Beginn der achtziger Jahre erkannte man in Ungarn, daß zur Überwindung dieses Zustandes neue Formen der Zuweisung von Investitionsfonds gefunden werden müssen, die horizontale Ressourcenflüsse erleichtern und die vertikale Verteilung auf grundlegende (»Infrastruktur«) Bereiche begrenzen; einfach gesagt, es sollten nicht nur Güter- und Arbeits-, sondern auch Finanz-(Kapital-)märkte in einer reformierten sozialistischen Wirtschaft legalisiert werden. Erste Schritte in dieser Richtung folgten, nicht nur durch die Stärkung der kommerziellen Seite des Bankensystems und anderer Aspekte der Geldpolitik, sondern auch durch die vorsichtige Einführung eines Anleihenmarktes, an dem sich auch die staatlichen Unternehmen beteiligen dürfen.

Diese Entwicklung (wie auch andere Maßnahmen zur weiteren Vermarktung des Funktionssystems) warf jedoch eine Anzahl neuer schwieriger Fragen auf, nämlich erstens, ob die Institutionalisierung des Kapitalmarktes nicht die Fähigkeit zur Sicherung eines gleichbleibenden Niveaus der gesamten Nachfrage untergraben würde, die für ein dauerhaftes wirtschaftliches Wachstum mit Vollbeschäftigung auf makroökonomischer Ebene erforderlich ist? Sollte das der Fall sein, würde eine der hervorragendsten raisons d'être (Daseinsberechtigungen) des Sozialismus verschwinden. Zweitens stellen Kapitalmärkte erneut das Problem der Gleichheit – wegen der Vergrößerung der Differenzen nicht nur des Einkommens, sondern auch des Wohlstandes. Drittens erweitert die Überlassung des Großteils der Investitionen an marktmäßige Zuweisungskriterien (auch wenn es sich um einen regulierten Markt handelt) wesentlich das Risiko und den Unsicherheitsaspekt wirtschaftlicher Entscheidungen, und damit erhebt sich unausweichlich das Problem langfristiger Anreize und finanzieller Verantwortlichkeit; ist dieses Problem innerhalb des Rahmens öffentlichen Eigentums – zumindest in seiner jetzigen Form – lösbar? Das ungarische, aber auch das jugoslawische Beispiel zeigen eindeutig, daß marktorientierte Reformen außerhalb des Staats-(oder gesellschaftlichen) Sektors wesentlich einfacher und erfolgreicher sind als innerhalb. In privaten und wirklich genossenschaftlichen Unternehmen ist die Verbindung zwischen persönlichem Interesse (oder durch die Gruppe vermitteltem persönlichen Interesse) und geschäftlichem Erfolg ebenso wie die Beziehung zwischen laufenden Vorteilen und dem Interesse am Wachstum (oder zumindest der Erhaltung) des Vermögens gegeben, während im Staatssektor eine derartige Motivation noch geschaffen werden muß. Diese Aufgabe ist kompliziert genug, wenn es um die Verbindung von laufendem Erfolg und Bezahlung der Beschäftigten (einschließlich der Manager) geht, aber besonders beängstigend (einige würden sagen: unlösbar) bezüglich der langfristigen Entwicklung, die eine Feinabstimmung zwischen Gegenwart und Zukunft sowie zwischen Risiko und Verantwortlichkeit erfordert. Selbstverwaltung des jugoslawischen Typs, die sich auf Beschäftigung und nicht auf kollektive Eigentumsrechte gründet, scheint diesen Konflikt nicht zu lösen oder auch nur bedeutend zu mildern; dies zeigt die starke Tendenz der Beschäftigten zur Maximierung des persönlichen und zur Minimierung des kollektiven Anteils am laufenden verteilbaren Einkommen des Unternehmens (die oft von einem inflationsfördernden Druck nach Entwicklungsfonds von außerhalb begleitet wird). Es wäre voreilig, daraus zu schließen, daß die einzig mögliche Umgebung für Marktmechanismen das Privateigentum ist, aber es scheint, daß der Frage der Eigentumsrechte und der Vielfalt von Eigentumsformen (einschließlich verschiedener Formen des Staatseigentums) im Zusammenhang mit der Wirtschaftsreform nicht die nötige Beachtung geschenkt wurde.

Schließlich das politische Problem: Sowohl Jugoslawien als auch Ungarn können als Beweis dafür herhalten, daß eine marktorientierte Reform ohne grundlegende Veränderungen des politischen Systems, d.h. ohne eine Pluralisierung (die relative Liberalisierung ist ein zweiter Punkt) durchgeführt werden kann. Dies steigerte die Anziehungskraft der Idee einer Wirtschaftsreform auf kommunistische politische Eliten, die danach streben, die Leistungsfähigkeit zu erhöhen, ohne die »führende Rolle der Partei« zu untergraben. Angesichts der Leistungen der reformierten Wirtschaften muß jedoch die Frage nach den Auswirkungen des konservierten Einparteienstaates auf die Wirkung der Wirtschaftsreform gestellt werden. In unserer »Geschichte« wurden verschiedene Aspekte des Zusammenwirkens von wirtschaftlichen und politischen Faktoren in Osteuropa erörtert, und es ist unnötig, hier darauf zurückzukommen. Die Erfahrung des Jahrzehnts von 1976 bis 1985 rückt jedoch einen Aspekt schlagartig in den Brennpunkt, der vielleicht nicht hinreichend betont wurde, nämlich den notwendigen Grad von Unabhängigkeit der wirtschaftlichen Akteure in einem wirksam arbeitenden Marktmechanismus. Ohne die Möglichkeit einer Auswahl der Manager nach pragmatischen Kriterien, einer Ausübung von Wahlentscheidungen nach Wirtschaftlichkeitsberechnungen, einer Anwendung der Regeln finanzieller Bonität in der Kreditpolitik usw. wird der Markt die erwartete Rolle nicht ausfüllen können. Alle diese notwendigen Bedingungen schneiden tief in einige Grundsätze des bestehenden politischen Systems: das Prinzip der Nomenklatura, die überwachende Rolle des Parteiapparates über wirtschaftliche Institutionen, das Verbot autonomer Organisationen und viele andere Instrumente des Machtmonopols, die das praktische Gerüst der »führenden Rolle der Partei« bilden. Sowohl externe wie interne politische Gegebenheiten in Osteuropa trugen in der Vergangenheit dazu bei, daß versäumt wurde, diesen Bedingungen voll oder auch nur in irgendeinem bedeutenden Teil zu genügen. Gegenwärtig gibt es wenig Anlaß für die Vermutung, daß die Chancen der absehbaren Zukunft besser sein werden.

Das Ergebnis dieses kurzen Überblicks über die Ereignisse und Probleme der zehn Jahre, die seit dem Ende unserer Analyse vergangen sind, ist, daß sie keine Lösungen für die 1975 beobachteten Konflikte hervorgebracht haben. Wenn sich überhaupt etwas geändert hat, sind diese Konflikte noch dringender, weil sie sich vor dem Hintergrund eines weiteren Rückgangs der inneren Dynamik zeigen, der den Spielraum einschränkt, und weil sowohl der institutionelle Konservatismus als auch der institutionelle Reformismus bis heute keine überzeugende Lösung hervorgebracht haben. Dies sollte nicht als böse Prophezeiung aufgefaßt werden. Mit Glück können sich die osteuropäischen Wirtschaften über das nächste Jahrzehnt ohne einen weiteren größeren Zusammenbruch über Wasser halten, zumindest einige können sogar von Zeit zu Zeit einen Aufschwung zeigen. Was sie jedoch in ihrem jetzigen Zustand nicht können, ist, ihrer eigenen Bevölkerung und der Welt eine attraktive Zukunftsaussicht zu präsentieren, und noch weniger, Glaubwürdigkeit für das abgegriffene Jahrtausendversprechen des Kommunismus zu erwerben.

Politik und Wirtschaft im realen Sozialismus

Hermann von Berg
Marxismus-Leninismus
Das Elend der halb deutschen,
halb russischen Ideologie

Hermann von Berg, Franz Loeser,
Wolfgang Seiffert
Die DDR auf dem Weg in das Jahr 2000
Politik – Ökonomie – Ideologie
Plädoyer für eine demokratische
Erneuerung

Theodor Bergmann,
Peter Gey,
Wolfgang Quaisser (Hrsg.)
Sozialistische Agrarpolitik
Vergleichs- und Einzelstudien
zur agrarpolitischen Entwicklung
in der Sowjetunion, in Polen,
Ungarn, China und Kuba
Mit 35 Tabellen und
zwei Schaubildern

Heinrich Böll, Lew Kopelew,
Heinrich Vormweg
**Antikommunismus
in Ost und West**

Jiři Kosta
**Wirtschaftssysteme
des realen Sozialismus**
Probleme und Alternativen

Jiři Lederer
Mein Polen lebt
Zwei Jahrhunderte Kampf
gegen Fremdherrschaft

Franz Loeser
**Die unglaubwürdige
Gesellschaft**
Quo vadis, DDR?

Thomas Meyer,
Zdeněk Mlynář (Hrsg.)
**Die Krise des Sowjetsystems
und der Westen**
Ökonomie, Ideologie, Politik
und die Perspektiven
der Ost-West-Beziehungen

Zdeněk Mlynář
**Krisen und Krisenbewältigung
im Sowjetblock**

Zdeněk Mlynář (Hrsg.)
Der »Prager Frühling«
Ein wissenschaftliches Symposion

Günter Schubert
Unversöhnt
Polen nach dem Priestermord

Günter Schubert
**Stolz, die Rüstung
der Schwachen**
Polnische Lebensläufe
zwischen Weiß und Rot
Mit 20 Abbildungen

Pavel Tigrid
**Arbeiter gegen
den Arbeiterstaat**
Widerstand in Osteuropa

Friedrich Uttitz
Zeugen der Revolution
Mitkämpfer Lenins
und Stalins berichten

Bund-Verlag